ABITUR-WISSEN

Prüfungswissen Ethik/Philosophie

Angela Horwitz
Dr. Monika Lindinger
Dr. Stefan Metzger
Dr. Christof Schilling
Dr. Carlo Schultheiss
Andrea Steinbach
Matthias Vollmer
Petra Wurm

STARK

© 2024 STARK Verlag GmbH, Claudius-Keller-Str. 3c, 81669 München, info@stark-verlag.de
www.stark-verlag.de

Inhalt

Autorinnen und Autoren

Dr. Christof Schilling:
gesamtes Kapitel *Anthropologie – das Wesen Mensch*;
Kap. 7 von *Ethiken – Theorien und Praxis des Handelns;*
Kap. 2 von *Recht und Gerechtigkeit*

Andrea Steinbach:
gesamtes Kapitel *Freiheit und Determination*;
Kap. 4 und 9 von *Ethiken – Theorien und Praxis des Handelns*

Dr. Stefan Metzger:
Kap. 1.3, 2.2, 3 und 6 von *Ethiken – Theorien und Praxis des Handelns*;
Kap. 4 von *Wahrheit, Wissenschaft, Erkenntnis*

Dr. Monika Lindinger:
Exkurs nach Kap. 3.3, Kap. 4.2 von *Recht und Gerechtigkeit*;
gesamtes Kapitel *Glück und Sinnerfüllung*

Dr. Carlo Schultheiss:
Kap. 8 von *Ethiken – Theorien und Praxis des Handelns;*
Kap. 1, 3.1 bis 3.3 von *Recht und Gerechtigkeit;*
gesamtes Kapitel *Religion und Religionskritik*

Angela Horwitz:
Kap. 1 bis 3, 5 und 6 von *Wahrheit, Wissenschaft, Erkenntnis*

Matthias Vollmer:
Kap. 7 von *Wahrheit, Wissenschaft, Erkenntnis*

Petra Wurm:
Einführung Kap. 1, Kap. 1.1, 1.2, Einführung von Kap. 2, Kap. 2.1, 2.3 bis 2.5 und 5 von *Ethiken – Theorien und Praxis des Handelns;*
Kap. 3.4 bis 3.6, 4.1, 5 bis 7 von *Recht und Gerechtigkeit;*
gesamtes Kapitel *Angewandte Ethik*

Vorwort

Liebe Schülerin, lieber Schüler,

der Band **Prüfungswissen Ethik/Philosophie Oberstufe** soll Sie in Ihren letzten beiden Schuljahren begleiten und Ihnen einen wesentlichen Überblick über zentrale Themen in den Fächern *Ethik* bzw. *Philosophie* (sowie *Werte und Normen*) geben. Sie können das Buch zum Nachlesen für die im Unterricht besprochenen Inhalte oder zur gezielten Vorbereitung auf **Klausuren** sowie auf die **mündliche** oder **schriftliche Abiturprüfung** verwenden.

- Die einzelnen Kapitel fassen alle **wesentlichen Inhalte** verständlich zusammen. Besonders wichtige Aspekte und Fachbegriffe werden farbig hervorgehoben.
- **Schaubilder** und **Grafiken** veranschaulichen zentrale Inhalte und bringen diese auf den Punkt.
- **Info-Kästen** informieren prägnant über besondere Aspekte des jeweiligen Themas.
- Die **Zitat-Kästen** geben direkten Einblick in das Denken der Philosophinnen und Philosophen bzw. in die Forschungsdiskussion. Beachten Sie, dass die Zitation sich nach dem jeweiligen Original-Dokument richtet und daher gegebenenfalls nicht der neuesten Rechtschreibung entspricht.
- Am Rand werden weiterführende **Informationen** gegeben und **wichtige Begriffe** erläutert. Hier zeigen außerdem **Querverweise** Textstellen an, die miteinander in einem inhaltlichen Zusammenhang stehen.
- Am Ende eines jeden Hauptkapitels finden Sie **Zusammenfassungen**, die Ihnen noch einmal einen gerafften Überblick über die jeweiligen Inhalte geben.
- Ein **Stichwort- und Namensverzeichnis** ermöglicht es Ihnen, schnell gesuchte Inhalte zu finden.

Ein Hinweis zur Zitierweise: Zitiert wird mithilfe von Endnoten und Siglen. Das Siglenverzeichnis mit den entsprechenden Literaturangaben sowie die Endnoten befinden sich am Ende des Buches.

Eine erfolgreiche Prüfungsvorbereitung wünschen Ihnen das Autorenteam und der Verlag!

Anthropologie – das Wesen Mensch

Was ist der Mensch? Dies ist die Kernfrage der Anthropologie, der Wissenschaft vom Menschen. Die biologische Anthropologie befasst sich mit den biologischen Grundlagen des Menschen – in diesem Kapitel allerdings steht die **philosophische Perspektive** im Mittelpunkt. Aus dieser gilt es insbesondere zu klären, was das Wesen „Mensch" vor anderen Lebewesen auszeichnet.

1 Der Mensch in der antiken Philosophie

1.1 Platon und die drei Teile der menschlichen Seele

Platon (427–347) war ein Schüler von Sokrates und gilt als wichtiger Vermittler von dessen Denken. Einige Jahre nach Sokrates' Tod gründete Platon in Athen eine Philosophenschule, die *Academia*. Eines seiner wichtigsten Werke ist *Der Staat* (Originaltitel *Politeia*, verfasst um 375 v. Chr.). Es wird hier unter der Sigle DS zitiert.

Der Mensch ist für Platon ein **Leib-Seele-Wesen**. Unter „**Seele**" versteht Platon in Übereinstimmung mit der Tradition vor ihm zunächst ganz elementar das **Lebensprinzip** eines Körpers, seinen Lebenshauch, aber beim Menschen auch das Prinzip aller geistigen Fähigkeiten.

Mit den Tieren hat die menschliche Seele die die **biologisch-leibliche Natur belebende Ebene** gemeinsam. Wie jedes Tier ist der Mensch ein belebter Körper. Er hat die Fähigkeit, Sinneseindrücke zu verarbeiten, und damit leibliche Empfindungen wie Lust und Schmerz; er hat leibliche Bedürfnisse und strebt nach der Befriedigung dieser Bedürfnisse.

Wesentlich für die menschliche Seele ist aber ihre **geistige Dimension**. Diese zeigt sich schon daran, dass der Mensch im Unterschied zu den Tieren über die Fähigkeit verfügt, auf der Basis von Sinneseindrücken abstrahierend Begriffe zu bilden (wie z. B. Fluss, Wald, Säugetier etc.). Darüber hinaus kann der Mensch abstrakte Allgemeinbegriffe wie „Wahrheit"/„Falschheit", „Schönheit"/„Hässlichkeit", „Gerechtigkeit"/„Ungerechtigkeit" verwenden. Damit verbunden ist das Streben nach wahrer Erkenntnis bzw. Einsicht: Welche Aussagen sind wahr? Welche Gesellschaft ist gerecht? Was ist schön? Was ist gut?

Die wirkmächtigste Konzeption der menschlichen Seele entwickelt Platon in seinen mittleren Schriften. Die Seele umfasst demnach **drei Teile** bzw. Dimensionen, die in einem Spannungsverhältnis stehen:

- der vernünftige, denkende und lenkende Teil bzw. das **Vernunftvermögen** (*logistikón*),
- der tatkräftige Teil bzw. die **Tatkraft** *(thymoeidés)*,
- der triebhaft-begehrende Teil bzw. das **Begehrungsvermögen** *(ẻpithymêtikón)*.

Das Begehren veranschaulicht Platon mit der „Gestalt eines bunten und vielköpfigen Tieres, das die Köpfe von wilden und zahmen Tieren ringsum trägt und sich verwandeln und alle diese Tiere aus sich heraus erschaffen kann" (DS 588c, 589a, S. 426 f.). Dem tatkräftigen Seelenteil wird das Bild eines Löwen zugeschrieben.

Der vernünftige Seelenteil wird bildhaft auch als der „innere Mensch" bezeichnet. Die **Vernunft** ist bei Platon primär das Vermögen, die vernünftige und prinzipiell gute Ordnung des Kosmos zu erfassen. Getragen von dieser Schau der vernünftigen Ordnung des Ganzen kann die menschliche Vernunft die anderen Seelenteile in eine gute Lebensführung integrieren. Das **ethische Ideal** ist eine wohlgeordnete Harmonie der verschiedenen Seelenteile. Die Vernunft soll hierbei eine dominierende Rolle spielen und mithilfe der Tatkraft das Begehrungsvermögen beherrschen und integrieren. Hierbei erfahren die Seelenteile eine tugendhafte Ausprägung, nämlich die Vernunft **Weisheit**, die Tatkraft **Mut** und das Begehren **Besonnenheit**. Ein Mensch, dessen Lebensführung von einer so wohlgeordneten Seele bestimmt wird, gilt als gerecht. Die **Gerechtig-**

keit ist die umfassende Tugend, die bestimmt, dass jeglicher Seelenteil das „Seinige“ tugendhaft tut.

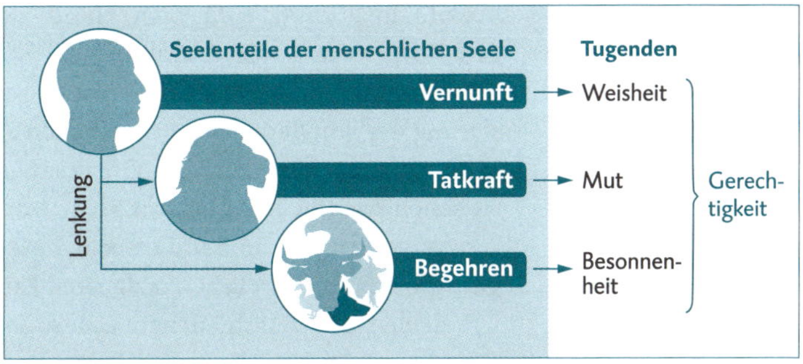

Bereits Sokrates hatte die **Sorge um die Seele** bzw. die **Selbstsorge** zum ethischen Ideal erklärt. Diese Selbstsorge bezieht sich bei Sokrates auf eine gute Ordnung der Seele – bei Platon soll diese zudem mit einer guten und damit gerechten Ordnung in der Gesellschaft und im Kosmos korrespondieren. Diese Selbstsorge bekommt im Zusammenhang mit **Platons Frage nach der Unsterblichkeit der Seele** eine spezifische Ausrichtung. Schon vor Platon wurde über eine mögliche Unsterblichkeit der Seele spekuliert. Platon entwickelt und diskutiert dagegen vor allem in den Dialogen *Phaidon* und *Phaidros* rational argumentierende Beweisversuche dieser Unsterblichkeit. Kontroversen gibt es in der Platon-Forschung zu der Frage, ob Platon die Unsterblichkeit der gesamten dreiteiligen Seele oder lediglich ihres vernünftigen Teils beweisen wollte.

Unstrittig ist jedoch die dominierende Rolle des vernünftigen Seelenteils. Im Kontext der Ontologie Platons bedeutet dies, dass der Mensch vermittelt durch seinen vernünftigen Seelenteil auch Anteil an der Weltseele bzw. am Göttlichen, welches mit der kosmischen Vernunftordnung identifiziert wird, haben kann. Der **Sinn** des menschlichen Lebens ist es demnach, **Gott ähnlich zu werden** (*homoiôsis theô*), d. h. sein Leben möglichst umfassend an vernünftiger Einsicht zu orientieren.

Ontologie: Lehre vom Sein

Der Gedanke der Angleichung an Gott wurde im christlichen Denken ebenso aufgegriffen wie die Idee von der unsterblichen Seele.

Die bei Platon angelegte dualistische Sicht auf Leib und Seele wurde in der neuzeitlichen Philosophie von Denkern wie Descartes zum Dualismus zweier unabhängiger Substanzen zugespitzt. Die Identifikation des Menschen mit seiner Vernunftseele, wie sie in Platons Bild des „inneren Menschen“ zum Ausdruck kommt, wird als prägend für die neuzeitliche Konzeption von Subjektivität und Innerlichkeit angesehen[1].

1.2 Aristoteles – der Mensch als Vernunft- und Gemeinschaftswesen

Nach Aristoteles besteht alles Lebendige aus einer je **spezifischen Verbindung von Körper und Seele:** Ein Körper, der der Möglichkeit nach lebendig sein kann, wird durch die Seele lebendig. Die Seele ist das Prinzip, das einen organischen Körper lebendig macht. Sie bestimmt zudem

Aristoteles (384–322) war ein Schüler Platons und besuchte dessen *Academia.* Als einer der wirkmächtigsten Philsophen der Antike befasste er sich mit verschiedensten Themen, u. a. mit Sprache und Poetik, Biologie und Politik sowie mit den Grundlagen aller Einzelwissenschaften (*Metaphysik*).

Im 20. Jahrhundert fand der Gedanke eines Stufenbaus des Lebens Eingang in die anthropologischen Theorien von **Max Scheler** und **Helmuth Plessner**.

Vgl. zu den ethischen Tugenden S. 80–83 in diesem Band.

sowohl die Form (z. B. Mensch/Hund) als auch den Zweck des lebendigen Körpers (z. B. die Entfaltung der spezifischen Möglichkeiten des Menschen/Hundes). Der Körper ist so gesehen ein Mittel für die Realisierung der von der Seele vorgegebenen Zwecke. Dies gilt sogar für einzelne Organe: So haben viele Organismen beispielsweise Augen, damit sie sehen können. **Körper und Seele bilden damit eine in sich differenzierte Einheit**, in der die Seele die Zwecke *(téloi)* des Körpers vorgibt, die er in seinem Leben realisieren kann.

Die Seelen der verschiedenen Lebewesen sind von unterschiedlicher Komplexität, wobei die jeweils höheren Stufen die einfacheren in eine neue einheitliche Seele integrieren und dabei eine zunehmend komplexe, aber dennoch einheitliche Seele bilden. Bereits Pflanzen besitzen ein **vegetatives Seelenvermögen:** Es umfasst den Stoffwechsel, das Wachstum und die Fortpflanzung. Tiere verfügen darüber hinaus über ein **sensitives und begehrendes Seelenvermögen**. Dies beinhaltet die Fähigkeit der Wahrnehmung und Fortbewegung, wobei die Wahrnehmungsfähigkeit verbunden ist mit Lust und Schmerz sowie mit der Begierde als dem Streben nach Lustvollem. Manche Tiere verfügen zudem über ein Vorstellungsvermögen. Der Mensch teilt diese beiden Ebenen mit Pflanzen und Tieren. Ihm kommt aber zusätzlich ein **vernünftiges Seelenvermögen** zu. Beim Menschen kann das begehrende Seelenvermögen auf die Vernunft „hören". Es ist zudem in Sozialisationsprozessen im Sinne **ethischer Tugenden** bzw. im Sinne von Charaktertugenden kultivierbar.

Das **vernünftige Seelenvermögen** verfügt zum einen über einen **praktisch überlegenden Teil** und bezieht sich auf Möglichkeiten des Herstellens *(poiesis)* und des Handelns *(praxis)*. Zum anderen enthält es einen **wissenschaftlich denkenden Teil**, dessen eine Dimension auf wissenschaftliche Erkenntnis und dessen andere Dimension auf die Schau „letzter Prinzipien" bezogen ist. Zu den letzten Prinzipien gehört z. B. der „Satz vom Widerspruch", nach dem eine Aussage nicht zugleich wahr und falsch sein kann. Auch die Annahme einer ersten Ursache der Bewegung, d. h. aller Prozesse im Kosmos, ist solch ein Prinzip. Diesen Prozessen liegt, wie Aristoteles in der *Metaphysik* darlegt, eine selbst unbewegte Bewegungsursache zugrunde, der „unbewegte Beweger", den er auch als „Gott" bezeichnet. In der Entfaltung der vernünftigen Seelenvermögen realisieren sich **dianoëtische Tugenden**. In dem Ausmaß, in dem sich diese Seelenteile zu ihrer „Bestheit" (*areté* = Tugend) entfalten, realisiert sich in der Lebensführung Glückseligkeit (*eudaimonía*).

Die menschliche Seele und ihre drei Seelenvermögen

Vgl. zu den dianoëtischen Tugenden S. 79 f. in diesem Band.

Um überleben zu können, ist der Mensch nach Aristoteles auf die **Gemeinschaft** mit anderen Menschen angewiesen. Im Verlauf ihrer Geschichte bilden die Menschen verschiedene „Überlebensgemeinschaften". Die Polis stellt nach Aristoteles das höchste Entwicklungsstadium dar: „Um des Überlebens willen ist sie entstanden, sie besteht aber um des guten Lebens willen."[2] Von zentraler Bedeutung für das gute Zusammenleben in der Polis ist für Aristoteles damit, dass Gemeinsamkeiten im Hinblick auf das, was ein gutes Leben ausmachen kann, sowie in Fragen der Gerechtigkeit bestehen.

Polis: von griech. *polis* (Pl.: *poleis*) = Stadtstaat im antiken Griechenland

Über diese sittlichen Gemeinsamkeiten können sich die Bewohner der Polis dank des **spezifischen Sprachvermögens** des Menschen verständigen. Denn die menschliche Sprache dient nicht nur wie die Sprache bei Tieren dem Informationsaustausch. Sie ermöglicht es dem Menschen darüber hinaus, über das „Nützliche und das Schädliche und [...] das Gerechte und das Ungerechte"[3] zu reden. Sie eröffnet dem Menschen die Geltungsdifferenz von wahr und falsch, von gut und schlecht und bindet ihn immer schon in eine menschliche Gemeinschaft ein. So ist der Mensch laut Aristoteles als **„zôon logon echon"**, also als sprach- und vernunftbegabtes Tier, immer auch ein staatliches bzw. politisches „Tier": ein **„zôon politikon"**.

Die Sprache als zentrales Merkmal des Menschen rückt geistesgeschichtlich seit dem 19. Jahrhundert (u. a. bei **Herder**) wieder in den Fokus der Anthropologie.

Der Mensch als „zôon logon" und „zôon politikon"

Menschliche Gemeinschaft

2 Der Mensch in der Philosophie der Aufklärung

2.1 Immanuel Kant – das sinnliche Vernunftwesen „Mensch"

Fragt der Mensch nach sich selbst, so kann er dies laut Kant aus zwei Blickwinkeln tun: Zum einen kann er sich in **objektiver Perspektive** als ein Wesen betrachten, das zur Sinnenwelt, d. h. zur empirisch erfahrbaren Welt, gehört und deren Naturgesetzen unterworfen ist (Heteronomie). Zum anderen kann er in der **subjektiven Perspektive des Denkenden** sich als ein vernunftbegabtes Wesen begreifen, das aus sich selbst die grundlegenden Formen seines Denkens konstituiert – dies analysiert Kant in seiner theoretischen Philosophie. In der **subjektiven Perspek-**

Immanuel Kant (1724–1804) ist einer der wichtigsten Denker der Aufklärung. Besonders bekannt ist sein kategorischer Imperativ (vgl. S. 92 ff. in diesem Band), mit dem er die Ethik auf neue Füße stellen wollte.

tive des Handelnden erfährt sich der Mensch als ein Wesen, das selbst die Zwecke seines Handelns setzen und das sich auch die Gesetze seines Handelns selbst geben kann (Autonomie) – dies ist Gegenstand von Kants praktischer Philosophie. Als Sinnenwesen strebt der Mensch unmittelbar nach der Befriedigung seiner sinnlichen Bedürfnisse. In diesem vom Prinzip der Selbstliebe geleiteten Streben kann er aber, wenn dieses Streben z. B. die Interessen anderer Menschen berührt, die Erfahrung einer moralischen Verpflichtung machen. Dies ist eine Erfahrung, in der er sich als Sinnenwesen auf das moralische Gesetz verpflichtet erfährt, das er sich aus Freiheit und Vernunft selbst gibt. Aus diesem Spannungsverhältnis zwischen dem sinnlichen Begehren und der moralisch-vernünftigen Selbstgesetzgebung resultiert die moralische Verpflichtung, das moralische „Sollen". Dieses Spannungsverhältnis wird mancherorts in das Bild gefasst, dass der Mensch ein „Bürger zweier Welten sei".
Dem **Dualismus der objektiven und der subjektiven Perspektive** gemäß unterscheidet Kant zwischen einer „physiologischen" und einer „pragmatischen" Anthropologie. Die **physiologische Anthropologie** enthält, „was die *Natur* aus dem Menschen macht", d. h. die naturwissenschaftlichen Erkenntnisse über den Menschen. Die **pragmatische Anthropologie** dagegen untersucht, was der Mensch, „als freihandelndes Wesen, aus sich selber macht, oder machen kann und soll"[4]. In Anknüpfung an diese programmatische Aussage lassen sich die für Kants gesamtes Werk grundlegenden anthropologischen Bestimmungen verdeutlichen.

Das reflektierte Selbstbewusstsein und die Freiheit des Menschen

An der im Kindheitsalter erworbenen Fähigkeit, das Personalpronomen „ich" zu verwenden, zeigt sich nach Kant, dass das Kind nicht nur ein gefühltes Selbstbewusstsein hat, sondern dass es von sich selbst eine Vorstellung haben kann. Wenn ein Mensch seiner selbst bewusst ist, können ihm seine Handlungen zugerechnet werden. Diese Zurechnungsfähigkeit beinhaltet wiederum die Annahmen von Handlungsfreiheit, von praktischem Vernunftvermögen und von Verantwortungsfähigkeit: Durch diese Eigenschaften bestimmt Kant den Menschen als **Person**. Sowohl in der **Ich-Perspektive** des Handelnden als auch in der intersubjektiven **Du-Perspektive** wechselseitiger Zurechnung von Handlungen wird die Freiheit des Menschen vorausgesetzt. Aus der **objektiven Beobachterperspektive** – der Perspektive der dritten Person – erscheint das menschliche Handeln jedoch als determiniert. Denn auf der Grundlage seiner Erkenntnistheorie nimmt Kant im Einklang mit der Newtonschen Physik an, dass alle beobachtbaren Naturvorgänge kausal verursacht seien. Als empirisch beschreibbares **Natur- und Sinnenwesen** (objektive Perspektive) erscheint der Mensch mithin als determiniert, als **Vernunft- und Handlungswesen** (subjektive und intersubjektive Perspektive) aber als frei.

Die Anlagen des Menschen

Als vernünftiges Wesen will der Mensch laut Kant seine naturgegebenen Anlagen, d. h. seine naturgegebenen Möglichkeiten, entwickeln.
Kant unterscheidet **drei Anlagen** des Menschen:

- die Anlage für die **Tierheit**,
- die Anlage für die **Menschheit**,
- die Anlage für die **Persönlichkeit**.

Alle drei sind „Anlagen *zum Guten*“[5], da sie die Befolgung des Guten, d. h. des moralischen Gesetzes, befördern. Zur **Tierheit im Menschen** gehört seine Selbsterhaltung, sein Geschlechtstrieb sowie sein Drang zur Gemeinschaft mit anderen Menschen. Die Anlage für die **Menschheit** sieht Kant darin, dass die Menschen ihr Glück bzw. Unglück stets im Vergleich zu anderen Menschen beurteilen, wobei es ihnen darum geht, sich in der Meinung anderer eine gleiche Wertschätzung zu verschaffen. Diese beiden Anlagen können sich auch auf eine lasterhafte Weise ausprägen. Die Anlage der **Persönlichkeit** fasst Kant folgendermaßen:

ZITAT

> „Die Anlage für die Persönlichkeit ist die Empfänglichkeit der Achtung für das moralische Gesetz […].“[6]

Im Gefühl der Achtung und der damit korrespondierenden Erfahrung moralischer Verpflichtung erschließt sich dem Menschen das moralische Gesetz, das er sich selbst als freies Vernunftwesen gibt: Der Mensch wird sich seiner moralischen Autonomie bewusst. Das moralische Gesetz findet seinen Ausdruck in den verschiedenen Formulierungen des kategorischen Imperativs. Aufgrund dieser Anlage zur Persönlichkeit und damit zur Moralität kommt dem Menschen **„Würde“** zu. Das heißt, dass der „Wert“ eines Menschen in keiner Weise verrechenbar, sondern absolut ist. Die Reduktion eines Menschen auf ein Mittel zum Zweck – wie z. B. in der Sklaverei, gegen die sich Kant gewandt hat – ist damit kategorisch verboten. Das Gefühl der Achtung beinhaltet sowohl die Selbstachtung, d. h. die Achtung vor sich selbst als moralisch autonomer Persönlichkeit, als auch die mit dem moralischen Gesetz gegebene Haltung der gleichberechtigten Achtung allen Menschen gegenüber. Über die Handlungsfreiheit hinaus kommt der moralischen Persönlichkeit also die **Freiheit für die universale Achtung** aller Menschen als Menschen zu.

Vgl. zum kategorischen Imperativ S. 92 ff.in diesem Band.

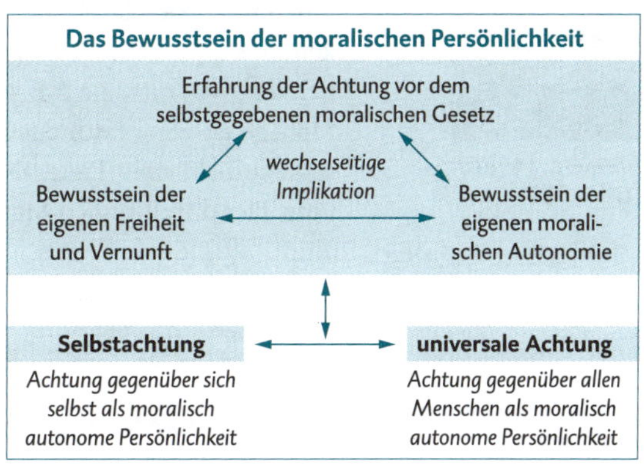

Die Bestimmung des Menschen

Die Sinnorientierung und der Endzweck der Lebensführung des Menschen liegen laut Kant in einer umfassenden Entfaltung seiner Anlagen. In der Vereinigung der Anlagen unter Leitung der Persönlichkeit verwirklicht sich nach Kant **Humanität**. Ausgerichtet ist diese Lebensführung auf das **höchste Gut**, das Kant als die Verbindung von Tugend – im Sinne einer Realisierung der Moral im gesellschaftlichen Zusammenleben – und Glückseligkeit fasst. Eine vollendete Umsetzung des höchsten Gutes hält Kant in dieser Welt allerdings nicht für möglich, es bleibt ein anzustrebendes Ideal. Ein verwirklichbares Ziel sind jedoch **globale rechtstaatliche Verhältnisse**, d. h. „ein allgemeiner **‚weltbürgerlicher Zustand'** als der Schoß, worin alle ursprünglichen Anlagen der Menschengattung entwickelt"[7] werden können.

Aus der **umfassenden Wirkungsgeschichte** von Kants Anthropologie seien drei Aspekte hervorgehoben: Kants komplexer **Freiheitsbegriff** bildet bis heute die Grundlage für eine universalistische Moral in einer kulturell pluralen (Welt-)Gesellschaft. Der Gedanke der menschlichen **Würde** wurde in Artikel 1 als nicht relativierbares Grundrecht in das **deutsche Grundgesetz** und in die **Charta der Menschenrechte** der *Vereinten Nationen* aufgenommen. Das Streben nach einer Verwirklichung globaler Rechtsverhältnisse motivierte die Gründung und prägt auch heute das Handeln der ***Vereinten Nationen***.

2.2 Johann Gottfried Herder – der Mensch, das sprachbegabte Mängelwesen

Johann G. Herder (1744–1803)

Tier und Mensch

Herder entwickelt seine Anthropologie im Vergleich des Menschen mit dem Tier und hebt zunächst hervor, in welchen Fähigkeiten es den Menschen überlegen ist: in der Schärfe der sinnlichen Wahrnehmungsfähigkeit, in körperlichen Leistungen oder auch in der angeborenen Geschicklichkeit, wie man sie z. B. an einem Spinnennetz bewundern kann. Der Mensch ist von Natur aus körperlich schwächer, verletzbarer und ungeschickter als viele Tiere. Darüber hinaus unterscheidet sich der Mensch vom Tier durch seinen Mangel an Instinkt – er ist ein **Mängelwesen:**

ZITAT

> „Als nacktes, instinktloses Tier betrachtet, ist der Mensch das elendeste der Wesen." (AUS 56)

Herders *Abhandlung über den Ursprung der Sprache* (1769) wird hier mit der Sigle AUS zitiert.

Doch in diesem Mangel liegt auch die entscheidende Stärke des Menschen begründet: seine **Freiheit und „denkende[] Kraft"** (AUS 21). Er bleibt nicht wie instinktgeleitete Tiere in ein spezifisches Ökosystem eingebunden und auf spezifische Handlungsmuster beschränkt. Sein Raum ist die ganze Natur, in der er frei handeln kann. Die „denkende Kraft" umfasst nach Herder verschiedene Aspekte wie Vernunft, Verstand, Besinnung, Besonnenheit, Reflexion. Herder bestimmt diese Aspekte terminologisch nicht genau. So versteht er etwa unter „Besonnenheit" zum einen eine Mäßigung und Fokussierung der eigenen Kräfte, zum anderen aber die Fähigkeit zur Reflexion. Die Reflexion ermöglicht es dem Menschen, „sich selbst Zweck und Ziel der Bearbeitung" (AUS 20) zu werden, d. h. seine Fähigkeiten zu kultivieren. Diese Merkmale zeigen für Herder, dass *„die Menschengattung über den Tieren nicht an Stufen des Mehr oder Weniger stehe, sondern an Art"* (AUS 19).

Herders Vorstellungen vom Wesen „Mensch" finden sich nicht nur in seiner *Abhandlung über den Ursprung der Sprache* (1769), sondern auch in dem Werk *Ideen zur Philosophie der Geschichte der Menschheit* (1784–1791).

In den späteren Jahren entwirft Herder ein Stufenkonzept einer natürlichen Ordnung, in der die anorganische Materie, die Pflanzen, die Tiere und der Mensch hierarchisch geordnet sind. Diese Ordnung entwickelt sich laut Herder in der Naturgeschichte, die er allerdings noch nicht evolutionstheoretisch, sondern als Ausdrucksform einer spielerischen Natur begreift.[8] Auf der Grundlage anatomischer Vergleiche des Menschen mit den Tieren spricht er nun nicht mehr vom Menschen als einem Mängelwesen: Er bezeichnet den Menschen jetzt als ein **„Mittelgeschöpf"**, das zwar in körperlichen Fähigkeiten hinter den Tieren zurückbleibt, in dem sich aber „die Züge aller Gattungen um ihn her im feinsten Inbegriff sammeln"[9] und das auch in diesem Sinne den Tieren überlegen ist. Der Mensch ist für Herder in dieser naturgeschichtlichen Perspektive *„der erste Freigelassene der Schöpfung"*[10].

Herders Idee einer Naturgeschichte weist aber bereits auf Darwins Evolutionstheorie voraus.

Die Entwicklung der menschlichen Sprache

Eine Gemeinsamkeit zwischen Mensch und Tier sieht Herder darin, dass er wie die Tiere heftige Empfindungen in Lauten ausdrückt: *„Schon als Tier hat der Mensch Sprache."* (AUS 3) Zu dieser natürlichen Sprache tritt in der kulturellen Entwicklung des Menschen die **spezifisch menschliche Sprache**. Auf der Grundlage seiner Freiheit und seiner „denkenden Kraft" ist dem Menschen die *„Erfindung der Sprache [...] so natürlich, als er Mensch ist"* (AUS 23 f.). Wie die Tiere auch hat der Mensch Sinneswahrnehmungen bzw. Empfindungen. Er kann sich diese aber reflexiv als **Vorstellungsgehalt vergegenwärtigen** und hierbei spezifische Merkmale des wahrgenommenen Gegenstandes absondern. Wird der so identifizierbare Vorstellungsgehalt mit einem **Wort** bezeichnet, dann ist laut Herder die Sprache erfunden. Er verdeutlicht dies an dem Beispiel der Wahrnehmung eines Schafes. Von den vielfältigen Sinneseindrücken („weiß, sanft, wollig") sondert der Mensch einen spezifischen Eindruck aus (das Blöken) und bezeichnet den Gegenstand, der als Vorstellungsgehalt (das Blökende) mental repräsentiert und identifiziert ist, mit dem

Wirkungsgeschichtlich wird diese Verbindung von Denken und Sprechen in der späteren Sprachphilosophie v. a. bei Wilhelm von Humboldt bedeutsam, dessen Denken wiederum breite Wirkung entfaltete.[11]

Namen „Schaf" (vgl. AUS 24 f.). Dieses, wie Herder sagt, „Merkwort" für mich ist zugleich ein „Mitteilungswort" (AUS 30) für andere. Die menschliche Sprache ist insofern grundsätzlich auf Dialog angelegt und eng mit dem Denken verwoben – die menschliche „Kette von Gedanken wird eine Kette von Worten" (AUS 61).

3 Der Mensch bei Jean-Paul Sartre – zur Freiheit verurteilt

Jean-Paul Sartre (1905–1980) entwickelte seine Auffassung vom Menschen insbesondere in dem Werk *Das Sein und das Nichts* (1943, zit. als DSN) und in *Der Existenzialismus ist ein Humanismus* (1946, zit. als HU).

Jean-Paul Sartre kann man der auf Søren Kierkegaard zurückgehenden philosophischen Strömung der **Existenzphilosophie** bzw. des **Existenzialismus** zuordnen. Kennzeichnend für dieses Denken ist, dass es von der konkreten Selbst- und Welterfahrung ausgeht und auf ein vertieftes „Sich-in-Existenz-Verstehen" des Menschen abzielt.

Nach Sartre ist Freiheit das zentrale Strukturmerkmal des Menschen: Der **„Mensch ist Freiheit"** (HU 16). Dieses und andere Strukturmerkmale rekonstruiert Sartre auf dem methodischen Weg einer **„phänomenologischen Ontologie"**: Er setzt an bei alltäglichen Phänomenen, analysiert die diesen zugrunde liegenden Strukturen des Bewusstseins (Phänomenologie) und zieht daraus Schlüsse auf die Grundarten, wie etwas ist, d. h. auf Seinsformen (Ontologie).

Alltägliche Phänomene sind z. B. die sprachlichen Handlungen des Verneinens oder Fragens. Wenn jemand eine Frage stellt, dann distanziert er sich von einem Sachverhalt (z. B. einem Baum) und verhält sich dazu, dass etwas sein kann oder auch nicht (ist es ein Baum oder ein Busch?). Indem sich das Bewusstsein so von der Gegenstandswelt distanziert, ist es nicht mehr ein Teil von ihr: Es ist selbst *nicht* mehr ein Gegenstand. Damit hat Sartre schon eine wichtige Unterscheidung zwischen zwei ontologischen Bestimmungen getroffen – zwischen dem menschlichen Bewusstsein **(„Für-sich-Sein")** und den möglichen Objekten des Bewusstseins **(„An-sich-Sein")**. Die Objektwelt des An-sich-Seins erscheint uns als von Kausalität bestimmt – als determiniert.

Ein Beispiel für einen solchen Kausalzusammenhang wäre ein Baum, der wegen Wassermangels abstirbt.

Wenn der Mensch einen Gegenstand wahrnimmt, so bezieht er sich als Bewusstsein auf diesen und ist sich zugleich unmittelbar, d. h. unausdrücklich, dieser Bezugnahme bewusst. Damit ist der bewusste Mensch von der Objektwelt, dem determinierten An-sich-Sein, unterschieden: Er ist Freiheit im Sinne von Nicht-Determiniertheit und ist sich seiner Freiheit unmittelbar bewusst. Aber auch wenn der Mensch als Objekt betrachtet wird, ist der betrachtete Mensch als Bewusstsein, das sich auf etwas bezieht, immer schon über das reine Objektsein hinaus: Seine

Freiheit ist nicht gegenständlich fassbar. Das **„Für-sich"** ist, wie Sartre sagt, „immer etwas anderes, als man von ihm *aussagen* kann" (DSN 559). Es ist, in einer typischen Formulierung Sartres, **„nicht das, was es ist"** (DSN 33), d. h., als was es ausgesagt wird.
Zugleich ist das **„Für-sich"** aber auch **„das, was es nicht ist"** (DSN 33). Er ist kein Teil einer objektiv gegebenen Ordnung, sondern existiert im Raum der Möglichkeiten. In diesem Sinne ist der Mensch „zuerst ein **Entwurf** [von Möglichkeiten seiner Lebensführung], der sich subjektiv lebt" (HU 11). Er entwirft und bestimmt selbst, welche Art von Person er sein und wie er leben will:

ZITAT

> „[D]er Mensch ist nichts anderes als wozu er sich macht." (HU 11)

In Umkehrung von philosophischen (und theologischen) Auffassungen, die meinen, dass es ein „Wesen" des Menschen gebe, das festlegt, wie der Mensch ist bzw. existiert, sagt Sartre, dass beim Menschen die **„Existenz der Essenz vorangeht"** (HU 12).

In Abgrenzung zur Annahme eines Schöpfergottes hebt Sartre hervor, dass sein Existenzialismus **atheistisch** sei.

Jean-Paul Sartres Theorie des Bewusstseins

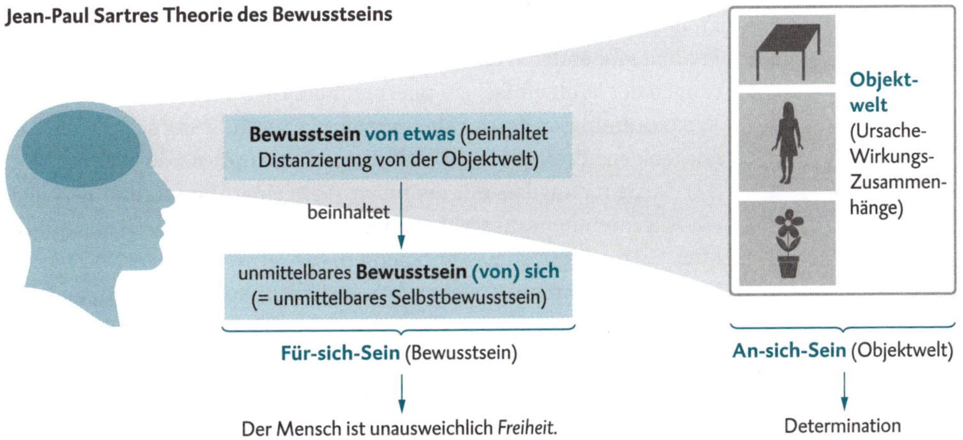

Wenn der Mensch aber nun meint, er könne sich selbst gestalten und sich dann in einem bestimmten Lebensabschnitt mit diesem Selbstverständnis z. B. als Kellner, Unternehmerin, Fußballprofi identifizieren, so gerät er damit in Widerspruch zu seiner grundlegenden Freiheit, die ihn über alle Festlegungen hinaustreibt. Die Selbstidentifikation mit einer bestimmten Rolle kann so nur um den Preis der Verleugnung der eigenen Freiheit gelingen, sie beinhaltet eine **„Unwahrhaftigkeit"** des Selbstverständnisses (vgl. DSN 93). Seiner Freiheit kann der Mensch nur gerecht werden, indem er sein Selbstverständnis kritisch reflektiert und gegebenenfalls im Fluss hält, indem er sich gewissermaßen beständig neu „entwirft". Insofern es die Seinsweise „Freiheit" nur um den Preis der Unwahrhaftigkeit erlaubt, in einem bestimmten Selbstverständnis als Person zur Ruhe zu kommen, erweist sich die Freiheit auch als eine Last: „Der Mensch ist **verurteilt, frei zu sein**." (HU 16)

Auch wenn der Mensch nicht unwahrhaftig lebt und insofern nicht zur Ruhe kommt, so strebt er doch nach einer solchen Ruhe in einer Übereinstimmung mit sich selbst. Diese Übereinstimmung mit sich in einem **„Sich"** ist nach Sartre der **höchste Wert**, auf den die Lebensführung ausgerichtet ist. Ein solches mit sich identisches „Sich" würde eine Synthese von „Für-sich-Sein" und „An-sich-Sein" vollbringen: „Das ist jenes Ideal, das man Gott nennen kann." (DSN 712) Der Mensch will insofern **wie Gott sein**. Zugleich ist dem Menschen die Synthese von „Für-sich-Sein" und „An-sich-Sein" jedoch strukturell verwehrt. Dies führt dazu, dass **Verzweiflung** der menschlichen Lebensführung mit einbeschrieben ist: Der „Mensch ist eine nutzlose Leidenschaft" (DSN 770).

Mit der radikalen Freiheit des Menschen ist aber nicht nur die **unausweichliche Verantwortung für die je eigene Lebensführung** verbunden. Der Mensch ist auch verantwortlich dafür, wie er den durch seine Freiheit erschlossenen Raum der Möglichkeiten interpretiert: Kraft seiner Freiheit gibt er der Welt **Sinn**, anstatt gesellschaftlich vorgegebene Deutungen der Welt einfach zu übernehmen. Dies gilt auch für die gesamte Werteordnung, an der der Mensch seine Lebensführung orientieren kann. Die je eigene **Freiheit** ist **„die alleinige Begründung der Werte"** (DSN 82). Sartre meint, dass mit der freien Wahl einer Werteordnung zugleich ein Allgemeinheitsanspruch verbunden sei, weil man damit ein „Bild des Menschen schafft, so wie wir meinen, dass er sein soll" (HU 12).

Der Mensch führt sein Leben zudem auch nicht isoliert, sondern im Wechselverhältnis mit anderen Menschen. Die phänomenologische Deutung intersubjektiver Verhältnisse führt Sartre zur – neben dem „An-sich-Sein" und dem „Für-sich-Sein" – **dritten ontologischen Bestimmung:** das **„Für-andere-Sein"** des Menschen. Sartre untersucht hier, wie wir andere Menschen überhaupt als freie Subjekte verstehen und ein inhaltlich bestimmtes (propositionales) Selbstbewusstsein entwickeln können.

Der Begriff **„propositional"** (von lat. *propositio* = Thema) kommt aus der Sprachwissenschaft und bezeichnet den Inhalt von Sätzen, der unabhängig von verschiedenen Aussageformen ist.

Alle vom „Für-sich-Sein" wahrgenommenen Gegenstände haben den Charakter des „An-sich-Seins", daher wird auch ein menschliches Gegenüber zunächst als Objekt wahrgenommen: Seine Freiheit und der von ihm entworfene Raum der Weltdeutung bleiben der Wahrnehmung durch das „Für-sich-Sein" entzogen. Die Freiheit des anderen wird allerdings indirekt erfahrbar, wenn sich ein Subjekt von einem Gegenüber zu einem Objekt, zu einem „An-sich-Sein" vergegenständlicht fühlt. Sartre verdeutlicht dies am Gefühl der **Scham**. Denn „das Schamgefühl ist ein *Sichschä-*

men über sich vor Anderen" (DSN 300 f.). In diesem Gefühl erkenne ich an, „daß ich bin, wie Andere mich sehen" (DSN 300). Wenn etwa, so Sartres Beispiel, ein Voyeur, der durch ein Schlüsselloch späht, bemerkt, dass er von jemandem beobachtet wird, so sieht er sich in dessen **Blick** (d. h. in dessen auf ihn gerichteten „Für-sich-Sein") als auf sein „Voyeursein" festgelegt. Damit erfährt er zum einen die Freiheit des anderen, in dessen Blick er zum Objekt wird. Zum anderen gewinnt er ein inhaltlich bestimmtes Selbstbewusstsein von sich selbst als Voyeur. Als freies Subjekt kann er sich aber nicht auf diese Rolle reduzieren lassen. Er behauptet seine Freiheit, indem er seinen Blick auf den anderen wendet und diesen wiederum zu einem „An-Sich-Sein" vergegenständlicht.

Intersubjektivität erweist sich damit als **grundsätzlich konflikthaft:** Jede(r) kann gar nicht anders, als den anderen zum Objekt zu machen, ihn der eigenen Freiheit zu unterwerfen. Zugleich ist er aber auch auf die Unterwerfungsversuche durch die Freiheit des anderen angewiesen, um ein inhaltlich bestimmtes Selbstbewusstsein gewinnen zu können, das aber immer auch partikular oder falsch ist und als solches beständig wieder in der Selbstbehauptung der eigenen Freiheit den anderen gegenüber überschritten werden muss: „[D]ie Hölle, das sind die andern."[12]

Auswege aus der im Menschsein verankerten Verzweiflung und aus dem Teufelskreis der Sozialbeziehungen sucht Sartre in seinen **Überlegungen zu einer Ethik.**[13] Ein moralisches Bewusstsein könnte sich demnach lösen von dem Ideal einer Übereinstimmung mit sich selbst hin zu einer Offenheit für den unabschließbaren Prozess stets neuer Realisierungen der Freiheit. Ebenso könnte es sich aus dem verbissenen Kampf um Dominanz lösen – zugunsten einer Offenheit für ein freies Wechselspiel von vorübergehender Objektivierung durch den jeweils anderen zur Manifestation der eigenen Freiheit.[14]

Zusammenfassend bezeichnet Sartre in einem populären Vortrag seine Philosophie als **„existentialistischen Humanismus"** (HU 35). Er bringt damit ein Verständnis des Menschen auf den Begriff, dem gemäß der Mensch in seiner radikal freien Lebensführung auf stets neue Gestalten der Selbstverwirklichung ausgerichtet ist.

Die Resonanz auf Sartres Schaffen war immens. Im Bereich der Existenzphilosophie und Anthropologie ist er bis heute ein wichtiger Bezugspunkt für die Theoriebildung.

4 Die philosophische Anthropologie

Die **philosophische Anthropologie** ist eine Disziplin, die Erkenntnisse der empirischen Wissenschaften, insbesondere der Biologie, philosophisch interpretiert, um strukturelle Merkmale des Menschseins aufzudecken. Nach Max Scheler (1874–1928) traten in den 1920er-Jahren v. a. Helmuth Plessner und Arnold Gehlen in dieser Denkrichtung hervor.

4.1 Max Scheler – das Geistwesen „Mensch“

Max Scheler (1874–1928) publizierte sein Hauptwerk *Die Stellung des Menschen im Kosmos* (zit. als SMK) im Jahr 1928 kurz vor seinem Tod.

Der Frage, was den Menschen eigentlich ausmacht, ist nach Max Scheler bisher in der jüdisch-christlichen Tradition, in der griechischen Antike und in den modernen Naturwissenschaften bzw. der Evolutionstheorie nachgegangen worden. Alle drei „Gedankenkreise“ (SMK 9) seien jedoch nicht nur in ihrer Überzeugungskraft fragwürdig, sie widersprächen sich auch. Scheler möchte daher die **Sonderstellung** des Menschen gegenüber anderen Lebewesen ausweisen und „eine *einheitliche Idee vom Menschen*“ (SMK 7) entwickeln, indem er alle drei „Gedankenkreise“ in einen Stufenbau der biopsychischen Welt integriert.

Ganz aristotelisch unterscheidet er naturphilosophisch **vier „Wesensstufen“ des Seins:** das anorganische Sein, die Pflanze, das Tier, den Menschen (vgl. SMK 39 f.). Alles Lebendige ist eine biopsychische Einheit, die empirisch beschreibbare Merkmale hat, aber „auch ein *Fürsich- und Innesein*“ (SMK 10) besitzt. Scheler stellt eine **Stufenfolge psychischer Kräfte** auf. Pflanzen haben einen „Gefühlsdrang“ – etwa in der Suche nach Licht. Tiere auf verschiedenen Stufen verfügen darüber hinaus über Instinkt, gewohnheitsmäßiges Verhalten und praktische Intelligenz. Auch zu einfachen Wahlhandlungen, in denen auf kurzfristige Vorteile zugunsten längerfristiger Vorteile verzichtet wird, sind Tiere fähig.

Zur praktischen Intelligenz gehören z. B. Werkzeugherstellung und -gebrauch.

Die **Sonderstellung des Menschen** gegenüber dem Tier beruht laut Scheler nicht auf einer Höherentwicklung der praktischen Intelligenz, sondern auf einem davon gesonderten Prinzip: dem **Geist**. Der „Geist“ zeigt sich in der Fähigkeit, Allgemeinbegriffe (z. B. den Begriff „Schmerz“) zu bilden und grundsätzliche Fragen über die Welt zu stellen (z. B. „Was ist der Sinn des Schmerzes?“). Auf diese Weise kann der Mensch sich von der Wirklichkeit distanzieren, er kann „das Realitätsmoment selbst versuchsweise (für uns) *aufheben*“ (SMK 51). Der Geist zeigt sich darüber hinaus in einer „Klasse *volitiver* und *emotionaler* Akte wie Güte, Liebe, Reue, Ehrfurcht, geistige Verwunderung, Seligkeit und Verzweiflung, [...] freie Entscheidung“ (SMK 35). Das Zentrum der geistigen Akte ist die **„Person“**. Der geistbegabte Mensch verfügt über ein **reflexives Selbstbewusstsein**. Er ist „weltoffen“ (SMK 36) und nicht wie das Tier in eine bestimmte Umwelt eingebunden. Der Geist entwickelt sich nicht aus der Sphäre des Lebendigen, er steht ihr vielmehr entgegen. Er zeichnet den Menschen als den *„Neinsagenkönner“* (SMK 52) gegenüber der bloßen Wirklichkeit und

Vier Wesensstufen des Seins nach Max Scheler

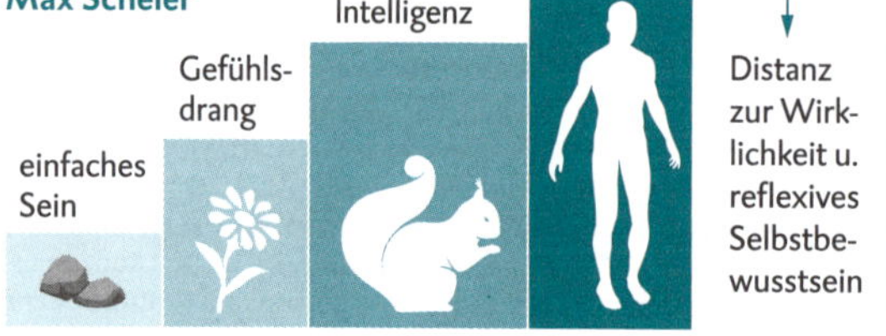

gegenüber allen andrängenden Triebimpulsen aus. Er kann die Triebenergien zu geistiger Energie verfeinern und emporheben, d. h. sublimieren. Den Gedanken der **Sublimierung** weitet Scheler auf das Weltgeschehen aus: Die **Menschwerdung** stellt dabei die **höchste Stufe der Sublimierung eines geistigen „Seinsgrundes“** (vgl. SMK 44, 66) dar. Er „interpretiert die Menschwerdung und die Geistwerdung als einen kosmologisch zu deutenden Sublimierungsprozess“[15]. Der geistige Weltgrund bzw. die Gottheit wird in der Natur lebendig. Sie verwirklicht sich selbst im Weltprozess, auf dessen höchster Stufe der Mensch angesiedelt ist: „Menschwerdung und Gottwerdung bilden [...] eine Einheit.“[16]

Auch wenn Scheler der philosophischen Anthropologie zugerechnet wird, kann man seine Philosophie vor dem Hintergrund ihrer spekulativ-metaphysischen Züge, auch als Abschluss der Tradition **metaphysischer Anthropologie** einordnen.

4.2 Helmuth Plessner – der „ex-zentrische“ Mensch

„Ohne Philosophie der Natur keine Philosophie des Menschen.“ (SOM, S. 26) Diesem „Arbeitsplan“ (ebd.) gemäß fundiert Plessner seine Anthropologie in einer phänomenologischen Beschreibung und naturphilosophischen Deutung von Formen „des lebendigen Daseins und seiner natürlichen Horizonte“ (SOM 26). Er versucht also, verschiedene Formen von Lebewesen in ihrem je spezifischen Verhältnis zu ihrer Umwelt zu betrachten. In diesen naturphilosophischen Untersuchungen erarbeitet Plessner zunächst fünf Merkmale, durch die sich belebte von unbelebten Körpern unterscheiden lassen: **Positionalität, Doppelaspektivität, Systemcharakter, Organisiertheit und Selbstregulierbarkeit**.[17]

Helmuth Plessner (1892–1985) veröffentlichte sein Hauptwerk *Die Stufen des Organischen und der Mensch* (zit. als SOM) im Jahr 1928.

Ganz elementar betrachtet sind „lebendige Dinge grenzrealisierende Körper“ (SOM 126). Vermittelt durch ihre zu ihrem Körper gehörige Grenze grenzen sich lebendige Körper von ihrer Umwelt ab und treten zugleich mit ihr in Beziehung: Es entsteht eine Außen-Innen-Beziehung. In diesem Wechselverhältnis der Abgrenzung von und Bezugnahme auf die Umwelt erscheint der lebendige Körper als ein bestimmtes, „gesetztes“ Lebewesen (vgl. SOM 127 ff.). Es hat das Merkmal der **Positionalität** (von lat. *positio* = das Setzen, Stellen). Im Unterschied zu begrenzten anorganischen Dingen (z. B. einem Stein) sind organische Körper nicht nur durch physikalisch beschreibbare Begrenztheit, sondern auch durch den biologisch beschreibbaren Grenzübergang gekennzeichnet. Ganz elementar zeigt sich dieser Grenzübergang im Stoffwechsel.

Nach Plessner besitzen schon Einzeller wie z. B. Amöben durch ihre Körpergrenze (die Zellmembran) Positionalität. Die Außen-Innen-Beziehung zeigt sich hier beispielsweise im Stoffwechsel.

Betrachten wir lebendige Körper, so beziehen wir äußerlich wahrnehmbare Merkmale auf eine mögliche Innendimension, aus der heraus das Lebewesen mit der Außenwelt interagiert. Außen- und Innensphäre erscheinen als dynamisch miteinander verschränkt. Plessner bezeichnet diese Verschränkung mit dem Begriff der **„Doppelaspektivität“**. Der lebendige Körper erscheint zudem als ein funktionaler Zusammenhang von Einzelelementen und Ganzem, er hat **Systemcharakter**. Lebendige

Als physikalisch beschreibbare Körper existieren organische Körper in Raum und Zeit. Als biologische Körper sind sie „raumhaft“, d. h., sie bewegen sich auf irgendeine Weise im Raum, und sie sind „zeithaft“, was sich z. B. in der für jedes Lebewesen typischen Lebenskurve vom Entstehen zum Vergehen zeigt.

Körper zeigen außerdem eine bestimmte **Organisiertheit**, in der sie sich nach einer „innere[n] Teleologie“ (SOM 170), d. h. Zielgerichtetheit, entwickeln und differenzieren. Im Austausch mit der Umwelt können Lebewesen des Weiteren auf eine ihrer Selbsterhaltung dienliche Weise reagieren, indem sie sich z. B. an geänderte Umweltbedingungen anpassen: Sie verfügen über die Fähigkeit zur **Selbstregulation**.

Der Mensch nimmt höhere **Tiere**, die über ein zentrales Nervensystem verfügen, als Lebewesen wahr, die „aus einer Mitte heraus [und in ihre] Mitte hinein“ (SOM 288) leben. Das höhere Tier agiert auf der Grundlage von Empfindungen, die ihm selbst bemerkbar sind. Seine **Positionalität** ist **zentralistisch**. Das Subjekt der Empfindungen, die konkrete Mitte des Körpers – Plessner nennt sie auch das „Selbst“ –, gewinnt Distanz zum Körper: Die Mitte wird von der Positionalität des Körpers abgehoben. Er wird zum Leib, den das Selbst des Tieres hat (vgl. SOM 231). In seinen Reaktionen auf Umweltreize kann und muss das höhere Tier damit immer zwischen verschiedenen Aktionsmöglichkeiten wählen (vgl. SOM 240 f.).

Eine Bedingung der Möglichkeit für diese Wahrnehmung von Tieren ist, dass der Mensch selbst einen Sinn für die eigene Mitte hat.[18] **Der Mensch** ist das Lebewesen, das der „Zentralität seiner Existenz bewußt geworden“ (vgl. SOM 290) ist. Er wird damit aber gewissermaßen aus dem Zentrum seiner Existenz herausgesetzt. Die spezifische menschliche Seinsweise ist demnach – in Plessners Begrifflichkeit – die **exzentrische Positionalität**. Der Mensch nimmt damit „eine dreifache Position ein. Er hat zum einen die Position des lebendigen Körpers [Äußeres], als zentrisch organisiertes Lebewesen hat er zum anderen eine Position in der Mitte des Körpers [Inneres] und als exzentrisches Lebewesen hat er schließlich eine Position, die es ihm ermöglicht, auf beide zu blicken“[19]. Diese dreifache Positionierung konstituiert den Menschen als **Person**.

Was beim Tier nur natürliches Umfeld ist, wird beim Menschen aufgrund seiner exzentrischen Positionalität, durch die er auf seinen äußeren Körper blicken kann, zur menschlichen **Außenwelt**. Entsprechend verhält er sich „ex-zentrisch“ zu unmittelbar empfundenen inneren Vorgängen: Mit dem exzentrischen Selbstverhältnis bildet sich eine menschliche **Innenwelt**. Zugleich lebt der aus sich heraus gesetzte Mensch immer schon in der **Mitwelt** mit anderen Menschen. Das Ich des Menschen hat laut Plessner in diesem Sinne eine „Wir-form [sic]“ (SOM 303).

Nach Plessner „*trägt*“ die Mitwelt die Person, „indem sie zugleich von ihr getragen und gebildet wird“ (SOM, S. 303).

Diesen drei Welten korrespondieren nach Plessner **drei „anthropologische Grundgesetze“** (vgl. SOM 309–349) bzw. Strukturformeln:[20]

- **Gesetz der natürlichen Künstlichkeit:** Dem Menschen ist aufgrund seiner exzentrischen Positionalität sein Leben unausweichbar zur je eigenen Lebensführung überantwortet – er muss sein Leben gestalten. Da er nicht unmittelbar lebt wie ein Tier, muss er sich gewissermaßen als Ensemble künstlicher Hilfsmittel für die Lebensführung eine zweite Natur schaffen: die Kultur.[21]

Plessner beschreibt die Notwendigkeit zur aktiven Lebengestaltung so: „Der Mensch lebt nur, indem er sein Leben führt.“ (SOM, S. 310)

- **Gesetz der vermittelten Unmittelbarkeit:** In seiner Leiblichkeit wie ein Tier unmittelbar auf die Umwelt bezogen, ist für den Menschen diese Unmittelbarkeit aufgrund seiner exzentrischen Position immer schon gebrochen: Sie ist eine vermittelte Unmittelbarkeit (vgl. SOM 326 f.). Der Mensch wird sich seiner unmittelbaren Bewusstheit bewusst. Zweifel an den unmittelbaren Erfahrungen werden möglich.
- **Gesetz des utopischen Standorts:** Der ex-zentrische Mensch erfährt sich (und die Welt) als nicht festgelegt und ist insofern wurzellos (vgl. SOM 341). Dadurch wird die Lebensführung des Menschen und die Welt unausweichlich in den Modus des Möglichen, des Veränderbaren und Gestaltbaren versetzt.

utopisch: von griech. *ou-topos* = Nicht-Ort – der Mensch hat keinen festgelegten Ort in der Welt

4.3 Arnold Gehlen – der kompensationsbedürftige Mensch

In einer ganz ähnlichen Formulierung wie Plessner benennt Arnold Gehlen als Besonderheit des Menschen die Notwendigkeit, sich zu sich selbst zu verhalten: „[E]r lebt nicht, wie ich zu sagen pflege, er *führt* sein Leben.“ (DM 12) Dem Anthropologen Gehlen stellt sich die Frage, mit welchen Mitteln dieses Lebewesen sein Leben führen und erhalten kann. Er charakterisiert den Menschen im Vergleich zum Tier als ein **„Mängelwesen“** (vgl. DM 16, 31; vgl. Herder) und bestimmt diese Mängel näher unter Rückgriff auf Ergebnisse der biologischen Forschung seiner Zeit: Im Vergleich zum Tier fallen zunächst **Unangepasstheiten**, **Unspezialisiertheiten** und **Primitivismen** auf. Der Mensch ist z. B. nicht an spezifische Witterungsverhältnisse angepasst; seine Hand ist kein spezialisiertes, sondern ein universelles Werkzeug; sein Gebiss ist weder das eines Pflanzen- noch das eines Fleischfressers, es ist in seiner Struktur unbestimmt (primitiv).[22] Hinzu kommt, dass der Mensch „einen geradezu lebensgefährlichen **Mangel an echten Instinkten**“ hat und „innerhalb *natürlicher*, urwüchsiger Bedingungen [...] schon längst ausgerottet sein“ (DM 32) würde. All diese Mängel bedeuten, dass der Mensch nicht wie ein Tier in eine bestimmte natürliche Umwelt eingebunden, sondern weltoffen ist. Mit dieser **Weltoffenheit** ist nach Gehlen aber zudem ge-

Arnold Gehlen (1904–1976) stellte seine Anthroplogie vor allem in seinem Werk *Der Mensch* (1940, zit. als DM) dar.

Instinkte sind laut Gehlen angeborene Bewegungsfiguren, die von spezifischen Signalen ausgelöst werden, wie z. B. das Balzverhalten oder Verteidigungsreaktionen (vgl. DM, S. 21–26).

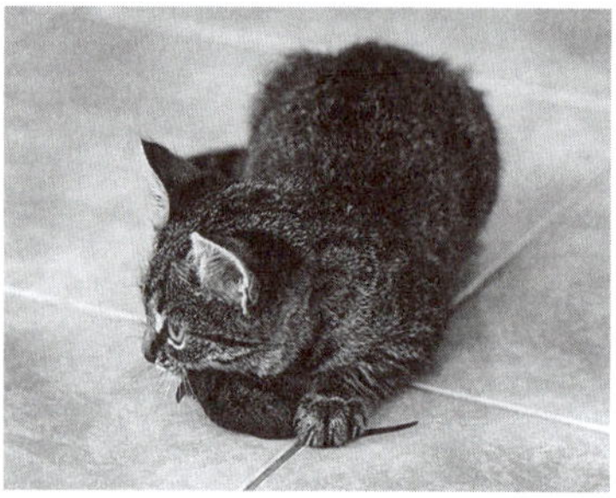

Tiere wie diese Katze haben nach Gehlen im Unterschied zu Menschen Instinkte, z. B. einen Jagdinstinkt.

geben, dass der Mensch offen ist für eine unspezifische Vielzahl von Reizen: der Mensch unterliegt „einer durchaus untierischen **„Reizüberflutung“** (DM 35).

Um überleben zu können, braucht der Mensch **Entlastung**, er muss *„die Mängelbedingungen seiner Existenz eigentätig in Chancen seiner Lebensführung umarbeiten“* (DM 32). Dies leistet der Mensch im **Handeln**, das auf eine Beherrschung und Umgestaltung der Umwelt ausgerichtet ist. Jedes Handeln wird zwar getragen von einem komplizierten Wechselspiel von Wahrnehmungen, Empfindungen, Planungen. Zur Kompensation des Mangels an überlebenssichernden Instinkten ist aber ein Handeln das Ziel, das „mit derselben Sicherheit und Schnelligkeit abläuft wie das instinktive Verhalten der Tiere“[23]. Das entlastete Handeln ermöglicht sich der Mensch, indem er die Natur durch technisch-instrumentelles Handeln zu einer „zweiten Natur“, d. h. zur **Kultur**, umwandelt: „Kultur soll uns sein: der Inbegriff der vom Menschen tätig, arbeitend bewältigten, verwerteten Naturbedingungen, einschließlich der bedingteren, *entlasteten* Fertigkeiten und Künste, die auf jener Basis erst möglich werden.“ (DM 38) Ein zentraler Bestandteil der menschlichen Kultur ist die **Technik**. Sie dient dem Organersatz (z. B. Waffen, Feuer), der **Organentlastung** und **Organüberbietung** (Beispiele für beides: Faustkeil, Wagen). Stabilisiert wird die Kultur sowohl durch eine **„Zucht“** bzw. **„Formierung“** des menschlichen **Charakters** als auch durch **„Führungssysteme“** (vgl. DM 30, 62–65, 438–480).

Das Antriebsleben des Menschen hat laut Gehlen das natürliche Bedürfnis, „gehemmt und ausgelesen, formiert und gezüchtet zu werden“ (DM 38) – mit dem Ziel einer Prägung des Charakters. Unter „Führungssystemen“ versteht Gehlen kulturelle Deutungssysteme für Menschengruppen bzw. Gesellschaften, die diesen Weltorientierung geben und deren Handeln formieren.[25] Diese „Führungssysteme“ werden eng auf den Begriff der **Institutionen** bezogen. Der Begriff „Institution“ bleibt bei Gehlen allerdings unklar: Er bezeichnet sowohl soziale Gewohnheiten als auch staatliche Einrichtungen. Gehlen sieht Institutionen zwar nicht als Produkt des instrumentellen, sondern des *„ideative[n]“* (DM 467), d. h. des Ideen bildenden Bewusstseins. Entscheidend ist aber ihre Funktion: das Überleben der menschlichen Gesellschaft. Sie „sichern das *in-*

Gehlen wählt hier Begriffe, die sich gut an die NS-Ideologie anknüpfen ließen. Er war 1934 dem **NS-Dozentenbund** beigetreten und sein Werk *Der Mensch* mündet laut Neil Roughley „in einer expliziten Legitimation des Nationalsozialismus“[24]. Nach dem Zweiten Weltkrieg bereinigte er sein Werk von offensichtlichen Bezügen zur NS-Ideologie, hielt aber an der Grundkonzeption fest.

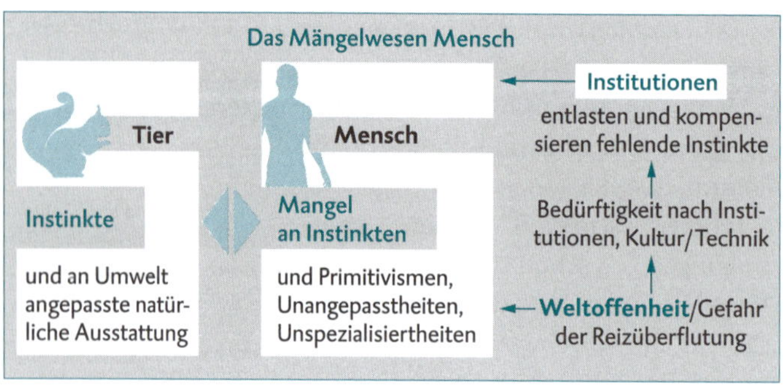

direkte Verhältnis, das der Mensch zu anderen und zu sich selbst aufbauen muss“[26].

4.4 Ernst Tugendhat – der „ich“-Sager Mensch

Ernst Tugendhat (1930–2023) stellte seine anthropologischen Überlegungen unter anderem in seinem Werk *Anthropologie statt Metaphysik* (2007, zitiert als AM) dar.

Empirische Beschreibungen des Menschen (z. B. zweibeinig, keine Federn ...) können den Menschen zwar als biologisches Wesen klassifizieren, aber nach Ernst Tugendhat die Voraussetzungen nicht erfassen, die den Menschen erst in die Lage versetzen, die Frage nach sich selbst zu stellen. Auf diese Voraussetzungen solle die philosophische Anthropologie reflektieren – und insbesondere darauf, dass der Mensch sich auf irgendeine Weise „gegeben“ ist, d. h. irgendein Verständnis von sich hat. Die anthropologische Frage wäre dann so zu formulieren: „**Wie verstehen wir ‚uns‘ als ‚Menschen‘?**“ (AM 37)

Die Pointe des Ansatzes von Tugendhat liegt nun darin, dass er mittels einer Reflexion auf spezifische Merkmale der menschlichen Sprache die **Struktur des menschlichen Verstehens** *von* etwas *als* etwas untersucht. Sofern alle philosophischen Disziplinen und Einzelwissenschaften ein wie auch immer geartetes sprachliches Verständnis ihrer Gegenstände voraussetzen, ist die **sprachanalytisch** durchgeführte philosophische Anthropologie eine **philosophische Grunddisziplin**.

Die philosophische Anthropologie rückt daher nach Tugendhat an die Stelle einer „ersten Philosophie“ bzw. der traditionellen Metaphysik (vgl. AM 35 f., 39).

Das zentrale Merkmal der menschlichen Sprache ist ihre **propositionale Struktur** (vgl. lat. *propositio* = Thema). Ein propositionaler Satz steht für etwas, für einen Sachverhalt, auf den sich Sprecher und Hörer beziehen: „Sprecher und Hörer verständigen sich wechselseitig über ein und dieselbe Sache.“[27] Der bloße Informationsaustausch, den auch tierische Sprachen leisten, wird angereichert durch die Möglichkeit einer Stellungnahme einerseits zu Meinungen bzw. zu behaupteten Sachverhalten und andererseits zu Imperativen bzw. zu Wünschen.[28] Sprache kann zudem **situationsunabhängig** verwendet werden: Der Mensch kann über aktuell nicht vorliegende oder sogar rein fiktive Sachverhalte reden.

Anhand der Verwendung des Pronomens „ich“ klärt Tugendhat die Struktur des menschlichen Selbstbewusstseins. Er zeigt den engen Zusammenhang zwischen einem unmittelbaren Wissen eigener Zustände und der Verwendung des Pronomens „ich“ auf, z. B. beim Satz: „Ich habe Zahnschmerzen.“ Zwar kann man anhand des Verhaltens einer Person und z. B. einer Untersuchung ihrer Zähne zum Schluss kommen, dass sie gewiss Zahnschmerzen hat, unmittelbar und irrtumsfrei gewusst werden diese jedoch nur aus der Ich-Perspektive. In diesem Sinne hat der Mensch ein **unmittelbares, vorpropositionales Selbstbewusstsein**.[29]

Weitere Beispiele wären „Ich freue mich“ oder „Ich will Schokolade“.

Indem der einzelne Sprecher aber seine unmittelbaren Wünsche, Absichten, Meinungen oder Gefühle prädikativ von sich aussagt, objektiviert er

prädikativ: Unter einer Prädikation versteht man die Zuordnung von Merkmalen bzw. Eigenschaften zu Sachverhalten oder Objekten – z. B. „Ich bin traurig“.

sie und führt sich als dieser so bestimmte Sprecher in die mit den anderen Sprechern geteilte Welt ein. Mit diesen Aussagen vollzieht sich der Schritt vom vorpropositionalen zum **propositionalen Selbstbewusstsein**. Mit „der prädikativen Sprache ergibt sich *in eins* ein Bewusstsein von *anderen* Objekten und von *sich* als einem Objekt unter anderen“[30]. So wandelt sich die „rudimentäre Selbstzentrierung [...] zu einer Ego-Zentrizität um: man hat nicht nur Gefühle, Wünsche usw., sondern man weiß sie als seine eigenen Wünsche“[31].

Die Sprache ermöglicht es den Sprechern, situationsunabhängig zu einem behaupteten Sachverhalt oder auch zu Wünschen bzw. Imperativen Stellung zu nehmen: mit Ja oder Nein, mit Klärungsfragen, mit Fragen nach Gründen, mit Kritik, mit Zweifeln. Auf diese Stellungnahmen kann wiederum mit **Gründen** *(rationes)* für die Wahrheit der Aussagen geantwortet werden: Der Raum der **Rationalität** bzw. der **Vernunft** öffnet sich. Dieses Begründungsspiel kann im Gespräch, aber es kann auch unabhängig von der Kommunikation im **Denken und Überlegen** stattfinden. Im dialogischen oder monologischen Überlegen im Raum der menschlichen Sprache treten zwei linguistische Formen auseinander:

- das **Meinen** (bzw. Behaupten), das einer „theoretische[n] Überlegung“ entspricht, „die sich auf das bezieht, was wahr ist“ (AM 43),
- das **Wünschen** (bzw. Befehlen), das „einer praktische[n] Überlegung“ entspricht, „deren Ziel das ist, was *gut* bzw. *besser* ist“ (AM 43).

Durch die Möglichkeit der praktischen Überlegung ist das Handeln nicht notwendig vom unmittelbaren Wollen bestimmt, sondern davon, „was man für wahr und gut-oder-besser hält“ (AM 43). Der Mensch kann von unmittelbaren Impulsen und Wünschen **Abstand** nehmen und sich mit Gründen für die eine oder andere Handlungsmöglichkeit entscheiden: „eine Fähigkeit, die man als ‚**Verantwortlichkeit**‘ oder ‚**Willensfreiheit**‘ bezeichnet“ (AM 43). Damit wiederum ist untrennbar die **Frage nach dem guten Leben** verbunden. Sofern sich diese **Frage** uns Menschen als Menschen stellt, können Verweise auf zufällige Traditionen und Sitten als Gründe nicht ausreichen. Dass etwas faktisch üblich oder überliefert ist, ist kein Grund, es für richtig zu halten. Die Basis des guten Lebens müssen stattdessen tragfähige **universelle Gründe** sein.

Die Fähigkeit, nach Gründen zu fragen, beinhaltet gegenüber der Tierwelt ein neues kognitives Niveau. Sie ermöglicht „eine größere Anpassungsfähigkeit an eine sich verändernde Umwelt“ und eine „Akkumulation von Gelerntem von Generation zu Generation“ (AM 44): Der Raum **geschichtlich-kultureller Evolution** öffnet sich. Sofern sich die Menschheit in verschiedenen kulturellen Formen entfaltet, erfordert die Frage nach dem guten Leben, „daß man die fremden Kulturen ebenso wie die eigene Tradition einer rationalen Kritik unterwirft“ (AM 46).

Akkumulation (von lat. *accumulatio*): Anhäufung

5 Menschenbilder in den Einzelwissenschaften – zwei Beispiele

5.1 Sigmund Freud[32] und die Macht von Es und Über-Ich

Sigmund Freud (1856–1939) veröffentlichte viele Schriften zu seiner Psychoanalyse – eine Art Zusammenfassung bietet die Abhandlung *Abriß der Psychoanalyse* (1938, zit. als AP).

Freud war **Mediziner** und betrieb eine **Praxis für Nervenkrankheiten**. Der Schwerpunkt seiner therapeutischen Arbeit lag auf der Behandlung von **Neurosen**. Nach der von ihm entwickelten **psychoanalytischen Methode** ließ Freud seine Patientinnen und Patienten frei assoziierend alles sagen, was ihnen durch den Kopf ging – auch was ihnen peinlich oder auf andere Weise unangenehm ist. So sollten nicht mehr bewusste Konfliktsituationen und traumatische Erlebnisse nach und nach erinnert, zur Sprache gebracht und verstanden werden. Neben der **freien Assoziation** nutzte Freud auch die **Traumdeutung**. Träume verstand er als in sich sinnvolle psychische Gebilde, in denen verschlüsselt eine Wunscherfüllung zum Ausdruck kommt. Die Psychoanalyse hat zum Ziel, auf dem Wege einer **vertieften Selbsterkenntnis** das „Ich" der Patienten zu stärken. Freuds Überlegungen zur **Anthropologie** gehen von seiner ärztlichen Praxis aus und sollen deren Voraussetzungen klären. Es sind in seinen Schriften verschiedene Varianten anthropologischer Modelle zu finden, die er je nach Aussageabsicht auch kombiniert. In seinem *Abriß der Psychoanalyse* vertritt Freud ein **genetisches Modell** nach dem Vorbild der Embryologie und der Evolutionstheorie von Darwin. Diesem Modell nach umfasst die menschliche Psyche **drei Instanzen**, die sich in der menschlichen Entwicklungsgeschichte herausbilden: **das Es, das Ich und das Über-Ich**.

Der Begriff „genetisch" ist hier nicht direkt im erbbiologischen Sinne zu verstehen, sondern im Sinne der artgeschichtlichen Genese (= Entwicklung) des Menschen.

Das **Es** hat als älteste psychische Instanz die Bedürfnisbefriedigung zum Ziel. Es ist beherrscht vom **„unerbittlichen Lustprinzip"** und ausgerichtet auf Lusterfüllung und Unlustvermeidung. Die Kräfte, mit denen das Es wirkt, nennt Freud **Triebe**. Er unterscheidet zwei Grundtriebe:

- Der **Lebenstrieb (Eros)** repräsentiert das Lustprinzip. Sein Ziel ist es, das Leben zu erhalten. Die Energie des Eros bezeichnet Freud als **Libido**. Sie hat körperliche Quellen, ihr Triebziel ist die Sexualerregung.
- Der **Destruktionstrieb bzw. Todestrieb (Thanatos)** hat das Ziel, „Zusammenhänge aufzulösen und so die Dinge zu zerstören" und „das Lebende in einen anorganischen Zustand zu überführen" (AP 13).

Das Zusammenspiel der beiden Triebe machen für Freud „die ganze Buntheit der Lebenserscheinungen" (AP 13) aus. Freud nennt als Beispiele das Essen und den Sexualakt: Die Einverleibung von Nahrung beinhaltet dessen Zerstörung. Den Sexualakt deutet er als „eine Aggression mit der Absicht der innigsten Vereinigung" (AP 13).

Die Hauptaufgabe des **Ich** ist die **Selbsterhaltung** des Menschen. Hierfür muss es sich zum einen gegenüber den Triebansprüchen des Es behaupten, indem es sie befriedigt, aufschiebt oder unterdrückt. Zum anderen muss es auf die Anforderungen der Außenwelt reagieren, indem es das Verhalten an sie anpasst oder indem es die Außenwelt zum eige-

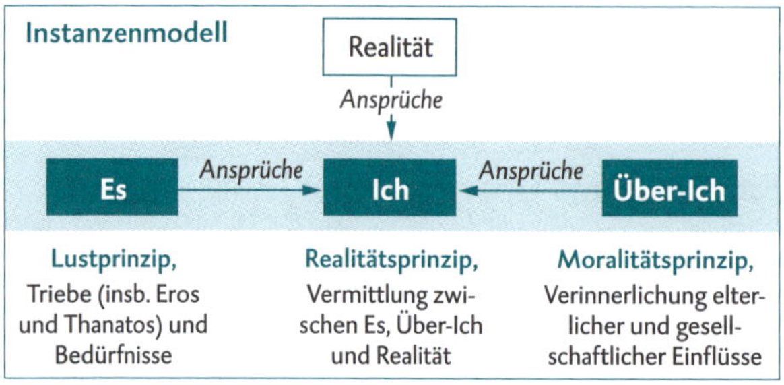

nen Vorteil verändert. Um die Selbsterhaltung zu gewährleisten, muss das Ich der Außenwelt ein größeres Gewicht verleihen als den Triebansprüchen. Es vertritt dem Es gegenüber das **Realitätsprinzip**.

In der kindlichen Entwicklung lebt das Kind lange Zeit in Abhängigkeit von seinen Eltern. In dieser Phase bildet das Ich eine besondere Instanz heraus, in der der elterliche Einfluss verinnerlicht wird: das **Über-Ich**. In der weiteren Entwicklung nimmt das Über-Ich vielfältige gesellschaftliche Normen, Werte und Ideale vermittelt über weitere Bezugspersonen und durch andere gesellschaftliche Einflüsse auf. Das Über-Ich ist „eine dritte Macht, der das Ich Rechnung tragen muss" (AP 11). Das Ich hat also die Aufgabe, „den Anforderungen des Es, des Überichs und der Realität" zu genügen, „also deren Ansprüche miteinander zu versöhnen" (AP 11).

Bestandteil des Über-Ich können Werte wie Ehrlichkeit sein: Eine rügende oder gar mit Liebesentzug einhergehende Reaktion eines Elternteils auf eine Lüge des Kindes kann dazu führen, dass das Kind den Wert „Ehrlichkeit" verinnerlicht, um die Beziehung zu den Eltern nicht zu gefährden. Sieht sich die Person später einmal etwa zu einer Notlüge genötigt, so steht diese im Widerspruch zu dem verinnerlichten Wert: Ein „schlechtes Gewissen" wird die Folge sein.

Die drei Instanzen haben unterschiedliche **Qualitäten der Bewusstheit**. Äußere und innere Wahrnehmungen des Ich sind teilweise **bewusst**, aber teilweise auch vorbewusst. **Vorbewusst** sind Bewusstseinsinhalte, die nicht aktuell bewusst sind, aber erinnert oder reproduziert werden können, z. B. Denkvorgänge, Wahrnehmungen oder Ansprüche des Über-Ich. Das **Unbewusste** ist eine Qualität des Es. Allerdings können auch Inhalte des Es vorbewusst oder bewusst werden (vgl. AP 29 f.).

Die drei Bewusstheitsgrade werden zuweilen mithilfe des **Eisbergmodells** veranschaulicht: Während nur ein kleiner Teil der Innenwelt bewusst ist (d. h. über der Wasseroberfläche zu sehen ist), befindet sich ein Großteil der Innenwelt im Vor- oder Unbewussten, (d. h. unter der Wasseroberfläche). Das Eisbergmodell stammt nicht von Freud selbst.

Insbesondere wenn die Ansprüche des Es auf die Verwirklichung von Lust das Ich überfordern (aber auch, wenn Unlust, z. B. in Form von Angst, droht), dann versucht das Ich diese nach Freud mithilfe psychischer Mechanismen abzuwehren. Seine Tochter Anna Freud hat diese Abwehrmechanismen systematisch beschrieben – unter anderem die folgenden:

Abwehrmechanismus	Beispiel
Verdrängung: Verschiebung insb. bedrohlicher Bewusstseinsinhalte ins Unbewusste	*Das Opfer einer Gewalttat verschiebt die Erinnerung daran ins Unbewusste.*
Projektion: Übertragung von psychischen Inhalten (v. a. Affekten) auf andere Personen	*Eine Person schreibt seine Wut auf den Nachbarn einem anderen Nachbarn zu.*
Verschiebung: Ersetzung des Objekts eines psychischen Inhalts (v. a. eines Affekts) durch ein anderes Objekt	*Ein Kind ist auf seine Mutter sauer und lässt seine Aggression am Haustier aus.*
Rationalisierung: (rückwirkende) Ersetzung von affektiven Motiven durch rationale Motive	*Ein Vater schlägt seinen Sohn aus Wut, erklärt diese Tat aber damit, dass dies erzieherisch notwendig gewesen sei.*
Sublimierung: Befriedigung unerfüllbarer Wünsche durch höherwertige Ersatzhandlung	*Ein Mann ist sexuell unbefriedigt und leitet seine Triebenergie in künstl. Betätigung um.*

Die Sublimierung sieht Freud als tragenden Mechanismus des **kulturellen Fortschritts** an.

5.2 Burrhus F. Skinner – der Mensch als Maschine

Skinner gilt als führender Vertreter der **behavioristischen Psychologie**.

Burrhus F. Skinner (1904–1990) veröffentlichte sein Hauptwerk *Wissenschaft und menschliches Verhalten* (zit. als WV) im englischen Original 1953. Eine weitere für seine Anthropologie wichtige Schrift ist *Jenseits von Freiheit und Würde* (zit. als JFW), im Original 1971 erschienen.

info

Der **Behaviorismus** beschränkt sich auf das äußerlich Beobachtbare. Im Zentrum steht das Verhalten des Menschen – psychische Prozesse werden nicht berücksichtigt, da das Innere als **Black Box** (= schwarzer Kasten) gilt, in die man nicht hineinblicken kann. Ein wichtiges Erklärungsmuster des Behaviorismus ist das **Reiz-Reaktions-Schema:** Ein Reiz wirkt auf das Untersuchungsobjekt ein und löst bei ihm diese oder jene Reaktion aus.

Skinner möchte Methoden der (Natur-)Wissenschaften, so wie er sie zu seiner Zeit versteht, auf das Studium des Menschen anwenden. Dies erfordere, das menschliche Verhalten „von einem objektiven Standpunkt aus gewissenhaft zu beobachten und es so zu begreifen“ (WV 15). Auf dem Wege einer Beschreibung von empirisch beobachtbaren Fakten und Vorgängen sollen Regelmäßigkeiten aufgezeigt werden. Diese ermöglichen wiederum die Vorhersage, dass unter bestimmten Bedingungen bestimmte Ereignisse eintreten werden. In dem Ausmaß, in dem man nun die **Bedingungen kontrollieren** kann, kann man auch das Auftreten der **entsprechenden Ereignisse hervorrufen und kontrollieren**. Dies setzt jedoch auf der Seite des untersuchten Gegenstands voraus, dass er Gesetzmäßigkeiten unterliegt, die die Relation zwischen den Bedingungen und den Ereignissen festlegen:

ZITAT

„Wollen wir Methoden der Wissenschaft auf die Probleme des Menschen anwenden, müssen wir voraussetzen, daß Verhalten gesetzmäßig und determiniert sei.“ (WV 16)

Skinner unterläuft mit seinem Ansatz die gängige Unterscheidung zwischen einem z. B. durch physiologische Vorgänge (wie Hunger) verursachten Verhalten und einem von Gründen motivierten und auf Ziele bezogenen Handeln.[33] Das **menschliche Handeln** wird laut Skinner ebenso wie **reflexartiges Verhalten** als eine kausal verursachte Reaktion auf empirische Bedingungen verstanden (vgl. WV 40 sowie JFW 33).[34] Als Handlungsursachen unterscheidet er unmittelbare Reflexe wie Niesen und bedingte Reflexe wie z. B. emotionale Reaktionen – sei es Hass, sei es Hingabe – bei dem Anblick einer Fahne oder patriotischer Symbole (vgl. WV 61). Diese bedingten Reflexe können z. B. im Bildungswesen gezielt antrainiert werden. Eine besonders wichtige Rolle für das menschliche Verhalten spielt nach Skinner die **operante Konditionierung:** Wenn ein Verhalten in einem bestimmten Situationstyp eine positive Wirkung hat, dann wird sich der Mensch in einer ähnlichen Situation wieder genauso verhalten. In diesem Sinne wird die positive Wirkung oder Folge „Verstärker" genannt. „So ist zum Beispiel Nahrung ein Verstärker für den hungrigen Organismus: alles, was zur Nahrungsaufnahme geführt hat, wird der Organismus höchstwahrscheinlich wieder tun, wenn er hungrig ist." (JFW 34) Wie die Nahrung ein **positiver Verstärker** sein kann, so kann auch die erfolgreiche Vermeidung von negativen Reizen (z. B. die Vermeidung zu starker Sonneneinstrahlung) ein **negativer Verstärker** für das weitere Verhalten sein.

Das Attribut „kontingent" bedeutet für Skinner „abhängig, bedingt" – im Unterschied zu der gängigen Bedeutung von „kontingent" als „zufällig", von „Kontingenz" als „Zufälligkeit".

Die menschliche **Kultur** setzt sich laut Skinner „zusammen aus einer Reihe von Kontingenzen der Verstärkung" (JFW 186). Unter „Kontingenz" versteht Skinner eine Abhängigkeitsbeziehung, die eine Wenn-Dann-Beziehung zwischen Bedingungen und Verhalten beschreibt (vgl. WV, S. 68, Anm.). Auf der Grundlage des von Skinner behaupteten **funktionalen Zusammenhangs von Reiz und Reaktion bzw. Verhalten** ist nun eine **Verhaltenstechnologie** (vgl. JFW 155) möglich. Wer das menschliche Verhalten studiert hat, kann Kontingenzen oder auch komplexe Reihen von Kontingenzen konstruieren, um ein bestimmtes Verhalten hervorzurufen oder zu ändern. Diese Verhaltenstechnologie orientiert sich an dem Wert einer „Erhaltung der Kultur" (JFW 155).
Mit dieser **materialistischen und funktionalistischen Anthropologie** (vgl. WV 42) möchte Skinner all die philosophischen Positionen überwinden, die den Menschen als ein zur Freiheit und Würde fähiges Wesen deuten. Dies geschieht allerdings auf der Grundlage einer recht eigenwilligen Sicht auf diese Positionen: „Was im Begriff ist, abgeschafft zu werden, ist der ‚autonome Mensch', – der innere Mensch, der Homunkulus, der besitzergreifende Dämon, der Mensch, der von der Literatur der Freiheit und Würde verteidigt wird." (JFW 205) Skinner deutet diese Sicht auf den Menschen als eine „Befreiung" vom Ballast der Tradition. Diese „Befreiung" mündet folgerichtig in einem Verständnis des Menschen als einer **komplexen Maschine:**

ZITAT

> „Der Mensch ist insofern eine Maschine, als er ein komplexes System ist, das sich nach bestimmten Regeln verhält, seine Komplexität ist jedoch außergewöhnlich." (JFW 207)

Vgl. hierzu die Ausführungen zum Leib-Seele-Problem im anschließenden Kapitel.

Skinners Anthropologie ist prägend vor allem für die **behavioristische Lerntheorie** sowie philosophisch für bestimmte **materialistische Positionen der Philosophie des Geistes**. In dieser Anthropologie „gibt es weder Freiheit noch Verantwortung, keine besondere Menschenwürde, keine objektiven moralischen Pflichten und keine unverliehenen und unverlierbaren Menschenrechte"[35].

6 Das Leib-Seele-Problem

Mit dem Eintreten des Todes hört der Mensch auf zu atmen. Was einen Organismus lebendig macht und im Tode verlässt, wurde im antiken Denken z. B. bei Homer als **Lebensodem**, d. h. als **Seele** (*psyche)*, verstanden. Seit der Antike führten die Überlegungen, wie die Seele beschaffen und wie ihr Verhältnis zum Körper genauer zu bestimmen ist, zu verschiedenen Grundpositionen, die sich auch noch in der heutigen Diskussion um das Leib-Seele-Problem widerspiegeln: **Dualistische Positionen** unterscheiden **zwei ontologische Grundprinzipien** (z.B. Leib und Seele, Körper und Geist, Materielles und Immaterielles), während **monistische Positionen** nur **ein ontologisches Grundprinzip** annehmen. Hinzu kommen Ansätze, die den Gegensatz von Monismus und Dualismus zu überwinden versuchen. Die Debatte zum Leib-Seele-Problem kann man anhand von **drei miteinander unvereinbaren Thesen** strukturieren, von denen mindestens eine als falsch verworfen werden muss:

Die heutige Diskussion um das Leib-Seele-Problem im Rahmen der Philosophie des Geistes und der Neurowissenschaften ist äußerst ausdifferenziert und kann hier nur in Grundzügen dargelegt werden.

ZITAT

„**(V) Radikale Verschiedenheit:** Mentale Phänomene, also die geistigen Zustände, Prozesse oder Ereignisse, die wir erleben, sind *nicht physisch*. D. h., sie sind *strikt verschieden* von allen physischen Phänomenen.

(W) Mentale Wirksamkeit: Mentale Phänomene können physische Phänomene *verursachen*, d. h. unsere bewussten Absichten können Handlungen unseres Körpers in der Außenwelt bewirken.

(K) Kausale Geschlossenheit: Der Bereich der physischen Phänomene ist kausal geschlossen, d. h. physische Zustände, Prozesse und Ereignisse haben *nur physische*, aber keine nicht-physischen Ursachen.“[36]

Das Zutreffen der These W ist eine Voraussetzung für den freien Willen, für Verantwortung, für Zurechnungsfähigkeit, für Vernunft im Sinne von Kritik und Begründung etc.

6.1 Monistische Positionen

Der **Monismus** wird vorwiegend als ein **materialistischer Ansatz** vertreten. Er favorisiert v. a. seit dem Aufkommen der Naturwissenschaften in der Neuzeit die **These K** und muss deswegen entweder die **These V oder die These W bestreiten**. Philosophiegeschichtlich können ihm schon die antiken Materialisten bzw. Atomisten Demokrit, Epikur und Lukrez, aber auch Philosophen der französischen Aufklärung wie d'Holbach oder La Mettrie sowie manche zeitgenössischen Philosophen und Neurowissenschaftler zugerechnet werden. Der monistische Materialismus behauptet, die gesamte Wirklichkeit sei physischer Natur, deren Prozesse durchgängig kausal determiniert sind. **Kausale Determination** wird hier als eine **Eigenschaft der Wirklichkeit** verstanden.

Die monistische Gegenposition zum materialistischen Monismus ist der **ontologische Idealismus**, dem gemäß die gesamte Wirklichkeit geistiger Natur ist. Dieser Idealismus hatte im 18. Jahrhundert durch Berkeley und Leibniz starken Einfluss. Als derzeit randständige Position wird er aber hier nicht weiter dargestellt, obwohl gute Gründe auch für diese Position angeführt werden können.[37]

Prominente philosophische Vertreter des eliminativen Physikalismus sind Patricia und Paul Churchland.

Nach dem **eliminativen Physikalismus** (auch: eliminativer Materialismus) sind alle geistigen Phänomene in Wirklichkeit kausal determinierte neurophysiologische Vorgänge.[38] In unserem Alltag unterliegen wir einer Täuschung, wenn wir annehmen, dass wir uns selbst Gedanken zu etwas machen, dass wir Wünsche frei abwägen, dass wir selbst etwas aus freien Stücken wollen könnten. Unsere alltäglichen Annahmen über Geistiges stünden „auf gleicher Stufe wie beispielsweise die früher von Physikern eingeführte Substanz Phlogiston oder gar Hexen und Dämonen“[39].

Dem eliminativen Physikalismus ist ein **Selbstwiderspruch** vorgeworfen worden:[40] Er argumentiert für eine Überzeugung gegen andere Überzeugungen und muss dabei voraussetzen, dass das Gegenüber eine falsche Überzeugung haben kann. Wenn aber alle Überzeugungen neurophysiologisch determiniert sind, dann können diese nicht mehr wahr oder falsch sein: Sie *sind* einfach – etwa so wie Verdauungsvorgänge. Die Geltungsdifferenz von Wahrheit und Falschheit ist nivelliert. Der eliminative Physikalist nehme diese Geltungsdifferenz aber in Anspruch. So widerspreche er sich selbst.

Neben dem eliminativen Physikalismus gibt es zwei Formen des **Eigenschaftsphysikalismus**. Die **Identitätstheorie** versucht nachzuweisen, dass sich alle Sätze über Geistiges, wie z. B. über Empfindungen wie Liebe oder über Farbempfindungen, mit physikalischen Sätzen **definieren** lassen (analytische Identitätstheorie). Für jedes mentale Prädikat (wie „ist verliebt“, „möchte ein Bier“) gibt es in der physikalischen Sprache ein oder mehrere entsprechende Prädikate, die z. B. körperliche Prozesse wie Hormonausschüttungen oder bestimmte neuronale Prozesse **bezeichnen** (klassische Identitätstheorie).

Nach dem **reduktiven Eigenschaftsphysikalismus** dagegen kann Mentales allein mit Bezug auf physische Eigenschaften reduktiv erklärt werden.[41] Nach dieser Theorie lassen sich Aussagen über Mentales (z. B. „Ich habe Durst.“) auf der Grundlage von allgemeinen Naturgesetzen kausal auf physische Eigenschaften zurückführen.

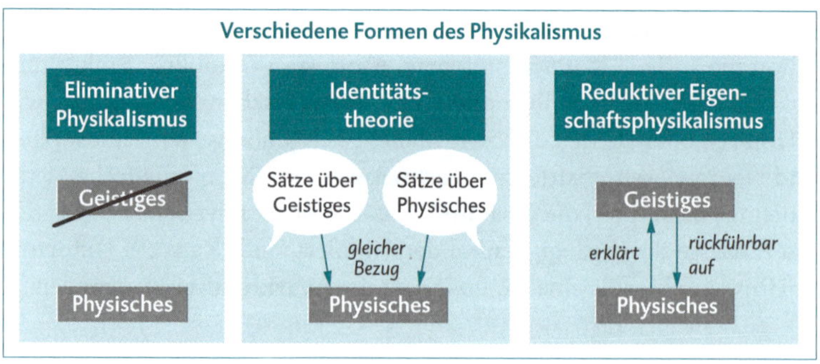

Ein exemplarisches Argument gegen die verschiedenen Formen des Eigenschaftsphysikalismus verweist auf die **Inkommensurabilität von mentalen und physischen Phänomenen:** Mentale Phänomene wie Gefühle, Wünsche, Überzeugungen sind in sich komplex und „lassen sich *nicht* im selben Maß objektivieren, vermessen und durch Naturgesetze beschreiben wie die physischen Phänomene der Physik, Biochemie, Molekularbiologie, Genetik, usw. – einschließlich der Phänomene der Neurophysiologie und Neuropharmakologie“[42]. Damit können auch die kausalen Faktoren, nach denen man auf physikalischer Ebene sucht, nicht bestimmt werden.

inkommensurabel: unvergleichbar, nicht ineinander überführbar

Aus dem sogenannten **Qualia-Problem** ergibt sich der zweite Einwand gegen die physikalistischen Positionen insgesamt: Alle mentalen Phänomene wie Empfindungen, Wünsche, Intentionen haben auch einen **qualitativen Aspekt**, der sich nicht objektiv beobachten und messen lässt, sondern der nur aus der **Perspektive des subjektiven Erlebens** fassbar ist. Wenn z. B. jemand in eine Tafel Schokolade beißt, dann kann man bestimmte physikalische Reaktionen messen, die subjektive Geschmacksempfindung kann jedoch nicht erfasst werden.[44]

Vgl. zum Qualia-Problem S. 62 in diesem Band.

Thomas Nagel treibt das Schokoladen-Beispiel noch weiter: Selbst wenn ein Wissenschaftler „meine Empfindung des Geschmacks von Schokolade“ beobachten wolle, „indem er an meinem Gehirn *leckte*, während ich von meinem Schokoladenriegel koste“, würde es ihm nicht gelingen „*meine* Empfindung des Geschmacks von Schokolade zu beobachten.“ Sogar wenn das Gehirn nach Schokolade schmecken würde, hätte er nur „seinen Geschmack von Schokolade, und nicht den meinen“[43].

6.2 Dualistische Positionen

Die Anfänge eines **Dualismus** finden sich bei Platon, nach dem die Seele als geistige Dimension des Menschen den Körper lebendig macht, ihn steuert und unsterblich ist. Aber erst mit **Descartes** bekommt der Dualismus die Fassung, die der heutigen Diskussion zugrunde liegt.

Dualistische Positionen wollen demnach seit der Neuzeit **sowohl die These V als auch die These K** vertreten. Sie bekommen damit aber **Probleme mit der These W:** Denn wie ist es jetzt überhaupt noch denkbar, dass Geistiges (z. B. Willensakte) etwas in der physischen Welt (z. B. Körperbewegungen) bewirken kann, wo diese doch als lückenlos kausal determiniert angenommen werden muss?

Der sogenannte **Substanzdualismus** geht auf **Descartes** zurück. Er sucht nach einem unbezweifelbaren Fundament einer jeglichen möglichen Erkenntnis. Hierfür unternimmt er das Gedankenexperiment des methodischen Zweifels an allen möglichen Aussagen über etwas. Als letztes Fundament erweist sich auf diesem Wege das „Ich denke“ des Zweifelnden. Er schließt daraus, dass das Denken eine „geistige Substanz“ *(res cogitans)* sei, die radikal von allem Physischen *(res extensa)* – auch dem eigenen Körper – verschieden sei. Der Begriff „Seele“ wandelt sich zu dem des Bewusstseins bzw. des Mentalen oder Geistigen.

„Unter **Substanz** versteht man gemeinhin das, was selbstständig existieren kann und Träger von Eigenschaften ist. Ein Ball z. B. ist eine Substanz. Seine Eigenschaften wie seine Kugelform oder seine Farbe dagegen sind keine Substanzen; denn sie können nicht ohne einen Träger existieren – etwas, das diese Form oder diese Farbe hat.“[45]

Im Sinne der **neuzeitlichen Naturwissenschaft** erklärt Descartes alle Lebensvorgänge auf der physischen Ebene. Die Annahme einer Seele als

Descartes sieht auf dieser Grundlage den Leib als eine „Maschine", „die aus den Händen Gottes kommt"[46].

Lebensprinzip wird damit überflüssig. Alle physischen Prozesse sind aus dieser Sicht nicht nur als Ursache-Wirkungs-Zusammenhänge beschreibbar und auf der Basis von Naturgesetzen lückenlos kausal erklärbar. Darüber hinaus wird bei Descartes und in der neuzeitlichen Naturwissenschaft angenommen, das **Physische** sei **kausal determiniert**.

Die möglichen Wechselwirkungen zwischen dem Physischen (*res extensa*) und dem Geistigen (*res cogitans*) kann Descartes allerdings nicht überzeugend erklären. Er nimmt an, dass vermittelt über die Zirbeldrüse körperliche Impulse auf den Geist einwirken und dass umgekehrt geistige Akte wie z. B. Willensentscheidungen körperliche Bewegungen verursachen können. Descartes sieht dieses **Interaktionsproblem** selbst. Der **Widerspruch** zwischen den Thesen V und W einerseits und der These K andererseits bleibt bei Descartes unaufgelöst.

Die moderne Version eines **Interaktionistischen Dualismus** von John Eccles u. a. sucht den Ort der Interaktion zwischen Geist und Materie im Gehirn in den „Empfangsantennen" von Neuronen, den Dendronen. An diesem Ansatz ist kritisiert worden, dass „das kausale Eingreifen des Geistes in ein physikalisches System auf jeden Fall eine Änderung des Energiezustandes dieses Systems implizieren und daher mit dem Energieerhaltungssatz in Konflikt kommen"[47] würde.

Der Epiphänomalismus gehört zwar zu den dualistischen Positionen, teilt aber mit den monistischen Positionen die Auffassung, dass es keinen Einfluss des Geistes auf die Materie gibt.

Der **Epiphänomenalismus** vertritt die Auffassung, dass mentale Phänomene zwar physisch verursacht sind, aber selbst niemals auf den Körper wirken können.[48] Sie sind bloße Begleiterscheinungen des Physischen – bildlich gesprochen so etwas wie der Schaum auf den Wellen. Gegen den Epiphänomenalismus können dieselben Einwände vorgebracht werden wie beim eliminativen Physikalismus und Eigenschaftsphysikalismus.

Verschiedene Formen des Dualismus

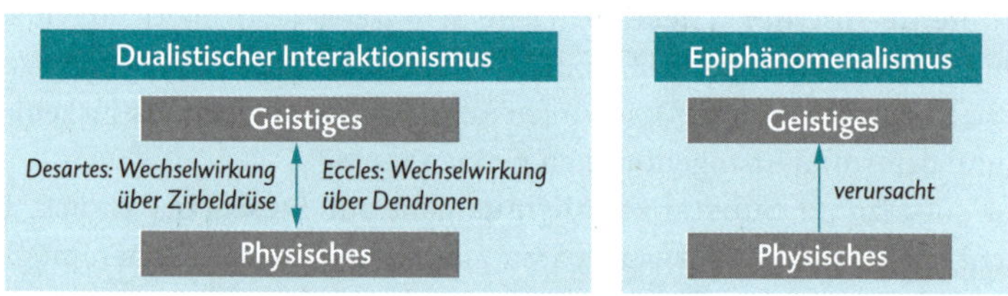

6.3 Weiterführende Positionen zum Leib-Seele-Problem

Die Doppelaspekttheorie von Thomas Nagel

Die **Doppelaspekttheorie** ist eine Verbindung eines **Eigenschaftsdualismus** mit einem **hypothetischen Monismus**. Im Sinne eines Eigenschaftsdualismus hält Thomas Nagel daran fest, dass mentale Eigenschaften von physischen Eigenschaften unterschieden sind und auch nicht kausal auf Physisches zurückgeführt werden können.[49] Den **Widerspruch** zwischen den Thesen V und W einerseits und K andererseits versucht Nagel durch eine zusätzliche Annahme aufzulösen: Diese besteht in der Hypothese, dass die Wirklichkeit sowohl eine mentale wie auch eine physische Dimension hat. Es ist „der **Grundgedanke einer radikalen mental-physischen Einheit der Wirklichkeit**"[50].

Eigenschaftsdualismus: „Mentale Eigenschaften sind in dem Sinne **ontologisch** selbstständig, dass sie weder selbst physische Eigenschaften sind noch auf physische Eigenschaften reduziert werden können."[51]

Die Doppelaspekttheorie trägt damit beiden Dimensionen menschlicher Erfahrung Rechnung: der **subjektiven Dimension** des Erlebens, das immer auch eine bestimmte Qualität hat, und der **objektiven Dimension** äußerer (naturwissenschaftlicher) Beschreibungen. Aus dieser Sicht ist „unser Körper, oder zumindest unser Gehirn, kein bloß physikalisches System [...]. Er ist ein Objekt mit sowohl physikalischen als auch psychischen Aspekten: er läßt sich zwar anatomisch zerlegen, er besitzt jedoch in gewissem Sinne einen inneren Raum, der durch eine solche Vivisektion nicht aufgedeckt zu werden vermag."[52]

Vivisektion: operativer Eingriff bei einem lebenden Objekt

Das **Problem dieser Annahme** einer mental-physischen Einheit ist jedoch, dass sie spekulativ ist und nicht verifiziert werden kann. Denn die menschliche Erkenntnis ist dem System der Personalpronomina entsprechend perspektivisch strukturiert: Entweder in der Perspektive der 1. Person als subjektives Erleben oder in der Perspektive der 3. Person als objektives Beobachten und Beschreiben. Eine Synthese beider Perspektiven in einem einzigen Erkenntnisakt ist uns Menschen aber nicht möglich.

An Nagels Schokoladen-Beispiel lässt sich das veranschaulichen: Selbst wenn wir Schokolade essen, den Geschmack dabei empfinden (1. Person-Perspektive) und zugleich die Messung der eigenen Hirnströme auf einem Monitor beobachten würden (3. Person-Perspektive), dann nähmen wir beide Perspektiven zwar zeitgleich wahr, als Perspektiven wären sie aber immer noch distinkt: Der Einheitsgrund von Geistigem und Physischen, so etwas wie protomentale Eigenschaften in den fundamentalen Bausteinen der Materie, ist uns auf diese Weise immer noch nicht zugänglich.

Jürgen Habermas

Ein sprachphilosophisches Argument für eine **erkenntniskritische Einschränkung der Geltung der These K** formuliert Habermas.[53]

Habermas' Argument wird von der evolutionären Anthropologie von Michael Tomasello gestützt.

Spezifisch menschlich scheint die Fähigkeit der Menschen zu sein, sich nicht nur gemeinsam auf dieselben Objekte beziehen zu können, sondern auch von diesem gemeinsamen Bezug wechselseitig zu wissen und sich über das Objekt kommunikativ austauschen zu können. Diese Verschränkung der Ich-Du-Perspektive mit der objektiven Er-/Sie-/Es-Perspektive spiegelt sich in der Grammatik der Personalpronomina. Die Perspektive der 3. Person, in der wir die Welt objektivierend beschreiben, ist vermittelt über eine Verschränkung der Sprecherrolle (Perspektive der 1. Person) mit der Hörerrolle (Perspektive der 2. Person). Wenn insofern jegliches „Wissen" über die Welt von dieser Verschränkung abhängig ist, dann sind auch deterministische Erklärungen eingebunden in den sprachlichen Horizont wechselseitiger Verständigung. Sie können demnach auch nur den in der Er-Perspektive objektivierten Bereich der Wirklichkeit erfassen. Dies bedeutet aber auch, dass das in diesen Beschreibungen vorausgesetzte **Kausalprinzip** seinen Status als eine tatsächliche Eigenschaft der *gesamten* Wirklichkeit verlieren und zu einem lediglich **methodologischen Prinzip naturwissenschaftlicher Forschung** zurückgestuft werden muss. Auch das Verständnis von „Geist" verschiebt sich von einer immateriellen „Substanz" zu einem Raum von Bedeutungen, der in der Sprache und in Symbolsystemen angelegt und sedimentiert ist.[54]

Das Leib-Seele-Problem erweist sich insofern als gleichursprünglich mit der menschlichen Sprache gegeben. Es spiegelt die Struktur der Sprache, in der wir die Wirklichkeit in drei aufeinander irreduziblen Perspektiven auslegen.

Wissenschaftstheoretische Perspektive

Aus wissenschaftstheoretischer Sicht wird die **These K einer kausalen Geschlossenheit der Welt** von Gesetzen der Physik selbst **in Frage gestellt**. In der Thermodynamik und bei quantenmechanischen Messungen gilt beispielsweise nicht das für die deterministische kausale Geschlossenheit wichtige Prinzip der Reversibilität, d. h. der zeitlichen Umkehrbarkeit der entsprechenden Prozesse, in der die Anfangsbedingungen wiederhergestellt werden. Kausale physikalische Prozesse verlaufen meist abwechselnd deterministisch-reversibel und indeterministisch-irreversibel.

Ein Beispiel[55]: Beim Erwärmen von Teewasser auf dem Elektroherd fließt Strom. Durch Ausschalten des Herdes lässt sich dies rückgängig machen (deterministisch-reversibler Prozess). Die Erwärmung der Herdplatte und des Wassers aber ist ein probabilistischer (= auf Wahrscheinlichkeit beruhender) und irreversibler Prozess: Es wird auch Wärme an die Umgebung abgegeben und verteilt sich. Nach dem Ausschalten strebt das System Herd-Wasser-Küche nach einem neuen thermischen Gleichgewicht. Die Wärme wird dabei aber nicht in die Herdplatte zurückkehren.

Ein **strikter Determinismus** als eine **Tatsachenbehauptung über die Welt** ist empirisch **nicht beweisbar.** Als Ausweg bietet sich aus wissenschaftstheoretischer Sicht deshalb eine Anknüpfung an das Kausalitätsverständnis von Kant oder Hume an. Laut **Kant** ist das **Kausalprinzip lediglich ein methodologisches Prinzip**, eine Regel, die zusammenhängende Erfahrung und auch Naturforschung erst ermöglicht. Sie ist keine Tatsachenbehauptung über die Beschaffenheit der gesamten Wirklichkeit. Ein noch schwächeres Verständnis von Kausalität vertritt **Hume:** Kausale Zusammenhänge sind aus der Erfahrung abstrahierte, hypothetische regelmäßige Zusammenhänge.

Die **These K** ergibt sich demnach aus einem **Fehlschluss:** Vom Kausalprinzip im Sinne einer naturwissenschaftlichen Verfahrensregel wird die Tatsachenbehauptung abgeleitet, dass die gesamte Wirklichkeit kausal determiniert sei.[56] Wenn man die These K aus diesem Grund fallen lässt, dann kann man an den Thesen V und W festhalten.

7 Zusammenfassung

- Nach Platon gibt es drei Seelenteile: Das **Vernunftvermögen** steht dabei über der **Tatkraft** und dem **Begehrungsvermögen** und lenkt diese.
- Für Aristoteles ist der Mensch ein „**zôon logon echon**" (ein sprach- und vernunftbegabtes Wesen) und ein „**zôon politikon**" (ein politisches Wesen im Sinne eines Gemeinschaftswesen).
- Immanuel Kant versteht den Menschen als **sinnliches Vernunftwesen**. In seiner Lebensführung soll er seine Anlagen (zur Tierheit, zur Menschheit und zur Persönlichkeit) entfalten. Aufgrund seiner Anlage zur Persönlichkeit und damit zur Moralität kommt dem Menschen Würde zu.
- Johann G. Herder sieht den Menschen als **Mängelwesen**, das durch seine Mängel aber **frei** ist. Gegenüber dem Tier zeichnet sich der Mensch insbesondere durch seine **Sprachfähigkeit** aus, die sich aus einem reflexiven Verhältnis zur Welt entwickelt hat.
- Nach Jean-Paul Sartres Existenzialismus ist der Mensch absolut frei, weil sein Wesen **nicht vorausbestimmt** ist und er sich deshalb seinen **Sinn selbst geben** muss. Diese Freiheit begreift Sartre auch als Last.
- Max Scheler unterscheidet vier Wesensstufen des Seins: Auf der höchsten Stufe steht der mit Geist begabte Mensch, der ein **reflexives Selbstbewusstsein** besitzt und sich von der Wirklichkeit distanzieren kann.
- Für Helmuth Plessner liegt die Sonderstellung des Menschen in seiner **exzentrischen Positionalität:** Er kann von außen auf den eigenen Leib und auf das Selbst blicken.
- Wie Herder begreift Arnold Gehlen den Menschen als **Mängelwesen**. Weil ihm Instinkte fehlen, bedarf er stabilisierender **Institutionen und Technik**, die ihn entlasten und Handlungssicherheit geben.
- Nach Ernst Tugendhat zeichnet sich der Mensch dadurch aus, dass er aufgrund seiner **Sprachfähigkeit** zu sich selbst, insbesondere zu eigenen Wünschen und Impulsen, in **Distanz** treten kann.
- Sigmund Freud stellt ein Bewusstseinsmodell mit drei Instanzen auf: Das **Es** folgt dem **Lustprinzip**, das **Über-Ich** dem **Moralitätsprinzip**, das **Ich** muss zwischen diesen Instanzen und der **Realität vermitteln**.
- Für Burrhus Skinner ist der Mensch eine **komplexe Maschine**, die in festgelegter Weise auf bestimmte Reize von außen reagiert.
- Beim **Leib-Seele-Problem** wird gefragt, ob und wie Leib (Körper, Physisches) und Seele (Geist, Mentales) miteinander zusammenhängen. Monistische Positionen, die zumeist dem Physischen den Vorrang geben, stehen dualistische Positionen gegenüber, die in der Regel von einem Einwirken des Geistigen auf das Physische ausgehen.

Freiheit und Determination

„Ich will aber!" – mit diesem Satz hat vermutlich jeder Mensch einmal in seiner Kindheit die eigene **Freiheit und Unabhängigkeit** zu behaupten versucht. Aber kann das eigene Wollen tatsächlich frei und unabhängig sein? Sind wir nicht vielmehr zahlreichen **Einflüssen** ausgesetzt, die unser Wollen und Handeln bestimmen, oder sind wir sogar in unserem Wollen und Handeln festgelegt durch all das, was zuvor war? Sind wir **Marionetten unserer Vergangenheit** – und unsere Freiheit ist nur eine **Illusion**? Mit diesen Fragen befasst sich dieses Kapitel.

1 Grundlagen

Determinismus: von lat. *determinare* = festlegen, Grenzen setzen. Ist etwas determiniert, so ist es durch vorherige Ursachen und Gesetzmäßigkeiten bestimmt. Vgl. hierzu näher S. 48 in diesem Band.

Sam Harris (*1967) ist ein US-amerikanischer Philosoph, Neurowissenschaftler, Schriftsteller und Podcaster. Er ist ein bekennender Atheist und Verfechter des Determinismus.

Die Frage, ob der Mensch einen **freien Willen** hat oder in seinen Entscheidungen determiniert ist, beschäftigt die Philosophie seit Jahrhunderten. Die meisten Menschen würden spontan behaupten, dass sie einen freien Willen haben, da sie in verschiedenen Situationen die Freiheit empfinden, sich für oder gegen eine Handlung zu entscheiden. Aber gibt es wirklich so etwas wie einen freien Willen oder sind unsere Entscheidungen von vorherigen Ereignissen und Umständen abhängig?
Der zeitgenössische Philosoph **Sam Harris** hat ein einfaches **Gedankenexperiment** entwickelt, um diese Problematik zu verdeutlichen. Er fordert seine Zuhörer und Zuhörerinnen auf, den Namen einer beliebigen Stadt auszuwählen. Da die eigene Entscheidung mit niemandem geteilt werden muss und die Wahl der Stadt daher keinerlei Konsequenzen hat, scheint dies eine freie Entscheidung zu sein. Aber wenn wir uns fragen, warum wir gerade diese Stadt ausgewählt haben, gibt es vielleicht eine unbewusste Vorliebe oder Verbindung zu dieser Stadt, die unsere Entscheidung beeinflusst hat. Haben wir beispielsweise Tokyo ausgewählt, weil wir gestern Sushi gegessen haben? Oder haben wir Paris gewählt, weil wir dort unseren letzten Urlaub verbracht haben? Selbst bei scheinbar kleinen Entscheidungen können frühere Erfahrungen und Umstände unbewusst unsere Entscheidungen beeinflussen.
Die Frage nach Freiheit und Determination des Menschen kann aus den Blickwinkeln der verschiedensten Natur- und Gesellschaftswissenschaften sowie aus dem Blickwinkel der Philosophie betrachtet werden.

Freiheitsbegriffe

Bei der Diskussion um Freiheit und Determination ist es wichtig, zu klären, um welche Art von Freiheit es geht. So hat sich die Unterscheidungen zwischen Handlungsfreiheit und Willensfreiheit eingebürgert:

Die Handlungsfreiheit wird auch häufig **äußere Freiheit** genannt.

- Als **Handlungsfreiheit** wird die Freiheit bezeichnet, etwas zu tun, was man will. Ein Gefängnisinsasse beispielsweise kann nicht in der Stadt spazieren gehen, auch wenn er das gerne möchte. Damit ist er in seiner Handlungsfreiheit eingeschränkt.

Die Willensfreiheit wird auch häufig **innere Freiheit** genannt.

- Als **Willensfreiheit** dagegen wird die Freiheit bezeichnet, etwas tun zu wollen, was man will. Das klingt erst einmal tautologisch, wird aber verständlich, wenn man den darin verwendeten Begriff des Wollens nachvollzieht. Etwas zu wollen, bedeutet hier nämlich, dass die eigenen Absichten und Ziele **vernunftbestimmt und selbstgesetzt** sind. Gemeint ist insbesondere, dass man sich in seinem Wollen nicht von inneren Zwängen, z.B. einer Zigarettensucht, leiten lässt: Wer eigentlich dringend zu einem Vorstellungsgespräch möchte, aber den Zug dorthin verpasst, weil er sich wegen seiner Zigarettensucht noch Zigaretten besorgen musste, hatte in diesem Fall keine Willensfreiheit.

Die Handlungsfreiheit ist problemlos mit einer deterministischen Weltsicht zu vereinbaren, die Willensfreiheit nicht.

Die Unterscheidung zwischen negativer und positiver Freiheit setzt einen anderen Akzent: **Negative Freiheit** bedeutet **„Freiheit von etwas"**, von Einschränkungen und Zwängen. Es geht um die Abwesenheit von Hindernissen. **Positive Freiheit** heißt dagegen **„Freiheit zu etwas"**, d. h. die Freiheit, dieses oder jenes zu wollen oder zu tun: Es geht um die „Fähigkeit, mit seinem Wollen und Handeln [...] in ein Verhältnis zu treten, in letzter Instanz entscheiden, Ziele und Mittel wählen, dem eigenen Wollen und Handeln [...] eine Richtung [...] geben [...] zu können"[1] – ein Beispiel wäre die demokratische Freiheit, wählen zu gehen.

Die Begriffe „negativ" und „positiv" sind hier nicht im wertenden Sinne zu verstehen. Der Begriff „negativ" bezieht sich auf das Nicht-Vorhandensein von Einschränkungen, der Begriff „positiv" auf gegebene Freiheit.

Es gibt vier Kombinationen von Handlungsfreiheit und Willensfreiheit:

	Handlungsfreiheit	Willensfreiheit
Negative Freiheit	Abwesenheit von äußeren Zwängen oder Hindernissen, die das Handeln einschränken – Beispiel: *In einem Staat ohne Schulpflicht muss niemand morgens in die Schule gehen. Jeder ist frei, seinen Vormittag so zu gestalten, wie er es möchte.*	Abwesenheit von inneren (psychischen oder physiologischen) Zwängen oder Hindernissen, die das eigene Wollen einschränken – Beispiel: *Jemand mit Waschzwang wäscht sich ständig die Hände gegen das bessere Wissen, dass das nicht nötig ist. Sein Wollen ist „negativ" unfrei.*
Positive Freiheit	Fähigkeit und Möglichkeit, das, was ich will, auch tatsächlich umzusetzen – Beispiel: *In einem Staat ohne Schulen hat nicht jeder die gleiche positive Freiheit, sich so zu bilden, dass er beispielsweise seinen gewünschten Beruf erlernen kann.*	Fähigkeit und Möglichkeit, dass die eigene Vernunft das Wollen bestimmt – Beispiel: *Jemand entscheidet, am späten Abend seine Lieblingsserie nicht mehr fertig zu sehen, weil er am nächsten Tag für eine wichtige Klausur fit sein möchte. Seine Willensbildung ist „positiv" frei.*

Ein anderer wichtiger Begriff ist **Wahlfreiheit**. Diese wiederum bezieht sich auf die Fähigkeit einer Person, **zwischen verschiedenen Optionen zu wählen**. Diese Freiheit ist jedoch begrenzt durch äußere Umstände wie Verfügbarkeit oder gesetzliche Beschränkungen.

Um Wahlfreiheit geht es z. B. bei der Entscheidung, welches Restaurant man besuchen möchte.

Die lebensweltlichen Relevanz der Frage nach der Willensfreiheit

Es stellt sich die Frage, inwiefern sich unser gesellschaftliches Zusammenleben verändern würde, wenn man nicht (mehr) von der (Willens-)Freiheit eines jeden Individuums ausgeht. Diese Frage ist schwer zu beantworten – man kann sich aber überlegen, welche Konsequenzen dies in bestimmten lebensweltlichen Kontexten haben könnte:

Im **juristischen Kontext** hat die Vorstellung davon, ob ein Mensch in seinen Entscheidungen frei oder unfrei ist, entscheidende Auswirkungen darauf, wie mit Straftätern umgegangen wird. Wer erinnert sich nicht daran, als Kind gefragt worden zu sein: „Hast du das absichtlich gemacht oder war das ein Unfall?" Wenn Menschen determiniert sind, dann – so argumentieren manche – kann ihnen nicht (vollständig) die **Verantwor-**

tung für ihre Handlungen zugeschrieben werden. Wenn sie jedoch frei sind, können sie für ihre Handlungen verantwortlich gemacht werden. Ein Rechtsstaat und eine funktionierende Rechtsprechung können jedoch auch mit einer deterministischen Weltsicht in Einklang gebracht werden. Auch wenn der Täter durch äußere Umstände zu seiner Handlung angestoßen wurde, kann er bestraft und eingesperrt werden. Die Strafe kann ihn dann dazu bringen, eine derartige Tat in Zukunft zu vermeiden (Stichwort „Denkzettel" bzw. „Abschreckung"), oder dazu dienen, die Gesellschaft vor zukünftigen Taten zu schützen.

Auch für die **Pädagogik** ist die Frage der Willensfreiheit relevant: Ein **Determinist** würde eher davon ausgehen, dass die **Umwelt** eine größere Rolle bei der **Formung einer Person** spielt als die persönlichen Entscheidungen dieser Person. Insofern könnte seine Pädagogik eher darauf ausgerichtet sein, die Umweltbedingungen zu verbessern, um eine positive Entwicklung zu fördern, als darauf, die persönlichen Entscheidungen der Person zu fördern. Personen dagegen, die an freie Willensentscheidungen glauben, tendieren eher dazu, Kinder und Jugendliche durch Pädagogik zu selbstbestimmten Entscheidungen zu ermächtigen.

In der **Psychologie** spielen die Vorstellungen von Freiheit und Determination in Bezug auf die Selbstwirksamkeit und Kontrollüberzeugungen einer Person eine Rolle. Die **Selbstwirksamkeit** beschreibt die Überzeugung, dass man bestimmte Handlungen ausführen und Ziele erreichen kann, während **Kontrollüberzeugungen** die Überzeugungen darüber umfassen, wie viel Kontrolle man über sein Leben hat. Wenn Menschen glauben, dass sie frei sind und ihre Handlungen ihr Leben bestimmen, sind sie eher bereit, Verantwortung für ihre Handlungen zu übernehmen und aktiv ihr Leben zu gestalten.

2 Soziale Einflüsse auf den Menschen

Auch ohne Anhänger eines strikten philosophischen Determinismus zu sein, kann man fragen, welchen **Einflüssen** der Mensch ausgesetzt ist, die seinen Willen und seine Handlungen bestimmen. Im Folgenden stehen soziologische und (sozial)psychologische Einflussfaktoren im Fokus.

2.1 Erziehung, Bildung, Sozialisation und Status

Erziehung, Bildung und Sozialisation

Erziehung kann einen großen Einfluss auf die Entwicklung eines Menschen haben. Durch Erziehung lernt man nicht nur **grundlegende**

Fähigkeiten wie Lesen, Schreiben und Rechnen, sondern auch **soziale Kompetenzen** wie Empathie, Selbstbewusstsein und Konfliktlösung. Die Art und Weise, wie jemand erzogen wird, beeinflusst auch die Persönlichkeit und das Verhalten. Zum Beispiel kann eine strenge und autoritäre Erziehung zu einem Mangel an Selbstvertrauen und einem erhöhten Bedürfnis nach Kontrolle führen.

„An Erziehung […] zu glauben heißt ja gerade auch, an einen Determinismus zu glauben, sonst könnte man es ja gleich sein lassen."[2]

Eltern vermitteln im Laufe der Jahre ihr eigenes **Wertesystem** an ihre Kinder. Kinder, die in extremen religiösen Gruppierungen aufwachsen, übernehmen eine Sicht der Welt, die sich schwer oder kaum abschütteln lässt. Die allgemeine Schulpflicht in Deutschland wirkt diesem Effekt entgegen. Selbst wenn Eltern extreme Ansichten (rassistische, misogyne oder homophobe Ansichten) vertreten, werden diese Ansichten ihre Kinder nicht völlig determinieren können, weil sie im Schulsystem mit anderen Ansichten und Einflüssen konfrontiert werden.

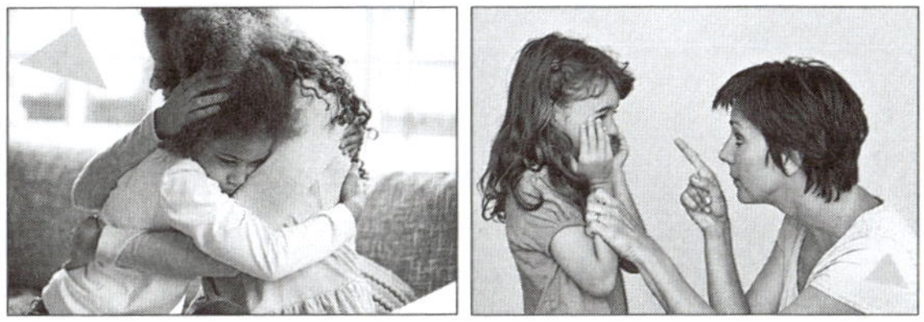

Der Erziehungsstil beeinflusst die Persönlichkeit.

Die Erziehung ist Teil eines allgemeineren Prozesses: Die **Sozialisation** bezeichnet das Hineinwachsen in das gesellschaftliche Beziehungsgefüge und besteht in der **Übernahme der Werte, Normen und Verhaltensweisen** des gesellschaftlichen Bezugssystems. Man unterscheidet drei Sozialisationsphasen: die primäre Sozialisation (in der Familie), die sekundäre Sozialisation (Freunde, Peergroup, Schule) und die tertiäre Sozialisation (insb. Arbeitswelt). Wie wir denken, fühlen und urteilen, ist vor diesem Hintergrund stark von unserer sozialen Umgebung beeinflusst.

Status und Schicht

Als **sozialen Status** einer Person bezeichnet man die **Position**, die sie **in der Gesellschaft** einnimmt, und die (gesellschaftliche) **Bewertung** dieser Position. Für den Status spielen soziale Merkmale wie der Beruf, der Bildungsstand, das Vermögen etc. eine große Rolle. Diese Merkmale können entweder durch Geburt (**zugeschriebener Status**) gegeben sein oder durch eigene Leistungen (**erworbener Status**) erlangt werden. Ein niedriger Status ist dabei von geringer gesellschaftlicher Wertschätzung geprägt, ein hoher Status von großer gesellschaftlicher Wertschätzung.

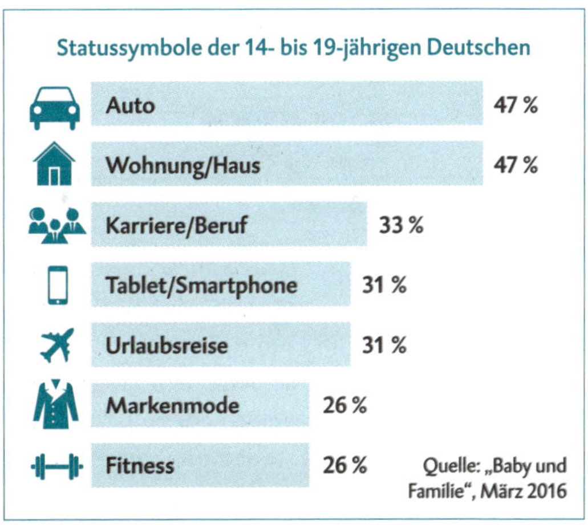

Statussymbole gelten als äußere Anzeichen für diesen Status. Beispiele für Statussymbole sind Markenkleidung, Immobilienbesitz oder Titel. Sie werden oft auch als **Statusmarker** bezeichnet. Wenn die Statussymbole nicht mit dem sozialen Status einer Person übereinstimmen, wird dies als **Statusinkonsistenz** bezeichnet, während eine Übereinstimmung als **Statuskonsistenz** gilt.

Der **Status** kann in verschiedener Hinsicht ein **Einflussfaktor** für das Denken und Handeln des Menschen sein. So erscheint ein hoher Status in der Regel als begehrenswert und kann daher dazu motivieren, ihn zu erlangen. Hat eine Person einen niedrigen Status, dann kann das aber beispielsweise auch zu Selbstzweifeln oder geringem Selbstwertgefühl führen. Ein höherer Status kann dagegen auch Verlustängste befördern.

Es gibt unterschiedliche Schichtungsmodelle, die die Bevölkerung auf verschiedene Art und Weise in Schichten einteilen.

Der soziale Status einer Person ist oft eng mit ihrer **Schichtzugehörigkeit** verbunden. Als **Schicht** bezeichnet man den Teil der Menschen in einer Bevölkerung, deren Leben von einer ähnlichen **sozioökonomischen Lage** gekennzeichnet ist. Prägend hierfür sind Aspekte wie Ausbildung, Wohn- und Arbeitsbedingungen, Einkommen und Vermögen. Schichtzugehörigkeit beeinflusst viele Bereiche des Lebens einer Person, wie zum Beispiel die Gesundheit oder die Bildungschancen. Dabei wird davon ausgegangen, dass die Zugehörigkeit zu einer Schicht (in der Regel) wegen einer ähnlichen Sozialisation tendenziell auch zu ähnlichen „inneren" Merkmalen – insbesondere zu einer bestimmten Mentalität und einem bestimmten Habitus – führt. Die Schichtzugehörigkeit beeinflusst dann die Lebensmöglichkeiten im doppelten Sinne, zum einen direkt (beispielsweise wenn aufgrund fehlenden Geldes kein Auslandsaufenthalt möglich ist) und zum anderen indirekt (wenn z. B. ein bestimmter Habitus die Bewerbungschancen reduziert).

Habitus (von lat. *habere* = haben): Auftreten, Benehmen, Sozialverhalten

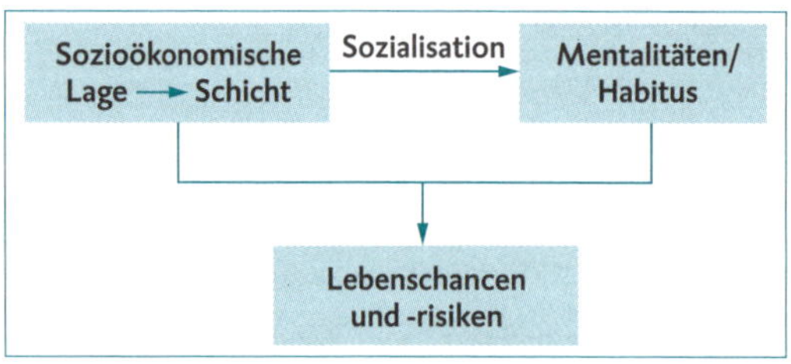

Darstellung nach: Rainer Geißler[3]

Auch wenn der soziale Status und die Schichtzugehörigkeit eng miteinander verbunden sind, gibt es einen Unterschied zwischen den beiden Konzepten. Der Begriff „Schicht" wird verwendet, um die **soziologischen Merkmale von Bevölkerungsteilen** zu beschreiben, während „sozialer Status" eher die Bewertung dieser Merkmale beschreibt. Beide Konzepte sind jedoch von entscheidender Bedeutung, um die soziale Struktur einer Gesellschaft zu verstehen und die unterschiedlichen Möglichkeiten und Herausforderungen zu erkennen, denen verschiedene Gruppen von Menschen in einer Gesellschaft gegenüberstehen und durch die sie beeinflusst werden.

2.2 Rollentheorie

Maßgebend für die soziologische Rollentheorie war Ralf Dahrendorf. Nach seiner Auffassung nimmt jeder Mensch in einer Gesellschaft – je nach Situation und Kontext – **unterschiedliche Rollen** ein. So könnte ein Erwachsener z. B. die Rolle eines Studenten (an der Universität), eines Trainers (im Handballverein), eines Elternteils (in der Familie) oder auch eines romantischen Partners (in der Beziehung) einnehmen. Laut Ralf Dahrendorf ist jede dieser Rollen mit Erwartungen verbunden, wie man sich in dieser Rolle verhalten soll. Es gibt drei Arten von **Rollenerwartungen:**

Ralf Dahrendorf (1929–2009) war ein deutsch-britischer Soziologe, Publizist und Politiker. Sein wichtigstes Werk *Homo Sociologicus. Ein Versuch zur Geschichte, Bedeutung und Kritik der Kategorie der sozialen Rolle* veröffentlichte er im Jahr 1965.

info

Muss-Erwartungen: Dies sind Erwartungen, deren Erfüllung als **unbedingt notwendig** angesehen wird, um einer bestimmte Rolle gerecht zu werden. Das Kultusministerium erwartet z. B. von den Lehrkräften, dass sie sich an den Lehrplan halten und ihre Schülerinnen und Schüler angemessen bewerten. Sollten sie sich nicht an den Lehrplan halten oder ihre Notengebung völlig willkürlich sein, werden sie sanktioniert.

Soll-Erwartungen: Dies sind Erwartungen, deren Erfüllung als **wünschenswert** angesehen wird, aber nicht unbedingt notwendig ist, um einer bestimmten Rolle gerecht zu werden. Die Anforderung an eine Lehrkraft, den Schülerinnen und Schülern den Unterrichtsstoff verständlich zu vermitteln, wäre eine derartige Erwartung. Eine Lehrkraft, die diese Erwartungen erfüllt, kann mit positiven Verstärkungen, z. B. einer Beförderung, rechnen. Die Nicht-Einhaltung oder nur teilweise Erfüllung dieser Erwartungen wird aber nicht so streng sanktioniert wie bei Muss-Erwartungen.

Kann-Erwartungen: Dies sind Erwartungen, deren Erfüllung als **optional** angesehen wird und die eine Person erfüllen *kann*. So kann ein Lehrer für seine Klasse freiwillige Übungsstunden am Nachmittag anbieten und sich wünschen, dass seine Schülerinnen und Schüler diese Möglichkeit annehmen. Sanktioniert wird die Nicht-Teilnahme allerdings nicht.

Rollen werden in der **Sozialisation** erlernt bzw. verinnerlicht. Besondere Bedeutung hat hierbei das Lernen am Modell: Kinder beobachten, wie sich andere in bestimmten Situationen verhalten, und lernen so, welche Rollen es gibt und welche Erwartungen mit ihnen verknüpft sind.

Weil jeder Mensch mehrere Rollen innehat, können **Rollenkonflikte** entstehen: Bei **Interrollenkonflikten** kollidieren zwei Rollen, die eine Person ausfüllt, miteinander. Wenn eine Schülerin beispielsweise an einem wichtigen Fußballspiel teilnehmen soll, das zur gleichen Zeit wie das Geburtstagsessen ihrer Großmutter stattfindet, stehen die Erwartung an sie als aktive Spielerin ihres Teams und die Erwartung an sie als liebevolle Enkelin im Gegensatz zueinander. Bei **Intrarollenkonflikten**

inter (lat.) = zwischen;

intra (lat.) = innerhalb

Interrollenkonflikt: Welchen Rollenerwartungen soll ich folgen?

stehen die Erwartungen, die unterschiedliche Personen an ein und dieselbe Rolle haben, im Widerspruch zueinander. So kann der Schulleiter völlig andere Erwartungen an einen Lehrer haben als die Schüler, die er unterrichtet.

Rollen haben im gesellschaftlichen Miteinander eine wichtige Funktion: Die über sie vermittelten Verhaltensmaßgaben verschaffen dem Handelnden **Sicherheit**, welches Verhalten angemessen ist: Nimmt jemand gerade die Rolle eines Trainers ein, dann weiß er, dass es u.a. seine Aufgabe ist, dem Team etwas beizubringen, für Ordnung zu sorgen und die Spielaufstellung zu machen. Zudem **entlasten** Rollen auch die **Interaktion**, weil nicht immer erst noch geklärt werden muss, wer sich wie zu verhalten hat bzw. welche Aufgabe er übernimmt. So stimmt sich der Trainer nicht erst noch in jedem Training mit den Teammitgliedern ab, wer das Training gestaltet – das ist von vorneherein durch die Rollen geklärt.

Rollenerwartungen können aber auch als **Einschränkung der persönlichen Freiheit** empfunden werden. In solchen Fällen spricht man von einem **Person-Rolle-Konflikt**. Ein solcher Konflikt entsteht insbesondere, wenn die Erwartungen mit den individuellen Interessen und Bedürfnissen einer Person nicht in Einklang zu bringen sind. In diesem Fall ist der Rollenträger entweder nicht in der Lage oder nicht bereit, die Rolle zu erfüllen. Manchmal kommt es zur kompletten **Rollenverweigerung**, wenn eine Rolle als zu einschränkend erlebt wird.

Pluralistisch (von lat. *pluralitas* = Mehrzahl) sind Gesellschaften, wenn in ihnen eine Vielzahl von (auch gegensätzlichen) Lebensentwürfen und Haltungen möglich und akzeptiert sind.

Rollenerwartungen unterliegen einem historischen Wandel und sind in modernen **pluralistischen Gesellschaften** zum Teil nicht mehr so festgefügt wie früher. Beispielsweise hat sich in den letzten sechzig bis siebzig Jahren die Rolle der Frau erheblich verändert: So gehörte es in den Jahrzehnten nach dem Zweiten Weltkrieg noch ganz klar zu den Rollenerwartungen, dass Frauen heiraten sollen und sich dann in der Familie um Haushalt und Kinder kümmern.

Exkurs: Das Stanford-Prison-Experiment

Philip Zimbardo (*1933) ist ein US-amerikanischer Psychologe. Die Ergebnisse seines Experiments wurden in der Studie *Stanford prison experiment: A simulation study of the psychology of imprisonment* (1972) veröffentlicht.

Ein bekanntes Experiment, mit dem die Auswirkungen sozialer Rollen auf das Verhalten von Menschen untersucht wurden, war das **Stanford-Prison-Experiment**. In diesem von **Philip Zimbardo** 1971 durchgeführten Experiment wurden männliche Freiwillige, die sorgfältig ausgewählt worden waren und keine psychologischen Auffälligkeiten besaßen, zufällig in Gefangene und Wärter eingeteilt und sollten über zwei Wochen hinweg den **Alltag in einem Gefängnis simulieren**.

Liegestützen als Schikane – Szenenausschnitt aus dem US-amerikanischen Film *The Experiment* (2010), der das Stanford-Prison-Experiment in freier Form verfilmte.

Schnell entwickelte sich eine sehr negative Dynamik, bei der die Wärter ihre Macht ausnutzten und die Gefangenen erniedrigten und quälten. Einige Gefangene fingen an, Symptome von Angstzuständen und Depressionen zu zeigen, während die Wärter immer aggressiver und sadistischer wurden. Das Experiment wurde nach nur sechs Tagen abgebrochen, da die Situation außer Kontrolle geraten und das Wohlergehen der Teilnehmer gefährdet war. Auch der Versuchsleiter selbst, der als „Gefängnisdirektor" an dem Versuch teilnahm, bemerkte, wie er von seiner Rolle beeinflusst wurde.

2004 wurde Zimbardo aufgrund seines berühmten Experiments als Experte zu den Gefangenenmisshandlungen in Abu Ghraib gehört. Die amerikanische Regierung war der Meinung, dass diese Misshandlungen ein paar „bad apples" („schlechte Äpfel"), also einzelnen Charakteren, zu verdanken seien, während Zimbardo betonte, dass das System das Problem sei: „we're saying it's a few bad apples, it's isolated. But what's bad is the barrel." („Wir sagen, dass es sich um ein paar schlechte Äpfel handelt, es seien Einzelfälle. Aber was schlecht ist, ist das Fass.")

2.3 Konformität und Autorität

Konformität ist ein Begriff aus der Sozialpsychologie.

> **info**
>
> **Konformität**
>
> Als Konformität bezeichnet man die **Übereinstimmung** von Meinungen und/oder Verhaltensweisen mit den vorherrschenden Meinungen und Verhaltensweisen von **Gruppen**, **anderen Personen** oder insgesamt des **sozialen Umfelds**. Diese Übereinstimmung ist oft das Resultat einer Anpassung an diese Meinungen und Verhaltensweisen. Als **Konformitätsdruck** bezeichnet man den empfundenen Druck, sich der Mehrheit in diesem Sinne anzupassen. Es gibt zwei Arten von Konformität:
>
> - **Acceptance** (Akzeptanz): Der Handelnde akzeptiert die Meinungen der anderen als korrekt (ändert also seine innere Einstellung) und verhält sich entsprechend.
> - **Compliance** (Einwilligung/Folgsamkeit): Der Handelnde passt sein Verhalten an das Verhalten der anderen an, ändert aber nicht seine innere Einstellung.

Konformes Verhalten gründet meist in dem Wunsch nach **Sicherheit**, **Anerkennung** oder **Zugehörigkeit**.

Wie stark der Effekt der Anpassung an andere sein kann, demonstriert ein bekanntes **Experiment von Solomon Asch:** Mehr als drei Viertel seiner Versuchspersonen konnten unter Gruppendruck zu offensichtlich

Solomon Asch (1907–1996) war ein polnisch-amerikanischer Sozialpsychologe.

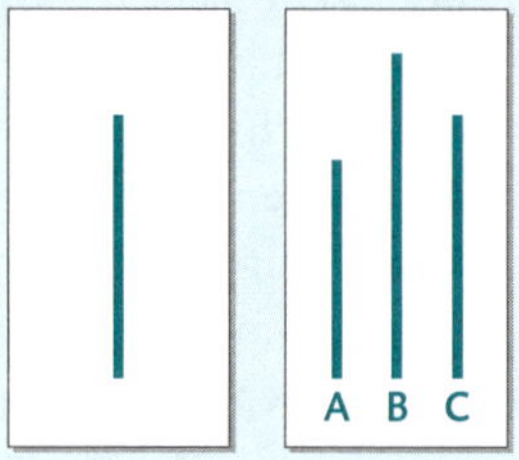

„Welche der drei Linien A, B, C ist so lang wie die Linie links?"

falschen Aussagen bewegt werden. Dazu präsentierte er seinen Versuchspersonen verschieden lange Linien und fragte sie, welche davon gleich lang seien. Gleichzeitig mit den eigentlichen Testpersonen, befanden sich weitere vermeintliche Testpersonen im Raum, die vorher instruiert worden waren, offensichtlich falsche Antworten zu geben. Die größte Beeinflussung fand dabei statt, wenn mindestens 3 oder mehr falsche Aussagen der Wahrnehmung der Testpersonen gegenüberstanden. Bei mehr als 3 Antworten nahm die Beeinflussung nicht mehr signifikant zu. Gleichzeitig stellte sich heraus, dass die Fähigkeit der Mehrheit, den Probanden zu beeinflussen, erheblich abnahm, wenn auch ein anderer Teilnehmer dessen Meinung vertrat.

Der Begriff **Autorität** beschreibt eine soziale Position, die einer Person oder Personengruppe zugeschrieben wird, der andere Menschen folgen und an deren Handeln und Denken sie sich orientieren. Eine Autoritätsposition kann auf unterschiedliche Weise erlangt werden, z. B. durch eine Berufung in eine hierarchisch höhergestellte Position, durch Erfahrung und Wissen oder auch durch Charisma. Die Unterwerfung unter eine Autorität wird von Soziologen als **Gehorsam** bezeichnet.

Stanley Milgram (1933–1984) war ein US-amerikanischer Psychologe. Hintergrund seines Experiments war die Annahme, dass die Deutschen besonders autoritätsgläubig seien und dies ihre Gräueltaten während des Zweiten Weltkriegs erkläre. Das Originalexperiment fand in den USA statt und wurde danach mit Versuchspersonen aus verschiedenen Nationen (1970 in Deutschland) wiederholt, ohne dass signifikante Unterschiede zwischen den Nationen festgestellt wurden.

Ein klassisches Experiment, mit dem die Wirkung von Autorität untersucht wurde, ist das **Milgram-Experiment**. Der Psychologe Stanley Milgram wollte untersuchen, inwieweit Menschen **entgegen ihrem Gewissen** den Anweisungen von **Autoritäten** zu folgen bereit sind. In dem Experiment wurden die Versuchspersonen nicht darüber informiert, dass eigentlich der Umgang mit Autoritäten getestet werden sollte. Stattdessen glaubten sie, an einem Lernexperiment teilzunehmen, an dem drei Personen beteiligt seien:

- Ein **„Schüler"** sollte Wortpaare lernen und wurde auf einer Art elektrischem Stuhl in einem anderen Raum untergebracht.
- Die **eigentliche Versuchsperson** sollte die Rolle eines **„Lehrers"** einnehmen, der mit Stromschlägen den Lernprozess des Schülers „unterstützen" sollte.
- Der einzige weitere Anwesende war der **„Versuchsleiter"**, der die „Lehrer" zum Weitermachen anhielt.

Der „Schüler" war aber keine Versuchsperson, sondern ein eingeweihter **Schauspieler**.

Der Versuchsperson wurde zu Beginn mit einem leichten Stromschlag vorgetäuscht, dass in der Versuchsanordnung wirklich Strom fließt. Ihr wurde gesagt, dass bei jedem Fehler des „Schülers“ die Stärke des Stromschlags um 15 Volt gesteigert werden würde. Beim Experiment wurden dem „Lehrer“ durch verbale und lautliche Reaktionen verschieden starke Schmerzen des „Schülers“ vorgespiegelt, abhängig von der Stromstärke – von einem Grunzen (75 V) über Schmerzensschreie (120 V) und der Aussage, nicht mehr teilnehmen zu wollen (150 V), bis hin zur Verweigerung einer Antwort (300 V) und Stille (über 330 V).

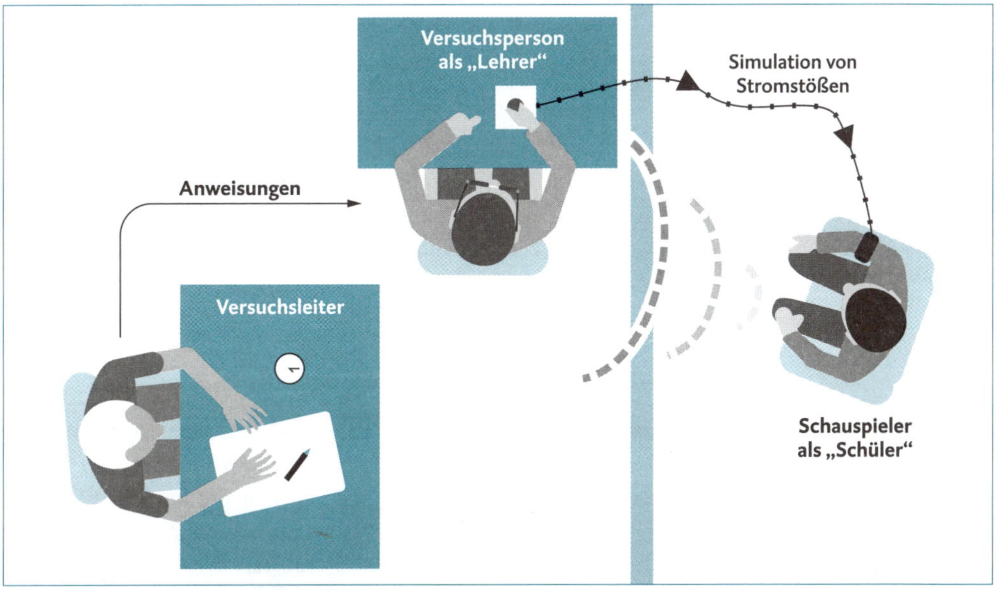

Versuchsaufbau des Milgram-Experiments

Von 40 männlichen Versuchsteilnehmern gingen **25 Personen (62,5 %)** bis zur **maximalen Spannung von 450 Volt**, einer lebensgefährlichen Spannung. Nur 15 Personen brachen vorher ab, davon 8 Personen bei Stromstärken zwischen 135 und 180 Volt und weitere 7 Personen zwischen 285 und 300 Volt. Offensichtlich litten die Versuchsteilnehmer mit dem „Schüler“ mit, der auf die Stromschläge reagierte. Dennoch ließen sie sich von der **Autorität des Versuchsleiters** so **beeinflussen**, dass sie weitermachten. Dabei hatten sie keinerlei negative Auswirkungen zu befürchten. Der Versuchsleiter forderte sie nur mit Worten dazu auf, den Versuch fortzusetzen. Diese Worte des Versuchsleiters waren standardisiert, um gleiche Bedingungen für alle Versuchspersonen zu gewährleisten.

Die Aufforderungen reichten von eher höflichen Sätzen („Bitte machen Sie weiter.“) bis hin zu nachdrücklichen Anordnungen („Sie haben keine Wahl; Sie müssen weitermachen.“).

Um genauer die Bedingungen für den Gehorsam der Versuchspersonen gegenüber der Autorität zu untersuchen, führte Milgram eine Vielzahl von Variationen des Experiments durch – mit folgenden Ergebnissen:

Variante	Die maximale Voltzahl gaben ...	Interpretation
„Schüler" im gleichen Raum	40 %	Je näher das Opfer, desto geringer der Gehorsam gegenüber der Autorität.
„Schüler" im gleichen Raum – der durch einen Handschuh geschützte „Lehrer" muss die Hand des „Schülers" ab einer Stromstärke von 150 V auf die Schockplatte drücken	30 %	
Versuchsleiter verlässt den Raum nach den ersten Anweisungen und gibt weitere Anweisungen am Telefon	22,5 %	Je näher die Autorität, desto höher der Gehorsam.
Weibliche Versuchspersonen („Lehrer")	65 %	Das Geschlecht ist für den Grad des Gehorsams unwesentlich.
Zwei weitere „Lehrer" sind anwesend und setzen dem Versuchsleiter Widerstand entgegen	10 %	Gruppeneffekte können den Gehorsam gegenüber einer Autorität stark reduzieren.

Milgrams Experimente wurden aus ethischen Gründen sehr kritisiert, weil in ihnen die Versuchspersonen unter starken psychischen Druck gesetzt wurden.

Milgrams und Aschs Experimente zeigten, wie sehr Menschen in ihrem Verhalten von anderen Menschen beeinflussbar sind und sogar gegen ihren eigentlichen Willen handeln, auch wenn sie keine negativen Konsequenzen fürchten müssen.

2.4 Bystander-Effekt und Nudging

Es gibt weitere zahlreiche Phänomene, bei denen Menschen von ihrer Umgebung, speziell von anderen Menschen, beeinflusst werden.

bystander (engl.) = Dabeistehender (Zuschauer, Zeuge, Passant)

Der **Bystander-Effekt** beispielsweise bezeichnet die Tendenz von Menschen, bei einem Notfall oder einer Notsituation **weniger wahrscheinlich Hilfe zu leisten**, wenn **andere Personen** in der Umgebung anwesend sind. Mit anderen Worten: Je mehr Zeugen es gibt, desto unwahrscheinlicher ist es, dass einer von ihnen eingreift oder Hilfe leistet. Menschen scheinen dazu neigen, sich in einer Gruppe zu verstecken, anstatt Verantwortung zu übernehmen und zu handeln.

Beim Mord an **Kitty Genovese** (siehe Bild) im Jahr 1964 gab es zahlreiche Zeugen, die nicht eingriffen. Allerdings passt dieser Fall gar nicht so gut zum Bystander-Effekt, weil die Angriffe auf die Frau an verschiedenen Orten stattfanden und die Zeugen nicht den gesamten Vorfall beobachten konnten und dies auch nicht gleichzeitig taten. Dennoch wird der Bystander-Effekt auch zuweilen als Genovese-Effekt bezeichnet.

In der Folge des Mordes an **Kitty Genovese** führten die beiden Sozialpsychologen **John M. Darley** (* 1937) und **Bibb Latané** (1938–2018) zahlreiche Versuche durch, um eine Erklärung zu finden, warum die Hilfsbereitschaft in Gruppen tendenziell geringer ist. Sie fanden heraus, dass mehrere Faktoren erfüllt sein müssen, damit es zu einer Hilfeleistung kommt:

- das **Bemerken** der Notsituation,
- die **Interpretation als Notsituation**,
- das Gefühl von **Verantwortlichkeit**,
- das **Wissen** darüber, ***wie*** man helfen kann,
- das **Fehlen** zu hoher **„Kosten"** (z. B. Gefahren) für den Helfenden.

Als Erklärungsansätze für den Bystander-Effekt stellten Darley und Latané vor diesem Hintergrund folgende Punkte heraus:

- **Pluralistische Ignoranz:** Bei der Einschätzung der Notsituation orientiert sich der Einzelne an dem Verhalten der anderen und schließt aus deren Untätigkeit, dass die Situation nicht so schlimm ist.
- **Verantwortungsdiffusion:** Wenn jemand die Notsituation eines anderen alleine erlebt, kommt nur diesem einen Zeugen Verantwortung zu – wenn dagegen weitere Personen anwesend sind, „teilt" sich die Verantwortung sozusagen „auf": „Die andere können ja auch helfen."

Ein weiterer Erklärungsansatz ist die Angst vor **sozialer Peinlichkeit** (oder vor Ablehnung): Der Einzelne hat Angst, sich vor den anderen Anwesenden mit seiner Hilfe zu blamieren (z. B. weil er die Situation falsch einschätzen oder sich ungeschickt anstellen könnte).
Um dem Bystander-Effekt entgegenzuwirken, wird Menschen, die Hilfe benötigen, geraten, Personen aus der Masse herauszugreifen und persönlich „verantwortlich zu machen", z. B. so: „Sie da, in der roten Jacke, verständigen Sie den Notarzt."

nudge (engl.) = Stoß, Schubs

Während viele Arten von Beeinflussung als negativ gesehen werden, ist **Nudging** eine Methode, mit der das Verhalten von Menschen positiv beeinflusst werden soll. Anstatt das Verhalten mithilfe von Verboten oder Geboten (oder auch mit finanziellen Anreizen) zu steuern, werden die Menschen auf subtile Weise dazu **angeregt**, ein bestimmtes Verhalten zu zeigen. Das Konzept des Nudgings stammt aus der Verhaltensökonomie und basiert auf der Annahme, dass Menschen oft nicht vollständig rational handeln und Entscheidungen oft unbewusst und aufgrund von Gewohnheiten oder sozialen Normen treffen.

Verhaltensökonomie: interdisziplinäres Forschungsfeld (Wirtschaftswissenschaft, Psychologie und Soziologie), das sich insbesondere mit der Frage befasst, wie Menschen Entscheidungen treffen

Der Verhaltensökonom Richard Thaler und der Rechtswissenschaftler Cass Sunstein gelten als Pioniere des Nudgings und haben das Konzept in ihrem Buch *Nudge: Improving Decisions About Health, Wealth, and Happiness* (2008, deutscher Titel *Nudge: Wie man kluge Entscheidungen anstößt*) ausführlich beschrieben. Sie zeigen, dass Nudging eine effektive Methode ist, um das Verhalten von Menschen auf sanfte Weise zu beeinflussen, ohne dabei auf Zwang oder Strafen zurückzugreifen. Das wohl bekannteste Beispiel der beiden Autoren ist das Platzieren von Fliegenbildern in den Urinalen des Amsterdamer Flughafens *Schiphol*. Die Benutzer der Urinale zielten auf die Fliege. Verschmutzungen um das Urinal wurden so reduziert. Ein weiteres häufig zitiertes Beispiel ist die Gestaltung von Kantinen und die dortige Anordnung von Lebensmitteln, um die Auswahl gesunder Lebensmittel zu fördern. Hier kann z. B. das Obst und Gemüse an den Anfang des Buffets gestellt werden, um die Menschen dazu zu bringen, mehr Obst und Gemüse zu wählen. Insgesamt

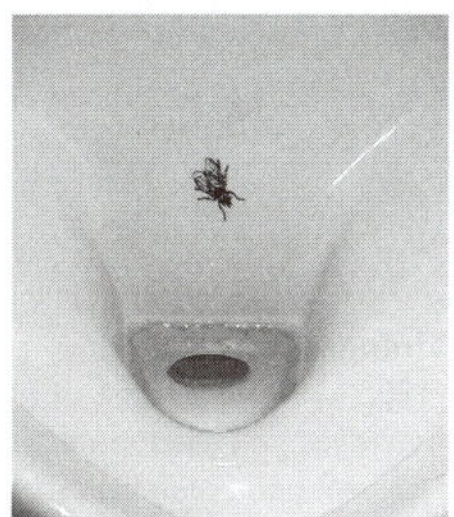

Urinal mit Fliege – so bleibt es sauberer.

hat das Konzept des Nudging in den letzten Jahren immer mehr an Bedeutung gewonnen und wird heute gezielt in verschiedenen Bereichen wie Gesundheitswesen, Umweltschutz, Bildung und Politik eingesetzt.

2.5 Gender

Wie wir uns wahrnehmen und wie uns die Gesellschaft wahrnimmt, hängt oft auch von unserem Geschlecht ab und beeinflusst unser Verhalten in verschiedenen Situationen. Es spielt eine wichtige Rolle bei der Entwicklung und Ausprägung von Verhaltensweisen. Zum Beispiel zeigen Jungen und Mädchen oft unterschiedliche Interessen, Verhaltensweisen und Persönlichkeitsmerkmale. Lange Zeit wurden diese Unterschiede als durch die Natur gegeben betrachtet – bis im letzten Jahrhundert der **soziokulturelle Einfluss** auf die Ausprägung der Unterschiede zwischen den Geschlechtern in den Blick rückte. In diesem Zusammenhang ist es wichtig, zwischen dem biologischen Geschlecht und dem sozialen Geschlecht zu unterscheiden.

Die *Gender Studies* (Geschlechterforschung) sind eine interdisziplinäre Wissenschaft (insb. Soziologie, Psychologie, Literaturwissenschaft, Geschichte und Anthropologie). Ihr Forschungsgegenstand ist die soziale Konstruktion von Geschlecht und Geschlechterrollen. Aus der früheren „Frauenforschung" hervorgegangen, umfassen die *Gender Studies* seit den 1980-ern explizit alle Geschlechter.

info

„sex" und „gender"

Der englische Begriff ***sex*** bezeichnet das **biologische Geschlecht**, also das Geschlecht, das sich auf der Grundlage körperlicher Merkmale feststellen lässt. Der englische Begriff ***gender*** dagegen bezeichnet das soziale Geschlecht. Das soziale Geschlecht ist die **soziale und kulturelle Konstruktion von Geschlecht**, also insbesondere das, was in der Gesellschaft als für das jeweilige Geschlecht als typisch angesehen wird und welche Rollen ihm zugeschrieben werden. Das soziale Geschlecht prägt unsere Identität, Verhaltensweisen und Einstellungen.

Simone de Beauvoir (1908–1986) war eine französische Philosophin, Literatin und Feministin. Ihr wichtigstes Werk ist *Le Deuxième Sexe* (*Das andere Geschlecht*) von 1949.

Eine Wegbereiterin der Geschlechterforschung war die bekannte französische Philosophin **Simone de Beauvoir** mit ihrem Werk *Das andere Geschlecht*, in dem sie den soziokulturellen Einfluss auf das Geschlecht mit folgenden, berühmt gewordenen Worten beschrieb: **„Man wird nicht als Frau geboren, sondern zur Frau gemacht."** Beauvoir untersucht in ihrem Werk die gesellschaftlichen Mechanismen, die dazu führen, dass Frauen als das „andere Geschlecht", d. h. nur in **Abgrenzung von der maßgebenden männlichen Norm** betrachtet werden. Diese Abgrenzung ist hierarchischer Natur: Die Zuschreibungen, was die Frau sei, dienen nach Beauvoir der **Unterdrückung** der Frau in der von Männern geprägten Gesellschaft. Sie wird zum **passiven Objekt** des aktiven Subjekts Mann gemacht.

Judith Butler hat in ihrem Buch ***Das Unbehagen der Geschlechter*** die Idee der **Gender-Performativität** eingeführt. Butler argumentiert, dass Geschlechterrollen nicht nur imitativ erlernt, sondern in sozialen Handlungen und Praktiken immer wieder neu hervorgebracht werden. Anders ausgedrückt: Geschlecht wird nicht einfach nur „gelebt", sondern in jeder Interaktion und jedem Handeln ständig neu „performt".
Butler betont dabei insbesondere die **Bedeutung von Sprache und Körperlichkeit** in der Konstruktion von Geschlecht. Geschlechtskategorien sind demnach nicht einfach von Natur aus gegeben, sondern durch **Wiederholung und Ritualisierung** von bestimmten Verhaltensweisen und Mustern erzeugt. Geschlecht wird so zu einem **sozialen Konstrukt**, das in der Interaktion zwischen Menschen entsteht und nicht einfach von außen gegeben ist. Darin liegt nach Butler aber auch das Potenzial zur Veränderung: Durch (auch minimale) Abweichungen in den Wiederholungen könnten Verschiebungen in Bezug auf das, was als geschlechtstypisch gelte, herbeigeführt werden.
Butler sieht die Konstruiertheit von Geschlecht als so weitgehend an, dass für sie auch das biologische Geschlecht darunter fällt. Biologische Merkmale, die uns die **Kategorien „Mann" und „Frau"** bilden lassen, sind für sie ebenfalls ein **Produkt sozialer Praxis**. Butler kritisiert vor diesem Hintergrund auch die binäre Einteilung der Geschlechter, wie sie der „klassische" Feminismus mit seinem Ziel der Stärkung der Frau mitträgt, und fordert, dass die Perspektive für andere Identitäten jenseits von „Mann" und „Frau" geöffnet werden müsse.

Judith Butler (*1956) ist eine US-amerikanische Philosophin und Gendertheoretikerin. Sie ist Professorin für *Rhetorik und Komparatistik* an der *University of California* in Berkely. Ihr wichtigstes Werk ist *Gender Trouble: Feminism and the Subversion of Identity* (*Das Unbehagen der Geschlechter*) von 1990.

Viele Vorstellungen, die Menschen über Geschlechter und geschlechterkonformes Verhalten haben, werden heute als **Geschlechtsstereotype** betrachtet. Geschlechtsstereotype sind kulturell geteilte Überzeugungen über die Eigenschaften und Verhaltensweisen von Männern und Frauen. Diese Stereotypen können unser Verhalten und unsere Entscheidungen beeinflussen, indem sie uns bestimmte Erwartungen und Normen auferlegen, und sie können zu Geschlechtsdiskriminierung und Ungleichheit führen.

Als ein wirkmächtiges Geschlechtsstereotyp kann die Auffassung gelten, dass Jungs grundsätzlich lieber mit Autos und Mädchen lieber mit Puppen spielen.

Insgesamt beeinflusst das soziale Geschlecht unser Verhalten in vielen verschiedenen Bereichen, von der Partnerwahl über die Berufswahl bis hin zum Umgang mit Konflikten und dem Zugang zu Ressourcen. Ein besseres Verständnis der Auswirkungen des sozialen Geschlechts auf das Verhalten kann dazu beitragen, Geschlechtsdiskriminierung und Ungleichheit zu reduzieren.

3 Philosophische Konzepte zu Willensfreiheit und Determination

3.1 Grundpositionen: Kompatibilismus und Inkompatibilismus

Während aus soziologischer und (sozial)psychologischer Perspektive vor allem der (wahrscheinliche) *Einfluss* bestimmter Umstände auf das Wollen und Handeln betrachtet wird, steht in der philosophischen Diskussion um die Willensfreiheit die Frage im Zentrum, ob das Wollen und Handeln *grundsätzlich* determiniert ist. Es lassen sich hierbei folgende Grundpositionen unterscheiden:

info

Determinismus

Der **Determinismus** (von lat. *determinare* = festlegen) geht davon aus, dass alle Ereignisse Teil einer **Kausalkette** sind. In dieser Kausalkette sind vorangehende Ereignisse Bedingungen für nachfolgende Ereignisse. Die Zukunft ist aus dieser Perspektive vorherbestimmt. Die Idee des **Laplace'schen Dämons** (benannt nach Pierre-Simon Laplace, der diese Vorstellung erstmalig formulierte) kann dies veranschaulichen: Wenn ein Wesen mit übermenschlicher Intelligenz, das in etwa modernen Vorstellungen eines Supercomputers entspricht, die Naturgesetze und den Zustand der Welt zu einem bestimmten Zeitpunkt bis ins kleinste Detail kennen würde, dann könnte es jedes Ereignis in der Zukunft vorhersagen. Deterministen bestreiten die Existenz von Willensfreiheit.

Indeterminismus

Der **Indeterminismus** ist das Gegenteil des Determinismus: Die Welt ist nicht vollständig vorherbestimmt, Handlungen und Ereignisse sind nicht determiniert. Zu den Indeterministen gehören die sogenannten **Libertarier**. Für sie existiert der freie Wille.

Kompatibilismus

Der **Kompatibilismus** geht davon aus, dass **Determinismus und freier Wille miteinander vereinbar** sind. Sie sehen die Welt als determiniert an, erkennen aber die Möglichkeit freier Entscheidungen an.

Inkompatibilismus

Nach dem **Inkompatibilismus** sind **Determinismus und freier Wille miteinander nicht vereinbar**.

Weil die Kompatibilisten nicht von einem strikten oder „harten" Determinismus ausgehen, werden sie manchmal auch abwertend **„weiche" Deterministen** genannt. Diese Bezeichnung wurde im 19. Jahrhundert von William James (1842–1910) eingeführt und wird oft kritisiert, weil der Kompatibilismus keine Spielart des Determinismus, sondern eine eigenständige Sichtweise ist.

Untrennbar verknüpft mit der Diskussion um Freiheit und Determination ist das so genannte **Geist-Gehirn-Problem** (auch **Leib-Seele-Problem** genannt). Es geht dabei um den Zusammenhang von mentalen und physischen Phänomenen, also um die Frage, in welchem Verhältnis die physischen Aspekte (Leib, Körper, Organismus) und die seelischen Vorgänge (Seele, Geist, Bewusstsein) zueinander stehen und wie sie miteinander interagieren. Diese Diskussion begann in der westlichen Philosophie mit Platons *Phaidon*, erhielt durch René Descartes einen neuen Aufschwung und wird auch heute noch lebhaft diskutiert. Die meisten Positionen sind entweder monistisch oder dualistisch:

Vgl. zum Leib-Seele-Problem bzw. zu Monismus und Dualismus ausführlicher S. 25–30 in diesem Band.

- **Dualismus:** Es gibt *zwei* grundlegende Prinzipien des Seins: das Physische und das Psychische. Viele Formen der dualistischen Denkrichtung sind mit dem Indeterminismus gut zu vereinbaren – der menschliche Geist kann danach unabhängig Entscheidungen treffen. Bei dieser Vorstellung ergibt sich aber das Problem, dass man erklären muss, wo und wie die zwei unterschiedlichen Prinzipien aufeinander einwirken. Eine Theorie, nach der die Prinzipien miteinander interagieren, nennt man **interaktionistischen Dualismus**.
- **Monismus:** Es gibt nur *ein* grundlegendes Prinzip des Seins. Das Problem der Interaktion zwischen verschiedenen Prinzipien stellt sich dann nicht mehr. Monismus gibt es in einer idealistischen und in einer materialistischen Variante. Erstere geht davon aus, es gebe nur den Geist. Zweitere versteht die Materie als ausschlaggebendes Prinzip, das Geistige wird hier zum Beispiel als Illusion oder als identisch mit dem Materiellen, dem Körper, angesehen. Der **materielle Monismus** ist sehr gut mit dem Determinismus kompatibel. Trotzdem bleibt beim materiellen Monismus die Frage nach der Art/Auslösung/Wahrnehmung von Bewusstseinsvorgängen.

Oft wird in der Diskussion um den Determinismus auf den Unterschied zwischen Gründen und Ursachen verwiesen. Die Idee von **„Gründen statt Ursachen“** besagt, dass Handlungen nicht durch vorherige Ursachen bestimmt werden, sondern durch Gründe. Diese Unterscheidung kommt aus der sogenannten Handlungstheorie. Gründe haben immer ein Ziel vor Augen (vgl. die Motivation aus der Psychologie). Ein Schüler lernt also, weil er eine gute Note in der Klausur haben will. Damit ist das Erstreben der guten Note der Grund. Eine Ursache dagegen ist außerhalb der Person zu finden. Eine Ursache für das Zuspätkommen eines Schülers könnte z. B. ein Stau auf der Straße sein. Gründe sind also rationale Überlegungen und Entscheidungen, die von einer Person getroffen werden, basierend auf einer Abwägung von verschiedenen Faktoren. Demnach ist die Entscheidung, die eine Person trifft, nicht vorherbestimmt oder vorhersehbar, sondern basiert auf ihrer individuellen Wahl.

Achtung: Diese binäre Unterscheidung wird nicht von allen Philosophinnen und Philosophen vertreten, manche gehen auch davon aus, dass Gründe und Ursachen identisch sind.

Auch impulsive Handlungen, die oft durch Emotionen oder spontane Impulse ausgelöst werden und denen nicht unbedingt eine rationale Entscheidung zugrunde liegt, werden in dieser Diskussion teilweise als Gründe betrachtet, insbesondere wenn sie eine bestimmte Absicht oder ein Ziel des Handelnden widerspiegeln.

Zum Verhältnis von Determinismus und Fatalismus

Fatalismus: von lat. *fatum* = Schicksal

Der **philosophische Determinismus** ist **nicht mit Fatalismus** („Es ist sowieso alles vorherbestimmt und daher egal.") **gleichzusetzen**. Auch ein Determinist kann sich eifrig auf eine Klausur vorbereiten. Obwohl er davon überzeugt ist, dass alle Ereignisse vorherbestimmt sind, kann er trotzdem anerkennen, dass seine Vorbereitung und die Mühe, die er investiert, das Klausurergebnis beeinflussen. Das eigene Handeln begreift der Determinist dann als einen Faktor in der Kette der Kausalität, der für die nachliegenden Ereignisse relevant ist. Zudem kann ein Determinist auch aus anderen Gründen als dem Glauben an eine freie Willensentscheidung handeln. Zum Beispiel kann er durch äußere Motivationen wie Belohnung, Bestrafung oder sozialen Druck dazu angetrieben werden, sich auf die Klausur vorzubereiten.

3.2 Aristoteles – freiwilliges und unfreiwilliges Handeln

Bereits in der Antike machten sich Philosophen Gedanken zur Willensfreiheit des Menschen. Aristoteles unterscheidet in seiner *Nikomachischen Ethik* (drittes Buch, Kapitel 1–3) zwischen **freiwilligen und unfreiwilligen Handlungen**. Diese Unterscheidung trifft er, weil seiner Meinung nach nur **freiwillige Handlungen moralisch bewertbar** sind, also Lob oder Tadel verdienen, während **unfreiwillige Handlungen Mitleid und Nachsicht** erfordern.

Auch für den Gesetzgeber erachtet Aristoteles diese Unterscheidung als wichtig, weil sie auch die juristische Beurteilung von Handlungen beeinflusst.

Bei der Abgrenzung der beiden Handlungsarten spielt für Aristoteles die Vorstellung ein große Rolle, dass der **Mensch ein rationales Wesen** ist, das fähig ist, seine Handlungen zu kontrollieren und zu steuern. Die entscheidende Frage ist, ob die Handlung der **eigenen Entscheidung und Kontrolle** entspringt oder ob sie eine **äußere Ursache** hat, also zum Beispiel durch **äußeren Zwang** oder durch eine **Kraft von außen** verursacht ist.

- **Freiwillige Handlungen** sind solche, die **vom Individuum selbst ausgehen** und auf einem **bewussten Willensakt** beruhen. Der Mensch entscheidet sich bewusst für eine Handlung und führt sie aus, ohne dass äußere Faktoren ihn dazu zwingen. Der Mensch ist dann für seine Handlung verantwortlich, weil er in seiner Entscheidung frei war.
- **Unfreiwillige Handlungen** hingegen sind solche, die **unter Zwang** oder unter einer Art von **äußerem Druck** ausgeführt werden. Solche Handlungen sind nicht das Ergebnis einer bewussten Entscheidung und können nicht als Ausdruck der eigenen Kontrolle und Verantwortung angesehen werden. Sie sind also determiniert.

Es gibt jedoch auch Fälle, in denen eine Handlung weder freiwillig noch unfreiwillig ist, wie zum Beispiel Handlungen, die aufgrund von **Unwissenheit** oder **mangelnder Urteilsfähigkeit** ausgeführt werden. In diesen Fällen ist die Handlung zwar **nicht freiwillig**, aber auch **nicht vollständig unfreiwillig**, da das Individuum in gewissem Maße für seine Handlung verantwortlich gemacht werden kann.
Als einen Sonderfall sieht Aristoteles Handeln aus Unwissenheit an: Wird eine Tat aus **Unwissenheit** begangen, aber hinterher **bereut**, so gilt sie als **unfreiwillig**. Wird eine Tat aus Unwissenheit begangen, aber hinterher nicht bereut, so gilt sie als **nicht freiwillig**.

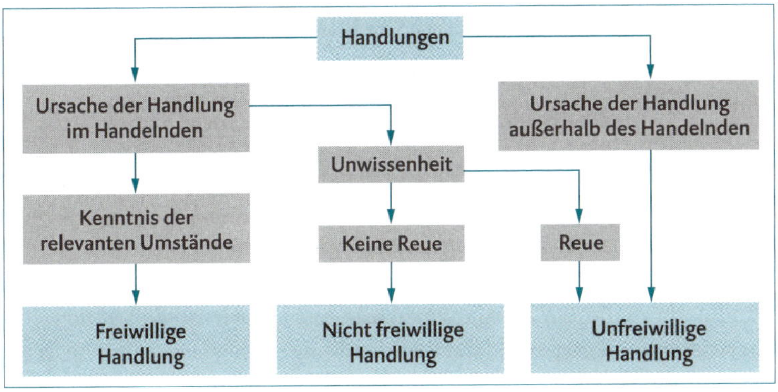

Aristoteles diskutiert in seinem Werk auch Handlungen, die an der Grenze zwischen „freiwillig" und „unfreiwillig" liegen:
Bei starkem Alkoholkonsum sieht Aristoteles die Handlungsfreiheit eingeschränkt, da der Zustand der **Trunkenheit** Bewusstsein und Urteilsfähigkeit beeinträchtigen kann. In diesem Zustand ist es schwieriger, bewusste Entscheidungen zu treffen und moralisch verantwortlich zu handeln. Dennoch argumentiert Aristoteles, dass eine Person immer noch für ihre Handlungen verantwortlich ist, wenn sie sich entscheidet, sich in einen Zustand der Trunkenheit zu versetzen, da dies eine bewusste Entscheidung ist, die getroffen wurde, als sie noch nüchtern war.
Handlungen im Affekt sind durch starke emotionale Reaktionen oder Impulse ausgelöste Handlungen, die eine **Zwischenkategorie** zwischen freiwilligen und unfreiwilligen Handlungen bilden. Aristoteles argumentiert, dass eine Person, die im Affekt handelt, nicht vollständig die Kontrolle über ihre Handlung hat, aber auch nicht vollständig unfreiwillig handelt. Durch die Ausprägung ethischer Tugenden im Laufe des Lebens kann der Mensch nach Aristoteles den moralisch richtigen Umgang mit seinen Emotionen und Affekten quasi einüben, er kann also sozusagen durch regelmäßiges Verhalten den Umgang mit starken Emotionen „vorprogrammieren".

Vgl. hierzu die ethischen Tugenden, S. 80–83 in diesem Buch.

Willensschwäche

Akrasia wird auch häufig mit „Unbeherrschtheit“ übersetzt, das zugehörige Adjektiv lautet „akratisch“. Aristoteles unterscheidet zwei Fälle von Unbeherrschtheit: Die **Schwachen** gelangen durch Überlegung zu einem Schluss, gegen den sie dann handeln – die **Impulsiven** springen ohne Überlegung direkt zur akratischen Handlung.

Die Willensschwäche, auch **Akrasia** genannt, beschreibt nach Aristoteles eine charakterliche Disposition. Sie zeigt sich in Situationen, in denen eine Person weiß, was sie tun sollte, aber dennoch nicht in der Lage ist, entsprechend zu handeln. Aristoteles argumentiert, dass Handlungen aus Willensschwäche das Ergebnis eines inneren Konflikts sind, bei dem der Wunsch, das Richtige zu tun, mit anderen Wünschen oder Neigungen, insbesondere körperlichen Begierden, kollidiert. Es kämpfen also innerhalb einer Person **zwei widerstreitende Kräfte** miteinander. Auf der einen Seite der Logos als reflektierende, auch langfristig planende, Kraft und auf der anderen Seite die Affekte, die nach sofortigem Lustgewinn streben. Klassische Beispiele zur Willensschwäche stammen oft aus dem Bereich des übermäßigen Konsums von Lebensmitteln und Getränken und wurden bereits von Platon in seinem Werk *Protagoras* angesprochen.

Laut Aristoteles nimmt die Willensschwäche eine Sonderstellung zwischen freiwilligen und unfreiwilligen Handlungen ein. Die willensschwache Handlung ist zwar freiwillig in dem Sinn, dass sie nicht unter äußerem Zwang geschieht, aber sie ist nicht mehr freiwillig in dem Sinn, dass der Handelnde zu diesem Zeitpunkt auch anders hätte handeln können.

Für Aristoteles hängt eine derartige Handlung immer auch mit dem Wissen zusammen. So kann jemand wissen, dass es gesundheitlich sinnvoller wäre, keine zuckerhaltige Limonade, sondern Wasser zu trinken, wird aber von seiner Begierde übermannt und damit kurzfristig blind für die (langfristigen) Folgen seiner Handlung.

Exkurs: Willensschwäche bei R. M. Hare und D. Davidson

Auch moderne Philosophen haben sich mit dem Problem der Willensschwäche beschäftigt.

Richard Mervyn Hare (1919–2002) war ein englischer Moralphilosoph an der University of Oxford.

Der britische Moralphilosoph **Richard Mervyn Hare** entwickelte eine eigene Moraltheorie, den *Universellen Präskriptivismus*. Für ihn war die Willensschwäche vor allem ein **moralisches Problem**. Er nahm an, dass eine Person, die ein bestimmtes moralisches Urteil für wahr hält, auch bestrebt sein muss, entsprechend moralisch zu handeln. Tut sie dies nicht, hält sie im Umkehrschluss dieses Urteil nicht für wahr. Willensschwäche kann nur dann auftreten, wenn die Person physisch oder psychisch die Handlung, die sie ihrem Urteil gemäß will, nicht ausführen kann.

Donald Davidson erweiterte die Betrachtungen der Willensschwäche und ging über die von Aristoteles betrachtete körperliche Lust genauso hinaus wie über die moralischen Entscheidungen, die Hare in den Mittelpunkt seiner Betrachtungen gestellt hatte. Nach Davidson handelt jemand akratisch, wenn er …

1. eine Handlung **absichtlich** ausführt,
2. glaubt, dass eine andere Handlung **möglich** ist,
3. urteilt, dass diese andere Handlung unter Berücksichtigung aller Umstände **besser** wäre, und
4. sich trotzdem **gegen** diese Handlung entscheidet.

Donald Davidson (1917–2003) war ein US-amerikanischer Philosoph an der University of Berkely.

Davidson löst den handlungstheoretischen Widerspruch, dass Menschen eine Handlung ausführen, die sie nicht für die beste halten, durch die Unterscheidung zwischen zwei Urteilsarten auf: Das Urteil, dass Handlung A besser als Handlung B ist, kann nach Davidson auf zwei unterschiedliche Weisen verstanden werden, und zwar als **konditionales und nicht-konditionales Urteil:** Beim konditionalen Urteil (auch: „Alles-in-allem"-Urteil) werden alle für die Handlung relevanten Informationen bzw. Kriterien berücksichtigt und abgewogen. Es wird ein durch diese Informationen und Kriterien bedingtes Urteil gefällt. Normalerweise wird dieses Urteil handlungsleitend: Der Handelnde handelt diesem Urteil entsprechend. Beim Akratiker dagegen ist dieses Urteil nur ein vorläufiges. Das endgültige Urteil, das die Handlung schließlich auslöst, ist jedoch bedingungslos (nicht-konditional), also unabhängig von den relevanten Bedingungen.

konditional: von lat. *conditio* = Bedingung

Ein Beispiel: Bei einer Feier wird mir zum Nachtisch ein Stück Sahnetorte angeboten. Sollte ich das Stück essen – oder besser nicht? Ein konditionales Urteil könnte hier lauten: „Unter Berücksichtigung aller mir bekannten und relevanten Informationen ist es besser, die mir angebotene Sahnetorte abzulehnen." Gründe könnten beispielsweise sein, dass ich bereits satt bin, dass ich mich gesünder ernähren möchte, dass es das letzte Stück ist oder dass ich schon ein Stück davon hatte. Im Falle von Willensschwäche wäre das endgültige Urteil, das die akratische Handlung bewirkt, von dem konditionalen Urteil verschieden. Es könnte etwa so lauten: „Unabhängig von den Bedingungen und meiner vorherigen Einschätzung ist es besser, die Sahnetorte zu essen."

3.3 Immanuel Kant und die transzendentale Freiheit

Kants *Kritik der reinen Vernunft* (1781/1787) wird hier unter der Sigle KV zitiert.

Immanuel Kant lässt sich im Streit um die Willensfreiheit den **Kompatibilisten** zurechnen. Gegen eine rein deterministische Weltsicht bringt er das Argument, dass man Kausalketten nicht logisch zurückverfolgen könne: Wenn man annimmt, dass jedem Zustand ein vorheriger Zustand zugrunde liegt und diesem vorherigen Zustand wiederum ein Vorgänger, so könnte diese Abfolge theoretisch bis ins Unendliche fortgesetzt werden. Allerdings ergebe sich daraus, dass es keinen ersten Zustand geben würde, da dieser keine kausale Ursache hätte. Aus diesem Grund wäre die Reihe unvollständig. Für Kant folgt daraus, dass es Zustände geben muss, bei denen etwas geschieht, ohne dass die Ursache davon eine eigene Ursache hat. Diese **„absolute Spontaneität der Ursachen"** nennt Kant **„transzendentale Freiheit"** (KV 474). Solche Freiheit lässt sich als die Möglichkeit fassen, eine neue Kausalkette zu beginnen. Kant hält daher fest, dass „Natur" – gemeint ist die Determiniertheit durch Naturgesetze – „der Kausalität aus Freiheit [...] *nicht widerstreite*" (KV 586).

Transzendental (von lat. *transcendere* = überschreiten) sind Konzepte oder Termini , die nicht durch empirische Beobachtung erlangt werden können.

Vgl. hierzu das Kapitel zu Kants Erkenntnistheorie, S. 281–284 in diesem Band.

Bis hierher hat Kant lediglich die grundsätzliche *Möglichkeit* von Freiheit untermauert. Für die Frage, warum Freiheit auch dem Menschen zugesprochen werden kann, greift Kant auf eine wichtige Unterscheidung in seiner Erkenntnistheorie zurück – die Unterscheidung zwischen den vom Menschen erkennbaren „Erscheinungen" und dem „Ding an sich", das vom menschlichen Verstand zwar nicht erkannt oder bewiesen, aber von der Vernunft gedacht werden kann. Im Bereich der Erscheinungen – so Kant – ist der Mensch der Naturkausalität unterworfen, als Ding an sich dagegen besitzt er *zugleich* Willensfreiheit. Diese doppelte Perspektive lässt sich noch besser verstehen, wenn man sich Kants Vorstellung vom Menschen als „Bürger zweier Welten" vergegenwärtigt: In der **Sinneswelt** ist der Mensch durch die Naturgesetzte determiniert. In der **Verstandeswelt** dagegen ist er ein reines Vernunftwesen mit freiem Willen.

Vgl. hierzu und für das Folgende das Kant-Kapitel, S. 88–103 in diesem Band.

Freiheit ist nach Kant allerdings nicht eine Form von Anarchie oder Gesetzlosigkeit, vielmehr ist ein **freier Wille** immer **ein Wille unter dem sittlichen Gesetz**, das die **Vernunft** uns vorgibt. Die Vernunft ist hier also ausschlaggebend, sie gewährleistet auch, dass der Mensch sich nicht von seinen Neigungen (seiner Lust bzw. Unlust) leiten lässt, die wiederum der Sinneswelt zuzurechnen wären. Die Vernunft ist für Kant die höchste und letzte Autorität für moralische Entscheidungen. Mithilfe des **kategorischen Imperativs** kann jeder Mensch seine Entscheidungen moralisch prüfen. Der kategorische Imperativ besagt, dass man so handeln soll, dass die Maxime des eigenen Handelns als allgemeines Gesetz gelten könnte. Wichtig ist Kant dabei, dass der kategorische Imperativ immer Gültigkeit hat und losgelöst ist von persönlichen Erfahrungen oder Moralvorstellungen einer bestimmten Epoche. Er gilt **kategorisch**. Freiheit bedeutet für Kant also nicht die Möglichkeit, einfach zu tun, was man will, sondern die **Verantwortung**, nach dem moralischen Prinzip des kategorischen Imperativs zu handeln. Die **Freiheit des Willens** und das **moralische Gesetz** sind für Kant untrennbar miteinander verbunden. Da der Mensch sich das moralische Gesetz **selbst auferlegt** und dieses (formale) Gesetz **frei ist von konkreten, empirischen Inhalten** (innerer und äußerer Art), spricht Kant dieser Freiheit **Autonomie** zu – im Unterschied zu einem **heteronomen** Handeln, bei dem man sich von äußeren Umständen oder inneren Umständen wie beispielsweise Neigungen abhängig macht.

Autonomie: von altgr. *autós* (= selbst) und *nómos* (= Gesetz) = Eigengesetzlichkeit, Selbstbestimmtheit. **Heteronomie** ist der Gegenbegriff und meint Fremdbestimmtheit (von altgr. *héteros* = verschieden, fremd, anders). Nicht nur bei Einflüssen von außen, also von anderen Personen, spricht Kant von Fremdbestimmung, sondern auch bei den eigenen Neigungen, die einen Menschen dazu bringen können, das Urteil seiner Vernunft zu ignorieren.

Heteronomie und Autonomie spielen auch für Kants Analyse der geschichtlichen Wirklichkeit und des Projekts der Aufklärung eine große Rolle: „Aufklärung ist der Ausgang des Menschen aus seiner selbstverschuldeten Unmündigkeit. Unmündigkeit ist das Unvermögen, sich seines Verstandes ohne Leitung eines anderen zu bedienen.“[4] Dass sich viele Menschen in ihren Entscheidungen von anderen Menschen, vom Staat oder von der Kirche leiten lassen, also heteronom handeln, erklärt Kant so: „Faulheit und Feigheit sind die Ursachen, warum ein so großer Teil der Menschen gerne zeitlebens unmündig bleibt; und warum es andern so leicht wird, sich zu deren Vormündern aufzuwerfen. Es ist so bequem, unmündig zu sein.“[5] Vor diesem Hintergrund ermutigt Kant zu einer Befreiung von äußeren Einflüssen, von Fremdbestimmung: „*sapere aude!* Habe Mut, dich deines eigenen Verstandes zu bedienen!“[6] Nicht zuletzt deshalb gilt Kant als der wichtigste Philosoph der deutschen Aufklärung.

3.4 Arthur Schopenhauer – die Welt als Wille und Vorstellung

Arthur Schopenhauer (1788–1860) war ein deutscher Philosoph, der dem subjektiven Idealismus zugeordnet werden kann. Er wurde durch östliche Philosophien beeinflusst. Seine wichtigsten Werke sind: *Ueber die vierfache Wurzel des Satzes vom zureichenden Grunde* (1813); *Die Welt als Wille und Vorstellung* (1819/41); *Die beiden Grundprobleme der Ethik. Ueber die Freiheit des menschlichen Willens. Ueber das Fundament der Moral* (1841).

Arthur Schopenhauer betont die Bedeutung von Willen und Leidenschaft in der menschlichen Natur und betrachtet die Frage nach der Existenz eines freien Willens des Menschen als eines der grundlegenden Probleme der Ethik.

Er definiert **Freiheit** als die **Abwesenheit jeglicher Notwendigkeit.** Notwendigkeit bedeutet für ihn alles, was aus einem gegebenen zureichenden Grund folgt. Der **zureichende Grund** steht für das **Kausalitätsprinzip**, das besagt, dass alles einen Grund hat: „Nichts ist ohne Grund warum es sey“[7]. Dem sogenannten „Satz vom zureichenden Grund“ hat Schopenhauer seine Doktorarbeit gewidmet. Er besitzt ihm zufolge unbeschränkte Gültigkeit, das heißt: Alles ist **über Kausalketten erklärbar.**

info

Der **Satz vom zureichenden Grund** (lat.: *principium rationis sufficientis*) hat bei Schopenhauer vier verschiedene Ausprägungen:

1. *Satz vom zureichenden Grunde des Werdens:* Bei **empirischen Vorstellungen**, also auf der physikalischen Ebene der Naturwissenschaft, äußert sich der Satz vom zureichenden Grund als **Ursache und Wirkung**.
2. *Satz vom zureichenden Grunde des Erkennens:* In Bezug auf **abstraktes Denken** beschreibt der Satz vom Grunde das **Verhältnis zwischen Erkenntnisgrund und Folge** (manchmal auch als Prämisse und Schluss bezeichnet).
3. *Satz vom zureichenden Grunde des Seins:* **Raum und Zeit** als reine Formen der Anschauung (also jenseits der konkreten empirischen Inhalte) sind die **Voraussetzung** (der Grund) für das **Dasein der Dinge** (für die konkreten empirischen Dinge). Der Mensch kann die Dinge der Welt nur in Raum und Zeit wahrnehmen bzw. sich vorstellen.
4. *Satz vom zureichenden Grunde des Handelns:* Hier geht es um den **inneren Vorgang des Wollens**. Der Ursache entspricht hier das **Motiv** (d. h. der Beweggrund) und der Wirkung entspricht die **Handlung**.

Schopenhauer folgt hier zum Teil Kants Überlegungen zu Raum und Zeit. Vgl. hierzu S. 283 in diesem Band.

Laut Schopenhauer haben nicht nur unsere Handlungen, sondern auch unsere Wünsche und Gedanken **Motive**, also auslösende Gründe. Diese Motive können bewusst oder unbewusst sein. Schopenhauer folgert:

ZITAT

„Du kannst tun, was du willst: aber du kannst in jedem gegebenen Augenblick deines Lebens nur ein Bestimmtes wollen und schlechterdings nichts Anderes als dieses Eine.“[8]

Handlungsfreiheit besteht nach Schopenhauer also, Willensfreiheit dagegen nicht. Der menschliche Wille ist nicht von den üblichen Kausalketten, die das Universum bestimmen, losgekoppelt.
Auch wenn Schopenhauers Satz des Grundes eine vollkommen deterministische Sichtweise nahelegt, gilt er in gewissem Sinne doch als einer der Vertreter des **Kompatibilismus**. Maßgebend dafür ist seine Unterscheidung zwischen der **Welt als Wille** und der **Welt als Vorstellung**.

info

Die Welt als Vorstellung und die Welt als Wille

Die **Welt als Vorstellung** ist die Welt, wie wir sie **wahrnehmen**. Unsere Sinne nehmen die Dinge wahr, die um uns herum geschehen, und wir interpretieren diese Eindrücke auf bestimmte Weise. Die Welt als Vorstellung besteht aus den **Erscheinungen**, wie sie der menschliche Geist gewissermaßen „produziert". Der **Wille** dagegen ist ein **Ding an sich**, liegt also jenseits der Erscheinungswelt. Er ist aber deren Grundlage: Er ist für Schopenhauer eine treibende Kraft, die alle Dinge im Universum antreibt. Es ist wichtig, diesen **Willen an sich** nicht mit dem menschlichen Willen gleichzusetzen. Der individuelle Wille ist der Wille jedes einzelnen Lebewesens, während der Wille an sich als universell bezeichnet werden kann. Er ist eine Art Energie, die das Universum durchdringt und sich in allem manifestiert, was wir als Leben betrachten. Diese Manifestation des universellen Willens in Einzellebewesen nennt Schopenhauer **Individuierung**. Er betrachtet die individuelle Existenz als eine Illusion, da er glaubt, dass wir uns zwar als individuelle Wesen wahrnehmen, aber letztendlich Teil eines größeren Ganzen sind. Der Wille ist dabei der Motor unseres Handelns. Schopenhauer bezeichnet ihn oft als **„blinden Willen"**, weil er keine Vernunft oder moralischen Überlegungen kennt. Er ist einfach ein unaufhaltsamer Drang nach Selbsterhaltung und Fortpflanzung.

Schopenhauer folgt hier Kants Unterscheidung zwischen Ding an sich und Erscheinung.

Moral entsteht für Schopenhauer aus dem Kampf von Vernunft und Ethik gegen den blinden Willen. Schopenhauer schreibt dabei jedem Menschen einen bestimmten **Charakter** zu, also eine festgelegte Persönlichkeit, die durch angeborene Eigenschaften und Erfahrungen geprägt ist. Diesen empirischen Charakter begreift er als „determinierte Erscheinung"[9] des Willens an sich. Der Charakter beeinflusst den Menschen und lenkt seine Handlungen und Entscheidungen.
In der Welt als Vorstellung, also in der Erscheinungswelt, ist der Mensch in seinem Handeln unfrei und jeder seiner Willensakte ist kausal determiniert. In der Welt als Wille dagegen gibt es Freiheit. Schopenhauer bestimmt diese als negative Freiheit im Sinne einer „Unabhängigkeit vom Satze des Grundes"[10]. Als Ausdruck des universellen Willens ist der Mensch also frei. Das liegt daran, dass der Wille an sich subjektunabhängig existiert und das wahre Wesen alles Seienden ist. Der menschliche

Wille als Erscheinung existiert in der Vorstellungswelt des Subjekts. Der Wille als Ding an sich liegt weder in der Zeit noch im Raum und unterliegt keinen kausalen Gesetzmäßigkeiten. Damit gilt für ihn auch nicht der Satz vom zureichenden Grund. Man könnte also sagen, dass Schopenhauer die Freiheit ins **Transzendente** verlegt und so die Idee der Willensfreiheit trotz der in der beobachtbaren Erfahrungswelt vorherrschenden Kausalität aufrechterhalten kann.

Schopenhauer unterscheidet die Begriffe „transzendent“ und „transzendental“: „Transzendental“ bedeutet „vor aller Erfahrung“ – es geht hier also um die Erkenntnisbedingungen. „Transzendent“ bedeutet „über alle Erfahrung hinaus“ – es bezeichnet das Seiende jenseits des Empirischen.

Das Transzendente bezieht sich auf alles, was jenseits der materiellen Welt liegt, wie zum Beispiel die Spiritualität oder die Metaphysik. Schopenhauer glaubt, dass das Transzendente für das menschliche Leben von entscheidender Bedeutung ist, da es dem Individuum einen Zugang zur höheren Wahrheit und zur Weisheit gibt.

Für Schopenhauer besteht die Verbindung zwischen Freiheit und Transzendenz darin, dass der Mensch nur dann wirklich frei sein kann, wenn er sich vom Einfluss der materiellen Welt befreit und einen **Zugang zum Transzendenten** findet. Für Schopenhauer gibt es verschiedene Wege, auf denen der Mensch diesen Zugang finden kann. Einer dieser Wege ist die Kontemplation oder Meditation, ein anderer die ästhetische Erfahrung. Ein wichtiger Schritt auf diesem Weg ist hierbei die **Willensverneinung**, durch die der Mensch lernt, sich vom Druck des Willens zu befreien und eine tiefere Verbindung zur transzendenten Realität zu finden.

3.5 Positionen in der Neurobiologie und die Kritik an diesen Positionen

Die **Neurobiologie** ist ein **Teilgebiet der Biologie**, das sich mit der **Struktur und Funktion des Nervensystems** befasst. Es untersucht die Funktionsweise und Wechselwirkungen zwischen den Nervenzellen und deren Verbindungen, den Synapsen. Die Neurobiologie erforscht die Entwicklung und das Verhalten des Nervensystems sowie die Prozesse, die der Informationsübertragung im Gehirn zugrunde liegen.
Durch moderne bildgebende Methoden wie PET (Positronen-Emissions-Tomografie) oder MRT (Magnetresonanztomografie) können neuronale Vorgänge sichtbar gemacht werden. So wird z. B. untersucht, welche Gehirnregionen bei der Wahrnehmung, beim Lernen oder bei der Entscheidungsfindung aktiv sind.

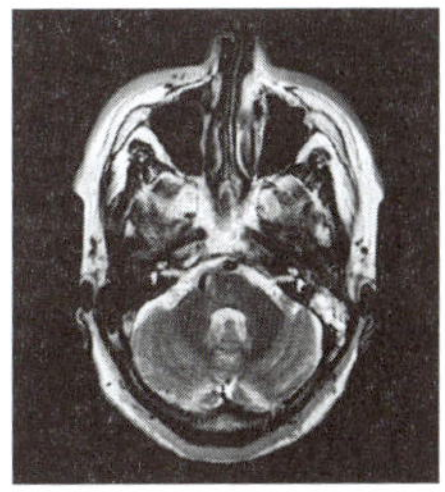

MRT-Scan eines Gehirns

Das Libet-Experiment

Ein bahnbrechendes Experiment zur Untersuchung der Willensfreiheit hat Benjamin Libet im Jahr 1979 durchgeführt. In diesem als **Libet-Experiment** bekannt gewordenen Versuch wurden die Probanden aufgefordert, eine schnell laufende Uhr zu beobachten und ihre Hand zu einem beliebigen Zeitpunkt zu heben. Dabei sollten sie sich mithilfe der Uhr den Zeitpunkt merken, zu dem sie den Willen verspürten, ihre **Hand zu bewegen**. Erstaunlicherweise wurde festgestellt, dass der Zeitpunkt, zu dem die Probanden ihren Willen bewusst wahrnahmen, deutlich nach dem Zeitpunkt lag, zu dem das Gehirn das sogenannte **Bereitschaftspotenzial** für diese Bewegung aufbaute:

Benjamin Libet (1916–2007) war ein US-amerikanischer Neurowissenschaftler, der an der University of California in San Francisco forschte.

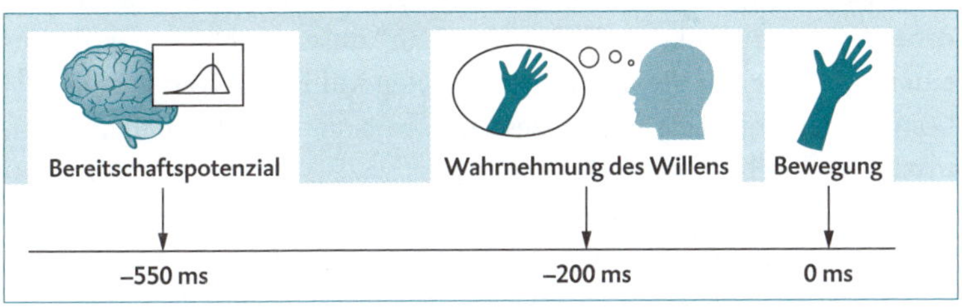

Der Wahrnehmung des eigenen Willens zur Bewegung ging also die hirnphysiologische Vorbereitung dieser Bewegung voraus. Einige Wissenschaftler schlossen daraus, dass der bewusste Wille die Handlung nicht eingeleitet haben konnte und daher der **freie Wille** eine **Illusion** sei.
Libet, der selbst ein Verfechter der Willensfreiheit war, führte ein **zweites Experiment** durch, um den freien Willen nachzuweisen. Der Versuchsaufbau war der gleiche wie im klassischen Experiment, jedoch sollten die Probanden den Vorgang abbrechen, *bevor* sie die Handlung tatsächlich ausführen. Libet fand ein **Zeitfenster**, in dem der Mensch eine Art

„Veto-Recht" hat. Der bewusste Wille leitet demnach die Entscheidung zum Heben der Hand nicht ein, kann aber den tatsächlichen Vollzug der Handlung unterbinden.
Bis heute gibt es zahlreiche Stimmen, die den Aufbau oder die Aussagefähigkeit der Versuche kritisieren:

- Spiegelt das Bereitschaftspotenzial wirklich die spezifische Vorbereitung einer bestimmten Handlung oder nur einen unspezifischen Zustand erhöhter „Handlungsbereitschaft" wider?
- Sind die subjektiven Urteile der Probanden ein valider Indikator des Zeitpunkts, zu dem ein Handlungsimpuls bewusst wird?
- Das Heben einer Hand ist eine folgenlose Spontanentscheidung. Müsste man den freien Willen nicht besser bei komplexeren Aufgaben oder Entweder-oder-Entscheidungen beobachten?
- Ist das, was die Probanden in ihren Aussagen zeitlich datieren, tatsächlich das Bewusstwerden einer Handlungsabsicht?
- Wurde das Veto im zweiten Versuch nachträglich zur bewussten Entscheidung uminterpretiert?

Wolf Singer (*1943) ist ein deutscher Neurophysiologe und Hirnforscher mit Forschungsschwerpunkten bei höheren kognitiven Fähigkeiten, v. a. bei der visuellen Wahrnehmung.

Neuere neurobiologische Forschungen

Der Neurobiologe **Wolf Singer** ist der Meinung, dass der Mensch keinen freien Willen hat. Alle geistigen **Vorgänge im Gehirn**, wie zum Beispiel Entscheidungen oder Wahrnehmungen, **basieren auf neuronalen Prozessen**, auf physikalischen und chemischen Vorgängen im Gehirn. Diese gehorchen den Naturgesetzen und dem Kausalprinzip. Jede Entscheidung ist das Ergebnis von neuronalen Wechselwirkungen. Singer geht dabei von einer „funktionellen Architektur" unseres Gehirns aus, die aus einer „spezifischen Verschaltung der vielen Milliarden Nervenzellen"[11] besteht. Den Entscheidungsprozess innerhalb dieser funktionellen Architektur beschreibt er folgendermaßen:

ZITAT

> „In Dutzenden räumlich getrennten, aber eng miteinander vernetzten Hirnarealen werden Erregungsmuster miteinander verglichen, auf Kompatibilität geprüft und, falls sie sich widersprechen, einem kompetitiven Prozeß ausgesetzt, in dem es einen Sieger geben wird."[12]

Singer betont die Dezentralität dieser Vorgänge, wenn er sagt, dass dieser „Wettbewerbsprozess ohne übergeordneten Schiedsrichter"[13] auskomme. Wenn dieser Prozess abgeschlossen ist, wird sich der Mensch seiner Handlungsintention bzw. seiner Entscheidung gegenwärtig.
So komplex die Prozesse auch sein mögen, Entscheidungen werden also neurophysiologisch verursacht. Die Prozesse im Gehirn „passieren" nicht

einfach aus dem Nichts heraus. Deshalb ist Singer überzeugt, dass das Gehirn alle Entscheidungen steuert, und nicht der Mensch selbst. Dies hat nach Singer große Auswirkungen auf unser Verständnis vom Menschen: „Unser heutiges Wissen zwingt uns zur Preisgabe für heilig gehaltener Domänen, etwa des Konzepts des freien Willens [...].“[14] Der Umstand, dass Entscheidungsprozesse auf neuronale Prozesse zurückgeführt werden können, nehme dem Menschen aber nichts von seiner Würde.

Gerhard Roth argumentiert in einer ähnlichen Richtung wie Wolf Singer. Er ist ein **Materialist**, das heißt, er betrachtet Geist und Bewusstsein als rein physikalische Zustände. Seine Erklärung für den Jahrhunderte währenden Streit zwischen Dualisten und Monisten ist, dass die meisten Philosophen vergessen, dass die menschliche Erlebniswelt ein Konstrukt des Gehirns ist. Roth unterscheidet in seiner Argumentation zwei Gehirne: das **reale Gehirn**, also das körperliche Gehirn, dessen Neuronen feuern, wenn ein Gedanke gefasst wird. Das **wirkliche Gehirn** nennt Roth das Gehirn aus der menschlichen Lebenswirklichkeit, also das, das erlebt wird, das Konstrukt unserer Erlebniswelt. Das reale Körperteil kommt dagegen im Konstrukt der Erlebniswelt gar nicht vor. Damit ist der Mensch durch sein reales, also körperliches Gehirn determiniert, auch wenn es ihm in seiner Erlebniswelt so vorkommt, als hätte er einen freien Willen. Weil wir zu den kausalen Ursachen (in unserem realen Gehirn) keinen Zugang haben, schreiben wir uns für unsere Entscheidungen Gründe zu. Daraus ergibt sich das Gefühl der Willensfreiheit.

Gerhard Roth (1942–2022) war ein deutscher Biologe und Hirnforscher, promovierter Philosoph. Zu seinen wichtigsten Werken gehören: *Das Gehirn und seine Wirklichkeit* (1994); *Das Problem der Willensfreiheit. Die empirischen Befunde* (2004).

Zum Streit der Dualisten und Monisten vgl. S. 25–30 und S. 49 in diesem Band.

Für Roth ist für die Handlungsentscheidungen des Menschen das **limbische System** im realen Gehirn verantwortlich – eine Funktionseinheit, in der insbesondere das uns unbewusste Erfahrungsgedächtnis mit seinen vielfältigen affektiven Besetzungen zu verorten ist:

Die Strukturen dieser Funktionseinheit sind anatomisch an verschiedenen Stellen im Hirn zu finden.

ZITAT

> „Das limbische System hat bei der Handlungssteuerung das erste und letzte Wort. Zwischendurch kommt der große Auftritt von Verstand und Vernunft. Doch die sind nur Berater. Ausschlaggebend für Entscheidungen sind die Erfahrungen, die Gefühle, Hoffnungen, Ängste, die einen Menschen im Laufe seines Lebens geprägt haben und sein Verhalten bestimmen.“[15]

Der deutsche Psychologe **Wolfgang Prinz** vertritt die Auffassung, dass die Idee des freien Willens **naturwissenschaftlich nicht belegbar** ist und dass die Vorgänge im Gehirn bestimmen, was wir wollen: „Willensfreiheit ist keine Naturtatsache; es gibt keinen Menschen auf der Welt, der in seinen Entscheidungen nicht determiniert wäre.“[16] Der freie Wille ist für ihn ein **soziales und kulturelles Konstrukt**. Und als solches ist er innerhalb unserer gesellschaftlichen Wirklichkeit „real“, und zwar im Sinne einer „real wirksamen sozialen Institution“[17]. So erklärt er: „Wir

Wolfgang Prinz (*1942) ist ein deutscher Psychologe und Kognitionswissenschaftler mit Forschungsschwerpunkten in den Bereichen Wahrnehmung, Wille, Selbst, Bewusstsein. Einer seiner wichtigsten Aufsätze ist *Free will as a social institution* (2006).

gehen so miteinander um, als könnte jeder frei entscheiden, und im Rahmen dieser sozialen Praxis sind wir willensfreie Akteure."[18] Die **Freiheitsintuition**, also die unmittelbare Empfindung, dass wir frei entscheiden könnten, ist nach Prinz dabei für unser Zusammenleben funktional – sie dient dazu, das Handeln des Einzelnen in der Gemeinschaft zu regulieren, z. B. indem sie die Zuschreibung von Verantwortlichkeit erlaubt.

Philosophische Kritik an den neurobiologischen Positionen

Qualia (Singular: das Quale): von lat. *qualis* = wie beschaffen

Frank Cameron Jackson (*1943) ist ein australischer Philosoph, der an der Australian National University lehrte.

Gegen materialistische Positionen wird oft mithilfe der sogenannten **Qualia** argumentiert. Qualia bezeichnen den subjektiven Erlebnisgehalt geistiger bzw. mentaler Zustände, also „wie" es sich anfühlt, etwas zu erleben. Das bekannte **Gedankenexperiment „Marys Zimmer"** von Frank Jackson dient als Erklärung für Qualia:

> Mary lebt seit ihrer Kindheit in einem schwarz-weißen Zimmer und hat einen schwarz-weißen Fernsehbildschirm, über den sie die äußere Welt beobachten kann. Sie wird zu einer Superwissenschaftlerin im Bereich der Neurophysiologie der visuellen Wahrnehmung, lernt alles über Farben und Sehen – alles darüber, welche Wellenlängen welche Farbwahrnehmung stimulieren, das Farbspektrum, das ein menschliches Auge wahrnehmen kann, welche Sehpigmente und Sinneszellen es auf der Netzhaut gibt und so weiter … Sie kennt also alle Fakten, die mit Farben zusammenhängen. Was würde nun geschehen, wenn Mary die Raum verlassen kann und zum ersten Mal etwas Farbiges sieht, z.B. einen roten Apfel? Würde sie etwas Neues dazulernen?

Die meisten Menschen dürften diese Frage bejahen, da Mary nun weiß, wie es sich anfühlt, eine Farbe zu sehen. Und genau dieses *„wie sich etwas anfühlt"* beschreiben Qualia. Während manche Materialisten bezweifeln, dass Mary wirklich etwas Neues lernt (sie könnte ja beispielsweise einen bereits bekannten Fakt nur auf neue Weise erleben), sind diese Qualia aus philosophischer Sicht ein gewichtiges Argument gegen materialistische Positionen, wie sie in der Neurobiologie vertreten werden. Denn wie mentale Zustände und Ereignisse, die Qualia, durch neuronale Aktivitäten im Gehirn verursacht werden, lasse sich (neurobiologisch) nicht erklären – es herrsche hier eine **Erklärungslücke**. Das heißt: Obwohl wir wissen, dass mentale Zustände mit bestimmten hirnphysiologischen Zuständen korrelieren, ist es schwierig zu verstehen, wie genau sie zusammenhängen. Diese Erklärungslücke ähnelt dem sogenannten **Anschlussproblem**, das als kritischer Einwand gegen den interaktionistischen Dualismus ins Spiel gebracht wird: Auf welche Weise soll etwas Immaterielles, der Geist, auf das Materielle, den Körper, einwirken können?

Vgl. zum Dualismus und zum Monismus S. 25–30 und S. 49 in diesem Band.

Der neurobiologischen Annahme, dass geistige Vorgänge eigentlich physikalische Vorgänge seien, die so dem allgemeingültigen **Prinzip der kausalen Geschlossenheit der physikalischen Welt** unterlägen, wird dabei zuweilen entgegengehalten, dass die **moderne Physik** selbst die Gültigkeit dieses Prinzips relativiert hat: Angesichts der Erkenntnisse und Annahmen der Quantenphysik und der Chaostheorie lassen sich Kausalität und Vorhersagbarkeit bei bestimmten Prozessen bezweifeln. Allerdings wird gegen diese Argumentation eingewendet, dass es doch sehr erstaunlich wäre, wenn gerade diese Prozesse das „Einfallstor" für das Tätigwerden des „nicht-physikalischen" freien Willens sein sollten.

Ein Beispiel wäre die Heisenberg'sche Unschärferelation, nach der sich niemals Ort und Geschwindigkeit eines Teilchens gleichzeitig feststellen lassen.

3.6 Epistemischer Indeterminismus und „bedingte Freiheit"

Der **epistemische Indeterminismus** bezeichnet Positionen, nach denen es unmöglich ist, in allen Fällen vollständige oder eindeutige Kenntnis über ein Ereignis oder einen Sachverhalt bzw. deren Ursachen zu erlangen. Diese Unmöglichkeit kann auf verschiedenen Faktoren beruhen, wie zum Beispiel **unvollständigen Informationen**, **unklaren Definitionen** oder **prinzipiellen Grenzen des Wissens**. Selbst in einer deterministischen Welt können wir daher unsere zukünftigen Entscheidungen nicht kennen. Wittgenstein erklärte: „Die Willensfreiheit besteht darin, dass zukünftige Handlungen jetzt nicht gewusst werden können." Damit ist der epistemische Indeterminismus eine Spielart des Kompatibilismus.

epistemisch: von altgr. *epistéme* = Erkenntnis, Wissen. Der epistemische Indeterminismus ist nicht nur für die Philosophie relevant, sondern auch für Bereiche wie die Quantenmechanik, die Chaostheorie oder die Vorhersage zukünftiger Ereignisse, da hier z. T. nur statistische oder probabilistische Aussagen über die Zukunft möglich sind.

Auch **Max Planck**, der bekannte Begründer der Quantenphysik, vertrat eine Position des epistemischen Indeterminismus. Die Frage nach der Willensfreiheit nannte er ein Scheinproblem der Wissenschaft:

Max Planck (1858–1947) war ein deutscher Physiktheoretiker.

ZITAT

> „Von außen betrachtet ist der Wille kausal determiniert, von innen betrachtet ist der Wille frei. Mit der Feststellung dieses Sachverhalts erledigt sich das Problem der Willensfreiheit. Es ist nur dadurch entstanden, daß man nicht darauf geachtet hat, den Standpunkt der Betrachtung ausdrücklich festzulegen und einzuhalten."[19]

Eine objektiv-wissenschaftliche und eine subjektiv-persönliche Betrachtungsweise müssen sich also nicht ausschließen. Sie unterscheiden sich nur in der Perspektive. Beide Perspektiven sind legitim und können nur separat eingenommen werden. Damit ist eine vollständige Erkenntnis, die gleichzeitig Innen- und Außenperspektive einnimmt, unmöglich.

Peter Bieri (1944–2023) war ein Schweizer Philosoph und Schriftsteller. Seine Romane erschienen unter dem Pseudonym Pascal Mercier. Wichtige Schriften zum Thema der Willensfreiheit sind die Einleitung zum Buch *Analytische Philosophie des Geistes* (1981) und der Band *Das Handwerk der Freiheit. Über die Entdeckung des eigenen Willens* (2001).

Peter Bieri ist einer der bekanntesten Vertreter des epistemischen Indeterminismus. Er argumentiert, dass **Erkenntnisse auf unterschiedliche Weise erlangt** werden können und dass **diese Wege nicht miteinander vermischt** werden sollten. Beispielsweise könne ein Bild aus einer ästhetischen oder einer ökonomische Perspektive betrachtet werden, aber die eine Perspektive trägt nicht automatisch zum Erkenntnisgewinn in der anderen Perspektive bei.

Für Bieri ist es ein **Kategorienfehler**, davon auszugehen, dass Willensfreiheit und Determinismus im Konflikt zueinander stehen. Wille und Freiheit sind keine neurobiologischen Begrifflichkeiten, daher kann die Neurobiologie zwar über das Gehirn sprechen, aber keine Erkenntnisse über die Freiheit des Menschen liefern.

Bieris Meinung nach liegt die Freiheit des Menschen nicht im Gehirn, sondern in der Person selbst. Die physiologischen Ursachen psychischer Vorgänge lassen nicht einfach den Schluss zu, dass die Erfahrungen von Freiheit Illusionen sind.

Um aber genauer bestimmen zu können, was unter einem freien Willen zu verstehen ist, will Bieri zunächst mit einem falschen Verständnis des freien Willens aufräumen: So hält er die Idee, dass der Mensch einen vollständig freien Willen hat, der von jeglichen Einflüssen und Ursachen losgelöst ist, nicht nur für nicht wünschenswert, sondern auch für widersinnig. Ein solcher Wille würde **unabhängig** von allem um uns herum existieren und auch **nicht von uns selbst abhängen**. Er wäre unbelehrbar, unverständlich, unberechenbar und zufällig.

ZITAT

> „[N]ur dadurch, daß ein Wille in einer Innenwelt mit festen Konturen verankert ist, ist er der Wille einer bestimmten Person, also überhaupt jemandes Wille. […] Ein vollständig ungebundener Wille wäre niemandes Wille und also kein Wille.“[20]

Bieri entwirft vor diesem Hintergrund das Konzept der **„bedingten Freiheit“** als Gegenkonzept zur Vorstellung einer **unbedingten Freiheit**, die für ihn eigentlich keine Freiheit ist. Eine Handlung erfüllt bestimmte Bedingungen, um als Handlung zu gelten, wie zum Beispiel das Vorhandensein eines Urhebers, eines Willens, eines Sinns und eines Spielraums von Möglichkeiten. Der Wille ist ein handlungswirksamer Wunsch und hängt von unseren Fähigkeiten, Überzeugungen, Überlegungen und Bereitschaften ab. Die **Freiheit einer Handlung** besteht darin, dass es einen Spielraum an möglichen Handlungen gibt, der auf einer offenen Zukunft und persönlichen Spielräumen von Gelegenheiten, Mitteln und Fähigkeiten basiert. Die Grenzen des Willens sind **Voraussetzung** für seine Freiheit, nicht ein Hindernis, da sie uns ermöglichen, unseren Willen **auf etwas Bestimmtes** zu richten. Der Wille ist in unserer Innenwelt mit ihren festen Konturen verankert, die uns zu einer **bestimmten Person** machen, und durch die der Wille der Wille einer bestimmten Person wird. Bieri bestimmt den freien Willen nun folgendermaßen:

> „Unser Wille ist frei, wenn er sich unserem Urteil darüber fügt, was zu wollen richtig ist. Und der Wille ist unfrei, wenn Urteil und Wille auseinander fallen – das ist der Fall beim Unbeherrschten, den seine übermächtigen Wünsche überrennen und zu einer Tat treiben, die er bei klarem Verstand verurteilt; und es ist der Fall beim inneren Zwang, wo wir gegen besseres Wissen einem süchtigen Willen erliegen."[21]

ZITAT

Für Bieri kann dieses Verständnis von Freiheit nicht durch neurobiologische Befunde bedroht werden. Die Freiheit des Menschen ist ein existenzielles Phänomen, das in der Person selbst zu finden ist und nicht durch die biologischen Prozesse des Gehirns erklärt werden kann.
Für die Freiheit der Entscheidung gelten nach Bieri verschiedene Bedingungen und Abhängigkeiten. Er unterteilt Entscheidungen nach ihrer Art in instrumentelle und substanzielle Entscheidungen:

Bieri ist überzeugt, dass Freiheit und Determinismus kein Gegensatzpaar sind, sondern Determinismus und Indeterminismus. Der Gegenbegriff zu „Freiheit" ist nach Bieri „Zwang".

- **Instrumentelle Entscheidungen** betreffen die **Mittel zur Umsetzung** eines bereits bestehenden **Willens**, der durch **Überlegungen** gebildet wurde.
- **Substanzielle Entscheidungen** hingegen betreffen die **Willensbildung durch Überlegungen**, bei denen eine Rangfolge der Wünsche gebildet wird. Bei dieser Art von Entscheidungen muss man Partei ergreifen und sich fragen, wer man sein will. Die Fantasie ist bei substanziellen Entscheidungen hilfreich, um mögliche Konsequenzen zu visualisieren und Wünsche zu entdecken, die einem bisher verborgen waren.

Den eigenen Willen durch Nachdenken und Fantasie zu formen, erfordert Arbeit an sich selbst. Das bedeutet, dass die Freiheit des Willens erworben und auch wieder verloren werden kann:

> „Willensfreiheit ist ein zerbrechliches Gut, um das man sich stets von neuem bemühen muss."[22]

ZITAT

Willensfreiheit ist dabei ein Ideal, das man anstrebt. Zur Annäherung an dieses Ideal dient die **Aneignung des Willens**. Bieri macht für diese Aneignung drei Dimensionen aus: die **Artikulation, das Verstehen und die Bewertung**. Frei ist der Wille dementsprechend, wenn er von der entsprechenden Person artikuliert, verstanden und gebilligt ist.

4 Zusammenfassung

- **Negative Freiheit** bezeichnet die Freiheit *von* etwas (z. B. von Zwang), **positive Freiheit** die Freiheit *zu* etwas (z. B. wählen zu gehen).
- Unter **Handlungsfreiheit** versteht man die Möglichkeit, das zu tun, was man möchte; **Willensfreiheit** meint dagegen die Freiheit, selbst zu bestimmen, was man will.
- Die Frage, ob bzw. inwiefern der Mensch einen freien Willen hat, ist in verschiedenen lebensweltlichen Kontexten relevant, u. a. im juristischen Kontext, in der Pädagogik und in der Psychologie.
- Insbesondere **soziale Faktoren** beeinflussen uns darin, was wir **tun** und was wir **wollen**. Erziehung, Bildung, Sozialisation und Status sind Größen, die unser Denken, Wollen und Handeln lenken.
- Nach der **Rollentheorie** von Ralf Dahrendorf nehmen Menschen in der Lebenswirklichkeit verschiedene Rollen ein, die mit bestimmten **Rollenerwartungen** (Muss-Erwartungen, Soll-Erwartungen, Kann-Erwartungen) verknüpft sind. Diese Rollen geben uns Handlungsweisen vor, wir können aber auch aus den Rollen ausbrechen.
- Das **Stanford-Prison-Experiment** von Philip Zimbardo wird häufig als Beleg für die **Wirkmächtigkeit von Rollen** herangezogen.
- **Konformität** bezeichnet ein Verhalten, das sich nach dem Verhalten anderer richtet. Man unterscheidet **Acceptance**, bei der das Verhalten der anderen als richtig anerkannt wird, von der **Compliance**, bei der man das Verhalten übernimmt, aber innerlich nicht davon überzeugt ist.
- **Autoritäten** können unser Verhalten ebenfalls stark beeinflussen, wie beispielsweise das **Milgram-Experiment** zeigt: Unter dem Einfluss von Autoritäten können Menschen Verhaltensweisen an den Tag legen, die den eigenen moralischen Überzeugungen entgegenstehen.
- Der **Bystander-Effekt** bezeichnet den Effekt, dass Menschen einem anderen Menschen dann eher nicht helfen, wenn (mehrere) andere Menschen anwesend sind. Erklärungsansätze sind **pluralistische Ignoranz**, **Verantwortungsdiffusion** und **Angst vor sozialer Peinlichkeit**.
- **Nudging** bezeichnet eine positive Form der Verhaltensbeeinflussung, bei der nicht mit Verboten oder ausdrücklichen Geboten gearbeitet wird, sondern bei der mit unterschiedlichen Mitteln zu einem bestimmten Verhalten angeregt wird.
- In der **Gendertheorie** wird das **biologische Geschlecht** vom **sozialen Geschlecht** unterschieden. Das soziale Geschlecht ist als soziokulturelle Konstruktion von Geschlecht dem historischen Wandel

unterworfen: Der Raum der Möglichkeiten, wie Angehörige der jeweiligen Geschlechter denken und handeln können sowie was sie wollen, verändert sich.

- Als **Determinismus** bezeichnet man eine Auffassung, nach der alles, was geschieht, kausal (vorher)bestimmt ist.
- Für den **Kompatibilismus** sind Determinismus und Willensfreiheit vereinbar, für den **Inkompatibilismus** unvereinbar.
- Nach **Aristoteles** ist unfreiwilliges Handeln ein Handeln unter äußerem Zwang und freiwilliges Handeln ein Handeln, das auf einer inneren Entscheidung beruht. Willensschwäche (Akrasia) spricht er Menschen zu, die eine Handlung ausführen, die sie eigentlich nicht für die beste halten.
- **Immanuel Kant** gehört zu den Kompatibilisten: Während der Mensch in der Sinneswelt determiniert ist, besitzt er in der Verstandeswelt Willensfreiheit, indem er das, was er will, dem selbstgegebenen sittlichen Gesetz unterstellt.
- **Arthur Schopenhauer** sieht in der Welt als Vorstellung (im Bereich der Erscheinungen) das menschliche Wollen und Handeln als vollkommen determiniert an. Er ist aber insofern Kompatibilist, als er in der Welt als Wille dem Willen (als Ding an sich) Freiheit von jeglichen Bestimmungsgründen bescheinigt.
- Viele **Neurobiologen** gehen – auch ausgehend vom Libet-Experiment – davon aus, dass der Wille des Menschen und sein Handeln vollständig durch die physikalischen und chemischen Vorgänge im Gehirn determiniert sind. Vertreter dieser Denkweise sind Wolf Singer, Gerhard Roth und Wolfgang Prinz. Der freie Wille erscheint aus dieser Perspektive als eine nützliche Illusion für unser Zusammenleben.
- Kritik an dieser neurobiologischen Sicht beruft sich insbesondere auf das **Qualia-Problem:** Die Neurobiologie könne neurobiologische Abläufe im Gehirn zwar kausal erklären, aber nicht den Erlebnisgehalt (= Qualia), der mit diesen Abläufen einhergehe.
- Nach **Peter Bieri**, einem Vertreter des epistemischen Indeterminismus, widersprechen sich Determinismus und Willensfreiheit nicht: Aussagen über das Gehirn gehören einem anderen Bereich an als Aussagen über den Willen und die Freiheit. Sein Konzept der „bedingten Freiheit" beschreibt eine Willensfreiheit, bei der unser Urteil, was begründetermaßen zu wollen richtig ist, unseren Willen bestimmt.

Ethiken – Theorien und Praxis des Handelns

In unserem Lebensalltag müssen wir ständig irgendwelche Entscheidungen treffen: Manchmal entscheiden wir aus dem Bauch heraus, manchmal denken wir tagelang darüber nach, wie wir handeln wollen. Insbesondere wenn sich solche Entscheidungen auf andere Menschen auswirken, dann ist die **Frage, was ich tun soll**, eine **moralische Frage**. Im Zentrum dieses Kapitels stehen die verschiedenen ethischen Konzeptionen, die Maßstäbe für „richtiges" bzw. „gutes" und „falsches" bzw. „schlechtes" Handeln entwickelt haben. Vorangestellt sind einige grundlegende Anmerkungen zu zentralen Begriffen, zu Richtungen der Ethik sowie zu wichtigen Formen und Strukturen des Argumentierens, die insbesondere (aber nicht nur) für die philosophische Auseinandersetzung mit der Frage nach dem guten Handeln wichtig sind.

1 Grundlagen

Nach Immanuel Kant stehen vier Fragen im Zentrum der Philosophie:
- die anthropologische Frage „Was ist der Mensch?“,
- die auf Glauben und Religion zielende Frage „Was darf ich hoffen?“,
- die erkenntnistheoretische Frage „Was kann ich wissen?“,
- die auf das Handeln bezogene Frage „Was soll ich tun?“.

Der Begriff „Ethik“ geht auf das griechische Wort *ethos* (= Brauch, Sitte, Gewohnheit) zurück.

Die vierte Frage bestimmt die philosophische Disziplin der **Ethik**. Daher befasst sie sich insbesondere damit, was ein „gutes“ Handeln ausmacht. Gemeint ist damit meist ein „sittlich gutes“ Handeln. Für die Beschäftigung mit diesem Thema sind folgende Begriffsbestimmungen hilfreich:

Die Begriffe „Ethik“ und „Moral“ sind also entgegen alltagssprachlicher Gewohnheiten nicht gleichbedeutend. Man könnte die Ethik als „Wissenschaft von der Moral“ bezeichnen.

info

Mit dem Begriff **Moral** (von lat. *mos* = Sitte) wird die Gesamtheit der (auf das Verhalten gegenüber anderen Menschen bezogenen) Grundsätze, Werte und Normen bezeichnet, die in einer Gemeinschaft (oder auch von Einzelnen oder von Gruppen) als „gut“ angesehen werden.

Der Begriff **Werte** (auch: Wertvorstellungen) bezieht sich darauf, was als erstrebenswertes Ziel des Handelns angesehen wird (z. B. Gerechtigkeit, Leben). Werte sind Leitvorstellungen, an denen die Menschen ihr Handeln orientieren.

Unter (moralischen) **Normen** versteht man die konkreten Verhaltensregeln, die in einer Gesellschaft gelten. In der Regel lassen sie sich von den Werten einer Gesellschaft ableiten.

1.1 Deskriptive Ethik, normative Ethik und Metaethik

Für die Frage, wie Ethik betrachtet wird, ist die Unterscheidung von sogenannten deskriptiven und normativen Aussagen wichtig – eine Unterscheidung, die auch unsere Alltagssprache prägt: Der Begriff „deskriptiv“ bedeutet „beschreibend“ – eine entsprechende Aussage wäre: „Du hast mich nicht gegrüßt.“ Der Begriff „normativ“ dagegen bedeutet so viel wie „normsetzend“ – eine entsprechende Aussage wäre: „Man soll sich grüßen.“ Es wird also nicht ein empirischer Sachverhalt beschrieben, sondern ein bestimmtes Verhalten als „richtig“, „gut“ oder „angemessen“ eingeordnet. Gemäß dieser Differenz unterscheidet man zwischen deskriptiver und normativer Ethik:

Die deskriptiven Ethiken werden aufgrund ihres empirischen Zugangs zuweilen im engeren Sinn gar nicht der philosophischen Ethik zugerechnet.

- **Deskriptive Ethik** beschränkt sich darauf, die existierenden Moralsysteme und dazu gehörende Zusammenhänge zu beschreiben. Darunter fallen auch Erklärungen, warum Menschen sich an bestimmten Werten und Normen orientieren. Deskriptive Ethiken sind wertfrei, d. h., sie urteilen nicht darüber, ob etwas „gut“ oder „schlecht“ ist.

- **Normative Ethiken** formulieren dagegen ethische Grundsätze, die gelten *sollen* – sie beziehen sozusagen Position in Bezug darauf, wie man handeln soll. Insofern bezeichnet man sie auch als „normsetzend".

Auf welchem Weg und mit welchem Ergebnis normative Ethiken die geforderten ethischen Grundsätze begründen, ist dabei sehr unterschiedlich. Im Zentrum der **Tugendethiken** stehen – wie der Name schon sagt – Tugenden, also bestimmte Eigenschaften bzw. charakterliche Haltungen, die als bewundernswert angesehen werden und ein „gutes" Verhalten hervorbringen sollen. **Folgenethiken** bemessen die Sittlichkeit einer Handlung anhand der Folgen der Handlung. Für **Pflichtethiken** dagegen sind die Folgen einer Handlung für deren Bewertung nicht relevant, entscheidend ist vielmehr, ob die Handlung aus einer Regel oder (Selbst-) Verpflichtung hervorgeht, die als „gut" verstanden werden kann.

Folgenethiken werden auch als **konsequenzialistische Ethiken** bezeichnet, weil Handlungen nach ihren Konsequenzen bewertet werden. Pflichtethiken heißen auch **deontologische Ethiken** (von griech. *déon* = das Gesollte, die Pflicht).

Eine Sonderstellung nehmen **Metaethiken** (auch: Fundamentalethiken) ein. Weder versuchen sie ethische Grundsätze aufzustellen, wie es normative Ethiken tun, noch beschreiben sie einfach einen Ist-Zustand bestimmter Moralsysteme in einer Gesellschaft. Vielmehr nehmen sie eine übergeordnete Perspektive ein: Sie analysieren die Sprech- und Argumentationsweisen von ethischen Theorien und setzen sich insbesondere mit der Frage nach dem erkenntnistheoretischen Status von ethischen Aussagen auseinander. Zwei grundlegende Richtungen lassen sich voneinander abgrenzen:

Die griechische Vorsilbe „meta" bedeutet so viel wie „hinter", „über".

- Der **Kognitivismus** geht davon aus, dass moralische Fragen mithilfe des erkennenden Geistes, mithilfe der Rationalität entscheidbar sind, also gewissermaßen objektiv beantwortet werden können.
- Der **Nonkognitivismus** dagegen vertritt die Position, dass moralische Fragen nicht durch den Geist bzw. rational entschieden werden können. Nonkognitivistische Ansätze bezweifeln meist insbesondere die Wahrheitsfähigkeit von moralischen Urteilen.

Der Begriff Kognitivismus stammt vom lateinischen *cognoscere* (= erkennen) ab.

Wenn beispielsweise jemand die normative Aussage „Man darf nicht stehlen" macht, dann hält es der Nonkognitivist nicht für entscheidbar, ob diese Aussage wahr oder falsch ist – z. B. weil er grundsätzlich davon ausgeht, dass eine Aussage nur dann wahr oder falsch sein kann, wenn sie sich an der Wirklichkeit überprüfen lässt, so wie es bei der Aussage „Ein Stein ist hart" der Fall wäre. Ein Kognitivist dagegen würde die rationale Begründbarkeit der normativen Aussage postulieren, also die Möglichkeit, die Aussage als wahr bzw. richtig zu qualifizieren, bestätigen – z. B. indem er vernünftige Gründe dafür anführt oder indem er ein vernünftiges Verfahren dafür entwirft, wie sich verbindliche Normen finden lassen.

1.2 Handlungstheoretische Grundbegriffe

Mit dem Begriff **Handlung** werden Akte eines Menschen bezeichnet, die dieser **wissentlich** und **willentlich** ausführt und für die er insofern der **Urheber** ist. Weder physiologische Vorgänge wie der Herzschlag noch Reflexe wie der Lidschlussreflex fallen darunter, ebenso wenig ein versehentlicher Zusammenstoß mit einem anderen Radfahrer. Eine Handlung setzt kein aktives Tun voraus, auch eine willentliche Unterlassung eines bestimmten Verhaltens bezeichnet man als Handlung. Handlungen werden oft auch als ein zielgerichtetes Verhalten, das auf Gründen basiert, definiert.

Ein Beispiel für eine solche Unterlassungshandlung wäre es, wenn ich dem umgefahrenen Radfahrer nicht helfe, weil ich es eilig habe.

Als **Absicht** bezeichnet man einen dem Handlungsakt vorgängigen oder ihn begleitenden mentalen Zustand, der einen Handlungsplan zur Erreichung eines bestimmten Zieles beinhaltet. Das **Ziel** einer Handlung ist dabei der gewollte Zustand, der mit der Handlung herbeigeführt werden soll. Die **Folgen** einer Handlung sind all das, was sie dann tatsächlich bewirkt. Inwieweit die konkreten Ziele einer Handlung erreicht werden können, d. h., inwieweit die tatsächlichen Folgen den handlungsmotivierenden Zielen entsprechen, hängt auch von den **Umständen der Handlung** und von den **verfügbaren Mitteln zur Umsetzung der Ziele** ab. Beides wird dabei in der Regel vom Handelnden auch schon in die konkreten Überlegungen, was er zu tun beabsichtigt, einbezogen. Folgendes Beispiel kann die Zusammenhänge veranschaulichen:

Absichten sind im Unterschied zu Wünschen handlungsbezogen, d. h., sie sind auf Realisierung angelegt: So kann ich davon träumen, in der Südsee Urlaub zu machen. Zu einer Absicht wird dieser Wunsch aber erst, wenn ich den Entschluss fasse, diese Reise auch tatsächlich zu machen.

Zum Begriff des Willens, der dem Begriff der Absicht nahesteht, vgl. die Ausführungen im Kapitel zur Willensfreiheit, S. 34 ff. in diesem Band.

> Person A ist in einem fremden Land und möchte Person B, seinen dortigen Geschäftspartner, freundlich begrüßen und überreicht ihm daher ein Geschenk. In diesem Land werden Geschenke aber wegen des Verdachts der Bestechung als Beleidigung angesehen. Person A hat hier die Absicht, mit der Geschenkübergabe einen freundlichen Eindruck zu machen; sein Ziel ist es, eine gute Grundlage für die Geschäftsbeziehung zu schaffen. Die Folge der Handlung ist allerdings, dass B beleidigt ist. Als einen wichtigen Umstand der Handlung kann man die (Geschäfts-)Kultur des anderen Landes ansehen. Ein Mittel der Handlung ist das Geschenk.

Die handlungstheoretischen Begriffe hängen also so zusammen:

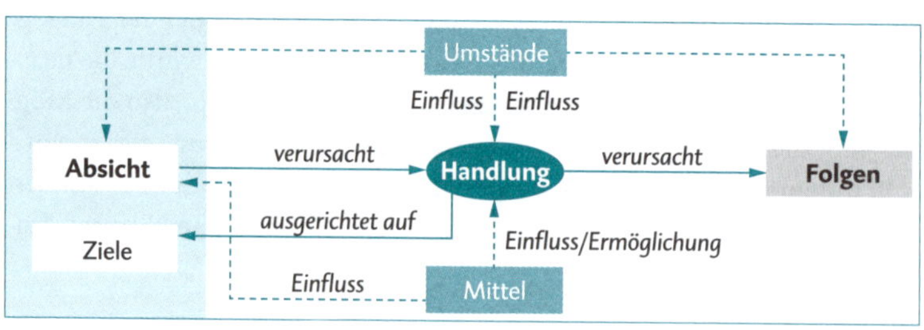

1.3 Formen und Strukturen von Argumentationen

Eine **Argumentation** ist ein mündlicher oder schriftlicher Text, der ein Gegenüber zur **Befürwortung** oder **Ablehnung** von **Aussagen oder Normen** bewegen soll – und zwar mithilfe einer schrittweisen, möglichst lückenlosen Herleitung aus gemeinsam anerkannten Aussagen.

Argumentation: von lat. *argumentum* = Darlegung, Beweis. In der Rhetorik ist die Argumentation der dritte Schritt im idealtypischen Aufbau einer Rede:
1. *exordium* (Einleitung)
2. *narratio* (Darstellung des Sachverhalts)
3. *argumentatio* (Begründung der Position)
4. *peroratio* (Fazit, Appell)

In der mittelalterlichen Scholastik hat sich eine differenzierte Unterscheidung gültiger Syllogismen herausgebildet. In realen Argumentationen hat man es oft mit einer verkürzten Darstellung von Syllogismen zu tun. Solche verkürzten Syllogismen nennt man **Enthymém**.

Der Syllogismus

Argumente werden idealtypisch in Form eines **Syllogismus** formuliert. Er besteht aus zwei Prämissen, aus denen eine Schlussfolgerung logisch gezogen wird. Syllogismen lassen sich auf verschiedene Weise einteilen:
- Quantität: allgemein (bezogen auf alle genannten Fälle) – partikulär (nur ein Teil aller Fälle oder Einzelfälle)
- Qualität: bejahend – verneinend
- Geltung: wahr – falsch

Ob ein logisch richtiger Schluss **wahr** ist, hängt davon ab, ob die **Prämissen wahr** sind (in Beispiel 2 und 3 wahr, in Beispiel 1 eher nicht):

Beispiel 1: allgemeiner, bejahender Syllogismus

1. Prämisse (Obersatz)	Alle	Schwaben	sind	fleißig.	**Unterbegriff**
2. Prämisse (Untersatz)	Alle	Stuttgarter	sind	Schwaben.	**Mittelbegriff**
Schlussfolgerung	Alle	Stuttgarter	sind	fleißig.	**Oberbegriff**

Beispiel 2: allgemein, verneinend

Keine Ellipse ist ein Quadrat.
Alle Kreise sind Ellipsen.

Kein Kreis ist ein Quadrat.

Beispiel 3: partikulär, bejahend

Sokrates ist ein Mensch.
Alle Menschen sind sterblich.

Sokrates ist sterblich.

Eine besondere Form ist der **praktische Syllogismus**. Er wird als die Grundform angesehen, mittels derer Handlungen **zweckrational** verstanden werden, und hat drei Komponenten: Wenn eine Person A **beabsichtigt**, einen **Zustand p** herbeizuführen (Wollenskomponente), und wenn A glaubt, dass er p nur dann herbeiführen kann, wenn er die **Handlung x** tut (Wissenskomponente), dann wird A sich daran machen, **x zu tun** (Handlungskomponente). Der praktische Syllogismus gilt als ein Grundansatz, mit dem die begründende Logik der Geisteswissenschaften beschrieben und gegen die Kausallogik der Naturwissenschaften abgegrenzt wird.

Argumentationen in der Lebenspraxis und das Toulmin-Schema

Die Rhetorik kennt neben den starken Beweisen der Syllogismen noch Anzeichen und **Indizien** sowie **induktive Argumente** (Beispiel 4), die individuelle Fälle verallgemeinern und nicht sichere Wahrheiten, sondern **Erwartbarkeiten** formulieren. Oft werden Argumente komplex verschränkt oder zu Argumentationsketten gereiht.

Beispiel 4: Induktiver Schluss

Viele Dackel haben braunes Fell.
Dackel sind Hunde.
———
Hunde haben braunes Fell.

In lebenspraktischen Argumentationen hat man es in der Regel nicht mit allgemein feststehenden, gesetzmäßigen Zusammenhängen zu tun, sondern mit **mehr oder weniger wahrscheinlichen Sachverhalten**. Um jemanden z. B. in gesellschaftspolitischen Fragen zu überzeugen, muss man die strittige These plausibel begründen, d. h., man zeigt, dass sie aus Prämissen folgt, die man für einleuchtend hält und die man dem Gegenüber glaubhaft zu machen versucht. Diese Aufgabe bezieht sich sowohl auf die Beschreibung von **Tatsachen**, die man als **Gründe** anführt, als auch auf die **Verbindung**, die zwischen diesen **Tatsachen** und der zu **begründenden These** besteht. Dazu muss man diese auf allgemeine Überzeugungen zurückführen. Diese Logik des alltagspraktischen Argumentierens, das sich in Gesprächen genauso wie in medialen Debatten findet, beschreibt das **Toulmin-Schema:**

Die Theorie des Plausiblen wird traditionell in der sogenannten Topik untersucht. **Topik** (von griech. *tópos* = Ort): in der Rhetorik Lehre von den jeweils erwarteten Gesichtspunkten (z. B. W-Fragen beim Berichten), Argumentationsmustern und anerkannten Gründen *(loci communes)*.

Steven Toulmin (1922–2009), amerikanischer Philosoph, entwickelte seine Theorie des alltäglichen Argumentierens 1958 in *The Uses of Argument*.

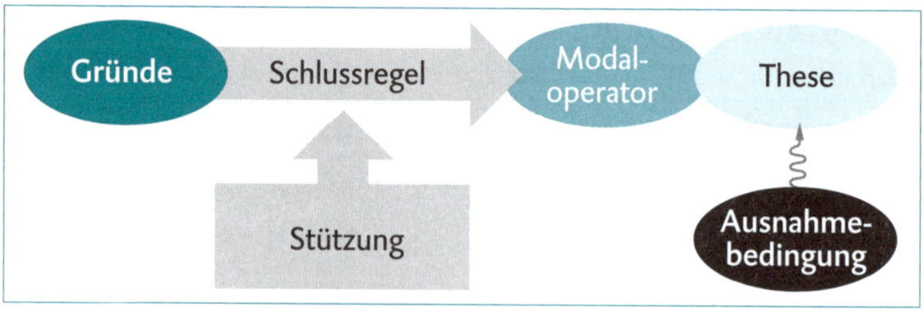

Betrachten wir folgendes Beispiel:

> Adam wird es wahrscheinlich einmal weit bringen. Er ist ein guter Schüler, und wenn er in seinen Leistungen bis zum Abitur nicht nachlässt, hat er die besten Aussichten für das Berufsleben. Das belegen Studien über den Zusammenhang von Schulleistungen und Berufserfolg.

Es lässt sich mithilfe des Toulmin-Schemas analysieren.

Element	Erläuterung	Beispiel
These („conclusion“)	Argumentationsziel, davon soll das Gegenüber überzeugt werden	*Adam wird im Berufsleben Erfolg haben.*
Gründe („datum“)	Feststellungen, Fakten	*Adam ist ein guter Schüler.*
Schlussregel („warrant“)	verbindet Gründe und These logisch; ist sehr oft implizit; die Rekonstruktion macht die Grundlage eines Arguments explizit und dient der analytischen Klarheit	*klare logische Verbindung fehlt hier – Rekonstruktion: Gute Schüler haben im Berufsleben Erfolg.*

Stützung („backing“)	Belege, Beispiele, Beweise etc., die den Zusammenhang von These und Gründen plausibel machen (Common Sense, rhetorische Geltung); oft der wesentliche Teil von Argumentationen	*Studien über den Zusammenhang von Schulleistungen und Berufserfolg*
Modaloperator („qualifier“)	formuliert, wie stark der Geltungsanspruch ist, den der Sprecher für sein Argument erhebt	*wahrscheinlich*
Ausnahmebedingung („rebuttal“)	trägt Besonderheiten der Situation, konkurrierenden Rechtsgütern usw. Rechnung	*wenn Adam in seinen Leistungen bis zum Abitur nicht nachlässt*

Arten von Argumenten und Argumentationsfehler

Argumente lassen sich in verschiedener Weise klassifizieren, etwa nach

- der Beglaubigungsgrundlage (z. B. Tatsachenargumente, Folgenargumente, Autoritätsargumente),
- der Art dessen, was begründet wird (normative Argumente begründen Gebote und Verbote, empirische Argumente Tatsachenbehauptungen),
- der Struktur (z. B. deduktive Argumente, induktive Argumente, Indizienargumente, Analogieargumente, Umkehrschlüsse).

Mit der Etablierung des Argumentierens als Form rationalen Konfliktmanagements haben sich früh auch eine Fülle von Strategien und Formen eines unlauteren Argumentierens und von Argumentationsfehlern im Meinungskampf entwickelt – hier einige Beispiele:

- **Kategorienfehler:** Hier werden gewissermaßen Äpfel und Birnen vermischt, d. h., wesensmäßig Verschiedenes wird gleich behandelt. Die wichtigste Form ist der **Sein-Sollen-Fehlschluss**. Er kommt in zwei Varianten vor: Beim **naturalistischen Fehlschluss** wird aus einer Tatsache (Sein) auf ihre Wünschbarkeit (Sollen) geschlossen (z. B.: „In der Natur gewinnen die Stärkeren, also darf ich Gewalt anwenden.“). Beim **normativistischen Fehlschluss** wird dagegen von moralisch Gebotenem auf das Vorliegen eines Zustandes geschlossen (z. B.: „Da es ohne Wahrhaftigkeit keine Verständigung gibt, kann er nicht gelogen haben.“).

Die Kritik am naturalistischen Fehlschluss wird auch als Humes Gesetz bezeichnet – nach dem englischen Philosophen David Hume (1711–1776).

- **Logikfehler:** z. B. Zirkelschlüsse („petitio principii“), bei dem das zu Begründende schon implizit vorausgesetzt wird; Scheinkausalität (z. B.: „Kriminelle sind oft arm. Armut verursacht also Kriminalität.“).

Die Scheinkausalität wird oft mit dem lateinischen Satz „cum hoc, ergo propter hoc“ („zusammen mit diesem, also dessentwegen“) beschrieben.

- **anekdotische Evidenz** (auch: Anekdotenargument): Aus einer persönlichen Erfahrung wird ein allgemeiner Grundsatz abgeleitet.
- **argumentum ad hominem:** Die Glaubwürdigkeit des Gegenübers wird untergraben, indem die Person angegriffen wird, anstatt ihre Argumentation zu entkräften (z. B.: „Wenn Sie ehrlich wären, müssten auch Sie zugeben, dass …“).

Hierzu gehört auch die sogenannte „Brunnenvergiftung“, die oft mit negativem Framing (v. a. durch metaphorische Aufladung mit negativen Assoziationen) arbeitet.

- **argumentum ad populum:** Was alle tun, kann nicht schlecht sein.

2 Tugendethiken

Tugendethiken stellen ins Zentrum ihrer Betrachtung die Begründung bestimmter Tugenden, die in Bezug auf die Frage „Wie soll ich handeln?" als Maßstab dienen sollen. Unter einer Tugend versteht man eine **persönliche Eigenschaft** bzw. **charakterliche Ausrichtung**, die ein (sittlich) gutes Handeln bewirkt. Besitzt ein Mensch die Tugend der Gerechtigkeit, dann verhält er sich anderen gegenüber im Grundsatz gerecht (also nicht einfach nur in einer spezifischen Situation).

Tugenden werden zuweilen auch als feste innere Haltungen oder Einstellungen beschrieben.

2.1 Platon und die richtige Ordnung der Seele

Für Platons Tugendethik ist seine **Ideenlehre** essenziell. Der Philosoph geht davon aus, dass alles, was wir in unserer Sinneswelt als existent ansehen, nur **Abbilder** von den sogenannten „Ideen" sind. Das Wort „Idee" meint dabei nicht wie heute einen Einfall oder einen Gedanken – Platon bezeichnet damit vielmehr unveränderliche, eigenständige Urbilder jenseits der Sinneswelt. Für ihn sind die Ideen das „eigentlich Seiende", das die Erscheinungen unserer Sinneswelt verursacht und diesen ontologisch übergeordnet ist. Weil sie jenseits der Sinneswelt liegen, können sie auch nicht sinnlich wahrgenommen, sondern nur geistig erfasst werden. Die Ideenwelt stellt sich Platon als hierarchisch geordnet vor: An der Spitze steht die **Idee des Guten**. Eine Erkenntnis der Ideen und damit auch des Guten ist deshalb möglich, weil die Seele des Menschen unsterblich ist und vor ihrer Verkörperung (sozusagen vor der Geburt des Menschen) die Ideen schauen konnte, die er nun „nur" wiedererinnern muss. Dieses Wiedererinnern heißt bei ihm **anámnesis**.

Ideen sind nach Platon überzeitlich und form- bzw. raumlos.

In Platons berühmtem Höhlengleichnis steht die Sonne für diese absolute Idee des Guten.

Aber was ist denn nun „gut"? Im Dialog *Gorgias* lässt Platon seinen Lehrer Sokrates mit (eher sophistisch orientierten) Dialogpartnern sprechen, die jeweils eine andere Überzeugung vertreten. In Sokrates' kritischen Äußerungen entwickelt Platon seine Vorstellung davon, was „gut" ist:

Platon hat seine Philosophie in Form von Dialogen formuliert, in denen er seinen philosophischen Lehrer Sokrates auftreten lässt.

- Sokrates weist die **Rhetorik** als höchste Kunst zurück – sie könne auch für das Schlechte eingesetzt werden. Zudem sei sie nicht auf die Erlangung wirklichen Wissens gerichtet, sondern diene nur der Überredung.
- Gegen die Überzeugung, Macht sei an sich gut und nützlich, weil sich der Mächtige sein Leben nach seinem Belieben gestalten könne, wendet Sokrates ein, dass der Mächtige nicht das tut, was er *eigentlich* will – nämlich das Gute. Für Sokrates ist das Gute immer auch **gerecht**. Er behauptet sogar, dass der, der Unrecht tut, bemitleidenswerter sei als derjenige, der Unrecht erleidet. Denn er **gefährde** sein eigenes **Seelenheil**.

- Sokrates kritisiert zudem das Recht des Stärkeren, das sein Gesprächspartner Kallikles als ein natürliches Recht würdigt, und dessen Ansicht, dass der Stärkere seine Macht nutzen soll, um seine Begierden und Gelüste zu stillen. Sokrates **greift** die hier zugrunde liegende **hedonistische** Grundhaltung **an**, indem er mit einem Beispiel die Orientierung am Wert der Lust in Zweifel zieht: So könne ein feiger Mensch genauso viel (oder auch mehr) Lust empfinden wie ein tapferer Mensch – wenn man aber wie Kallikles den Wert der Tapferkeit für gut halte, müsse man zugeben, dass **Lust und Gutheit nicht zwingend zusammenhängen**. Das Gute und das Angenehme sind für ihn also nicht identisch. Vor diesem Hintergrund lässt Platon Sokrates die Auffassung entwickeln, dass die **richtige Ordnung der Seele** einen guten Menschen ausmacht. Dazu analogisiert er die Seele mit dem Körper: Krank sei ein Körper, der in Unordnung geraten sei, und der Arzt stelle die richtige Ordnung des Körpers (und so das Gute) wieder her. Auch eine gesunde Seele zeichne sich durch eine richtige Ordnung aus, und zwar durch eine Ordnung, in der nicht die Zügellosigkeit und die Lüste herrschten, sondern die **Besonnenheit**, die die Begierden im Zaum halte.

Wie sich Platon eine geordnete Seele genauer vorstellt, wird in seiner *Politeia* deutlich: Nach seiner Auffassung ist die menschliche **Seele dreigeteilt** in den **vernünftigen**, den **tatkräftigen** und den **begehrenden** Seelenteil. Jedem Seelenteil ordnet er eine Tugend zu: Der **Vernunft** (griech. *logistikón*) misst Platon die größte Bedeutung bei. Weil sie als Erkenntniskraft auch das „wahre Gute" schauen kann, soll sie über den anderen Seelenteilen stehen und über diese herrschen. Der Vernunft wird dabei die Tugend der **Weisheit** zugeordnet. Die **Tatkraft** (griech. *thymoeidés*) ist eine affektive Kraft, die aber von der Vernunft in Richtung des „wahren Guten" gesteuert werden kann und insofern auch zur Gegenkraft zu den Begierden werden kann. Die Tugend dieses Seelenteils ist die **Tapferkeit**. Mithilfe der Tatkraft soll die Vernunft dann das **Begehren** (griech. *epithymêtikón*) beherrschen. Diesem Seelenteil ist daher die Tugend der **Besonnenheit** (oder auch Mäßigung) zugeordnet. Die Tugend der **Gerechtigkeit** umspannt die drei beschriebenen Tugenden: Gemäß seinem Verständnis von Gerechtigkeit, dass jeder das tut, was ihm als Aufgabe zukommt, sorgt diese Tugend dafür, dass jeder Seelenteil der ihm zugemessenen Tugend entsprechend „agiert". Die vier genannten Tugenden nennt man auch **Kardinaltugenden**.

Vgl. hierzu insbesondere die Ausführungen zu Platons Anthropologie (S. 2 f. in diesem Buch) und zu seiner Staatsphilosophie (S. 161 f. in diesem Buch).

Die richtige Ordnung der Seele

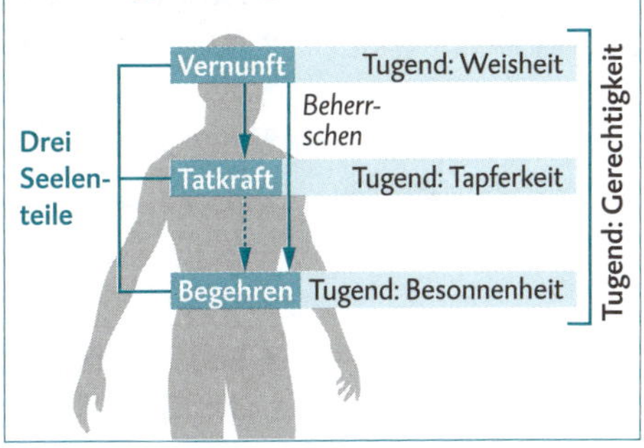

Der Begriff „Kardinal" (von lat. *cardo* = Dreh- und Angelpunkt) lässt sich mit „Haupt" übersetzen. Die Kardinaltugenden sind also Haupttugenden.

2.2 Aristoteles und das gute Leben

Aristoteles wird normalerweise zitiert nach der Ausgabe des griechischen Originaltextes von Immanuel Bekker (1831), die in zwei Spalten (a/b) gedruckt ist – so auch hier. Zugrunde liegt hier: Aristoteles: *Nikomachische Ethik*. 4. Aufl. Auf der Grundlage der Übersetzung von Eugen Rolfes. Hg. von Günther Bien. Hamburg: Meiner 1985 (hier zitiert unter der Sigle NE).

Aristoteles, geboren 384 v. Chr. in Stageira, kam 367 nach Athen und wurde Schüler Platons. Er war schon zu Lebzeiten berühmt, wurde Lehrer Alexanders des Großen, gründete später seine eigene Schule, den sogenannten Peripatos. Aristoteles ist einer der einflussreichsten Denker der Antike, der das europäische Denken über Jahrhunderte geprägt hat. Er starb 322 v. Chr. Aristoteles bündelte seine wichtigsten Gedanken zur Ethik in der sogenannten ***Nikomachischen Ethik***, die er wahrscheinlich für seinen Sohn Nikomachos schrieb. Es geht ihm in seiner Ethik nicht vorrangig um Sollen und Normen (anders als z. B. Kant), sondern darum zu bestimmen, was ein **gutes Leben** ist und was man dafür tun muss. Aristoteles setzt an mit folgender erster Bestimmung dessen, was ein gutes Leben ausmacht:

ZITAT

> „*Das menschliche Gut ist der Tugend gemäße Tätigkeit der Seele*, und gibt es mehrere Tugenden: *der besten und vollkommensten Tugend gemäße Tätigkeit*. Dazu muss aber noch kommen, dass dies ein volles Leben hindurch dauert […].“ (NE 1098a16–19)

Streben wird als *causa finalis* (Endursache) gedacht: Aus dem Wollen einer Handlung x folgt das Tun von x. Bei der *causa efficiens* (Wirkursache) ist die Wirkung dagegen nicht in der Ursache vorgeformt.

Unproblematisch scheint zunächst das Kriterium der Dauer – was aber bedeutet der erste Satz? Dazu muss zunächst ein Blick auf Aristoteles' **Handlungstheorie** geworfen werden. Ein Grundbegriff der Aristotelischen Ethik ist, obgleich nur selten explizit genannt, das **Streben** *(orexis)*. Streben hat drei wesentliche Bedeutungsaspekte – es ist …

- *final*, d. h. auf ein Ziel *(télos)* oder auf ein „Gut“ (vgl. oben) gerichtet,
- eine *Aktivität*, kein Zustand,
- von einem *Subjekt* getragen (nicht zwingend von einem einzelnen).

Aus dem Streben als finaler Aktivität eines Subjekts bestimmt Aristoteles, was ein Gut ist: nämlich das, was erstrebt wird, also ein Ziel. Das Verhältnis von Aktivität und Ziel lässt sich in zwei Formen denken:

- Beim **Herstellen** *(poiesis)* sind **Aktivität und Ziel nicht identisch**, die Aktivität ist ein Mittel zum Zweck. Modell für diese Art des Handelns ist der Handwerker, der einen Stuhl oder einen Haarschnitt „herstellt“. Unter diese Art des Handelns fallen aber auch alle Aktivitäten, die auf einen Zustand (z. B. Heilbehandlung), eine Befindlichkeit (z. B. Trösten) oder ein Können (z. B. Training, Üben) abzielen.
- Bei der **Tätigkeit** *(praxis)* sind **Aktivität und Ziel identisch**, die Aktivität ist ein Selbstzweck. Beispiele hierfür wären Musizieren und Spazierengehen.

Das **höchste Gut** nennt Aristoteles die **Eudaimonie**. Traditionell wird der Begriff mit Glück oder Glückseligkeit übersetzt. Man muss sich klarmachen, dass dabei nicht die Konnotationen von Zufälligkeit (Glück haben) und von emotionalem Zustand (glücklich sein) mitschwingen; sonst könnte Eudaimonie nicht von Dauer sein. Eudaimonie meint ein gelingendes Leben im Ganzen. Die Eudaimonie als höchstes Gut kann nach Aristoteles keine *poiesis* sein, denn dann gäbe es etwas außer ihr, das das eigentlich höchste Ziel wäre. Sie muss ein **Selbstzweck** und also eine Tätigkeit, eine Praxis sein. Im Begriff der Tätigkeit schwingt noch eine zweite Abgrenzung mit. Eine Tätigkeit ist nicht nur ein Habitus *(hexis)*, sondern die Möglichkeit zum Handeln muss auch realisiert werden.

Habitus: Fähigkeit zu etwas, gefestigte Grundhaltung; vgl. S. 80 ff.

Es bleibt noch die dritte Komponente des Strebens, nämlich dessen Subjekt zu klären: der strebende Mensch. Aristoteles geht diese Frage mit einer sehr allgemeinen Überlegung zum Wesen von Dingen an: Jedes Ding (Lebewesen eingeschlossen) hat seine **je besondere Funktion** *(érgon)*. Das Messer soll schneiden, ein Pferd laufen und einen Reiter tragen (vgl. 1106a20). Wenn etwas seine Funktion gut erfüllt, besteht darin seine **areté** (αρετή; sprich: aretä; Plural: *aretai*), wörtlich seine Gutheit, Tauglichkeit, Tüchtigkeit, seine Qualität. *Areté* wird landläufig mit „Tugend" übersetzt – was den Begriff nicht genau trifft und eine Konnotation von pflichtgemäßem, normgerechtem Verhalten hat, die dem griechischen Begriff fehlt.

Wenn Aristoteles also das *„menschliche Gut"* bestimmt als *„der Tugend gemäße Tätigkeit der Seele"*, dann heißt dies, dass die **Bestimmung des Menschen realisiert** werden muss. Zu klären ist nun also noch, worin die *areté* des Menschen besteht. Dazu greift Aristoteles auf seine Seelenlehre zurück: Im Unterschied zu Pflanzen und Tieren, die nur vernunftlose Seelenteile haben, besitzt der **Mensch** zusätzlich einen **vernunftbegabten** (*logon echon*) **Seelenteil**. In der Betätigung seines Vernunftvermögens besteht das *érgon* des Menschen. Diese gut zu realisieren, macht die *areté* des Menschen aus. Aristoteles unterscheidet dabei:

Die Herleitung der menschlichen *areté* aus dem *érgon* des Menschen (also aus seinem spezifisch Menschlichen) wird auch **Ergon-Argument** genannt.

- **reine Vernunfttätigkeit** (Theorie oder Zweckrationalität); sie wird durch die **dianoëtischen *aretai*** realisiert.
- **Steuerung des Strebens durch die Vernunft**. Sie hat immer auch mit einen irrationalen, affektiven Anteil zu tun und wird durch die **ethischen *aretai*** realisiert.

Vgl. hierzu die Tabelle S. 83 in diesem Band.

Die dianoëtischen Tugenden

Die **dianoëtischen *aretai***, auch „Verstandestugenden", dienen der *„Wahrheitserkenntnis"* (1139b12). Aristoteles unterscheidet theoretische („epistemonische") und praxisbezogene („logistische") Vermögen. Die

dianoëtisch: von griech. *dianoia* = Denken, Verstand

theoretischen Tugenden sind dem antiken Wissenschaftsverständnis folgend auf die Dinge bezogen, die notwendig, unabänderlich und allgemein sind (z. B. Mathematik):

- **Wissenschaft** *(epistéme)*: logisches Schlussfolgern und Begründen,
- **Verstand** *(nous)*: Einsicht in Grundprinzipien und Voraussetzungen,
- **Weisheit** *(sophía)*: Wissenschaft und Verstand in Bezug auf ehrwürdigste Dinge; Aristoteles nennt als Beispiel die Himmelskörper, die sich nach antiker Vorstellung als ideale Körper auf perfekten Kreisbahnen mit konstanter Winkelgeschwindigkeit bewegen.

Aristoteles sieht diese *aretai* als die **höchsten und reinsten des Menschen** an. Daher liege in ihnen die höchste Glückseligkeit des Menschen.

Die **praxisbezogenen dianoëtischen Tugenden** beziehen sich auf die zwei Möglichkeiten des Handelns:

- **Kunstfertigkeit** *(techné)*: Wissen um Prozesse, Rohstoffe, Werkzeuge etc. beim Herstellen *(poiesis)*
- **Klugheit** *(phrónesis)*: Sie hat eine zentrale Funktion und ist, kurz gesagt, die Fähigkeit, alle konkreten Umstände beim Handeln zu berücksichtigen. Daher ist sie die angewandte Verstandestugend, die für die Eudaimonie einschlägig ist. Ihr kommt eine entscheidende Steuerungsfunktion in Bezug auf die ethischen Tugenden zu.

Die dianoëtischen Tugenden werden durch Belehrung erworben.

Die ethischen Tugenden

Die **ethischen *aretai*** nehmen in der *Nikomachischen Ethik* breiten Raum ein. Nach Aristoteles ist eine ethische Tugend …

ZITAT

> „ein Habitus [hexis] des Entscheidens [prohairesis], der die nach uns bemessene Mitte [mesotes] hält und durch die Vernunft bestimmt wird, und zwar so, wie ein kluger Mann [phronimos] ihn zu bestimmen pflegt“ (NE 1106b35–1107a3).

In dieser Formel verdichtet sich eine Fülle von Überlegungen, von denen die wichtigsten im Folgenden erläutert werden.

Habitus: Eine Tugend ist ein Habitus, eine **feststehende charakterliche Haltung**. Sie bezieht sich auf Affekte, ist aber selbst weder ein Affekt noch das Vermögen, diese zu haben, sondern besteht in einer bewussten Distanz zu ihnen, die es erlaubt, „daß wir uns in Bezug auf Affekte richtig oder unrichtig verhalten“ (NE 1105b27). Diese Haltung ist eine Gewohnheit, die wir dementsprechend durch „Gewöhnung“ erwerben. Sie bedarf der beständigen *„Mühe […], unseren Tätigkeiten einen bestimmten*

Charakter zu verleihen" (NE 1103b22), und ist daher eine immer neu zu bewältigende **Aufgabe**. Dies impliziert die Ausübung in der Praxis, d. h., eine Haltung muss sich zeigen und ist nicht eine stille innere Eigenschaft. Zudem bedarf sie der Einübung. Aristoteles verweist hier auf ein Henne-Ei-Problem: Als sich selbst stabilisierende Haltung setzen die Tugenden sich immer schon voraus. Daher ist ihre **Ausbildung** in hohem Maße auf **Vorbilder** und auf einen **Sitz in der Gesellschaft** *(polis)* angewiesen, die „die Bürger durch Gewöhnung tugendhaft" (NE 1103b3) macht (auch durch Sanktionen). In diesem Sinn sieht Aristoteles die Ethik als einen Teil der Staatskunst. Aristoteles geht also insgesamt von einer Zirkelstruktur aus. Der Erwerb von *aretai* setzt eine gesellschaftliche Normordnung voraus, unterstellt die Bereitschaft, vernunftorientiert zu handeln, und sieht die Polis als Raum einer ethischen Entfaltung an.

Die Mitte: Ethische Tugenden bestehen in der Kunst, das rechte Maß zu treffen. Dies ist der Kern der **Mesotes-Lehre**, der **Lehre von der rechten Mitte**, die Aristoteles anhand einer Vielzahl von Beispielen ausführt. Wer tapfer ist, vermeidet die Extreme der Tollkühnheit (Zuviel des Mutes) wie der Feigheit (Zuwenig des Mutes). Wer freundlich ist, ist weder gefallsüchtig oder schmeichlerisch noch streitsüchtig oder griesgrämig.

Aristoteles hält allerdings auch fest, dass es Affekte (z. B. Schadenfreude, Neid) und Handlungen (z. B. Mord, Diebstahl) gibt, bei denen es keine rechte Mitte gibt.

Extrem (zu viel)	Mitte (richtiges Maß)	Extrem (zu wenig)
Tollkühnheit	Tapferkeit	Feigheit
Gefallsucht	Freundlichkeit	Streitsucht

Entscheidung: Die **Abwägung des rechten Maßes** beruht auf einer Entscheidung. Sie ist *„ein überlegtes Begehren von etwas, was in unserer Macht steht"* (NE 1113a11). Dies bedeutet, dass stets mit vorheriger **Überlegung** in **rationaler Distanz und Kontrolle** zu Begierden, Impulsen, Affekten gehandelt werden muss. Damit bekommen die *aretai* eine klare normative Dimension. Dass die Entscheidung sich auf etwas bezieht, „das in unserer Macht steht", besagt zunächst, dass es nicht um einen bloßen Wunsch geht (z. B. dass diese oder jene Fußballmannschaft gewinnen soll), sondern um ein **konkretes Wollen** von etwas, das ich beeinflussen kann.

Aristoteles weist darauf hin, dass eine zufällige Übereinstimmung mit dem, was Vernunft oder Klugheit gebieten, nicht genügt, sondern dass die Entscheidung auf tatsächlicher Reflexion und dem Willen zu ihr beruht.

Dies verweist auf die Frage der **Freiwilligkeit** des Handelns – vgl. S. 50 ff. in diesem Band.

Klugheit: Eine entscheidende Rolle für alle drei bisher genannten Aspekte spielt die Einsicht oder **Klugheit** *(phrónesis)*. Aristoteles rechnet sie zwar zu den dianoëtischen Tugenden, gleichwohl kommt ihr bei den ethischen Tugenden eine zentrale Steuerungs- und Kontrollfunktion zu:

- Die Klugheit ist *„ein untrüglicher Habitus logosgemäßen Handelns [...] in Dingen, die für den Menschen Güter und Übel sind"* (NE 1140b5). Sie bezeichnet die Tätigkeit des Verstandes, die sich auf Handlungen der Praxis (und nicht des Herstellens, der *poiesis*) bezieht – und das ist die Form des Handelns, die die Eudaimonie hat.

- Klugheit steuert die **Bestimmung der angemessenen Mitte**. Worin diese besteht, unterscheidet sich schon von Tugend zu Tugend. Daher behandelt Aristoteles eine ganze Reihe von Tugenden im Einzelnen.
- Die Klugheit geht „nicht bloß auf das Allgemeine, sondern auch [und vor allem] auf die Erkenntnis des Einzelnen" (NE 1141b15), auf die **konkreten Umstände** einer Handlung, auf die je vorliegende Situation mit all ihren Besonderheiten, die bei einer Handlung zu berücksichtigen sind. Es genügt nach Aristoteles nie ein allgemeines, abstraktes Gesetz, sondern ethisches Handeln bedarf immer einer genauen Beurteilung der Situation, die gegebenenfalls sogar ein Abweichen von allgemeinen Normen erfordert. Insbesondere gehört zur Einschätzung der Situation auch die Selbsteinschätzung. Für einen Untrainierten, so sein Beispiel, gilt ein anderes angemessenes Maß als für einen trainierten Athleten; es geht immer um „die Mitte für uns" (NE 1106b6).

Das Abweichen von allgemeinen Normen, um einem besonderen Einzelfall gerecht zu werden, bezeichnet man als Epikie (Billigkeit).

- Weil es um die spezifischen Einzelheiten geht, basiert Klugheit auf „viel Erfahrung" (NE 1141b18). Sie ist eben kein abstraktes Wissen. Daher benötigt sie eine gewisse **Reife**.
- Klugheit impliziert ein Einschätzen der Situation und damit auch die Kenntnis der „rechten Mittel" (NE 1144a9). Sie erschöpft sich aber nicht in bloßer Geschicklichkeit. Wo die Wahl der Ziele unangemessen ist, da herrscht nurmehr „Schlauheit und Durchtriebenheit" (NE 1144a27). Klugheit ist damit auch die Tugend der **richtigen Zwecksetzung**, sowohl „für ein einzelnes Geschäft" als auch „für den Zweck des Lebens schlechthin" (NE 1142b30 f.). Die Klugheit zeigt sich „nicht [nur] in einer einzelnen Hinsicht [...], sondern in Bezug auf das, was das menschliche Leben gut und glücklich macht" (NE 1140a27). Sie hat immer **das Ganze des guten Lebens im Blick**. Daher sieht Aristoteles in der Klugheit auch eine Leittugend für die Politik.
- Die Klugheit steuert auch die Ausbildung des Habitus. Eine natürliche Tugend wird zur eigentlichen, ausgebildeten Charaktertugend, und diese „entwickelt [...] sich nicht ohne Klugheit" (NE 1144b17).

Ein Anliegen der *Nikomachischen Ethik* ist die Auseinandersetzung mit dem Hedonismus. Im Gegensatz zu diesem sieht Aristoteles die Lust nicht als letztes Handlungsziel an, ist aber auch nicht lustfeindlich. Dass alle Wesen nach Lust *(hedoné)* streben, sieht er als Tatsache an. Daher sei sie ein Gut, und auch die Eudaimonie muss mit der höchsten Lust einhergehen. Dennoch ist Eudaimonie nicht gleichzusetzen mit Lust. Er versteht Lust als ein ungehemmtes Sich-entfalten-Können einer Tätigkeit *(energeia)*. Die Qualität und Intensität dieser Lust bestimme sich danach, wie sehr eine Handlung die *areté* des Menschen realisiere.

Die Realisierung der menschlichen *aretai* ist für Aristoteles eine Grundentscheidung, die das ganze Leben prägt. Er unterscheidet drei Lebensformen: Das **theoretische Leben** (*bíos theoretikós*), das sich der philosophischen Betrachtung verschreibt, ist für ihn die höchste Lebensform, weil sie die Vernunftbegabung in reinster Form verwirklicht. Das **politische Leben** *(bíos politikós)*, das Leben in der Polis als idealer Gemeinschaft, realisiere die ethischen Tugenden und entspreche der Bestimmung des Menschen als Gemeinschaftswesen (*zôon politikon*). Das **Genussleben** steht für Aristoteles auf der untersten Ebene: Darunter versteht er das Leben der „Menge". Nicht bereit, sich vom Logos leiten zu lassen, führe sie das „Leben des Viehs" (NE 1095b20) und müsse durch Gesetze und Strafen geleitet werden.

Vgl. S. 221 ff. in diesem Band.

Die Unterscheidung von theoretischem und praktischem Leben wird in der mittelalterlichen und neuzeitlichen Tradition als Gegensatz vom *vita contemplativa* und *vita activa* fortgeführt.

<table>
<tr><th colspan="5">SEELE</th></tr>
<tr><th colspan="3">vernunftbegabt (logon echon)</th><th colspan="2">vernunftlos (alogon)</th></tr>
<tr><td colspan="2">in sich selbst vernünftig</td><td colspan="2">auf Vernunft hörend: Streben</td><td rowspan="2">vegetatives Vermögen (Ernährung, Wachstum)</td></tr>
<tr><td>epistemonisch; reine Theorie/Vernunft; auf Notwendiges bezogen</td><td>logistisch; angewandte Vernunft; auf Nicht-Notwendiges bezogen</td><td>rechtes Streben</td><td>affektgesteuert</td></tr>
<tr><td colspan="2">dianoëtische Aretai
Verstandestugenden</td><td colspan="2">ethische Aretai
sittliche Tugenden oder Charaktertugenden</td><td></td></tr>
<tr><td colspan="2">durch Belehrung erworben</td><td colspan="2">durch Gewohnheit erworben und verbessert; ständige Aufgabe</td><td></td></tr>
<tr><td colspan="2">dienen der Erkenntnis der Wahrheit</td><td colspan="2">dienen einer erfüllten Praxis</td><td></td></tr>
<tr><td>Wissenschaft (epistéme)
Verstand (nous)
Weisheit (sophía)</td><td>Kunstfertigkeit (techné; Zweckrationalität beim Herstellen [poiesis])
Klugheit (phrónesis; Rationalität des Handelns [praxis])</td><td colspan="2">• Habitus (hexis)
• bezogen auf Entscheidungen (prohairesis)
• Mitte (mesotes) als Optimum zwischen zwei Extremen
• gesteuert und kontrolliert durch Klugheit
Einzeltugenden: Freundschaft, Tapferkeit ...</td><td></td></tr>
<tr><td>Leben der Theorie (bíos theoretikós) als höchste Lebensform
▸ Mensch als vernunftbegabtes Wesen (zôon logon echon)</td><td colspan="2">Leben der Praxis (bíos praktikós)
Leben in der Gemeinschaft (bíos politikós)
▸ Mensch als Gesellschaftswesen (zôon politikon)</td><td>Leben des Genusses
▸ Mensch als Sinnwesen</td><td></td></tr>
</table>

2.3 Die Schule der Stoa und die unerschütterliche Seele

Zenon von Kition
(323 v. Chr. bis 262 v. Chr.)

Vgl. hierzu die S. 227 f. in diesem Band.

Die stoische Philosophie hat in ihrer fast 500-jährigen Geschichte (ca. 300 v. Chr. bis 200 n. Chr.) verschiedene Ausprägungen und Akzentuierungen erfahren. Der Begründer der Stoa war der hellenistische Philosoph Zenon von Kition. Weitere wichtige Vertreter waren Cicero (106 v. Chr. bis 43 v. Chr.), Seneca (etwa 1 n. Chr. bis 65 n. Chr.) und der römische Kaiser Marc Aurel (121 n. Chr. bis 180 n. Chr.). Die Grundgedanken der stoischen Ethik sind die folgenden:

- Durch das Walten des **Logos**, einer göttlichen Urkraft, ist der Kosmos vernünftig eingerichtet und wohlgeordnet. Alles, was geschieht, ist daher **kausal determiniert** und **teleologisch** festgelegt.
- Gegen die kausale Notwendigkeit allen Geschehens, gegen das Schicksal, kann der Einzelne nichts ausrichten. Er hat keinen Einfluss auf den Weltenlauf – das Einzige, was in seinem Einflussbereich liegt, ist die eigene Einstellung. Anstatt gegen das Schicksal anzukämpfen, gilt es daher, eine Haltung der **Akzeptanz** ihm gegenüber zu entwickeln.
- Dem **Geist bzw. der Vernunft** wird gegenüber den Affekten klarer Vorrang eingeräumt. Geist und Vernunft ermöglichen das Erkennen der unbeeinflussbaren Ordnung und sind so eine Voraussetzung für die daran orientierte Lebensführung. Die **Affekte** betrachten die Stoiker als ein **Übel**, weil sie das Erkennen und diese Lebensführung stören.
- Drei Ideale ergeben sich hieraus: Unter dem stoischen Ideal der **Apathie** versteht man die Leidenschaftslosigkeit im Sinne einer strengen Kontrolle der Gefühle oder gar einer Affektfreiheit. Mit dem Ideal der **Autarkie** ist die vernünftige Selbstbestimmung bzw. die Selbstgenügsamkeit gemeint – sie ermöglicht Unabhängigkeit gegenüber äußeren und inneren Umständen. Das Ideal der **Ataraxie** besteht in der Unerschütterlichkeit der Seele und kann als Seelenruhe verstanden werden.
- Zur Akzeptanz der natürlichen Ordnung gehört, dass der Einzelne seine **Pflichten**, d. h. die ihm in der Ordnung zufallenden Aufgaben, erfüllt.
- Wie Platon fordert die stoische Philosophie eine Orientierung an den **vier Kardinaltugenden** Weisheit (bzw. Klugheit oder auch Einsicht), Tapferkeit (bzw. Mut), Mäßigung (bzw. Besonnenheit) und Gerechtigkeit. Als übergeordnete Tugend darf man hierbei die **Weisheit** begreifen: Sie gewährt Einsicht in die vernünftige Ordnung der Welt. Die drei anderen Tugenden kann man in verschiedenen Hinsichten als Manifestation dieser übergeordneten Tugend verstehen: In der **Mäßigung** spiegelt sich die weise Einsicht wider, dass nicht der Affekt, sondern die Vernunft handlungsbestimmend sein soll. Sie dient der Wahl des vernünftig Richtigen. Die **Tapferkeit** ermöglicht es, widrige Umstände

zu ertragen bzw. sich ihnen gegenüber gleichmütig zu zeigen. Und die **Gerechtigkeit** realisiert die Vernunft durch eine „richtige" Zuteilung.

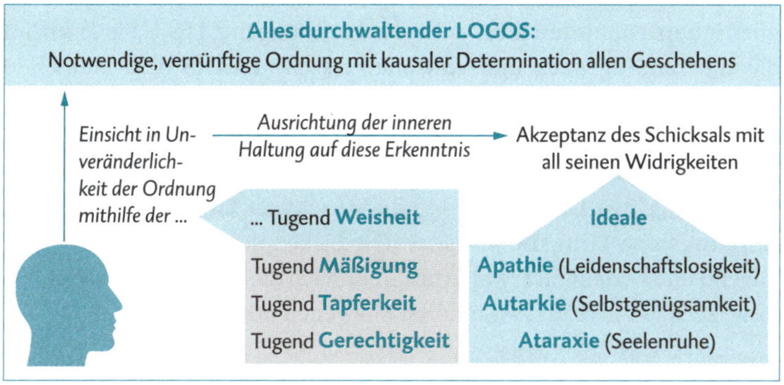

2.4 Thomas von Aquin und die göttlichen Tugenden

Der Dominikanermönch Thomas von Aquin knüpfte stark an die **aristotelische Seelen- und Tugendlehre** an und verband sie mit **christlicher Theologie**. In seinem Verständnis stehen Glaube und Vernunft nicht im Gegensatz zueinander, denn beides hat seinen Ursprung in Gott. Dadurch werden auch Theologie und Philosophie eins.

Thomas von Aquins Hauptschrift ist die *Summa theologiae* (entstanden zwischen 1265/66 und 1273).

Von Aristoteles übernimmt Thomas Aspekte seines Seelenmodells: Das Seelenvermögen der **Vernunft** umfasst ganz aristotelisch die drei **theoretischen Tugenden** Weisheit, Wissenschaft, Verstand/Einsicht sowie die **zwei praktischen Tugenden** der Kunst(fertigkeit) und Klugheit. Davon hebt er wie Aristoteles das **Strebevermögen** ab, füllt es jedoch anders: Thomas unterteilt es in den Willen und die Leidenschaften, die er wiederum in die Überwindungskraft und die Begierdekraft einteilt. Diese Unterteilung der Leidenschaften erinnert an Platon mit seiner Unterscheidung von Tatkraft und Begehren – ebenso wie die Kardinaltugenden, die Thomas diesen Kräften zuordnet. Der Überwindungskraft weist er als Kardinaltugend die **Tapferkeit** und der Begierdekraft die **Besonnenheit** (auch: das Maß) zu. Dem Willen nun aber entspricht die Kardinaltugend der **Gerechtigkeit**. Die vierte Kardinaltugend ist bei Thomas die **Klugheit** (nicht wie bei Platon die Weisheit). Sie gehört ihrem Sitz nach zu den Verstandestugenden, ist aber hinsichtlich ihres Wirkungskreises bezogen auf das Strebevermögen bzw. auf den Bereich des Handelns. Der Klugheit kommt es zu, die richtige Handlung zu wählen und umzusetzen – sie ist die wichtigste Kardinaltugend, weil ohne sie die anderen Tugenden nicht realisiert werden können. Die Tugenden sind dabei im Menschen als „Samenkörner" angelegt und können durch Übung, also

Wie Aristoteles sieht Thomas die Tugenden als die Mitte zwischen einem „zu viel" und „zu wenig", und zwar in Bezug auf die Gleichförmigkeit zu den Regeln der Vernunft.

durch Handeln, entwickelt werden. Allerdings bedarf es nach Thomas für die Ausrichtung des Menschen auf das Gute der **göttlichen Einwirkung**. Den bisher genannten Tugenden fügt Thomas zudem die sogenannten **göttlichen Tugenden** hinzu: Glaube, Hoffnung und Liebe. Sie ergänzen die anderen Tugenden und vollenden sie. Sie werden dem Menschen durch Gottes Gnade zuteil, werden ihm von Gott „eingegossen". Die Tugend des **Glauben** meint das **Vertrauen** in die **Existenz Gottes** und in seine **Offenbarung**, die Tugend der **Hoffnung** bezieht sich auf die **Zuversicht**, dass **Gott helfe**, und die Tugend der **Liebe** umfasst die **bedingungslose Hingabe an Gott**. Die Liebe gilt dabei als die höchste Tugend und bezieht im erweiterten Sinne auch die Liebe zu Gottes Schöpfung, zu sich selbst und zu anderen Menschen mit ein.

„Göttlich" sind diese Tugenden, weil sie von Gott kommen und sich auf die Beziehung zu ihm richten.

2.5 Moderne Weiterentwicklungen von Tugendethiken

Mit der Aufklärung im 18. Jahrhundert verloren Tugendethiken antiken oder christlichen Zuschnitts an Bedeutung. An ihre Stelle traten Ansätze, die nicht Tugenden (und damit charakterliche Dispositionen) in den Mittelpunkt stellten, sondern die Moralität des Handelns nach bestimmten Grundsätzen beurteilen wollten, wie beispielsweise Kants kategorischer Imperativ oder Benthams utilitaristisches Nutzenkalkül. Ende des letzten Jahrhundert haben tugendethische Ansätze eine Renaissance erlebt. Hier ist vor allem der **Kommunitarismus** zu nennen, der sich insbesondere gegen liberalistische Ansätze (z. B. John Rawls) und universalistische Moralbegründungen wendet, die allgemeine Gültigkeit beanspruchen. Meist gehen kommunitaristische Ethiken von einer pessimistischen Gegenwartsdiagnose aus. Sie sehen die jüngere Moderne als eine Verlustgeschichte: An die Stelle von Verbindung und Verbindlichkeit schaffender Tradition sei eine pluralistische Beliebigkeit und ein extremer Individualismus getreten, wodurch eine an festen Werten orientierte Solidarität verloren gegangen sei. Der Kommunitarismus will deshalb die Gemeinschaft und darin verankerte Tugenden wieder aufwerten.

Vgl. hierzu S. 92–95 und S. 105 f. in diesem Band.

Der Begriff Kommunitarismus stammt aus dem Lateinischen (*communitas* = Gemeinschaft).

Ein wichtiger Vertreter ist **Alasdair MacIntyre**. Er erklärt das Projekt der Aufklärung für gescheitert und sieht in der Gegenwart einen Emotivismus am Werk: Moralische Urteile entsprängen heute – nachdem die von Traditionen getragenen Tugenden nicht mehr ausschlaggebend seien – lediglich subjektiven Vorlieben. MacIntyres Antwort auf diese Entwicklung ist – in starker Anlehnung an Aristoteles – die Hochschätzung von handlungsleitenden **Tugenden**. Diese können in seinem Verständnis nur in festen **Gemeinschaften** ausgebildet werden, die auch eine **soziale Identität** stiften. MacIntyre fordert daher die „Schaffung lokaler Formen

Nach MacIntyre soll das menschliche Handeln nicht – wie in universalistischen Ethiken – allgemein, sondern kontextgebunden betrachtet werden: Handeln sei immer in soziale Praktiken eingebunden.

von Gemeinschaft, in denen die Zivilisation und das intellektuelle und moralische Leben [...] hinaus aufrechterhalten werden können"[1].

Nicht dem Kommunitarismus zuzurechnen ist die Neo-Aristotelikerin **Martha Nussbaum**. Wie Aristoteles will sie bestimmen, was ein gutes, gelungenes Leben ausmacht. Sie verteidigt Aristoteles gegen den Vorwurf, sein Menschenbild habe quasi-naturwissenschaftlichen Anspruch und treffe so unhaltbare Annahmen über die menschliche Natur. Vielmehr gehe Aristoteles bei der Suche nach den Merkmalen des guten Lebens evaluativ, also bewertend, vor: Es sei für ihn eine Bewertungsfrage, ob eine „bestimmte Tätigkeit ein Teil der menschlichen Natur"[2] sei. Dafür sei entscheidend, ob ein Wesen, dem diese Tätigkeit fehle, „nicht als ein richtiger Mensch angesehen"[3] werde. Nach Nussbaum identifiziert Aristoteles bestimmte menschliche Grunderfahrungen (z. B. die Furcht vor Schäden bzw. vor dem Tod) und ordnet diesen dann Tugenden zu (z. B. die Tapferkeit). Für Nussbaums eigene Konzeption spielen diese Tugenden dann allerdings keine entscheidende Rolle mehr. Sie folgt Aristoteles aber in dem ihm zugeschriebenen Ansatz, menschliche **Grunderfahrungen** zu bestimmen: Dazu gehören z. B. die Sterblichkeit und die Körperlichkeit, aber auch das Empfinden von Freude und Schmerz oder die Verbundenheit mit anderen Menschen. Den identifizierten Grunderfahrungen ordnet sie dann **Grundbefähigungen** zu – zum Beispiel der Grunderfahrung der Körperlichkeit die Grundbefähigung, die eigene körperliche Integrität zu bewahren (wozu dann beispielsweise der Erhalt der eigenen Gesundheit oder auch der Schutz vor Naturereignissen gehört). Ein gelungenes Leben ist nach Nussbaum nur möglich, wenn der Mensch all diese Grundbefähigungen besitzt. Nur dann sei er **in seinem Menschsein nicht eingeschränkt**.

Nussbaum charakterisiert ihre Theorie als „internalistischen Essentialismus": Sie will keine metaphysischen Annahmen zum Wesen des Menschen treffen, sondern versucht über die Untersuchung menschlichen Lebens und menschlicher Deutungen des Lebens (insbesondere in Mythen, Epen und Geschichten) Grundaspekte des Menschlichen zu erschließen.

Ganz zentrale Merkmale des Menschlichen sind für Nussbaum (wie für Aristoteles) die Vernunftbegabung und die Einbettung des Menschen in soziale Kontexte.

Vor diesem Hintergrund ist Nussbaums **„Befähigungsansatz"** weniger eine Tugendethik, sondern mehr eine normative politische Theorie: Sie fordert, dass politische Systeme die Voraussetzungen für die Verwirklichung eines so verstandenen Menschseins schaffen, dass sie also den Menschen zur Entfaltung seines Menschseins befähigen. Bei der Grunderfahrung der Körperlichkeit könnte das z. B. bedeuten, dass der Staat seinen Bürgerinnen und Bürgern die Möglichkeit geben sollte, den eigenen Körper gesund zu halten – beispielsweise durch ein angemessenes Gesundheitssystem. Der Einzelne müsse dann allerdings selbst entscheiden, ob er diese Möglichkeiten auch nutzt. Einen paternalistischen Staat, in dem der Einzelne sozusagen zu seinem „Glück" gezwungen wird – beispielsweise durch eine Verpflichtung zur Gesundheitsvorsorge –, lehnt sie ab.

Im Englischen heißt der Befähigungsansatz *Capability Approach*.

Der Befähigungsansatz versteht sich auch als Versuch, Maßstäbe für die Lebensqualität zu formulieren, die sich weniger auf den Besitz von Gütern beziehen. So wird zum Beispiel ein Vergleich der Lebensqualität verschiedener Staaten anhand ihrer Bruttoinlandsprodukte abgelehnt.

3 Immanuel Kants Pflichtethik

Immanuel Kant
(1724–1804)

Immanuel Kant wird 1724 in Königsberg als Handwerkerkind geboren. Die Mutter verliert er mit 13, der Vater stirbt 1746, als er gerade sein Studium beendet. Nach einer Zeit als Hauslehrer wird er 1755 mit einer Schrift über die Entstehung des Sonnensystems promoviert. 1770 erhält er in Königsberg die ersehnte Professur für Metaphysik und Logik. Nachdem er 10 Jahre fast nichts veröffentlicht, erscheint 1781 die *Kritik der reinen Vernunft*. Sie und die nun in rascher Folge erscheinenden Kritiken der praktischen Vernunft und der Urteilskraft sind bahnbrechend, sie machen ihn rasch berühmt und lösen einen Schub in der philosophischen Diskussion aus. Kant stirbt im Jahr 1804.
Kant versteht sich als **Aufklärer**, als deren philosophischer Höhepunkt er gilt. In der Begründung der Ethik richtet er sich gegen die Theorien des moralischen Gefühls (Shaftesbury, Francis Hutcheson, Adam Smith), gegen theologische Ansätze (Christian Crusius), aber auch gegen Begründungen aus der vollkommenen Ordnung der Dinge (Christian Wolff in der Tradition der Stoa). Er verfolgt mit der Betonung der **Vernunft** und der Würde des Einzelnen aber auch ein **emanzipatorisches Projekt**, das sich gegen alle Machtansprüche absolutistischer Herrscher stellt.

3.1 Kants Ausgangspunkt und Ziel

Die **Transzendentalphilosophie** analysiert die Bedingungen der Möglichkeit von Erkenntnis, Moralität oder Schönheit etc.

Immanuel Kant geht es darum, zu klären, welche Voraussetzungen moralisches Handeln prinzipiell erfüllen muss, oder, wie er es ausdrückt, die „Bedingung der Möglichkeit“ von Moral zu klären. Kant verfolgt damit auf dem Gebiet der Ethik sein Programm der Transzendentalphilosophie weiter. Er tut dies in der *Grundlegung zur Metaphysik der Sitten* (hier zit. unter der Sigle GMS) von 1785 und der *Kritik der praktischen Vernunft* (hier zit. unter der Sigle KpV) von 1788.

Grundlegung
zur
Metaphysik
der Sitten
von
Immanuel Kant.
Riga,
bey Johann Friedrich Hartknoch
1785.

a priori (von lat.: vom Früheren her): von vornherein, unabhängig von Erfahrung

Kant führt gleich zu Beginn der *Grundlegung* einige grundsätzliche Unterscheidungen ein, die den Gang der Argumentation bestimmen. Für Kant muss ein moralisches Gesetz, d. h. ein für alle verbindliches Gesetz, **„absolute Notwendigkeit“** haben. Deshalb könne ein solches weder durch die „Natur des Menschen“ noch durch die „Umstände[] der Welt“ begründet sein, sondern nur „a priori in Begriffen der reinen Vernunft“ (GMS 389). Habe man erst dieses eine, reine Moralprinzip, so müsse es in einem zweiten Schritt auf die jeweils konkrete Situation angewendet werden. Das aber bedeutet: Das **Kriterium für Moralität** ist in allen nur denkbaren Situationen und für alle Handelnden ein und dasselbe, es gilt **universal**; was es konkret vorschreibt, hängt von den jeweiligen situativen Bedingungen ab.

Leitendes Paradigma für Kants praktische Philosophie ist nicht ein Teilbereich menschlichen Tuns (wie in der *Kritik der reinen Vernunft* das wissenschaftliche Erkennen), sondern der **Gesamtbereich menschlicher Praxis**. Er vertraut darauf, dass „die menschliche Vernunft im Moralischen selbst beim gemeinsten Verstande leicht zu großer Richtigkeit und Ausführlichkeit gebracht werden kann" (GMS 391). Kant spaltet von der alten Grundfrage „Was soll ich tun?" die Frage ab: „Wie ist ein Sollen überhaupt möglich?" – oder, anders formuliert: Was genau macht die Normativität von Normen aus? Worin gründet die Verpflichtung zu etwas?

Kant bezieht sich hierbei nicht auf die grammatische Oberfläche von Sollenssätzen, sondern auf Normen im emphatischen Sinne gerechter und gerechtfertigter Normen.

Wesentlich dafür, dass eine Handlung moralisch genannt wird, ist nach Kant ihr **Verpflichtungscharakter**. Man darf eben nicht tun, was einem gerade einfällt und beliebt, Subjektivismus und Egoismus haben mit Moral nichts zu tun (im Gegenteil). Einen moralischen Menschen macht es aus, dass er sich ständig in jeder Situation seiner Verpflichtetheit bewusst ist, d. h.: In einer vollkommenen moralischen Welt handelten alle in allen Situationen in diesem Bewusstsein. Nochmals wird deutlich: Moralische Sätze müssen **universale Geltung** haben, denn Normativität hängt nicht von den jeweiligen Verhältnissen ab und darf nicht Produkt historischer oder gruppenspezifischer Überzeugungen oder auch Irrtümer sein.

Um gleich ein mögliches Missverständnis auszuräumen: Kant gibt sich nicht der Utopie hin, dies könne erreicht werden oder sei gar erreicht. Aber die Abweichung von moralischen Normen wird eben als Ausnahme, als Übertritt empfunden. Die aktuelle *Gültigkeit* der Moralregeln ist dadurch momentan zwar außer Kraft gesetzt, ihre grundsätzliche, objektive *Geltung* wird aber gerade bestätigt. Die Übertretungen rühren nach Kant daher, dass der Wille des Menschen nicht nur von seiner Vernunft, sondern von seinen **Trieben und Neigungen** bestimmt wird. Wenn Kant von der Notwendigkeit moralischer Gesetze spricht, dann meint er die notwendige Geltung, aber nicht die jederzeitige Gültigkeit.

Gleich zu Beginn zieht Kant aus der Universalität eine wichtige Konsequenz, auf die zu insistieren er nicht müde wird. Kant schließt:

(1) Moralprinzipien gelten **universal**.
(2) Erkenntnisse über die Welt sind auf Sinnesdaten (Wahrnehmung, Introspektion) angewiesen, die individuell variieren; daher sind diese empirischen Erkenntnisse **partikulär**.
(3) Also: Moralprinzipien enthalten **nichts Empirisches**.

partikulär: von lat. *particularis* = nur einen Teil betreffend

Ein zweites Argument Kants für diesen Grundsatz ist die Kritik am naturalistischen Fehlschluss: Aus einem Sein kann kein Sollen folgen. „Denn jedes Beispiel, was mir davon vorgestellt wird, muss selbst zuvor nach Prinzipien der Moralität beurteilt werden […].“ (GMS 408) Eine auf Wahrnehmung und Beispielen basierende Begründung der Moral wäre also zirkulär.

3.2 Analyse der Pflicht

Die eigentliche Pflichtanalyse (vgl. GMS 397 ff.) ergibt bereits den wesentlichen Kern des kategorischen Imperativs. Kant führt sie in drei Schritten:

Schritt 1:
Eine Handlung hat moralischen Wert, wenn sie **aus Pflicht** und nicht *nur* aus Neigung geschieht. **Pflichtgemäßes** Handeln allein genügt nicht, die Pflicht muss immer gewollt und nicht nur widerwillig befolgt werden. Terminologisch unterscheidet Kant hier *Moralität* von *Legalität*. Moralität kann nicht nur in pflichtmäßigem Handeln bestehen, denn der Erfolg von Handlungen ist abhängig von äußeren, konkreten, empirischen Faktoren, die teilweise nicht in der Macht des Handelnden stehen. Außerdem kann, wie gesehen, Empirisches nicht zur Begründung von Moralität genügen. Entscheidend ist also der bewusste innere Antrieb, der **gute Wille**. Das betont schon der erste Satz der „Grundlegung“:

ZITAT

> „Es ist überall nichts in der Welt, ja überhaupt auch außer derselben zu denken möglich, was ohne Einschränkung für gut könnte gehalten werden, als allein ein *guter Wille*.“ (GMS 393)

Auf der Suche nach Beispielen für ein Handeln aus Pflicht muss Kant zu krassen Fällen greifen, denn ein Handeln aus Pflicht zeigt sich in Reinform gerade da, wo *nur* aus Pflicht und *entgegen* allen Neigungen gehandelt wird. Das bedeutet natürlich nicht, dass einzig und allein in solchen Fällen moralisch gehandelt werden könnte.

Der Wille ist dabei nicht bloß innerliche Vorstellung davon, was zu tun ist, oder gar diffuse Sonntagssehnsucht nach einer besseren Welt. Er muss „nicht etwa als ein bloßer Wunsch, sondern als die Aufbietung aller Mittel, soweit sie in unserer Gewalt sind“ (GMS 394), verstanden werden. Der gute oder, gleichbedeutend, der moralische Wille ist ein Aspekt des Pflichtbegriffs, steht also nicht im Belieben des Einzelnen, sondern verlangt von diesem gerade, zugunsten eines allgemeinen Prinzips in **Distanz zu seinen Neigungen** zu gehen.

„Neigungen“ ist Kants Sammelbezeichnung für alle unreflektierten Handlungsmotivationen, die auf **Lustgewinn** abzielen. Der Inbegriff dieses Strebens ist die **Glückseligkeit**; sie „ist der Zustand eines vernünftigen Wesens in der Welt, dem es im Ganzen seiner Existenz *alles* *nach Wunsch und Willen* geht“ (KpV 124). Da dieser Zustand wiederum von konkreten empirischen Bedingungen und den individuellen Eigenheiten des Einzelnen abhängt, scheidet Glückseligkeit als Moralprinzip aus. Allerdings kommt die harsch vertriebene Glückseligkeit durch die Hintertür wieder herein: „Seine eigene Glückseligkeit zu sichern, ist Pflicht“, denn Unzufriedenheit sei „eine große Versuchung zu Übertretung der Pflichten“ (GMS 399). Dies ist konsequent, insofern der Inhalt einer Pflicht nicht Grund ihres Verpflichtungscharakters sein kann.

Damit grenzt sich Kant von Aristoteles ab. Vgl. zu Aristoteles S. 78 f. in diesem Band.

Schritt 2:
Kants Abweisung inhaltlicher Handlungsprinzipien, d. h. einer Bestimmung von Moral durch irgendwelche besonderen Inhalte und Ziele, zeigt sich noch einmal deutlich in folgender Formulierung:

ZITAT

> „Eine Handlung aus Pflicht hat ihren moralischen Wert *nicht in der Absicht*, welche dadurch erreicht werden soll, sondern in der Maxime, nach der sie beschlossen wird [...].“ (GMS 399 f.)

Moralisch sind Handlungen nicht dadurch, dass sie *etwas Gutes* erstreben, sondern nur aufgrund ihres **Prinzips**, ihrer **Form**. Ein Moralprinzip kann für Kant also nur formale Vorgaben machen, nicht aber einen Katalog inhaltlicher Normen vorschreiben.
Daneben wird der Bezug auf **Maximen** herausgestellt. „*Maxime* ist das subjektive Prinzip des Wollens“ (GMS 400 Fn.) im Gegensatz zum objektiven Prinzip, dem (reinen Vernunft-)Gesetz.

Der Begriff **„formal“** ist in der Philosophie ein Gegenbegriff zu „inhaltlich“.

info

Kants Begriff der Maxime

Maximen sind **individuell gesetzte, nicht nur in Einzelfällen gültige Grundsätze** des Handelns, die die Lebensführung betreffen und charakteristisch für die Persönlichkeit sein können (wie z. B. in Notsituationen zu helfen). Sie bewegen sich auf mittlerem Niveau zwischen dem Moralprinzip und konkreten Handlungsmotivationen. Maximen sind **nicht konkrete Vorsätze** (z. B. nächste Woche einmal hilfsbereiter zu sein) und beziehen sich **nicht auf einzelne Handlungen**. Denn diese sind zwangsläufig an die konkreten Gegebenheiten gebunden, was mit der Universalität aller Moral nicht vereinbar wäre. In Maximen artikulieren sich **grundlegende Orientierungen und Haltungen** des Einzelnen in seiner Lebenswelt. Sie bedürfen in konkreten Handlungssituationen immer noch der Anwendung, die nicht eine Sache der praktischen Vernunft, sondern der Urteilskraft ist (z. B. helfe ich bei einer Fahrradpanne nur, wenn ich die technischen Fähigkeiten dazu habe).

Für Kant bilden Maximen nur einen allgemeinen Handlungsgrundriss, der ethischen Relativismus auf der einen Seite und einen starren Regeldogmatismus auf der anderen Seite umgeht. Die Verabsolutierung von Regeln führt, so Kant, zu Pedanterie: „Sie sind der Gängelwagen der Unmündigen.“[4]

Schritt 3:
Kant führt Schritt 1 und 2 in einer Definition der **Pflicht** zusammen:

ZITAT

> *„Pflicht ist Notwendigkeit einer Handlung aus Achtung fürs Gesetz.“* (GMS 400)

Gesetz ist nach Kant „das objektive Prinzip [des Wollens] (d. i. dasjenige, was allen vernünftigen Wesen auch subjektiv zum praktischen Prinzip dienen würde, wenn Vernunft volle Gewalt über das Begehrungsvermögen hätte)“ (GMS 400 Fn.). Unter **Achtung** versteht Kant weder Hochachtung noch Furcht vor etwas. Beides wären fremdbestimmte Gefühle. Das Gefühl der Achtung ist keine Emotion wie andere; es unterscheidet sich von allen anderen Gefühlen dadurch, dass es „durch einen Vernunftbegriff *selbstgewirkt[]*“ (GMS 401, Fn.) ist. Nur deshalb kann es moralisch bedeutsam sein. Achtung ist „das Bewußtsein der Unterordnung meines Willens unter einem Gesetz“ (ebd.) und entsteht aus der „*Wirkung* des Gesetzes aufs Subjekt“ (ebd.). Kant nennt die Achtung „die einzige und zugleich unbezweifelte moralische Triebfeder“ (KpV 78).
Hier kündigt sich schon Kants Freiheitsbegriff an: Die Autonomie setzt an die Stelle bloßer Abwesenheit von Determinanten die Einsicht, dass unser Handeln immer bestimmt wird, dass aber die konkrete Bestimmung selbst gesetzt werden soll. Damit umgeht er sowohl die Determiniertheit durch die Gesetze der Physik, die dennoch weiter gelten, als auch die Determiniertheit durch Neigungen, Egoismus, Triebe. Der Befreiung von äußeren Determinanten muss, um subjektive Willkür zu vermeiden, eine **Selbst-Bestimmung** folgen, die die Universalität der Verpflichtung garantiert, und dies kann nur die **Vernunft**, die Rationalität der Entscheidungen.

3.3 Der kategorische Imperativ und seine Formeln

Den Schlussstein im Begründungsgang bildet der **Imperativcharakter** des Moralitätsprinzips. Hierbei geht es Kant nicht darum, warum man überhaupt moralisch handeln soll – dies steht völlig außer Frage –, sondern darum, warum Menschen trotz bewusster Kenntnis des Moralprinzips unmoralisch handeln, anders formuliert, warum ein *an sich* notwendiges Prinzip nicht notwendig *für uns* gilt. Dies hat seinen Grund wiederum darin, dass nicht nur ein objektiv-universales Prinzip den menschlichen Willen bestimmt, sondern noch subjektive Prinzipien, die Neigungen. Für reine Vernunftwesen gälte das Moralprinzip wie ein Naturgesetz, nämlich notwendig und ausnahmslos. Erst seine Neigungen und die Schwäche seiner Vernunft machen es zum *Gebot*. Moralität ist eine ständige Aufgabe, ein ins „Unendliche gehender Progressus" (KpV 122). Der moralische Imperativ muss **kategorisch**, d. h. notwendig immer gelten. Denn erstens kann der letzte Grund einer Verpflichtung nicht seinerseits wieder begründet werden und zweitens muss das Moralprinzip universal und d. h. ohne Voraussetzungen gelten. Kant grenzt ihn damit gegen zwei andere Arten von Imperativen ab:

Imperative		
„hypothetisch"		„kategorisch"
technische, „problematische" Imperative: Wenn ein bestimmter Zweck erreicht, ein bestimmtes Problem gelöst werden soll, sind bestimmte Mittel dazu erforderlich.	„assertorische" Imperative: bestehen faktisch für alle Menschen. Es gibt Kant zufolge hier nur einen einzigen: das Streben nach Glückseligkeit.	(sittlicher) Imperativ: gilt notwendig, Prinzip der Moralität
Möglichkeit (kann der Fall sein)	Wirklichkeit (ist der Fall)	Notwendigkeit (muss immer der Fall sein)

Kant teilt die Imperative mithilfe der Unterscheidung von Möglichkeit, Wirklichkeit und Notwendigkeit aus der Modallogik ein.

Aus seinen bisherigen Überlegungen ergibt sich schließlich das **Moralprinzip**, der **kategorische Imperativ:**

ZITAT

> „Handle nur nach derjenigen Maxime, durch die du zugleich wollen kannst, daß sie ein allgemeines Gesetz werde." (GMS 421)

Man bezeichnet diese allgemeine Fassung des kategorischen Imperativs auch als **Universalisierungsformel**.

Mögliche Prüfung einer Handlung auf Moralität (nach der Universalisierungsformel)			
Ausgangsfrage: Wie soll ich in einer bestimmten Situation handeln?	**Schritt 1 – Erschließen der Maxime:** Ich prüfe, welche Maxime hinter meinen Handlungsoptionen steht.	**Schritt 2 – Verallgemeinerung der Maxime:** Ich verallgemeinere die Maxime zu einem allgemeinen Gesetzt.	**Schritt 3 – Prüfung der Verallgemeinerung:** Falls ich dieses allgemeine Gesetz ohne Widerspruch denken und wollen kann, dann handle ich nach der Maxime.

Beispiel für die Anwendung der Universalisierungsformel

Eine Freundin fragt, ob mir ihr neuer Freund gefällt. Soll ich gegen meine Überzeugung bejahen?

> Hinter der Handlungsoption „Bejahen“ steht beispielsweise die Maxime: „Ich lüge, wenn die Wahrheit andere verletzen würde.“

> Die Verallgemeinerung der Maxime zum allgemeinen Gesetz könnte etwa lauten: „Jeder soll lügen, wenn die Wahrheit andere verletzen würde.“

> Ein solches Gesetz kann ich nicht wollen, denn sonst verlören jegliche Aussagen an Glaubwürdigkeit, weil man sich nie sicher sein könnte, ob der andere aus Rücksicht lügt. Daher verwerfe ich diese Handlungsoption.

Kant entwickelt **drei weitere Formeln** des kategorischen Imperativs. Diese akzentuieren dessen Aspekte unterschiedlich, sind aber für Kant nur verschiedene Fassungen ein und desselben Moralprinzips.
Zunächst zieht er eine Analogie zu den Naturgesetzen. Damit betont Kant den Allgemeinheitsanspruch des kategorischen Imperativs, der so ausnahmslos gelten soll wie ein Naturgesetz. Für ein ideales reines Vernunftwesen wäre dies tatsächlich der Fall. Die **Naturgesetzformel** lautet:

ZITAT

„Handle so, als ob die Maxime deiner Handlung durch deinen Willen zum allgemeinen Naturgesetz werden sollte.“ (ebd.)

Der innere Zusammenhang von Vernunft und Freiheit wird unten genauer erläutert. Vgl. S. 100 f. in diesem Band.

Die dritte Formel ist voraussetzungsreicher. Sie geht davon aus, dass Vernunft ein Selbstzweck ist: „[D]er Mensch und überhaupt jedes vernünftige Wesen *existiert* als Zweck an sich selbst [...].“ (GMS 428) Dieser Ansatz ist weitreichend: Nur als vernünftiges Wesen hat der Mensch **Würde**. Die Vernunft konstituiert die „Menschheit“ – womit Kant nicht die Summe aller Menschen, sondern das Wesen des Menschen meint. Natürlich werden Menschen gerade in einer arbeitsteiligen Gesellschaft immer auch zu Mitteln: Der Fahrradmechaniker dient dazu, mein Fahrrad zu reparieren; die Anwältin dient dazu, mich rechtlich zu vertreten; die Kellner dienen dazu, mir das Essen zu bringen usw. Kant schließt aber aus, dass ein moralisches Handeln die Mitmenschen *ausschließlich* als Mittel verwendet – sie müssen immer auch als Wesen mit Würde behandelt werden. Ihre Würde zu achten, muss immer auch ein Ziel allen Handelns sein, oder wie Kant es ausdrückt: sie müssen immer auch ein Endzweck sein. Daraus ergibt sich die **Selbstzweckformel:**

ZITAT

„Handle so, daß du die Menschheit, sowohl in deiner Person als in der Person eines jeden anderen, jederzeit zugleich als Zweck, niemals bloß als Mittel brauchst.“ (GMS 429)

Kant ergänzt noch eine vierte Formel. Während die Naturgesetzformel auf die allgemeine Form aller Maximen abhebt und die Selbstzweckformel einen gemeinsamen Gehalt ins Zentrum stellt, geht es in der letzten Formel um „eine *vollständige Bestimmung* aller Maximen“ (GMS 436), d. h., alle Zwecke, die sich ein vernünftiges Wesen gibt, ergeben einen stimmigen, widerspruchsfreien Zusammenhang und können sich daher nie zuwiderlaufen. Weder verstricke ich mich selbst dann in Widersprüche noch können meine Maximen denen anderer Menschen widersprechen. Kant formuliert diese optimistische Annahme der Einheit der Vernunft in der **Reich-der-Zwecke-Formel** mit dem Begriff des „Reiches“, worunter er „die systematische Verbindung verschiedener vernünftiger Wesen durch gemeinschaftliche Gesetze“ (GMS 433) versteht:

ZITAT

> „Demnach muß ein jedes vernünftige Wesen so handeln, als ob es durch seine Maximen jederzeit ein gesetzgebendes Glied im allgemeinen Reiche der Zwecke wäre.“ (GMS 438)

Diese Formel wird bei Kant allerdings weniger prominent hervorgehoben als die anderen.

Zum Problem der Pflichtenkollision vgl. S. 100 und 103 in diesem Band.

Kants **Gedankengang** lässt sich folgendermaßen zusammenfassen:

3.4 Abgrenzung des kategorischen Imperativs gegen die goldene Regel

Eine eingängigere Form der goldenen Regel lautet: „Was du nicht willst, das man dir tu', das füg auch keinem andern zu."

Es ist wichtig, sich klarzumachen, dass der kategorische Imperativ etwas anderes ist als die **goldene Regel:** „Behandle andere so, wie du von ihnen behandelt werden willst." Kant hält sie einerseits für „trivial[]" (GMS 430 Fn.), andererseits aber für unzureichend, um Moralität zu begründen:

- Der kategorische Imperativ impliziert, dass nur **Vernunfturteile** über Moralität entscheiden – und nicht wie bei der goldenen Regel **subjektive, individuelle Vorlieben**. Wenn jemand zur Herabsetzung seiner selbst oder zu Indifferenz gegenüber (wenn nicht sogar zu einer eigentümlichen Lust an) unfreundlicher oder gewalttätiger Behandlung seiner selbst neigt, könnte er dies genauso auf das Gegenüber übertragen wie den Wunsch danach, wertgeschätzt, freundlich behandelt oder nicht geschlagen zu werden. Für Kant ist die goldene Regel daher von vornherein ungeeignet, um Pflichten zu begründen.

Die Verpflichtung gegen sich selbst verdeutlicht nochmals, dass Kant von einer doppelten Bestimmung des Menschen ausgeht: Was er als *Lust- und Empfindungswesen* sich wünscht und an Neigungen entwickelt, unterscheidet sich von dem, was er als *vernünftiges Wesen* wollen kann. Diese zweiteilige Anthropologie des Menschen bringt es mit sich, dass sich Moral nie nur in Sozialmoral erschöpfen kann und dass es dem Menschen aufgegeben ist, an seiner – wie Kant sagt – eigenen Vollkommenheit zu arbeiten.

- Der kategorische Imperativ formuliert eine objektive Anforderung ohne Ansehen der Person. Er gilt insbesondere auch im Innenverhältnis zu sich selbst. Er begründet nicht nur Pflichten gegen andere, sondern auch eine **Verpflichtung gegen sich selbst**. Sie spielt für Kant eine große Rolle. Wie wir gleich sehen werden, qualifiziert er z. B. Selbstmord aus Überdruss oder ein rein lustorientiertes Leben fauler Bequemlichkeit als unmoralisch. Hier böte die goldene Regel von vornherein keinen Ansatzpunkt, weil sie den Bezug auf sich selbst gar nicht erst in den Blick nimmt.
- Die goldene Regel formuliert **lediglich** ein **Symmetrieprinzip**, das keine Forderung nach Abstraktion von der konkreten Handlungssituation impliziert. Der kategorische Imperativ dagegen verlangt eine Verallgemeinerung und ist überdies auf Maximen bezogen, die einen situationsübergreifenden Fokus haben. Dadurch kann er allgemeine Normen begründen, die auch Sanktionen erlauben, wohingegen die goldene Regel alle Formen von Strafe von vornherein als problematisch erscheinen ließe. Der kategorische Imperativ begründet Verpflichtungen auch in asymmetrischen Verhältnissen. Man kann hier z. B. an die Pflicht der Eltern denken, für ihre Kinder zu sorgen. Hier sind die Beteiligten in unterschiedlichen Lebenssituationen, die sich nicht umkehren lassen. Gewiss könnte man sagen, dass auch die Eltern sich in der Hilflosigkeit des Alters von ihren Kindern oder als Kinder sich von ihren Eltern umsorgt sehen wollen; hier findet aber schon eine deutliche Abstraktion von der Situation und eine Verallgemeinerung statt, die letztlich auf die allgemeine Maxime des Beistands in Hilflosigkeit hinausläuft, in die das endliche und verletzliche Wesen Mensch stets geraten kann.

3.5 Kants Beispiele

Um zu illustrieren, wie der kategorische Imperativ zu verstehen ist, spielt Kant eine Reihe von Beispielen durch. Der Systematiker Kant ist dabei bestrebt, mit seinen Beispielen möglichst alle relevanten Fälle abzudecken. Dazu entfaltet er eine Klassifikation der Pflichten, und zwar entlang der folgenden Unterscheidungen:

- Pflichten **gegen mich selbst** und Pflichten **gegen andere**,
- vollkommene und unvollkommene Pflichten: **Vollkommene Pflichten** sind nach Kant Pflichten, die sich insofern logisch aus dem kategorischen Imperativ ergeben, als ein **Verstoß** dagegen ohne Widerspruch **nicht denkbar** ist (hier sind keine Ausnahmen möglich). **Unvollkommene Pflichten** sind Pflichten, die sich insofern aus der Natur des Menschen als vernünftigem Wesen ergeben, als ein **Verstoß** gegen sie **nicht gewollt** werden kann (hier sind Ausnahmen möglich).

Die Unterscheidung zwischen vollkommenen und unvollkommenen Pflichten übernimmt Kant aus der Tradition. Unvollkommene Pflichten erlauben begründete Ausnahmen, geben also einen gewissen Spielraum, wenn andere Pflichten dagegenstehen. Vollkommene Pflichten hingegen gelten uneingeschränkt.

Daraus ergeben sich vier Bereiche der Pflichten. Kant diskutiert zu jedem Bereich ein **Beispiel** (jeweils mit Blick auf die Universalisierungsformel und auf die Selbstzweckformel):

Pflichten	gegen mich selbst	gegen andere
vollkommene Pflichten	*Beispiel 1:* Verbot des Suizids aus Überdruss	*Beispiel 2:* Verbot des falschen Versprechens
unvollkommene Pflichten	*Beispiel 3:* Förderung der eigenen Talente	*Beispiel 4:* Beistand in der Not

Beispiel 1: Verbot des Suizids aus Überdruss

Nach Kant sind Unlustempfindungen dazu bestimmt, zur „Beförderung des Lebens anzutreiben“ (GMS 422). Sie indizieren einen tendenziell lebensbedrohlichen Mangel (z. B. wer friert, dem mangelt an Wärme), der dazu bewegt, den Mangel zu beseitigen (z. B. für die überlebensnotwendige Wärme zu sorgen). Ein Suizid aus „Überdruß am Leben“ (ebd.) steht daher im Widerspruch zur Natur des Menschen und der Funktion seiner Unlustempfindungen und kann von ihm daher nicht gewollt werden.
Gemäß der Selbstzweckformel ist der Suizid aus Überdruss verboten, weil er mich selbst zum bloßen „*Mittel*[] zur Erhaltung eines erträglichen Zustandes“ (GMS 429) macht, mich selbst also nicht auch als Zweck an sich betrachtet.

Beispiel 2: Verbot des falschen Versprechens

Im Sinne der Selbstzweckformel ist ein falsches Versprechen unmoralisch, weil es mein Gegenüber zum bloßen Mittel meiner Wünsche macht. Ein Versprechen besteht nach Kant in einer Selbstverpflichtung. Dies widerspricht von vornherein jeder Absicht, sich nicht daran halten zu wollen. Schon dies ist nicht verallgemeinerungsfähig (→ Universalisierungsformel). Allerdings erscheint diese Argument auf den ersten Blick etwas verkürzt, denn bei einem falschen Versprechen geht es ja darum, dass man eine Selbstverpflichtung nur vorspiegelt. Dieser Einwand lässt sich jedoch im Sinne der Universalisierungsformel entkräften: Ein Versprechen ist eine kommunikative Handlung, die grundsätzlich Glaubwürdigkeit voraussetzt. Es ist eine soziale Institution, die auf Vertrauen in seine Einhaltung beruht. Indem jedes falsche Versprechen dieses Vertrauen unterminiert, steht es im Widerspruch zu seinem kommunikativen Funktionieren.

Beispiel 3: Förderung der eigenen Talente

Kants Argument an dieser Stelle ist nicht, dass die Menschheit dann in einen Zustand der Kulturlosigkeit verfiele; das wäre eine praktische Folge, die man mögen oder nicht mögen kann, die aber nichts über die Moralität aussagt.

Zwar kann man sich prinzipiell vorstellen, dass kein Mensch bereit wäre, die eigenen Gaben zu kultivieren. Der Mensch gerät aber von vornherein in einen Widerspruch zu seiner Vernunftbegabung, wenn er „sein Leben bloß auf Müßiggang, Ergötzlichkeit, Fortpflanzung, mit einem Wort auf Genuß" (GMS 423) ausrichtet. In diesem Falle ließe er sich nur von Begierden und Neigungen leiten – und dies widerspricht seiner Bestimmung als vernünftigem Wesen, das sich immer in Distanz zu seinem Luststreben und in dessen Kontrolle zeigt. „Denn als ein vernünftiges Wesen will er [der Mensch] notwendig, daß alle Vermögen in ihm entwickelt werden, weil sie ihm doch zu allerlei möglichen Absichten dienlich und gegeben sind." (GMS 423)

Kant betont an verschiedenen Stellen seines Werkes, dass der Mensch auf Vervollkommnung seiner Anlage angelegt sei: „Mit dem Zwecke der Menschheit in unserer eigenen Person ist [...] die Pflicht verbunden, [...] sich das Vermögen zu Ausführung allerlei möglichen Zwecke, so fern dieses in dem Menschen selbst anzutreffen ist, zu verschaffen oder es zu fördern, d. i. eine Pflicht zur Kultur der rohen Anlagen seiner Natur, als wodurch das Tier sich allererst zum Menschen erhebt [...]."[5] Kurz: Der Mensch ist ein Kulturwesen; es hat die Pflicht, seine Talente nicht verkümmern zu lassen.

Beispiel 4: Beistand in der Not

Nach Kant ist die Verallgemeinerung der Maxime, anderen in der Not keinen Beistand zu leisten, als allgemeines Gesetz (→ Universalisierungsformel) zwar denkbar, kann aber nicht gewollt werden. Denn jeder Mensch könne in eine Situation kommen, in der er „anderer Liebe und Teilnehmung bedarf" (GMS 423). Dieser Argumentation liegt der Gedanke zugrunde, dass dem Menschen Hilfsbedürftigkeit eigen ist. Die Verweigerung des Beistands in der Not wäre insofern ein Widerspruch zu einer Grundbedingung des menschlichen Lebens.
Im Sinne der Selbstzweckformel muss nach Kant das Glück als faktischer Zweck aller Mitmenschen von mir immer mitangestrebt werden.

Das Beistandsgebot bezieht sich nicht auf jegliche Not in der Welt. Das wäre eine schlichte Überforderung der eigenen Möglichkeiten. Kant bezieht sich stets auf eine konkrete Notlage, in der der Handelnde unmittelbar helfen kann. Ob dies gegeben ist und welche Hilfe in einer konkreten Situation, die z. B. auch zur Abwägung angesichts einer Vielzahl von Notlagen zwingt, möglich und sinnvoll ist, das muss in einer rationalen Anwendung der Maxime der Hilfsbereitschaft entschieden werden.

Vertiefung: Verbot der Notlüge

Kant hat die Frage nach der **Zulässigkeit der Notlüge** in seiner kleinen Abhandlung „Über ein vermeintes Recht aus Menschenliebe zu lügen" (1797) zugespitzt. Das Beispiel: Ist es gerechtfertigt, dass ich einen Mörder, der einen Freund ermorden will, welcher sich in mein Haus geflüchtet hat, und nun vor der Tür steht und nach dem Freund fragt, anlüge, dass der Freund nicht bei mir sei? Nein, sagt Kant. Die Begründung dieser unerwarteten Position: Die Folgen der Aussage sind ganz unabsehbar.

ZITAT

> „Es ist doch möglich, daß, nachdem du dem Mörder, auf die Frage, ob der von ihm Angefeindete zu Hause sei, ehrlicherweise mit Ja geantwortet hast, dieser doch unbemerkt ausgegangen ist, und so dem Mörder nicht in den Wurf gekommen, die Tat also nicht geschehen wäre; hast du aber gelogen, und gesagt, er sei nicht zu Hause, und er ist auch wirklich (obzwar dir unbewußt) ausgegangen, wo denn der Mörder ihm im Weggehen begegnete und seine Tat an ihm verübte: so kannst du mit Recht als Urheber des Todes desselben angeklagt werden. […] Es ist also ein heiliges, unbedingt gebietendes, durch keine Konvenienzen einzuschränkendes Vernunftgebot; in allen Erklärungen wahrhaft (ehrlich) zu sein."

Dies hat Kant den Vorwurf des **Rigorismus** eingetragen. Indes muss man sich klarmachen, was das Ziel der Argumentation ist: Kant betont anhand dieses provokanten Beispiels nochmals, dass **Überlegungen zu Handlungsfolgen** – wie sie etwa der Utilitarismus ins Zentrum stellt – **keine Grundlage von Moralität** sein können, weil diese immer mit **Unsicherheit** behaftet und zudem **partikulär** seien.
Die krassen Zuspitzungen ziehen sich durch fast alle Beispiele, die Kant anführt. Man muss sich hier nochmals in Erinnerung rufen, dass dies der darstellungslogischen Anforderung geschuldet ist, eindeutige Handlungen aus Pflicht und nicht nur pflichtgemäße Handlungen zu zeigen. Dies verweist auf ein Problem: Die Handlungen anderer lassen sich offenbar

Rigorismus: starres Festhalten an moralischen Grundsätzen ohne Rücksicht auf den Einzelfall

nicht eindeutig auf ihre Moralität prüfen, weil man dafür Einblick in den der Handlung zugrunde liegenden Willen haben müsste – höchstens Pflichtgemäßheit ist prüfbar.
Diskutieren könnte man anhand dieses Beispiels die Frage, ob es sich hier nicht um eine echte Pflichtenkollision handelt. Kant scheint eine solche – dies unterstreicht die Reich-der-Zwecke-Formel – von vornherein auszuschließen. Auch wenn man diesen aufklärerischen Optimismus nicht ganz teilt, lässt sich Kants Ansatz mit Blick auf Dilemma-Situationen so verstehen, dass eine Abwägung zwischen zwei bestehenden und begründeten Pflichten immer auf eine übergeordnete vernünftige Maxime zurückgreifen muss, die es erlaubt, eine moralische Entscheidung nach Vernunftgründen zu treffen.

3.6 Freiheit – Autonomie – Vernunft

Wie gesehen, geht Kant davon aus, dass es faktisch moralisches Handeln gibt. Daraus entwickelt er die Analyse der Pflicht, aus der der kategorische Imperativ als höchster Maßstab der Moralität hergeleitet wird. Er muss darüber hinaus aber auch noch begründen, wie es dem Menschen möglich ist, moralisch handeln zu können. Dies führt auf den Begriff der **Freiheit** und seinen inneren Zusammenhang mit der **Vernunft**.
Kant grenzt den Begriff der Freiheit in zweierlei Hinsicht ein. Erstens verträgt sich nach Kant die Freiheit mit dem strengen **Determinismus** seiner Erkenntnistheorie. Alle Objekte und Erscheinungen unterliegen zwar einer strikten Kausalität, alles ist nach Naturgesetzen in einer Kette nicht abreißender Kausalität geordnet. Das gilt allerdings nur innerhalb der Naturerfahrung, aber nicht darüber hinaus. Damit ist **Freiheit** aus der Welt der Objekte und Erscheinungen verbannt – im Innern, in dem, was Kant die **intelligible Welt** (und das ist die Sphäre der Moral) nennt, ist sie möglich.

In der *Kritik der reinen Vernunft* argumentiert Kant, man könne weder annehmen, es gebe Freiheit, noch könne man sie schlechthin leugnen. Vgl. dazu die dritte „Antinomie der reinen Vernunft" (KrV B 472 ff.).

Zweitens grenzt er sie ab gegen die **Heteronomie**, die Fremdbestimmung des Willens. Darunter fasst er alle Neigungen, Begierden und Lustempfindungen, weil diese nicht vom Subjekt erzeugt werden, sondern es gleichsam überfallen und sich seiner bemächtigen. Lust- und Unlustempfinden (worunter als Grenzfall auch die Indifferenz fällt) sind immer gebunden an das konkrete Subjekt und an konkrete Inhalte – verschiedene Menschen haben an verschiedenen Dingen Freude. Dabei hat Kant nicht nur Sinnliches (Gaumenfreuden, Wellness, Sport, Sexualität usw.) im Blick, sondern auch Geistiges (Interessantes, Schönes, Witziges etc.). Die traditionelle Unterscheidung von niedrigen und höheren Lustempfindungen, die auch im Utilitarismus etwa getroffen wird, spielt für Kant keine Rolle. Entscheidend ist, dass diese das subjektive Gefühl der Zufriedenheit erzeugen. Darin besteht Kant zufolge das Glück. Er schätzt es durchaus nicht gering, ja sieht es nicht nur als faktisch für alle Menschen geltendes Ziel, sondern er fordert, wie oben schon gesehen, die Glückseligkeit als Pflicht. Dennoch taugt sie nicht zur Begründung eines universellen Moralprinzips, weil sie immer an die Sinnlichkeit und damit an die besonderen Umstände, die empirische Welt gebunden bleibt. Hier kann man Klugheitsüberlegungen anstellen, bestenfalls generelle Klugheitsregeln aufstellen, aber kein universales Gesetz begründen. Das kann nur die Vernunft.

Im kategorischen Imperativ zeigt sich die menschliche **Freiheit**. Kant nennt ihn ein „Faktum der Vernunft" (KpV 31). Das lässt sich im doppelten Sinne des Genitivs verstehen: Es ist „unleugbar" (KpV 32), wenn man nur konsequent analysiert, was der Moralität von Handlungen zugrunde liegt. Und umgekehrt ist der Mensch als vernünftiges Wesen dem kategorischen Imperativ unterworfen.

Das „moralische Gesetz aber [ist] die *ratio cognoscendi* der Freiheit", d. h. der Erkenntnisgrund, der Weg zur Einsicht in die Freiheit. Umgekehrt gilt, „daß die Freiheit allerdings die *ratio essendi* [Daseinsbedingung] des moralischen Gesetzes" ist (KpV 4 Fn.). Die Freiheit ermöglicht überhaupt erst das moralische Gesetz. Die Freiheit des Menschen ist keine äußerliche Freiheit, weder negativ als Hindernisfreiheit noch positiv als Verfügen über die nötige Handlungskompetenz. Als innere Freiheit erschöpft sie sich nicht in negativer Freiheit als Abwesenheit von Heteronomie, sondern ist positiv die Selbstgesetzgebung des Willens, d. h. **Autonomie**.

3.7 Einwände gegen Kants Moralphilosophie

Gegen Kants Ansatz sind die verschiedensten Einwände erhoben worden, von denen hier einige kurz skizziert werden sollen. Dies geschieht eher in Form von Diskussionsanreizen und nicht mit dem Anspruch, hier die komplexe Diskussion über Kants Moralphilosophie erschöpfend wiederzugeben.

Kritikpunkt 1: Kants Begründung des Moralprinzips sei ein **Zirkelschluss:** „Wenn moralisches Wissen verbindend ist, weil es als Faktum ins Bewusstsein tritt, heißt dies nur: Wer moralisch ist, den verpflichtet Moral; andere nicht."[6] Dem könnte man zum einen entgegengehalten, dass nach Kant alle Menschen die Intuition teilen, moralisches Handeln werde durch Verpflichtung bestimmt. Daher hätte auch jeder einen universalen Zugang zum Moralprinzip, der letztlich auf der Vernunft des Menschen basiere. Zudem kann man einwenden, dass hier entdeckungslogischer Zugang und Geltungsbasis verwechselt werden. Die Geltung des kategorischen Imperativs leitet sich nicht aus individuellen Einschätzungen ab, sondern aus der jedem Menschen gegebenen Vernunft.

Kritikpunkt 2: Kant unterlaufe ein **Sein-Sollen-Fehlschluss:** Die Rede vom „Faktum der Vernunft“ scheint aus der Feststellung eines Seins (Faktum) ein Sollen zu folgern. Diesem Vorwurf lässt sich entgegnen, dass erstens mit dem besagten Faktum der kategorische Imperativ als Inbegriff der Pflicht gemeint ist und dass zweitens dieses Faktum keine Tatsachenbehauptung über irgendeinen Zustand in der Welt ist, sondern eine Einsicht der praktischen Vernunft in der Reflexion auf sich selbst, eine Einsicht, die für Kant „unleugbar“ (KpV 32) ist.

Kritikpunkt 3: Als absolutes Prinzip führe der kategorische Imperativ zu **Gesinnungsterror**, gerade im Bereich der Politik. In der Tat wird die Vernunft immer wieder als Argument von absolutistischen und totalitären Regimen angeführt, sei es als höhere Vernunft eines auserwählten Herrschers oder als allgemeine Vernunft einer herrschenden Klasse. Der kategorische Imperativ besagt als universales Moralprinzip indes genau das Gegenteil: Niemand darf nur auf ein bloßes Mittel reduziert werden, jeder Mensch muss jederzeit in seiner Würde respektiert werden.

Kritikpunkt 4: Georg W. Fr. Hegel hat Kant einen **abstrakten Universalismus** vorgeworfen. Man könne immer nur etwas Bestimmtes wollen. Wenn Kant dagegen die Form des Willens zum Maßstab mache, könne er nichts darüber aussagen, woher denn die Inhalte des Willens stammen. Sein Ansatz erlaube lediglich, Bestrebungen, woher auch immer sie kommen, nachträglich zu überprüfen. Ob man hier noch von Autonomie sprechen könne, die sich selbst bestimme, sei fraglich. Dem kann man entgegenhalten, dass Kant mit den Maximen einen Bezugspunkt setzt, der eine Haltung zu einer konkreten Lebenswelt beinhaltet.

Kritikpunkt 5: Eng mit der Abstraktheit hängt ein weiterer Kritikpunkt zusammen: der der **Ohnmacht des bloßen Sollens**. Auch wenn Kant mit den Maximen auf einer Ebene der mittleren Konkretisierung ansetzt, so müssen doch die Maximen immer noch in konkreten Entscheidungssituationen angewendet werden. Dafür müssen sowohl die (oft komplexe) Situation als auch die für die Umsetzung des abstrakten Sollens tauglichen Mittel angemessen eingeschätzt werden. Über diesen Prozess, für den nach Kant die Urteilskraft zuständig ist, sagt er in seiner Moralphilosophie nichts weiter.

Kritikpunkt 6: Kant formuliere ein Prinzip der **„Heiligkeit" der reinen Vernunft**, um dann selbst zuzugeben, dass „deren kein vernünftiges Wesen der Sinnenwelt in keinem Zeitpunkte seines Daseins fähig ist" (KpV 122). Insbesondere seien echte Pflichtkollisionen angesichts von Kants Vertrauen auf die Einheit der Vernunft nicht vorgesehen – genau diese aber seien ein zentrales Problem der Moralphilosophie. Hier ist in der Tat einer Erweiterung der Argumentation nötig, die auf eine möglichst rationale und verallgemeinerbare Entscheidungsgrundlage abhebt.

Vgl. S. 100 in diesem Band.

Kritikpunkt 7: Von der Diskursethik wird eingewandt, Kant konstruiere in der Tradition der europäischen Philosophie ein **einsames Vernunftsubjekt**, das sich nicht mit anderen austauschen müsse. Kant vertraue, wie seine Rede vom Reich der Zwecke zeige, zu sehr darauf, dass die Vernunft für alle gleich und ein vernünftiges Wesen vollkommen vernunftmächtig sei. Kants Ansatz müsse weiterentwickelt werden im Sinne einer idealen kommunikativen Verständigung darüber, was alle rationalen Teilnehmer an der Diskussion als allgemeine Norm anerkennen wollen.

Vgl. zur Diskursethik S. 126–131 in diesem Band.

Kritikpunkt 8: Kants Moralphilosophie gehe von einer exklusiven Vernunft aus, die die irrationalen Triebkräfte, die Sinnlichkeit und Körperlichkeit des Menschen abwerte und aus dem eigentlichen Kern des Ichs aussondere. Kant stehe damit in der europäischen Tradition des **Ratiozentrismus**, in dem Affekt- und Körperkontrolle zum Ideal erhoben werden. Der Mensch werde dadurch von seinen anthropologischen Voraussetzungen entfremdet. Kant hingegen hat die Vernunft als kultivierende Kraft verstanden, die Selbstbestimmung ermöglicht. Hinter diesem Einwand steht die grundsätzliche Frage, wie stark in Kants Entwurf zeitgenössische Voraussetzungen eingehen, die seinen Ansatz zu relativieren geeignet sind.

4 Utilitarismus

teleologisch: von altgr. *télos* = Zweck, Ziel

Utilitarismus: von lat. *utilitas* = Nutzen, Vorteil

Konsequenz (von lat. *consequentis* = folgerichtig): Folge

Der Utilitarismus ist das bekannteste Beispiel einer sogenannten **teleologischen Ethik**. Ob eine Handlung als gut gelten kann, bemisst sich nach dem Utilitarismus an ihren **Folgen** – und nicht wie bei Kant daran, ob der Handlung ein guter Wille zugrunde liegt. Diese Denkrichtung wird daher auch als **Folgenethik** oder **Konsequenzialismus** bezeichnet. Beim Utilitarismus steht die Nützlichkeit einer Handlung im Zentrum.

Bereits in der griechischen Antike und im chinesischen Altertum gab es Philosophen, die sich mit der Idee der Nützlichkeit einer Handlung beschäftigt haben. Systematisch begründet wurde der Utilitarismus jedoch im England des 18. und 19. Jahrhunderts von den beiden Philosophen **Jeremy Bentham** und **John Stuart Mill**.

Im Utilitarismus wird der Mensch als ein **Bedürfniswesen** betrachtet, dessen ganze Existenz auf die **Minimierung von Unlust** (Schmerzen und Leid) und auf die **Maximierung von Freude und Lust** ausgelegt ist.

Der Utilitarismus beruht auf vier grundlegenden Prinzipien:

- **Utiliätsprinzip:** Das Nützliche steht bei der Bewertung einer Handlung im Zentrum.
- **Konsequenzprinzip:** Handlungen werden aufgrund ihrer Folgen beurteilt (Folgenethik/teleologische Ethik).
- **Hedonistisches Prinzip:** Lust und Glück sollen maximiert werden.
- **Universalistisches Prinzip:** Der größte Nutzen soll für die größtmögliche Anzahl an Menschen erreicht werden.

Otfried Höffe fasst das utilitaristische Prinzip auf dieser Grundlage folgendermaßen zusammen:

ZITAT

> „Diejenige Handlung ist moralisch richtig, deren Folgen [→ Konsequenzprinzip] für das Wohlergehen [→ hedonistisches Prinzip] aller Betroffenen [→ Universalistisches Prinzip] optimal [→ Utilitätsprinzip] sind.“[7]

Manchmal werden diese Prinzipien auch, in Anlehnung an Kants kategorischen Imperativ, als **utilitaristischer Imperativ** formuliert: „Handle so, dass die Folgen deiner Handlung für das Wohlergehen aller optimal sind!“

Während nach Kant beispielsweise eine Lüge immer unmoralisch ist, ist für Utilitaristen eine Lüge dann zu vertreten bzw. sogar geboten, wenn die Folgen in ihrer Gesamtheit (also nicht nur die Folgen für den Handelnden) nützlich sind, wenn sozusagen die Vorteile die Nachteile überwiegen.

Ein bekanntes Gedankenexperiment, das im englischsprachigen Raum seit den 70er-Jahren des 20. Jahrhunderts unter dem Namen „*the trolley problem*“ bekannt geworden ist, verdeutlicht die utilitaristische Position:

Das Weichensteller-Gedankenexperiment
„Sie stehen neben einer Weiche an einem Bahngleis und sehen, wie sich ein Zug nähert und ungebremst auf eine Gruppe von fünf Gleisarbeitern zurast. Sie können die Gleisarbeiter nicht mehr warnen und den Zug nicht stoppen. Sie können allerdings die Weiche umstellen und den Zug auf ein anderes Gleis umleiten, auf dem ein einzelner Gleisarbeiter arbeitet. Was tun Sie?“

Während Kant niemals einen Menschen als Mittel zum Zweck benutzen würde (Selbstzweckformel!), würde ein Utilitarist die Folgen seiner Handlungen abwägen und bei der Frage „Opfere ich ein Menschenleben oder fünf?“ den einzeln auf dem Gleis stehenden Gleisarbeiter opfern. Das Gedankenexperiment existiert in verschiedenen Varianten, die oft dazu benutzt werden, um zu zeigen, dass nicht immer eine logisch-kühle Kalkulation von einem Menschenleben gegen fünf möglich ist: So muss in einer Variante keine Weiche umgestellt und es müssen damit die Gleisarbeiter nicht aus der Ferne getötet werden, sondern man müsste mit einem Messer einen Menschen töten und mit ihm den tödlichen Waggon zum Entgleisen bringen. Diese brutale Methode schreckt viele Leser und Leser des Gedankenexperiments davon ab, die fünf Menschen zu retten. In einer anderen Variante wird das Leben von hochbetagten Senioren einem Kind gegenübergestellt, dass sein Leben noch vor sich hat. Auch hier verschiebt sich für viele Teilnehmerinnen und Teilnehmer des Gedankenexperiments die Gewichtung.

4.1 Jeremy Bentham – quantitativer Utilitarismus

Jeremy Bentham
(1748–1832) war ein englischer Philosoph, Jurist und Sozialreformer. Er gilt als Vordenker von Feminismus, Demokratie, Liberalismus, Rechtsstaat und der Tierrechtsbewegung.

Jeremy Bentham sah den Menschen und seine Handlungen bestimmt durch zwei große gleichbleibende Tendenzen: Das Streben nach **Lust** *(pleasure)* und das **Vermeiden von Schmerz** *(pain)*. Die Anwesenheit von Freude und die Abwesenheit von Leid definiert Bentham als **Glück** *(happiness)*. Seine grundlegende Idee ist, dass eine Handlung dann moralisch gerechtfertigt ist, wenn sie das **größtmögliche Glück der größtmöglichen**

Anzahl an Menschen garantiert oder in Benthams Worten: „Das größte Glück der größten Zahl ist der Maßstab für Recht und Unrecht." (im Original: „[I]t is the greatest happiness of the greatest number that is the measure of right and wrong."[8]) Dabei ist laut Bentham einem Menschen leichter zugänglich, was Glück ist, als abstraktere Konzepte, mit denen Handlungen sonst moralisch bewertet werden, wie z. B. Gerechtigkeit. Damit ist eine Ethik, die sich am Glück orientiert, für alle Menschen umsetzbar.

Eines von Benthams wichtigsten Werken ist *Introduction to the Principles of Morals and Legislation* (1789, deutscher Titel: *Einführung in die Prinzipien der Moral und Gesetzgebung*). Das englische Original wird im Folgenden als PML zitiert.

ZITAT

„Die Natur hat den Menschen unter die Herrschaft zweier souveräner Herren gestellt: *Schmerz* und *Lust*. Ihnen allein obliegt es, uns zu zeigen, was wir tun sollen, und zu bestimmen, was wir tun werden." (im Original: „Nature has placed mankind under the governance of two sovereign masters, pain and pleasure. It is for them alone to point out what we ought to do, as well as to determine what we shall do.", PML, S. ii)[9]

Bentham ging davon aus, dass man menschliches Glück messen, kalkulieren und so Handlungen bewerten kann. Das sogenannte **hedonistische Kalkül** kann man sich wie eine **Kosten-Nutzen-Rechnung** vorstellen, bei der überlegt wird, wie viel Lust und Schmerz eine Handlung auslöst. In seinen Berechnungen berücksichtigt Bentham dabei sieben verschiedene Aspekte:

Die Bezeichnung „hedonistisches Kalkül" kommt von *hedoné* (griech. für Lust), hat aber sonst wenig mit der philosophischen Richtung des Hedonismus gemein.

Aspekt	Erläuterung
Intensität *(intensity)*	Wie intensiv ist das Vergnügen oder der Schmerz?
Dauer *(duration)*	Wie lange dauert das Vergnügen oder der Schmerz an?
Wahrscheinlichkeit ihres Eintretens *(certainty)*	Wie hoch ist die Wahrscheinlichkeit, dass das Vergnügen oder der Schmerz eintritt?
(zeitliche) Nähe/Ferne *(propinquity)*	Wie weit in der Zukunft liegt das Vergnügen oder der Schmerz?
Folgenträchtigkeit *(fecundity)*	Wie hoch ist die Wahrscheinlichkeit, dass auf die ausgelöste Empfindung gleichartige Empfindungen folgen, also auf Vergnügen weiteres Vergnügen und auf Schmerzen weitere Schmerzen.
Reinheit *(purity)*	Wie groß ist die Wahrscheinlichkeit, dass auf die ausgelöste Empfindung keine Empfindungen der entgegengesetzten Art folgen.
Ausmaß *(extent)*	Wie viele Personen sind von dem Vergnügen/Schmerz betroffen?

Jede einzelne Handlung kann – so Bentham – nach diesem Kalkül betrachtet und beurteilt werden. Da der Fokus hier auf jeder separaten Handlung liegt und nicht auf allgemeinen Regeln, nennt man diese Form des Utilitarismus **Handlungsutilitarismus**.

Die Möglichkeit, das durch eine Handlung ausgelöste Glück bzw. Leid zu berechnen, sieht Bentham auch für ganze Gemeinschaften: Das Interesse einer Gemeinschaft entspricht für ihn der „Summe der Interessen der verschiedenen Glieder, aus denen sie sich zusammensetzt“[10]. Daraus folgert er, dass sich im hedonistischen Kalkül einer Gemeinschaft die moralische Qualität einer Handlung daran bemisst, wie groß die Summe der Freuden bzw. des verhinderten Leides der Gesellschaftsmitglieder ist.

Mr. Spock, eine Figur aus dem bekannten Star-Trek-Universum von Gene Roddenberry vertritt die Ansicht: „Das Wohl der Vielen wiegt mehr als das Wohl der Wenigen oder des Einzelnen.“ (im Original: „The needs of the many outweigh the needs of the few.“)

Benthams Vorstellung des Utilitarismus hatte zu seiner Zeit eine gewisse soziale Sprengkraft. Damals hatten Adlige mehr Rechte als ein einfacher Arbeiter oder Bauer. Wenn man das hedonistische Kalkül aber korrekt durchführt, zählt plötzlich das Glück **jeder** einzelnen Person, also auch das Glück der Bauern und Arbeiter. Nach dieser Ethik dürften die Adligen ihr Glück nicht durch das Leid oder die Entbehrung anderer erreichen.
Außerdem wird bei Bentham **jede Art von Glück** ins hedonistische Kalkül mit aufgenommen. So sagte er plakativ: „Pushpin [ein damals beliebtes Kartenspiel] besitzt genauso viel Wert wie die Künste und die Wissenschaften der Musik und der Poesie.“ (im Original: „Prejudice apart, the game of push-pin is of equal value with the arts and sciences of music and poetry.“[11]) Damit wollte er ausdrücken, dass es keine höherwertigen Glückszustände gibt und dass „primitive“ Freuden genauso viel wert sind wie „edle“. Die Quantität des Glücksempfindens wird also betrachtet und nicht die Qualität. Daher wird Benthams Form des Utilitarismus auch **quantitativer Utilitarismus** genannt.

Bentham war auch das Wohl der Tiere ein Anliegen. Auch ihre Glücks- bzw. Unglücksempfinden dürfe man nicht ausklammern: „Die Frage heißt nicht: Können Tiere denken oder reden? Sondern: Können sie leiden?“ (im Original: „[T]he question is not, Can they *reason*? nor, Can they *talk*? but, Can they *suffer*?“, PML 309)

Benthams Utilitarismus wurde von Kritikern als „Schweinephilosophie“ (im Original von Thomas Carlyle, 1840: *„pig philosophy“* und *„philosophy fit for pigs“*) bezeichnet, da sie den Menschen auf die Lustbefriedigung reduziere und ihn so tierähnlich mache.

Zusammen mit James Mill, dem Vater von John Stuart Mill, gründete der ausgebildete Rechtsanwalt Bentham die „philosophical radicals“, eine Gruppe von Reformern, die sich für ein allgemeines Wahlrecht, die Abschaffung des Sklavenhandels und ein liberaleres Strafrecht einsetzten.
Bentham gilt heute als ein wichtiger Vordenker des Wohlfahrtsstaates. Er forderte allgemeine Wahlen, das Frauenstimmrecht, die Abschaffung

der Todesstrafe, Tierrechte, die Legalisierung der Homosexualität und die Pressefreiheit.

4.2 John Stewart Mill – qualitativer Utilitarismus

John Stuart Mill (1806–1873) war ein britischer Philosoph, Ökonom und Politiker. Er vertrat liberale Thesen und setzte sich aktiv für die Gleichberechtigung der Frau ein. Seine Vorstellung vom Utilitarismus legte er insbesondere in seinem Werk *Utilitarianism* (1863) dar.

Manche Interpreten sehen in Mill nicht einen Regelutilitaristen, sondern noch einen Handlungsutilitaristen, weil er Handlungsregeln nicht als verbindlich ansieht, sondern mehr als eine Orientierungshilfe.

Eine Generation nach Bentham reagierte John Stuart Mill auf Kritik am quantitativen Utilitarismus. Er differenzierte zwischen körperlichen und geistigen Freuden. Dabei ging er davon aus, dass **körperliche Genüsse** wie Essen und Sexualität nur **kurzfristiges Glück** bringen würden, während **geistige Genüsse** wie das Verstehen neuer Sachverhalte zu **langfristigem Glück** führen würden. Damit hat jedes Glück eine eigene Qualität. Mills Variante des Utilitarismus wird daher als **qualitativer Utilitarismus** bezeichnet. Auf diesem Konzept basierte auch seine berühmte Einschätzung: „Es ist besser, ein unzufriedener Mensch zu sein, als ein zufriedenes Schwein, besser ein unzufriedener Sokrates als ein zufriedener Narr.“[12] Wichtig ist für Mill also nicht die Quantität der Glückserlebnisse, sondern vor allem die Qualität. Er versucht, seine Idee damit zu beweisen, dass er behauptet, dass Personen, die *sowohl* intellektuelle *als auch* sinnliche Freuden erlebt haben, die intellektuellen den sinnlichen Freuden vorziehen würden. Für Mill gehören im Übrigen auch Tugenden zu den Quellen der Lust, deshalb räumt er diesen ebenfalls einen wichtigen Stellenwert ein.

Mill wird auch oft als einer der ersten Regelutilitaristen angesehen. **Regelutilitaristen** gehen davon aus, dass es unrealistisch ist, jede Situation nach den Prinzipien des hedonistischen Kalküls zu bewerten, da sich viele Situationen im Alltag ähneln und man mit Regeln für solche wiederkehrenden Situationen schnell und effektiv handeln kann. Auch ist die Nützlichkeit einer einzelnen Handlung zuweilen nicht direkt einsehbar: Wenn Herr Martin der gut gestellten Teenagerin aus der Nachbarschaft 40 Euro dafür verspricht, dass sie abends seine Kinder hütet, könnte er nach dem Abend auf die Idee kommen, die 40 Euro lieber an eine arme Familie zu spenden. Ein strikter Handlungsutilitarist würde diese Idee wohl als moralisch einordnen, weil das Geld bei einer armen Familie mehr Freude verursacht als bei der reichen Nachbarstochter. Für Regelutilitaristen dagegen wäre diese Handlung nicht moralisch, weil sie gegen die nützliche (d. h. mit utilitaristischen Maßstäben bestätigte) Regel verstößt, dass man Versprechen halten soll.

Mill hat mit seiner Variante des Utilitarismus dabei gleich die gesamte Menschheit im Blick und zieht sogar noch eine Erweiterung auf alle Empfindungswesen in Betracht:

ZITAT

„Da nach der utilitaristischen Auffassung das Ziel der menschlichen Handlung in dieser Art von Vergnügen [gemeint ist das Wohlergehen] besteht, ist es notwendigerweise auch der Maßstab der Moral. Daher können auch die Regeln und Maximen des menschlichen Handelns definiert werden, durch deren Befolgung eine Existenz wie die beschriebene weitestgehend für die ganze Menschheit möglich wird – und vielleicht nicht nur für die Menschheit, sondern sogar für alle fühlenden Wesen, insoweit die Natur der Dinge dies erlaubt.“[13]

Als eine Konsequenz aus seiner utilitaristischen Sichtweise leitet Mill ab, dass dem Handelnden das eigene Glück nicht wichtiger sein darf als das Glück anderer: Der Handelnde soll bei der Verrechnung des Glücks „genauso objektiv“ sein wie der „unparteiische und wohlwollende Zuschauer“[14]. Diese Maßgabe wurde in der Folge immer wieder als Überforderung des Menschen kritisiert, der ja auch ein Gefühlswesen ist.

4.3 Peter Singer und der Präferenzutilitarismus

Peter Singer, ein bedeutender Vertreter des **Präferenzutilitarismus**, greift – ähnlich wie Bentham – die Idee auf, dass das größtmögliche Glück der größtmöglichen Anzahl von Personen das moralische Handeln leiten sollte. Singer legt jedoch den Schwerpunkt auf die Berücksichtigung der individuellen **Präferenzen** aller betroffenen Wesen, um eine Handlung und deren Auswirkung zu beurteilen, und geht nicht mehr von den unmittelbaren Kategorien Lust und Schmerz aus.

Peter Singer (* 6. Juli 1946) ist ein australischer Philosoph und Tierethiker.

info

Präferenzen

Der Begriff „Präferenzen“ geht auf das lateinische Verb *praeferre* zurück, das so viel wie „vorziehen“ bzw. „bevorzugen“ bedeutet. Singer definiert Präferenzen als die **rationalen und emotionalen Bedürfnisse, Wünsche und Interessen eines Wesens**. Dazu zählt er z. B. die grundlegenden Interessen, das eigene Leben zu erhalten und Schmerz zu vermeiden, aber auch das elementare Bedürfnis nach Nahrung oder den Wunsch nach einer Behausung. Auch das Bedürfnis nach sozialen Beziehungen (Freundschaft, Liebesbeziehung) gehört für ihn dazu, wie auch das Interesse, eigene Pläne ohne unnötige Störung durch andere realisieren zu können. Präferenzen versteht Singer also nicht als situative Bevorzugung bestimmter Güter, sondern in einem allgemeineren Sinne.

Nach Singers Präferenzutilitarismus kann man eine **Handlung** dann als **moralisch gut** bewerten, wenn deren **Auswirkungen den Präferenzen** aller von der Handlung betroffenen **Wesen bestmöglich entspricht**. Wenn dies zum Beispiel aufgrund der situativen Umstände nicht möglich

Die präferenzbasierte Herangehensweise erlaubt es, auch unterschiedliche Wertvorstellungen und Bedürfnisse der Menschen einzubeziehen und möglichst gerecht zu berücksichtigen. So kann beispielsweise eine Handlung, die den Präferenzen einer Person mit einem bestimmten Lebensstil gerecht wird, den Präferenzen einer anderen Person widersprechen.

ist, dann muss der Handelnde versuchen, die Vernachlässigung bestimmter Präferenzen auszugleichen, indem er beispielsweise im Rahmen einer anderen Handlung die vernachlässigten Präferenzen in besonderem Maße berücksichtigt.

Die Präferenzen einer **Person** schätzt Singer dabei als wichtiger ein als die Präferenzen anderer Wesen. Personen zeichnen sich nach seiner Auffassung insbesondere dadurch aus, dass sie nicht nur momentane Präferenzen haben (also zum Beispiel in einer konkreten Situation keinen Schmerz verspüren möchten), sondern dass sie auch **in die Zukunft gerichtete Präferenzen** haben (also zum Beispiel, später Kinder zu bekommen). Die Tötung einer Person wiegt für Singer daher sehr viel schwerer als die Tötung eines anderen Wesens. Sie kann auch nicht ausgeglichen werden. Singers Vorstellung davon, was eine Person ist und was nicht, wird sehr kontrovers diskutiert. Denn Singer denkt seinen Ansatz so konsequent zu Ende, dass er den Status der Person von geistigen Fähigkeiten abhängig macht und nicht von Speziesgrenzen. Menschenaffen sind für ihn als Person zu betrachten, geistig schwer behinderte oder komatöse Menschen jedoch nicht.

Singer macht anderen Ansätzen, die die Speziesgrenzen zur Grundlage ihrer Ethik machen, in Anlehnung an den Begriff des Rassismus den Vorwurf des **Speziesismus**, also eines „Gattungs-Rassismus".

Singers Name ist ebenfalls untrennbar mit dem **effektiven Altruismus** verbunden, einem Konzept, nach dem Ressourcen so effizient wie möglich eingesetzt werden sollen, um das größtmögliche Gute zu bewirken. Will man also Geld spenden, sollte man sich laut Singer überlegen, wie man möglichst wirkungsvoll mit seinem Geld umgeht. Singer bringt dafür das Beispiel eines todkranken Kindes, dessen Herzenswunsch zu erfüllen nur ein Kind glücklich machen würde. Würde man für das gleiche Geld Impfdosen für mehrere Kinder kaufen, so würden zahlreiche Leben gerettet werden können. Die Geldinvestition wäre hier also „effektiver".

Die Spielarten des Utilitarismus im Vergleich

	Quantitativer Utilitarismus	Qualitativer Utilitarismus	Präferenzutilitarismus
Vertreter	Jeremy Bentham	John Stuart Mill	Peter Singer
Kriterium	Glück (Erleben von Freude, Vermeiden von Schmerz)	Glück (Erleben von Freude, Vermeiden von Schmerz)	Präferenzen (grundlegende Bedürfnisse, Wünsche, Interessen)
Ziel der Handlung	größtmöglicher Nutzen der Handlung für größtmögliche Zahl an Menschen	größtmöglicher Nutzen der Handlung für größtmögliche Zahl an Menschen	größtmögliche Entsprechung der Auswirkungen einer Handlung zu den Präferenzen der Betroffenen
Besonderheiten	Gleichwertigkeit jeglicher Glückszustände	Höherwertigkeit bestimmter (insb. geistiger) Glückszustände	Höherwertigkeit der Präferenzen von Personen (gegenüber anderen Wesen)

5 Gefühl und Moral

5.1 Moral-Sense-Theorien

Im 18. Jahrhundert entwickelten sich insbesondere in Großbritannien Moraltheorien, in denen Gefühle als ausschlaggebend für das (moralische) Handeln angesehen werden – und nicht die Vernunft. Die Grundidee dieser Theorien ist, dass der Mensch von Natur aus Anlagen dafür hat, moralische Gefühle zu entwickeln – dem Wesen Mensch wird die Anlage zu einem **„moralischen Sinn"** (= moral sense), also ein **Sinn für die moralisch richtige Handlung**, bescheinigt.

Der Begriff „moral sense" geht auf Lord **Shaftesbury** (1671–1713, auch: Anthony A. Cooper) zurück. Gegen Thomas Hobbes, für den im Naturzustand der Egoismus als alleinige Triebkraft zu einem Krieg aller gegen alle führt, wendet er ein, dass der Mensch immer schon ein soziales Wesen gewesen sei. Den „moral sense" versteht Shaftesbury dabei als **„reflected sense"**: Er entspricht nicht der spontanen Wahrnehmung einer Handlung oder der unmittelbaren Gefühlsregung, die sich beispielsweise bei der Betrachtung der Handlung einstellt. Er ist vielmehr die Reflexion dieser Gefühlsregung, fällt ein **Urteil** über diese und lässt auf diesem Wege Gefühle der Abneigung oder Zustimmung entstehen.

Vgl. zu Hobbes S. 164 ff. in diesem Band.

Francis Hutcheson (1771–1776) geht davon aus, dass es nicht nur die klassischen fünf Wahrnehmungssinne gibt, sondern darüber hinaus **„innere" Sinne** wie den Sinn für Schönheit, Harmonie, Ordnung, Ehre – und eben für Moral. Der Mensch hat aus seiner Perspektive also ein erst einmal von der Vernunft unabhängiges Gespür für sittliche Verhaltensweisen, im Sinne einer natürlichen Empfindung von **Billigung** oder **Missbilligung** einer Verhaltensweise. Der moralische Sinn lässt sich verstehen als die Fähigkeit, mit der der Wert einer Handlung empfunden wird. Er wird nicht von jeder Handlung angesprochen, sondern in erster Linie von solchen, von denen andere betroffen sind: Ob ich ein Stück Kuchen esse, interessiert den moralischen Sinn nicht – es sei denn, ich nehme es jemand anderem weg. Die **Vernunft** hat in moralischen Fragen eine **nachgeordnete**, wenn auch durchaus wichtige **Rolle:** Sie beurteilt den Handlungskontext und schätzt Folgen der Handlung ab. Moralisches Verhalten gründet dabei in einem grundlegenden Wohlwollen in Bezug auf andere, das in der menschlichen Natur verankert und nicht interessengeleitet ist: Es gibt „eine gewisse Veranlagung unserer Natur, das Wohl anderer zu erstreben; oder einen gewissen Instinkt, der Gründen des Interesses vorausgeht und der uns zur Liebe für andere veranlagt [...]"[15]. Moralisches Handeln zeichnet sich nach Hutcheson also vor allem durch eine Ausrichtung auf das **Allgemeinwohl** aus.

Hutcheson wird durch seinen Fokus auf das Allgemeinwohl eine Vorreiterrolle in Bezug auf den Utilitarismus zugeschrieben.

Ein weiterer Einwand Humes gegen die bisherigen Moralphilosophien besteht in dem Vorwurf eines Sein-Sollens-Fehlschlusses: Es werde von einem Sein auf ein Sollen geschlossen.

Der bekannteste Vertreter des Moral-Sense-Ansatzes ist **David Hume** (1711–1776). Als grundlegenden Einwand gegen Moralphilosophien, die die Vernunft als den Urgrund der Moral postulieren, bringt er das metaethische Argument vor, dass die Vernunft in normativen Fragen per se neutral ist bzw. dass diese nicht in ihren Bereich fallen:

ZITAT

> „Vernunft ist die Erkenntnis von Wahrheit und Irrtum. Wahrheit und Irrtum aber besteht in der Übereinstimmung bzw. Nicht-Übereinstimmung entweder mit den *wirklichen* Beziehungen der Vorstellungen oder dem *wirklichen* Dasein und den Tatsachen. Was also einer solchen Übereinstimmung oder Nicht-Übereinstimmung nicht fähig ist, kann weder wahr noch falsch und demnach niemals Gegenstand unserer Vernunft sein.“[16]

Die **Vernunft** hat für Hume lediglich **instrumentelle Funktion**, an einer Stelle nennt er sie gar den „Sklave[n] der Affekte“[17]: Sie fällt keine moralischen Urteile, sondern zeigt uns die Mittel, die wir zur Erreichung der von den Affekten gesetzten Ziele nutzen sollten. Die moralische Bewertung aber wird nach Hume durch das **Gefühl** bestimmt, das sich bei der Betrachtung von Personen oder Handlungen einstellt. Dieses Gefühl, aufgrund dessen wir „den nützlichen Tendenzen vor den schädlichen den Vorzug geben“, ist „nun nichts anderes [...] als Sympathie mit dem Glück der Menschheit und Unwille über ihr Unglück“ – aus Humes Perspektive ist es daher die **„Menschenliebe“**[18], die die moralische Handlung bzw. den moralischen Charakter ausmacht. Hume geht davon aus, dass dieses Gefühl alle Menschen miteinander teilen und es insofern universell ist.

5.2 Arthur Schopenhauers Mitleidsethik

Arthur Schopenhauer (1788–1860) veröffentlichte sein philosophisches Hauptwerk *Die Welt als Wille und Vorstellung* 1819. Für seine Ethik ist aber v. a. die *Preisschrift über die Grundlagen der Moral* (1840, hier zitiert als PGM, Rechtschreibung behutsam modernisiert) relevant.

Arthur Schopenhauer gewinnt seine Vorstellung von Ethik in der scharfer Abgrenzung zu Immanuel Kant. Entgegen dessen Auffassung und auch entgegen der Überzeugungen anderer idealistischer Philosophen wie Georg W. F. Hegel sieht Schopenhauer den Grund der Welt nicht in einem geistigen Prinzip (wie etwa auch Kant in der Vernunft). Allem Sein liegt nach Schopenhauer vielmehr ein **irrationaler Wille** zugrunde. Dementsprechend ist die Grundlage der Moral für ihn auch nicht die Vernunft, sondern ein **intuitives Gefühl**, das allein ein moralisches Handeln bewirkt.

Der erste Schritt seiner Argumentation in der *Preisschrift über die Grundlagen der Moral* besteht in einer Kritik von Kants Ethik, der es – wie er bekräftigt – „eines soliden Fundaments ermangelt“ und deren kategorischen Imperativ er als „völlig unberechtigte, grundlose und erdichtete Annahme[]“ (PMG 116) abqualifiziert. Die Hauptkritikpunkte sind folgende:

- Vernunft und Moral so stark zu verbinden, wie Kant es tut, hält Schopenhauer für unzulässig: Die Vernunft hat nicht die Macht, einen guten Willen hervorzubringen, sie ist moralisch neutral. Sie ist lediglich ein **Mittel** zur Umsetzung von Handlungen, für die sich der **Wille** entscheidet.
- Schopenhauer bezweifelt, dass der kategorische Imperativ zu einem moralischen Handeln motiviere. Vielmehr sei eine vorgängige **moralische Einstellung** notwendig, die die Bereitschaft erzeuge, dem kategorischen Imperativ zu folgen.
- Schopenhauer **verneint** darüber hinaus ganz grundsätzlich die Möglichkeit einer Sollensethik im Kantschen Sinne. Seine Kritik richtet sich gegen die Anmaßung, ein „Sittengesetz“ zu formulieren, das – analog zu Naturgesetzen und vom Willen unabhängig – für alle gültig sein soll.

Schopenhauer attestiert den von Kant benutzten Begriffen (z. B. „Gesetz“, „Gebot“, „Pflicht“, „Sollen“) eine theologische Herkunft, die sie nicht abschütteln können. Sie setzen nach Schopenhauer die Annahme einer (göttlichen) Instanz voraus, die die Einhaltung ihrer Vorgaben fordert.

Vor diesem Hintergrund spricht Schopenhauer so begründeten „imperativischen“ bzw. normativen Ethiken ihre Berechtigung ab. Er wirft Kant eine wirklichkeitsfremde Abgehobenheit vor und formuliert als Anforderung an eine tragfähige Ethik, dass diese sich aus der Anschauung der Realität ergeben müsse:

ZITAT

> „Künstliche Begriffskombinationen jener Art können also, wenn wir die Sache ernstlich nehmen, nimmermehr den wahren Antrieb zur Gerechtigkeit und Menschenliebe enthalten. Dieser muss vielmehr etwas sein, das wenig Nachdenken, noch weniger Abstraktion und Kombination erfordert, das, von der Verstandesbildung unabhängig, jeden, auch den rohesten Menschen anspreche, bloß auf anschaulicher Auffassung beruhe und unmittelbar aus der Realität der Dinge sich aufdringe.“ (PGM 186)

Deshalb fundiert Schopenhauer seine Konzeption von Moral mit einem genauen Blick auf das menschliche Handeln und die zugrunde liegenden Motive. Er fragt also nicht mehr im normativen Sinne, wie sich eine Moral begründen lasse, sondern nach den psychischen Kräften, die eine moralische Motivation bestimmen.

Schopenhauer sieht im Menschen **antimoralische und moralische Triebfedern** im Widerstreit:

Als **antimoralische Grundtriebfeder** identifiziert Schopenhauer den **Egoismus**, d. h. den „Drang zum Dasein und Wohlsein“ (PGM 196). In seinem Verständnis denkt der Mensch also zunächst einmal an sich: Er will überleben und er will, dass es ihm gut geht. Schopenhauer beschreibt diesen Drang mit drastischen Worten:

ZITAT

> „Der *Egoismus* ist, seiner Natur nach, grenzenlos: der Mensch will unbedingt sein Dasein erhalten, will es von Schmerzen, zu denen auch aller Mangel und Entbehrung gehört, unbedingt frei, will die größtmögliche Summe von Wohlsein, und will jeden Genuss, zu dem er fähig ist, ja, sucht wo möglich noch neue Fähigkeiten zum Genusse in sich zu entwickeln. Alles , was sich dem Streben seines Egoismus entgegenstellt, erregt seinen Unwillen, Zorn, Hass: er wird es als seinen Feind zu vernichten suchen." (PGM 196)

Der Egoismus würde, wenn er nicht durch Gesetze oder die gleich noch zu beschreibende moralische Triebfeder in Schach gehalten wird, zu einem „bellum omnium contra omnes", als zu einem Krieg aller gegen alle führen. Eine zweite antimoralische Triebfeder ist für Schopenhauer die **Bosheit**, bei der der Schaden der anderen nicht nur ein Nebeneffekt des Alles-Wollen, sondern Zweck der Handlung ist.

Um nun die **moralische Grundtriebfeder** zu bestimmen, untersucht Schopenhauer zunächst, was eine *„Handlung von moralischem Wert"* (PGM 204) ausmacht. Für ihn ist das Kriterium für eine solche Handlung die **„Abwesenheit aller egoistischen Motivation"** (PGM 204).

Diese gesinnungsethische Ausrichtung hat Schopenhauer mit Kant gemein: Ob eine Handlung „moralisch gut" ist, hängt nicht von der Handlung selbst, sondern vom zugrundeliegenden Motiv ab.

Nach Schopenhauer sind es allein „Wohl und Wehe", die den Willen bewegen und auf diesem Wege eine Handlung bewirken. Sie sind für ihn immer der letzte Zweck einer Handlung. Entscheidend dafür, ob es sich um eine moralische Handlung handelt oder um eine unmoralische, ist dann allein, auf wessen „Wohl und Wehe" der Wille gerichtet ist:

- Geht es um das **eigene** „Wohl und Wehe", dann liegt eine **egoistische** Handlung vor.
- Geht es um das „Wohl und Wehe" eines **anderen**, dann liegt eine Handlung mit **moralischem Wert** vor.

ZITAT

> „Das *Wohl und Wehe,* welches […] jeder Handlung oder Unterlassung, als letzter Zweck zum Grunde liegen muss, ist entweder das des Handelnden selbst oder das irgend eines Andern bei der Handlung passive Beteiligten. *Im ersten Falle* ist die Handlung notwendig *egoistisch* […]. Nur einen einzigen Fall gibt es, in welchem dies nicht statt hat: nämlich wenn der letzte Beweggrund zu einer Handlung oder Unterlassung geradezu und ausschließlich im *Wohl und Wehe* irgend eines dabei passive beteiligten *Andern* liegt, also der aktive Teil bei seinem Handeln oder Unterlassen, ganz allein das Wohl und Wehe eines *Andern* im Auge hat und durchaus nichts bezweckt, als dass jener Andere unverletzt bleibe oder gar Hilfe, Beistand und Erleichterung erhalte. *Dieser Zweck allein* drückt einer Handlung oder Unterlassung den Stempel des *moralischen Wertes* auf […]." (PGM 206 f.)

Damit aber das Ergehen eines anderen zum unmittelbaren Motiv des eigenen Handelns werden kann, bedarf es – so schließt Schopenhauer – einer Fähigkeit, die gewissermaßen das „Wohl und Wehe" des anderen zu meinem „Wohl und Wehe" werden lässt, bzw. dass ich „*sein* Wehe fühle, wie sonst nur meines, und deshalb sein Wohl unmittelbar will, wie sonst nur meines" (PGM 208). Und diese ist die Fähigkeit zum **Mitleid**. *Dass* es Mitleid gibt, lässt sich nach Schopenhauer an der Wirklichkeit ablesen, *wie genau* aber das Mitleiden möglich ist, für das ja gewissermaßen die Grenze des Ichs zum Anderen aufgehoben werden muss, erklärt er zum „große[n] Mysterium der Ethik" (PGM 209).

Schopenhauers Mitleidsbegriff geht allerdings durchaus über unser Alltagsverständnis von Mitleid hinaus. Während wir Mitleid als einen akuten emotionalen Zustand ansehen, der von dem konkreten Leiden eines anderen Menschen ausgelöst wird, meint Schopenhauer damit im umfassenderen und nicht-situativen Sinne eine **Haltung**, die zudem einen Willensbezug hat: Die grundlegende Erkenntnis, dass ungerechtes Handeln bei anderen Leiden verursacht, verhilft zu der grundsätzlichen Einstellung, dass niemand geschädigt werden soll, und zu dem Willen, das Seinige dazu beizutragen. Und diese Haltung geht auch über den Nahbereich hinaus, sie kann sich auch auf entferntes Leiden beziehen oder auf ein Leiden, von dem ich nur weiß, das ich aber nicht mit eigenen Augen gesehen habe.

Aus dem Mitleid lässt sich nach Schopenhauer folgendes ethische Prinzip ableiten: „Neminem laede; immo omnes, quantum potes, juva." (PGM 137) In ihm sind nach Schopenhauer zwei Grundtugenden enthalten:

- Die **Gerechtigkeit** ist bestimmt von der Maxime „Neminem laede", d. h.: **„Verletze niemanden"**. Sie fordert dazu auf, nicht die antimoralischen Triebfedern handlungsleitend werden zu lassen, d. h. insbesondere nicht den egoistischen Antrieben zu folgen. Man kann die Gerechtigkeit – im nicht wertenden Sinne – als negativ bestimmte Tugend beschreiben, da sie die **Unterlassung** von Handlungen fordert.
- Die **Menschenliebe** dagegen ist positiv bestimmt: Sie fordert dazu auf, **aktiv** zu werden: „omnes, quantum potes, juva" bedeutet so viel wie **„Hilf allen, so gut du kannst"**.

In den antiken Tugendethiken vermisst Schopenhauer die Tugend der Menschenliebe – nach seiner Überzeugung es ist das Verdienst des Christentums, sie als wichtige Säule des Handelns etabliert zu haben.

Seine Überlegungen zur Moralität versucht Schopenhauer mit einem Beispiel anschaulich zu machen: Zwei junge Männer, Kajus und Titus, sind unsterblich in ein (jeweils anderes) Mädchen verliebt. Weil ihnen aber ein Nebenbuhler im Weg steht, planen sie diesen zu beseitigen. Die Umstände sind so, dass beide Männer nicht die Entdeckung ihrer Tat fürchten müssen. Beide jedoch entscheiden sich kurz vor der Tat, diese nicht auszuführen. Schopenhauer stellt nun verschiedene Begründungen einander gegenüber, die die beiden Männer, wenn sie Rechenschaft ablegen müssten, für die Unterlassung des Mordes anführen könnten. Kajus könnte sich beispielsweise ganz kantisch äußern: „Ich bedachte, dass die Maxime meines Verfahrens in diesem Fall sich nicht geeignet haben würde, eine allgemein gültige Regel für alle möglichen vernünftigen Wesen abzugeben, indem ich ja meinen Nebenbuhler allein als Mittel und nicht zugleich als Zweck behandeln würde." (PGM 231) Unter anderem dieser Begründung stellt Schopenhauer die Begründung von Titus gegenüber: „Wie es zu den Anstalten kam, und ich deshalb, für den Augenblick, mich nicht mit meiner Leidenschaft, sondern mit jenem Nebenbuhler zu beschäftigen hatte; da zuerst wurde mir recht deutlich, was jetzt mit ihm eigentlich vorgehn sollte. Aber nun ergriff mich Mitleid und Erbarmen, es jammerte mich seiner, ich konnte es nicht über's Herz bringen: ich habe es nicht tun können." (PGM 232) Schopenhauer stellt nun die Frage, welcher von beiden der bessere Mensch sei, welchem von beiden man eher sein Schicksal in die Hand geben würde. Die Lage ist für Schopenhauer klar: Titus, der Mitleid zeigt, ist durch das „reinere Motiv zurückgehalten worden" (PGM 232). Das „Fundament der Moral" (PGM 232) – so soll das Beispiel unterstreichen – ist also das Mitleid.

Motive und Zwecke menschlichen Handelns nach Schopenhauer

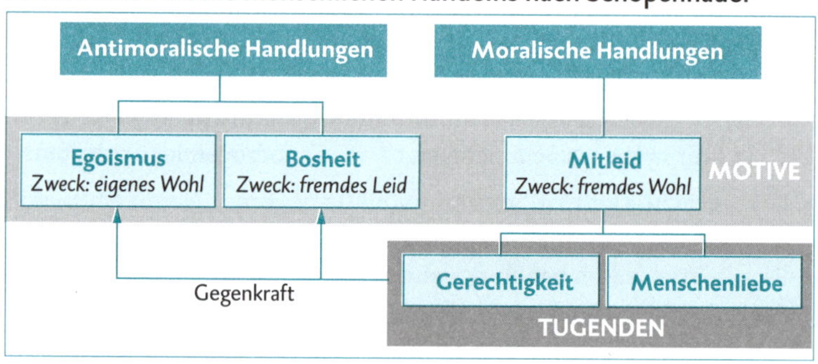

5.3 Empathie und Altruismus – psychologische Forschung

So wie Schopenhauer aus philosophischer Warte die Einfühlung in andere und das Absehen vom Egoismus in einen direkten Zusammenhang bringt, so geht **Daniel Batson** (geb. 1943) aus psychologischer Warte von einem engen Zusammenhang von Empathie und Altruismus aus. Unter Empathie versteht man die Bereitschaft und Fähigkeit, sich in andere einzufühlen, d. h. ihrer Emotionen unmittelbar teilhaftig zu werden. Altruismus ist das Gegenstück zum Egoismus und beschreibt im Allgemeinen ein selbstloses, uneigennütziges Verhalten (oder auch Denken). In der Psychologie spricht man wegen einer gewissen Unschärfe

Der Begriff **Empathie** geht auf das altgriechische Wort *empátheia* zurück, das so viel wie „intensives Gefühl" oder „Leidenschaft" bedeutet.

des Begriffs heute statt von Altruismus von prosozialem Verhalten. Batson ist für die **Empathie-Altruismus-Hypothese** bekannt, die er mit experimenteller Forschung zu belegen versuchte. Gemäß dieser Hypothese gibt es ein rein altruistisches Verhalten und es tritt besonders dann auf, wenn Empathie im Spiel ist. In einem Experiment von 1981 spiegelte Baton seinen Probandinnen vor, dass sich Elaine in einer **quälenden Situation** befindet, und diese sollten nun entscheiden, ob sie ihr helfen, indem sie sich bereit erklärten, Elaines Stelle zu übernehmen. Batson variierte dabei zwei Umstände:

- **Grad an Empathie:** Der einen Gruppe von Probandinnen wurde vorgetäuscht, dass Elaine ihnen im Hinblick auf Werte und Interesse sehr ähnlich sei (hohe Empathie), der anderen Gruppe, dass dies nicht der Fall sei (niedrige Empathie).
- **Fluchtmöglichkeit:** Einem Teil jeder Gruppe wurde es leicht gemacht, der Situation zu entfliehen, d. h. einfach zu gehen, beim anderen Teil war es dagegen schwierig, der Situation zu entkommen.

Es zeigte sich, dass es bei hoher Empathie verhältnismäßig gleich war, ob man der Situation leicht oder schwer entkommen konnte. Bei **niedriger Empathie** dagegen gab es eine starke Tendenz der Probandinnen, **nicht zu helfen**, wenn sie der Situation **leicht** entkommen konnten. Batson schloss daraus, dass bei **hoher Empathie altruistische** und bei **niedriger Empathie egoistische Motive** wirksam werden. Dass die Probandinnen bei niedriger Empathie und schwerer Fluchtmöglichkeit halfen, führte er auf das egoistische Motiv zurück, die unangenehme Situation zu beenden, dass jemand leidet, während man helfen könnte. Die Ergebnisse legen nahe, dass man eine egoistisch motivierte von der altruistisch motivierten Hilfe unterscheiden kann.

	Flucht schwer	Flucht leicht
Hohe Ähnlichkeit (= hohe Empathie)	82 %	91 %
Geringe Ähnlichkeit (= geringe Empathie)	64 %	18 %

Ergebnisse des „Elaine“-Experiments

In Richtung der Empathie-Altruismus-Hypothese deuten auch andere Untersuchungen: Nancy Eisenberg prüfte in einem Experiment mit Kindern, ob es das persönliche Unbehagen oder das situative Empathie-Empfinden ist, das sie dazu bewegt, ein schreiendes Baby zu beruhigen. Eisenbergs Untersuchung bestätigte, dass nicht das persönliche Unbehagen die Ursache für das prosoziale Verhalten war.

Einen anderen Erklärungsansatz für prosoziales Verhalten bietet das Kosten-Belohnungs-Modell von Jane und Irving Piliavin: Demnach liegt diesem Verhalten eine Abwägung von Kosten und Nutzen zugrunde, wobei beides ausdrücklich auch immaterieller Natur sein kann (z. B. soziale Anerkennung als Nutzen, schlechtes Gewissen als Kosten): Wir helfen dann, wenn der Nutzen der Hilfe die Kosten der Hilfe überwiegt.

6 Verantwortungsethik

Max Weber (1864–1920)

Der Begriff Verantwortungsethik geht zurück auf einen berühmten Vortrag des Soziologen Max Weber aus dem Jahr 1919: „Wir müssen uns klarmachen, daß alles ethisch orientierte Handeln unter *zwei* voneinander grundverschiedenen [...] Maximen stehen kann: es kann ‚gesinnungsethisch' oder ‚verantwortungsethisch' orientiert sein. [...] [E]s ist ein abgrundtiefer Gegensatz, ob man unter der gesinnungsethischen Maxime handelt", wo die Bestimmung des *Willens* als Grundlage der Moralität angesehen wird (z. B. Kant), „*oder* unter der verantwortungsethischen: daß man für die (voraussehbaren) *Folgen* seines Handelns aufzukommen hat."

6.1 Grundlagen: Der Begriff der Verantwortung

„Verantworten" meinte zunächst eine Verstärkung eines Antwortens, dann insbesondere die rechtfertigende Antwort auf Fragen eines Gerichts.

Verantwortung ist eine **dreistellige Relation:** *Wer* ist *wem* gegenüber *wofür* verantwortlich? Sie bezeichnet die Zuständigkeit ...

(1) *von* **Personen** (Wer, Subjekt)

(2) *für* ein **Tun oder Unterlassen** in Hinblick auf übernommene oder übertragene Aufgaben (Objekt der Verantwortung)

(3) *vor* einer **Instanz**, die Rechtfertigung fordert.

Ausgehend von dieser Relation stellen sich eine Reihe von Leitfragen:

Zum **Subjekt der Verantwortung:**

- Agiert die Person in **Freiheit**, sodass ihr die Handlung und ihre Folgen zugerechnet werden können?
- Ist die Person **zuständig**? Hat sie die Aufgabe direkt übernommen oder wächst ihr indirekt aufgrund eines Amtes, einer Rolle, einer Situation eine Verantwortlichkeit zu (z. B. Eltern, Hilfeleistung in Notsituation)?
- Wird die Verantwortung **wahrgenommen** – im doppelten Wortsinn?
  - Erstens: Erkennt sie, dass sie verantwortlich ist und worin die Verantwortung besteht? Weiß sie um die wesentlichen Randbedingungen, Fakten, Zusammenhänge und Kausalitäten, sodass sie angemessen und wirksam handeln kann? Schätzt sie die Situation angemessen ein?
  - Zweitens: Wird gehandelt? Wie steht es in diesem Zusammenhang um die emotionale Beteiligung der Person: Hat sie das Verantwortungsgefühl, um tätig zu werden? Ist sie zuversichtlich genug, um zu handeln, aber auch besorgt genug, um Negatives zu verhindern?

Ein besonderes Problem ist hier der Umgang mit der Unkenntnis von Handlungsfolgen, wie sie insbesondere die komplexen Zusammenhänge von Gesellschaft, Wirtschaft oder Ökologie betreffen.

- In welchem **Grad** handelt die Person verantwortlich? Handelt sie unverantwortlich (sodass sie schuldhaft agiert), verantwortungslos (nimmt Verantwortung nicht in dem Maße wahr, wie sie sollte), verantwortlich (nimmt Verantwortung wahr), verantwortungsvoll (ihr

Verantwortungsbewusstsein prägt die Haltung der Person und führt zu besonders sorgfältigem Handeln)?

- Handelt die Person allein oder als Teil eines **Kollektivs**? Wie groß und abstrakt ist die Gruppe (z. B. Familie, Löschzug, die Mainzer, die Gesellschaft im Ganzen)? Führt kollektives Handeln zu einer Verantwortungsdiffusion, d. h., wird Verantwortung auf die Gemeinschaft abgeschoben oder kann in komplexen Zusammenhängen niemand konkret für die Handlungsfolgen verantwortlich gemacht werden?

Diese Fragen werden virulent z. B. bei Sicherheitsvorkehrungen gegen Massenpanik oder bei umweltgerechtem Verhalten.

Zum **Objekt der Verantwortung:**

- Liegt ein **Handeln** oder ein **Unterlassen** vor?
- Wie **komplex** sind die Handlungsgefüge und -zusammenhänge?
- Welche **Folgen** lassen sich auf das Handeln zurückführen? Diese Frage setzt ein genaues und komplexes Wissen um kausale Zusammenhänge voraus, das oft nicht ausreichend vorliegt (z. B. detaillierte Vorhersagen zum Klimawandel, Wirkung von Meinungsäußerungen in der Politik).
- Wie bekannt, bestimmt, komplex und bedeutsam ist der **Bereich der Verantwortung**?
- Welche **Fürsorge** fordert der Bereich (Art, Umfang)?
- Gibt es besondere Bedingungen, die aus der **Sphäre** des Verantwortungsgegenstandes herrühren (z. B. Verantwortung der Medizin)?

Die Orientierung an den Handlungsfolgen hat die Verantwortungsethik mit dem Utilitarismus und der Gefühlsethik gemein.

Zur **Instanz der Verantwortung:**

- Aufgrund welcher **normativen Grundlagen** kann Verantwortung eingefordert werden (z. B. Gesetze, moralische Normen, Sitten)?
- Welcher **Art** ist die Rechtfertigungsinstanz (Betroffene, Moral, Staat, Gott)? Ist die Instanz **institutionell** verankert? Kann sie ggf. Sanktionen verhängen?

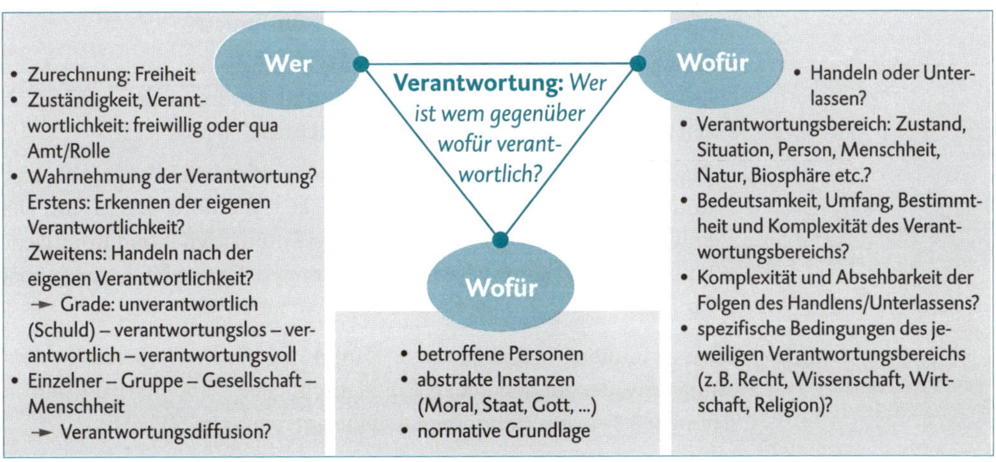

6.2 Die Verantwortungsethik von Hans Jonas

Hans Jonas (1903–1993), Sohn einer jüdischen Familie, promovierte bei Martin Heidegger und floh 1933 nach London. Etwas später ging er nach Jerusalem ins Exil. Er kämpfte in der britischen und der israelischen Armee. Ab 1955 lebte und lehrte er in New York und hatte zahlreiche internationale Gastprofessuren inne. Sein Hauptwerk *Das Prinzip Verantwortung* (im Folgenden zit. als PV) erschien 1979.

Der Begriff der Verantwortung tritt erst spät in der Ethik auf. Erst nach dem Zweiten Weltkrieg gewinnt er eine zunehmend zentrale Stellung. Einer der Philosophen, die den Begriff in der Debatte prominent gemacht haben, ist Hans Jonas. In seinem Werk *Das Prinzip Verantwortung* klärt dieser eine ganze Reihe der oben genannten Unterscheidungen. Jonas ist einer der ersten, der sich mit den konkreten **ökologischen Folgen des industriellen Zeitalters** philosophisch auseinandersetzt. Sein Text ist über weite Strecken ein früher Entwurf einer Umweltethik. Dies hat ihm große Aufmerksamkeit und Wirkung eingebracht.

Jonas geht aus von der Überzeugung, dass im technologischen Zeitalter sich die Qualität des menschlichen Handelns entscheidend verändert habe; „dies rückt Verantwortung ins Zentrum der Ethik" (PV 9). Traditionell sei die Ethik davon ausgegangen, dass die Natur der Dinge und des Menschen feststehe, dass sich die Reichweite seiner Handlungen in einem zumeist überschaubaren Nahbereich bewegt hätten und kalkulierbar gewesen seien und dass das Gute auf diesen Grundlagen bestimmbar gewesen sei. „Im Zeichen der Technik" (PV 8) jedoch habe sich dies grundlegend verschoben: Die **Reichweite** menschlichen Handelns hat sich durch deren Möglichkeiten beispiellos vergrößert. Jonas nennt z. B. die Atomtechnik mit ihrem Jahrmillionen strahlenden Müll und ihrer Möglichkeit, die Menschheit auszulöschen.

Diese **Handlungsmacht** hat drei wesentliche Konsequenzen:

- Die Natur steht dem Menschen nicht länger als für sich stehende und von ihm unabhängige Sphäre gegenüber, sondern wird für ihn im Ganzen formbar und damit zum Objekt des technischen Handelns (z. B. Technosphäre, Umweltzerstörung, Klimaveränderung). Die **Verletzlichkeit der Natur** sei eine neue Qualität, die das Verhältnis von Mensch und Welt präge und ethisch herausfordere.
- Durch die technische Medizin und die Gentechnik – heute wäre mindestens zu ergänzen: Informationstechnik – wird auch der **Mensch** selbst zum **Gestaltungsobjekt der Technik**.
- Zugleich erweitere sich das Wissen – allerdings keineswegs, so Jonas, in dem Maße und in der Geschwindigkeit, die nötig wären, um alle Folgen menschlichen Handelns in ihrer Kumulativität und Komplexität hinreichend genau abschätzen zu können. Dieses **Nichtwissen** ist für Jonas ethisch höchst bedeutsam.

Jonas formuliert – in Anlehnung an Kants kategorischen Imperativ – einen „Imperativ, der auf den neuen Typ menschlichen Handelns paßt und an den neuen Typ von Handlungssubjekten gerichtet ist" (PV 36):

> „,Handle so, daß die Wirkungen deiner Handlung verträglich sind mit der Permanenz echten menschlichen Lebens auf Erden.'" (PV 36)

ZITAT

Seine Theorie der Verantwortung entwickelt Hans Jonas anhand **zweier Modellfälle:** der **Elternschaft** und des **„Staatsmannes"**. Beide kümmern sich um die *Existenz* und *Fortexistenz* und um ein gutes Leben *von Menschen*. Beide müssen jeweils die *Totalität* dieses Verantwortungsbereichs im Blick haben und nicht nur einen Teilaspekt. Beide müssen sich *beständig* um die Anvertrauten kümmern, nicht nur zeitweise. Beide zeichnet eine besondere *Fürsorge* aus, die über bloße Handlungsverantwortung hinausgeht. Dem entspricht, dass beiden die Verantwortung nicht durch direkte Übernahme, sondern *qua Stellung und Amt* zukommt. Die Fürsorgeforderung beruht – das wird am Beispiel der Eltern besonders deutlich, gilt aber angesichts allgegenwärtiger Lebensrisiken auch für die Politik – auf einer besonderen *Verletzlichkeit* der Menschen, die ihnen anvertraut sind. Ihr korrespondiert ein emotionales Verhältnis zu den Anvertrauten, ein *Verantwortungsgefühl*, das zum Handeln motiviert und dem elterliche Gleichgültigkeit oder kühl-egoistische Machtpolitik nicht gerecht würden. Beider Handeln hat eine *Reichweite*, die über den unmittelbaren Nahbereich hinausgeht. Beiden geht es um die *Zukunft*, genauer um die Ermöglichung von „eigene[r] Zukünftigkeit des Verantworteten" (PV 198). In der Politik tritt noch das Element hinzu, dass hier zumeist *kollektiv* gehandelt wird. Damit sind schon fast alle Grundbegriffe beisammen, die Jonas' Theorie der Verantwortung ausmachen.

Dabei hält Jonas durchaus fest, dass die Verantwortung der Eltern mit vollendeter Adoleszenz und die des Politikers mit Rücktritt oder Abwahl endet.

Die Instanz der Verantwortung bei Jonas

Sie wird von ihm kaum thematisiert. Es ist aber „offensichtlich, dass der neue Imperativ sich viel mehr an öffentliche Politik als an privates Verhalten richtet" (PV 37). Weil das Handeln im technischen Zeitalter kollektiv ist, hat es von vornherein eine **politische Dimension**; es hat sich vor der Gesellschaft öffentlich zu rechtfertigen.

Das Objekt der Verantwortung bei Jonas

In seinem Entwurf einer Umweltethik geht es Jonas weniger um das Agieren im alltäglich-zwischenmenschlichen Bereich, sondern um die Biosphäre in ihrer ganzen Größe und Abstraktheit. Daher gehen in seinen Ansatz viele spezifische Probleme dieser Gegenstandssphäre ein:

a. Betroffen ist die **Totalität der Biosphäre**. Jonas nimmt damit das Bewusstsein der 1970er-Jahre auf, in denen die Gefährdung der Umwelt deutlich in die öffentliche Wahrnehmung trat. Die Biosphäre wird mehr und mehr zur Technosphäre (auch wenn der Begriff bei Jonas nicht fällt). Damit einher geht eine doppelte Abstraktheit, die ethisch

Die Aufmerksamkeit für die Umweltproblematik verdankte sich u. a. dem Bericht des *Club of Rome* über die *Grenzen des Wachstums*, der Ölkrise, saurem Regen und Waldsterben und zeigte sich auch in der Gründung der Partei *Die Grünen*.

relevant wird. Zum einen kommen Größenordnungen ins Spiel, die kaum vorstellbar sind und die alle Folgen des Handelns einzelner vollkommen marginal erscheinen lassen. Zum anderen betont Jonas, wie komplex die ineinandergreifenden Ökosysteme sind und wie nichtlineare Entwicklungen und Kumulationseffekte das Alltagsdenken sprengen. Die Welt wird dadurch mehr und mehr eine Welt der abstrakten Wissenschaft. Jonas hebt immer wieder hervor, dass unser Verständnis der Zusammenhänge faktisch wie prinzipiell unzureichend ist.

b. Wenn Jonas die „Permanenz echten menschlichen Lebens auf Erden" (PV 36) fordert, dann ist dies zunächst die Minimalbedingung des **Überlebens** der Menschheit. Diese wird angesichts von Atomwaffen, Umweltvergiftung und genetischer Manipulierbarkeit – inzwischen würde man z. B. Erderhitzung, Artensterben, Mikroplastik usw. ergänzen müssen – als prinzipiell gefährdet erfahren. Dass sie fortbestehen soll, ist für Jonas eine ethische Forderung, die zu begründen ist. Er tut dies zum einen, indem er den Menschen als Teil einer Natur begreift, die einen Eigenwert habe; zum anderen impliziere die Tatsache, dass der Mensch das einzige verantwortungsfähige Wesen sei, die Forderung nach seiner Fortexistenz als der Bedingung der Möglichkeit von Verantwortung. Um den ethischen **Eigenwert der Natur** zu begründen, geht Jonas dabei von der Prämisse aus, dass alle Formen des Lebens immer schon von einer Zweckhaftigkeit geleitet seien, die sie zu impliziten Vorformen des bewusst handelnden Lebens mache, wie sie sich im Menschen zeige. Die Idee der „Zweckhaftigkeit als Gut-an-sich" (PV 154) ist eine starke metaphysische Behauptung. Man könnte an dieser Stelle auch vorsichtiger argumentieren, durch die tiefe Verwobenheit des Menschen in die Ökosysteme als seiner Überlebensbedingung impliziere die Forderung der Permanenz menschlichen Lebens auch deren Erhalt.

Vgl. hierzu Punkt a auf S. 121 f.

Jonas greift damit die alte Spekulation der sogenannten „großen Kette der Wesen" auf, die eine innere Stufenordnung aller Dinge und Lebewesen unterstellt.

Jonas' Plädoyer für eine metaphysische Grundlegung der Ethik rührt auch daher, dass er vom Guten als von etwas in der Welt Existierendem (und nicht als eine Qualität von Urteilen) spricht, um damit eine dem Subjekt unverfügbare Verpflichtetheit zu begründen. Daher stellt er auch das Hume'sche Prinzip einer Trennung von Sein und Sollen infrage.

c. Es geht Jonas nicht um die retrospektive Zuweisung von Verantwortung, sondern um die **Zukunft**. Dabei betont er, dass es bei den Folgen des technischen Handelns um lange, generationenübergreifende Zeiträume geht. Neben seinen Beispielen (Gentechnik mit ihren Folgen für die gesamte unabsehbare Vererbungskette; Atomtechnik, deren Hinterlassenschaften z. T. geologische Zeiträume überdauern) ist die anthropogene Klimaveränderung das sicherlich prominenteste Beispiel. Jonas hebt damit hervor, wie sehr das technische Handeln zu einer Macht zu werden droht, die die Möglichkeiten künftiger Generationen einschränkt und bestimmt. Es müsse daher auch darum gehen, **zukünftige Freiräume des Handelns** zu erhalten. Dies sei eine Bedingung echten menschlichen Lebens.

d. Ein zentrales Merkmal einer Verantwortungsethik ist, dass sie sich auf **Handlungsfolgen** bezieht. Dass die Abschätzung der Handlungsfolgen angesichts der Komplexität der Natursysteme extrem schwierig ist, ist schon gesagt worden. Jonas zieht daraus aber nicht den Schluss, dass die Beurteilung von Folgen für eine Grundlegung von Moralität von vornherein ausscheide, wie Kant dies tut; dessen kategorischen Imperativ kritisiert Jonas, weil er bloß „an das Individuum gerichtet" und „augenblicklich" (PV 37), zudem formal-wirkungslos sei (was Kant nicht gerecht wird). Aber auch gegen überkommene Konzepte der „Zukunftsethik" (PV 39) grenzt er sich ab: gegen den religiösen Jenseitsglauben und die politischen Zukunftsplanungen, die er für bloße Projektionen der Gegenwart hält, sowie gegen alle Formen von Utopie.

Das Subjekt der Verantwortung bei Jonas

a. Der Mensch ist Jonas zufolge zwar nicht unbedingt immer moralisch, „aber ein moralisches Wesen, das heißt ein solches, das moralisch oder unmoralisch sein kann" (PV 185). Er ist das Wesen, das „allein Verantwortung haben kann", woraus unmittelbar folge, „daß er sie für andre *seinesgleichen* – selbst mögliche Verantwortungssubjekte – auch haben *muß*" (PV 185). Damit begründet Jonas die Moral der Verantwortung dadurch, dass der Mensch seine **Verantwortungsfähigkeit** zu erhalten habe: „die Möglichkeit, daß es Verantwortung gebe, ist die allem vorausliegende Verantwortung." (PV 186)

b. Die Verantwortung erschöpft sich für Jonas nicht in der Zurechnung von Handlungen, sondern besteht in der Beziehung der **Fürsorge**, aus der einzelne Handlungen ihre Verantwortlichkeit gewinnen: „Verantwortung ist die als Pflicht anerkannte *Sorge* um ein anderes Sein." (PV 391) Dies hat nicht nur damit zu tun, dass der Fokus der Verantwortung auf der Zukunft liegt, sondern impliziert eine andere Qualität: Fürsorge ist *nicht-reziprok*, d. h., es besteht keine Symmetrie in der Beziehung, weder hinsichtlich der Fähigkeiten noch in dem Sinne, dass es eine Art von Ausgleich oder Gegenleistung gibt. Die Beziehung der Fürsorge besteht oft und im Falle der Natur „von Natur aus" und ist „unwiderruflich und unkündbar; und sie ist global" (PV 178), d. h., sie betrifft die Anvertrauten in der *Gesamtheit ihrer Existenz* und besteht *kontinuierlich*. Wesentlich für Fürsorge ist zudem die **Verletzlichkeit** der Anvertrauten. Dies gilt nicht nur in besonderen Situationen (Kinder, Kranke, Gehandicapte, Alte, in Not Geratene …), es gilt auch für den Menschen per se, weil er nicht autark leben kann, sondern immer auf Nahrung, Unterstützung, Trost angewiesen ist. Diese Fürsorgebeziehung sieht Jonas auch zwischen Mensch und Natur, indem diese durch sein technisch verstärktes Handeln bedroht ist.

c. Jonas wertet das **Verantwortungsgefühl** deutlich auf. Damit ist nicht gesagt, dass die Vernunft keinen Raum haben sollte; Jonas vertritt keine Gefühlsethik. Vernunft ist nötig, um zu erkennen, worin die Verantwortung jeweils besteht und was jeweils zu tun ist; dies gilt umso mehr angesichts der Abstraktheit und Wissenschaftsbedürftigkeit der Umweltethik. Vernunft und Gefühl sind „komplementär und beide sind integrierende Bestandteile der Ethik überhaupt" (PV 163). Die bloße Einsicht, dass etwas „der Mühe wert ist", reicht aber nicht aus, es muss „*mir* gerade der Mühe wert sein" (PV 161). Erst durch das Gefühl folgt aus Einsichten tatsächlich ein Handeln. Jonas geht so weit, die „*Affizierbarkeit*" zur Grundlage dafür zu erklären, „daß Menschen potentiell schon ‚moralische Wesen' *sind*" (PV 164).

Affizierbarkeit = Erregbarkeit, Fähigkeit, zu Gefühlen bewegt zu werden

Jonas verbindet diese Aufwertung des Gefühls mit seinem Ansatz, das Gute zu objektivieren. Erst ein konkreter Inhalt, eine Sache, die man sich zu eigen machen könne, motiviere zum Handeln. Jonas grenzt sich damit von allen Ansätzen der Ethik ab, die das Moralurteil und seine Form ins Zentrum stellen, namentlich denjenigen Kants.

Man muss dieses Plädoyer fürs Gefühl nicht nur individualpsychologisch verstehen. Schon die Rhetorik bestimmt das Movere, d. h. das Erregen von Emotionen als Anstoß zum Handeln, als Funktion der öffentlichen Rede. Gefühle spielen in allen aktuellen Debatten um die mediale Vermittlung ökologischer Themen eine zentrale Rolle: Konkrete Bilder und Geschichten (z. B. einer unter extremer Dürre leidenden Familie in Afrika) sind anschaulicher und dadurch in der Öffentlichkeit wirksamer als abstrakte Zahlen (wie z. B. das 1,5-Grad-Ziel).

d. Jonas betont immer wieder, wie sehr die Handlungssituation des modernen technischen Menschen von „***Dynamik***, die alles moderne Sein und Bewußtsein beherrscht" (PV 224), geprägt sei – im Gegensatz zur Grundauffassung überkommener Ethiken. Damit erscheinen alle Orientierungen von vornherein zeitlich, veränderlich, geschichtlich geprägt, kurz: letztlich unsicher.

e. Ein zentraler Aspekt in Jonas' Überlegungen ist, dass das Handeln im technischen Zeitalter wesentlich **kollektiv** ist. Die Frage, was dies genau für das Handeln und die Verantwortung des Einzelnen bedeutet, gerade wenn dieses für sich genommen im globalen Maßstab völlig unerheblich erscheint und damit geradewegs in eine fatale Verantwortungsdiffusion zu führen droht, bleibt bei Jonas noch weitgehend ausgeklammert. Wichtiger ist ihm der Hinweis, dass seine Ethik der Verantwortung den privaten Raum überschreitet und auf Öffentlichkeit und Politik abzielt. Auch deshalb hält er eine Beschränkung auf die blo-

Wie sehr dieser Gedanke inzwischen Allgemeingut geworden ist, zeigt die hohe Präsenz, die Umweltdebatten mittlerweile im öffentlichen Diskurs haben.

ße Handlungsverantwortung für unzureichend. In modernen, arbeitsteiligen Gesellschaften agieren zumeist kollektive Handlungssubjekte.

f. Von zentraler Bedeutung ist für Jonas die Tatsache, dass das verfügbare **Prognosewissen unzureichend** ist, ungeachtet allen wissenschaftlichen Fortschritts, und dass damit die Folgen unseres kollektiven technischen Lebens unabsehbar sind. Dies gilt für das Wissen über zu erwartende Entwicklungen, es gilt aber auch für die gesellschaftlichen und politischen Prozesse, die – sei es kritisch umgestaltend, sei es bewahrend – die kollektive Verantwortung nach sich zieht. Beispiele sind die verschiedenen Modellrechnungen zur Klimaentwicklung, zu Kipppunkten in der nichtlinearen Entwicklung komplexer Ökosysteme oder aber auch ganz banal in der Wettervorhersage. Diese fundamentale Ungewissheit der Zukunft ist für Jonas von eminenter ethischer Bedeutung. Sie führt vor dem Hintergrund einer existenziellen Bedrohung der Menschheit zu seiner Forderung, „daß der *Unheilsprophezeiung mehr Gehör zu geben ist als der Heilsprophezeiung*" (PV 70). Man müsse angesichts der obwaltenden Unsicherheit immer von der negativsten Prognose ausgehen. „Eine aufspürende ***Heuristik* der Furcht** ist nötig" (PV 392), um zu erkennen, worin Verantwortung besteht. Damit **kritisiert** Jonas jede Form von **Utopie**. Utopisches Denken laufe Gefahr, über den Zukunftshoffnungen die Gefahren für das Ganze zu übersehen und im schlimmsten Falle in der Gegenwart die Menschen zu bloßen Werkzeugen der Zukunft zu machen. Weite Strecken in Jonas' *Das Prinzip Verantwortung* lesen sich als Kritik am Fortschritts-, Wachstums- und Wohlstandsoptimismus der Nachkriegszeit und insbesondere des Sozialismus, in dem Jonas keinen Ausweg, sondern eine konsequente Ausformung des modernen technischen Denkens sieht. Schon mit seinem Titel grenzt sich Jonas von Ernst Blochs Hauptwerk *Das Prinzip Hoffnung* (1954–1959) ab, in dem dieser eine durchaus eigenwillige Auffassung des Sozialismus mit einer Theorie des kulturellen Fortschritts verbindet, die das Gegenwärtige als Ausdruck des Noch-nicht-Seins von Zukunftserwartungen sieht. Jonas gesteht durchaus zu, dass „Hoffnung [...] eine Bedingung jeden Handelns" (PV 391) ist, denn ohne Hoffnung auf ein Gelingen werde erst gar nicht zur Tat geschritten. Aber ihr müsse immer die Skepsis die Waage halten, die von der „als Pflicht anerkannten *Sorge* um ein anderes Sein" getragen ist, „die bei Bedrohung seiner Verletzlichkeit zur ‚Besorgnis' wird" (PV 391). Dies ist in Jonas' Augen nicht Pessimismus, sondern eine „Ehrfurcht", die „uns vor den Irrwegen unserer Macht schütz[t]" (PV 392).

Heuristik = wörtl. „Findekunst" – Lehre, Wissenschaft von den Verfahren, Probleme zu lösen; methodische Anleitung, Anweisung zur Gewinnung neuer Erkenntnisse

7 Die Diskursethik von Jürgen Habermas

Jürgen Habermas (* 1929) gilt als der wichtigste Vertreter der Diskursethik. Zu seinen wirkungsmächtigsten Werken zählen die *Theorie des kommunikativen Handelns* und *Faktizität und Geltung*. Aus seinen *Erläuterungen zur Diskursethik* wird hier unter der Sigle ED zitiert.

Die **Diskursethik** steht in der **Tradition von Kants Ethik**. Wie diese vertritt sie die Position, dass normative Aussagen grundsätzlich rational klärbar sind **(Kognitivismus)**, dass ein für alle Menschen gültiges Moralprinzip aufweisbar ist **(Universalismus)** und dass mit diesem Moralprinzip auch der Sollensanspruch verbunden ist, ihm Folge zu leisten **(Deontologie)**. Der monologisch anwendbare kategorische Imperativ der kantischen Ethik wird aber übersetzt in eine Argumentationsregel: In diesem Sinne ist die Diskursethik eine **prozedurale Ethik**.

Die Diskursethik basiert auf einer Theorie unseres gesellschaftlichen Handelns. Habermas zeigt in seiner Gesellschaftstheorie, inwiefern für das Bestehen einer sozialen Ordnung ein kommunikatives Handeln wichtig ist, in dem die Beteiligten ihre Handlungspläne aufeinander abstimmen. Dieses kommunikative Handeln wird getragen von gemeinsamen Annahmen über Sachverhalte, über Normen und Werte sowie über die Grundhaltung der Beteiligten. Da wir im Handeln vom Zutreffen dieser Annahmen ausgehen, nennt Habermas sie „Geltungsansprüche". Er unterscheidet **drei Arten von Geltungsansprüchen:**

- Geltungsanspruch der **propositionalen Wahrheit:** Annahme, dass die beschriebenen Sachverhalte in der objektiven Welt zutreffen
- Geltungsanspruch der **normativen Richtigkeit:** Annahme, dass die in der Aussage enthaltenen Normen in der sozialen Welt gelten sollen
- Geltungsanspruch der **Wahrhaftigkeit:** Annahme, dass die Aussage wahrhaftig ist, d. h., dass der Aussagende sich und andere nicht täuscht

Voraussetzung für die Thematisierung von Geltungsansprüchen ist, dass die Äußerungen überhaupt verständlich sind. In diesem Sinne spricht Habermas auch vom Geltungsanspruch „Verständlichkeit". Für seine Theorie grundlegend sind aber die anderen drei Geltungsansprüche. Daher kennzeichnet er später die „Verständlichkeit" nicht mehr als eigenen Geltungsanspruch, sondern nur noch als Voraussetzung für Kommunikation.

Die Thematisierung der Angemessenheit subjektiver Wertstandards nennt Habermas „ästhetische Kritik", die Thematisierung der Wahrhaftigkeit des Ausgedrückten „therapeutische Kritik". Beide Diskursformen sind beim späteren Habermas Teil des ethisch-existenziellen Diskurses (s. u.).

Fordert beispielsweise ein Lehrer einen Schüler dazu auf, seine Tasche zu tragen, so setzt der Lehrer erstens voraus, dass der Schüler annimmt, diese Äußerung sei „wahrhaftig" als eine Aufforderung und nicht etwa als Scherz gemeint. Er bringt hier einen Aspekt seiner subjektiven Welt (z. B. den dieser Aufforderung korrespondierenden subjektiven Wert „Bequemlichkeit") zum Ausdruck (Geltungsanspruch subjektive Wahrhaftigkeit). Zweitens setzt er den Sachverhalt voraus, dass er überhaupt eine Tasche hat (Geltungsanspruch propositionale Wahrheit), und drittens setzt er die Geltung einer Norm voraus, der gemäß Schüler ihren Lehrern stets gehorchen sollen (Geltungsanspruch normative Richtigkeit). Weigert sich der Schüler („Warum sollte ich das tun?"), so kann der Lehrer entweder mit Machtmitteln reagieren oder er kann die vorausgesetzte Norm („Schüler sollen ihren Lehrern gehorchen.") bzw. einen als allgemeingültig vorausgesetzten Wert („Gehorsam") anführen. Der Schüler wiederum könnte diese Norm bzw. diesen Wert in Frage stellen. Nennt nun der Lehrer Gründe für diese Norm oder den Wert und der Schüler Gegengründe, so führen beide einen Diskurs, in dem sie die allgemeine

Geltung der in Anspruch genommenen Norm bzw. des Wertes sowie ihre Anwendung (gilt die Gehorsamspflicht eventuell nur in Unterrichtssituationen?) argumentativ überprüfen.
Ein **Diskurs** besteht in einer **argumentativen Überprüfung von Geltungsansprüchen**. In Diskursen kommt die dem System der Geltungsansprüche entsprechende, mehrdimensionale **kommunikative Vernunft** zur Entfaltung. Ein gelingender Diskurs soll dabei nach Habermas möglichst bestimmte Rahmenbedingungen erfüllen. Als kommunikatives Ideal entwirft er den **herrschaftsfreien Diskurs**, einen Diskurs also, in dem alle Betroffenen **gleichberechtigt teilnehmen** können. Ein solcher Diskurs folgt bestimmten Regeln, unter anderem den folgenden:

Vernunft bzw. Rationalität ist nach Habermas eine Disposition sprach- und handlungsfähiger Subjekte zu Verhaltensweisen, für die jeweils gute Gründe stehen. Sie sind damit mit Geltungsansprüchen verknüpft, die in Diskursen kritisiert und begründet werden können. In diesem Sinne wird Habermas' Rationalitätstheorie zuweilen auch als eine Theorie „diskursiver Vernunft" bezeichnet.

ZITAT

„(3.1) Jedes sprach- und handlungsfähige Subjekt darf an den Diskursen teilnehmen.
(3.2) a. Jeder darf jede Behauptung problematisieren.
b) Jeder darf jede Behauptung in den Diskurs einführen.
c) Jeder darf seine Einstellungen, Wünsche und Bedürfnisse äußern.
(3.3) Kein Sprecher darf durch innerhalb oder außerhalb des Diskurses herrschenden Zwang daran gehindert werden, seine in (3.1) und (3.2) festgelegten Rechte wahrzunehmen."[19]

Habermas ist sich bewusst, dass der herrschaftsfreie Diskurs, in dem solche Regeln durchgängig und ohne Ausnahme gelten, nur eine **„ideale Sprechsituation"** ist, die es in der Realität kaum je geben wird. Dennoch könne er als ein Maßstab dienen, an dem der Grad des Gelingens von faktischen Argumentationen bemessen werden kann.
Ziel dieser **Diskurse** ist ein **begründetes Einverständnis** über die in Frage stehenden Sachverhalte, wie beispielsweise die allgemeine Geltung einer Norm. Wird unter den Beteiligten ein Konsens beispielsweise über die Geltung einer Norm erzielt, so erwächst aus dem durch die Diskursregeln verbürgten **„zwanglosen Zwang des besseren Argumentes"**[20] die Kraft zur *„rationalen Motivation"*, dieser Norm gemäß zu handeln.
Habermas entwickelt für die Überprüfung der allgemeinen Geltung von Normen ein **allgemeines Diskursprinzip** und spezifisch für moralische Fragen ein **moralisches Universalisierungsprinzip**. Er gibt zudem Gesichtspunkte für die Klärung einer **angemessenen Anwendung** von Normen an die Hand. Neben Regeln für die Klärung **moralischer Fragen** entwirft Habermas auch Leitlinien für die Auseinandersetzung mit individuellen **(= ethisch-existenziellen)** und kollektiven **(= ethisch-politischen) Fragen des guten Lebens**.

Bei vielen Handlungssituationen, die ethische Fragen aufwerfen, drängt sich eine Zuordnung zu einem bestimmten Diskurstypus zwar auf, oft können sie aber auch in einer anderen Diskursform ausgehandelt werden.

7.1 Der moralische Diskurs

Das allgemeine **Diskursprinzip (D)** lautet:

ZITAT

Diskursprinzip (D):

„Gültig sind genau die Handlungsnormen, denen alle möglicherweise Betroffenen als Teilnehmer an rationalen Diskursen zustimmen können.“[21]

Dieses Diskursprinzip spezifiziert Habermas für moralische Diskurse. **Moralische Diskurse** zielen auf eine unparteiliche Regelung von Handlungskonflikten. Die Konfliktregelung soll unter dem moralischen Gesichtspunkt des gleichen Respekts für jeden und einer gleichmäßigen Berücksichtigung der Interessen aller gefunden werden. Sie orientieren sich an dem Universalisierungsprinzip der Diskursethik, d. h. an der Argumentationsregel „U“:

ZITAT

Universalisierungsprinzip = Argumentationsregel (U):

„[Jede] gültige Norm muß der Bedingung genügen, dass die voraussichtlichen Folgen und Nebenwirkungen, die sich aus ihrer *allgemeinen* Befolgung für die Befriedigung der Interessen *eines jeden* voraussichtlich ergeben, *von allen* Betroffenen zwanglos akzeptiert (und den Auswirkungen der bekannten alternativen Regelungsmöglichkeit vorgezogen) werden könnten.“ (ED 134)

Als **moralisch gerechtfertigt und universal gültig** können gemäß dem Universalisierungsprinzip Normen und Werte gelten, für deren Richtigkeit in einem argumentativen Diskurs eine Übereinstimmung erzielt werden konnte. Ein in Diskursen erzielter **Konsens** über die Richtigkeit von Normen und Werten hat aber stets nur einen vorläufigen Charakter und kann durch neue Dissense wieder in Frage gestellt werden. Die Ergebnisse von moralisch-praktischen Diskursen sind in ihrem Wahrheitsanspruch somit **hypothetisch und fallibel**. Sofern moralische Argumentationen zwar einerseits von idealisierenden Voraussetzungen zehren, wie etwa dass tatsächlich alle Betroffenen zu Wort kommen können, diese Voraussetzungen aber andererseits nie vollständig erfüllt sind, haben moralische Diskurse immer auch einen **advokatorischen Charakter** (vgl. ED 156): Denjenigen, die selbst nicht zu Wort kommen können, muss von den Diskursteilnehmerinnen und -teilnehmern, soweit es ihnen möglich ist, **stellvertretend** eine Stimme verliehen werden. Menschen, die sich noch nicht oder nicht mehr an Diskursen beteiligen können, oder auch solche, die sich aus einem Machtkalkül Diskursen entziehen, können advokatorisch in die Diskurse einbezogen werden.

Das Diskursergebnis wird als wahr „unterstellt“ (= hypothetisch) und als fehlbar (= „fallibel“) eingestuft.

Dies gilt auch für **Tiere**, denen gegenüber wir laut Habermas eine moralanaloge Verantwortung haben. Tiere „treten uns als versehrbare Kreaturen entgegen, die wir in ihrer physischen Integrität *um ihrer selbst willen* schonen müssen“ (ED 220).

Bei moralischen Konflikten ist aber häufig nicht die Geltung von Normen, die beispielsweise Ehrlichkeit oder Hilfsbereitschaft fordern, sondern deren **angemessene Anwendung** problematisch. Auf welche Weise die Urteilsbildung in einem moralischen Diskurs vor sich gehen kann, sei im Folgenden an einem klassischen Beispiel verdeutlicht.

Moralische Urteilsbildung im Rahmen der Diskursethik

Bei moralischen Fragen geht es darum, ob eine Person etwas aus moralischen Gründen tun soll bzw. ob sie eine moralische Pflicht hat, etwas zu tun. Die moralische Forderung, etwas zu tun, wird von anderen Personen an uns herangetragen, die ihre in Anspruch genommenen moralischen Rechte aber auch selbst begründen können müssen – ein **Beispiel:**

> *X* hat gegenüber *Smith* geäußert: „Ich komme morgen zu deiner Party."
> *X* erfährt inzwischen, dass sein *Freund Jones* schwer erkrankt ist und Hilfe braucht.
> *X* entscheidet sich, *Jones* Hilfe zu leisten und nicht zur Party zu gehen.[22]

Diese Entscheidungssituation wirft verschiedene moralische Fragen auf: Hat *X* die moralische Pflicht, zur Party von *Smith* zu gehen? Hat *X* die moralische Pflicht, *Jones* zu helfen? Hat *Smith* ein moralisches Anrecht darauf, dass *X* sein Versprechen hält? Hat *Jones* ein moralisches Anrecht darauf, dass *X* ihm hilft?

Die **Schritte der diskursiven moralischen Urteilsbildung** kann man nun wie folgt beschreiben:

A) Die Explikation des moralischen Konflikts

Ein möglicher **Vorwurf von *Smith* gegenüber *X*** könnte lauten: „Du hast mir versprochen, zu meiner Party zu kommen!" Smith setzt voraus,

a) dass X die Äußerung tatsächlich getan hat (empirische Situationsbeschreibung),

b) dass diese Äußerung ein Versprechen war (Situationsdeutung),

c) dass die Norm „Versprechen soll man halten" (= Norm 1) allgemeingültig ist (normativer Geltungsanspruch),

d) dass das Versprechen das in dieser Situation moralisch relevante Situationsmerkmal ist (Angemessenheit der Normanwendung).

Für die **Rechtfertigung seiner Handlungsentscheidung kann sich *X*** auf diese Voraussetzungen (a–d) beziehen:

zu a) *X* kann die Faktenbasis bestreiten („Das habe ich nicht gesagt!").

zu b) *X* kann die Situationsdeutung bestreiten („Das war doch nur eine lockere Zusage!").

zu c) *X* kann auch die Geltung der Norm 1 bestreiten („Versprechen braucht man doch nicht zu halten!"). Dies wäre der Auftakt zu einem Geltungsdiskurs (vgl. unten).

zu d) *X* kann bestreiten, dass Norm 1 die für die Handlungssituation angemessene Norm sei („*Jones* Notsituation war doch wichtiger als deine Party!“) und sich stattdessen auf die Norm 2 „Menschen in Not soll man helfen“ berufen. *X* setzt damit voraus,

(1) dass *Jones* in einer Notsituation war (Situationsbeschreibung und -deutung),

(2) dass die Norm 2 „Menschen in Not soll man helfen“ allgemein gültig ist (normativer Geltungsanspruch),

(3) dass Norm 2 die für die Handlungssituation angemessene Norm sei (Angemessenheit der Normanwendung).

B) Der Geltungsdiskurs

Zu einem Geltungsdiskurs kommt es, wenn die Geltung einer Norm bestritten wird. Hier wäre das der Fall, wenn X die Geltung der Norm 1 oder Smith die Geltung von Norm 2 bezweifelt. Es wird die Norm **am Maßstab des Universalisierungsprinzips U** argumentativ überprüft. Sowohl die Geltung von Norm 1 als auch von Norm 2 dürfte sich argumentativ kaum bestreiten lassen. Die Kontrahenten stehen somit vor dem Problem, klären zu müssen, welche Handlungsorientierung in ihrer Konfliktsituation moralisch richtig ist – die Orientierung an Norm 1 oder die an Norm 2? Das wird in einem Anwendungsdiskurs geklärt.

C) Der Anwendungsdiskurs

Die argumentative Auseinandersetzung mit den Voraussetzungen (1) und (3) sind mögliche Schritte in einem Anwendungsdiskurs.[23] *Smith* könnte weiterhin auf seiner Kritik beharren, weil er seine Party wichtiger findet als die Notsituation von *Jones* und er deshalb Norm 1 als die für diese Situation relevante bzw. angemessene Norm einschätzt. Die Kontrahenten müssen dann im Diskurs klären, wie die **Situationsmerkmale** (z. B. die Dringlichkeit der Notsituation) zu **deuten** und zu **gewichten** sind. Einigen sich die Diskursteilnehmer auf eine gemeinsame Deutung und Gewichtung der relevanten Situationsmerkmale, können die Kontrahenten nun beurteilen, welche der beiden Normen die für diese Situation – und auch für alle vergleichbaren Situationen – angemessene ist.

Kommen die Kontrahenten in dieser argumentativen Auseinandersetzung nun beispielsweise zu dem Ergebnis, dass die Notsituation von *Jones* stärker zu gewichten ist als das Versprechen, zur Party von *Smith* zu kommen, dann kann ein moralisches Urteil für die strittige Handlungsentscheidung in dieser Situation gefällt werden:

Prospektiv: *X* soll *Jones* helfen. / *X* hat die moralische Pflicht, *Jones* zu helfen. / *Jones* hat das moralische Recht bzw. einen moralischen Anspruch darauf, dass X ihm hilft.

Rückblickend: Es ist moralisch richtig, dass *X Jones* geholfen hat.

Schritt	Ziel
Explikation des Konflikts	Klärung des moralischen Konflikts auf dem Wege einer Situationsanalyse und Situationsdeutung
Geltungsdiskurs	Überprüfung der moralischen Geltung bzw. Zustimmungsfähigkeit der in Anspruch genommenen Normen (bzw. Werte) am Maßstab des Universalisierungsprinzips
Anwendungsdiskurs	Klärung, welche der moralisch richtigen Normen in dieser Handlungssituation zur Anwendung kommen soll(en). Hierfür muss eine Einigung über die Deutung und Gewichtung der ausschlaggebenden Situationsmerkmale erreicht werden.

7.2 Ethisch-existenzielle Diskurse

Von moralisch-praktischen Diskursen unterscheidet Habermas Diskurse, die auf Ratschläge „für die richtige Orientierung im Leben" (ED 109) zielen. Ethisch-existenzielle Diskurse thematisieren die Fragen, welches Leben man führen möchte, welche Person man ist und zugleich sein möchte. Sie sind Wege einer existenziellen Selbstverständigung. Ihr Ziel ist eine Klärung der Frage, wie **ich** eigentlich leben will. Ratschläge für die Ausrichtung der persönlichen Lebensführung können ihr Ergebnis sein. Ethisch-existenzielle Fragen können in bestimmten Entscheidungssituationen aufbrechen (z. B. der Berufswahl oder bei der Entscheidung, gesellschaftlichen Erwartungen nach Selbstoptimierung nachzukommen oder nicht) oder auch in persönlichen Orientierungs- und Krisenphasen, in denen sich die Frage stellt, wer man eigentlich sein will und auf welche Weise man gut leben kann. Voraussetzung dafür, sich überhaupt auf solche Diskurse einzulassen, ist das Ziel einer authentischen und bewussten Lebensführung. Dieses Ziel ist nach Habermas ein Merkmal der Moderne:

Diskurse, die die Frage thematisieren, wie **wir** eigentlich leben wollen, nennt Habermas **ethisch-politische Diskurse**: Die Mitglieder einer Gesellschaft verständigen sich über zentrale Wertorientierungen, über Spielräume und Grenzen der Toleranz gegenüber den vielfältigen Lebensformen einer Gesellschaft. Realistisches Ziel dieser Diskurse ist kein umfassender Konsens, sondern ein **„einsichtiger Dissens"**[24] zwischen den Lebensformen. Habermas spricht von einem **„Prozessbegriff kollektiver Identität"**[25].

ZITAT

> „Kurz gesagt tritt an die Stelle der exemplarischen Anleitungen zum tugendhaften Leben, der zur Nachahmung empfohlenen Modelle gelungener Lebensführung, immer stärker die abstrakte Forderung nach bewußter und selbstkritischer Aneignung, die Forderung nach verantwortlicher Übernahme der je eigenen individuellen, unvertretbaren und kontingenten Lebensgeschichte."[26]

In diesen Selbstverständigungsprozessen klären die Individuen, welche Lebensentwürfe für sie „lebbar" sind – der individuellen Freiheit sind hier allenfalls anthropologische Grenzen gesetzt. Limitiert werden diese Lebensentwürfe jedoch auch durch die berechtigten moralischen Ansprüche der anderen sowie durch eigene moralische Pflichten. Wechselseitige, im moralischen Diskurs zu klärende moralische Rechte und Pflichten bilden somit den Rahmen, in dem individuelle Lebensentwürfe moralisch legitim sein können.

8 Positionen der Moralkritik

Moralkritik kann sich einerseits auf bestimmte Moralvorstellungen oder Moralsysteme beziehen, wie z. B. die jüdisch-christliche Moral. Andererseits kann Moralkritik eine **grundsätzliche** oder **globale Form** annehmen und sich gegen Elemente wenden, die **jeder** Moral zu eigen sind. Diese grundsätzliche Moralkritik lässt sich ihrerseits aufteilen in eine **radikale** und eine **gemäßigte oder partielle Form**. Typischerweise weisen Vertreter der grundsätzlichen Art der Moralkritik die sehr verbreitete Vorstellung zurück, dass sich moralische Vorstellungen und Aussagen auf objektive Werte und Normen beziehen. Die Moral ist aus dieser Sicht demnach nichts Vorgegebenes, wie es z. B. Platon für die Idee des Guten behauptet, sondern etwas, das erst von den Menschen in die Welt gebracht wurde und insofern nicht „zeitlos", sondern historisch bedingt ist. Die **radikale Form** der Moralkritik versucht u. a. mithilfe dieser skeptischen Grundposition der Moral als solcher den Boden zu entziehen und wendet sich gegen ganz elementare Normen eines jedes Moralsystems. Ihr Angriff richtet sich mit anderen Worten gegen eine sogenannte **Minimalmoral**, wie z. B. die grundsätzlichen Forderungen, es dürften andere nicht beliebig verletzt oder ungleich behandelt werden.

Unter „radikaler Moralkritik" oder „moralischem Nihilismus" versteht der Philosoph Winfried Schröder (geb. 1956) „Formen der Moralkritik, die die Minimalmoral destruieren wollen, indem sie zwei ihrer tragenden Elemente – das Verletzungsverbot und das Verbot willkürlicher Ungleichbehandlung – außer Kraft zu setzen wünschen."[27]

Gemäßigten Formen einer grundsätzlichen Moralkritik ist dagegen nicht daran gelegen, den Kernbestand der Moral zu zerstören, obwohl sie die Existenz objektiv vorgegebener Werte und Normen bestreiten. Sie kann sogar damit verbunden sein, Moral zu begründen, und zwar so, dass die Annahme, es gebe objektive Werte, nicht benötigt wird. Die in ihren Wurzeln bis zu den antiken Sophisten zurückreichende Vertragstheorie Hobbes' ist ein bekanntes Beispiel dafür.

Vgl. zu Hobbes' Vetragstheorie S. 164 ff. in diesem Band.

Formen der Moralkritik

Partielle Moralkritik:
Bezieht sich auf bestimmte geltende moralische Werte und Normen, z. B. der jüdisch-christlichen Moral

Globale Moralkritik:
Kritisiert Elemente, die sie als Teil jeder Moral ansieht, wie die Annahme, es würden objektive Werte existieren

Gemäßigte globale Moralkritik:
Zielt nicht auf eine Zerstörung der Moral insgesamt ab, sondern ist z. T. sogar um eine eigene Moralbegründung bemüht (z. B. Vertragstheorien, die die Annahme, es gäbe objektive Werte, zurückweisen)

Radikale Moralkritik („moralischer Nihilismus"):
Zielt ab auf die Abwertung und Zerstörung der Moral insgesamt bzw. elementarer moralischer Normen wie z. B. das Verletzungsverbot

8.1 Moralkritik bei Friedrich Nietzsche

Die Moralkritik Nietzsches ist ein Beispiel für eine **radikale** Moralkritik. Nietzsche bestreitet nicht nur die Existenz objektiver Werte und Normen bzw. „moralischer Tatsachen", wie er es nennt, sondern er vertritt selbst eine Ethik, die sich als Gegensatz zu dem versteht, was wir gemeinhin als grundsätzliche Moralvorstellungen annehmen. Die Radikalität seiner Moralkritik deutet sich bereits in der Annahme an, dass die Welt durch den **Willen zur Macht** beherrscht ist, denn wenn menschliches Handeln im Wesentlichen durch Machtstreben bestimmt ist, bleibt wenig Raum für moralisches Verhalten. So hält Nietzsche auch den bekannten von Arthur Schopenhauer formulierten Grundsatz aller Moralsysteme, **man solle niemanden verletzen und helfen, wo man könne**, angesichts des **Willens zur Macht** für sentimental und falsch.

Friedrich Nietzsche (1844–1900) zählt zu den einflussreichsten Philosophen. Im Alter von erst 24 Jahren wurde er als Professor für alte Sprachen an die Universität Basel berufen, und von dieser Zeit an veröffentlichte er seine bekannten philosophischen Werke, zu denen *Also sprach Zarathustra* (1883–1885), *Jenseits von Gut und Böse* (1886, zit. als JGB) und *Zur Genealogie der Moral* (1887) gehören. Ab dem Alter von 45 Jahren litt Nietzsche unter gesundheitlichen Problemen, die bis zur geistigen Umnachtung führten.

In seiner Moralkritik wendet Nietzsche die Methode der **Genealogie** bzw. historischen Beschreibung an. Er geht den Ursprüngen unserer Moralvorstellungen nach, um zu zeigen, dass sie bloße menschliche Erfindungen sind und nicht etwa ein objektives Moralgesetz widerspiegeln. Sie bilden nicht den Anfang der Moralentwicklung der Menschheit, sondern haben sich in Reaktion auf frühere Moralvorstellungen entwickelt. Diese vorausgehenden Vorstellungen fasst Nietzsche unter dem Begriff **„Herrenmoral"** zusammen, die spätere Moral, d. h. diejenige, die für unser Moralverständnis tragend ist, nennt er **„Sklavenmoral"**. Es handelt sich aus Nietzsches Sicht um eine Moral der **Schwachen**, die sich gegen die anfängliche Moral der **Starken** durchgesetzt hat. Es habe, wie er schreibt, ein *„Sklaven-Aufstand in der Moral"* (JGB 79) stattgefunden, an dem das Judentum entscheidenden Anteil gehabt habe und der den in unserer Kultur vorherrschenden **jüdisch-christlichen Moralvorstellungen** zum Durchbruch verholfen habe. Grundlegend für den Umschwung zugunsten der Schwachen sei deren **Ressentiment** gewesen, womit ein aus der Position der Unterlegenheit erwachsener Groll zu verstehen ist, der sich gegen die richtet, denen man sich nicht gewachsen fühlt.

Ein zentrales Kennzeichen dieses Umschwungs ist nach Nietzsche die Umdeutung des Begriffes „gut", der zunächst gleichbedeutend gewesen sei mit „vornehm" – „schlecht" hingegen habe „verächtlich" bedeutet. Verächtlich sei innerhalb der aristokratischen Herrenmoral alles Kleinliche, sich selbst Erniedrigende und Lügnerische erschienen. Die Absetzung vom gemeinen, als „lügnerisch" wahrgenommen Volk sei dabei typisch für diese ursprüngliche Form moralischen Denkens. Die Unterscheidung zwischen **„gut"** und **„böse"** ist eine Erfindung der „Sklavenmoral". Mit „böse" verbinde man nun das, was Furcht erregt, während ein Mensch, der Furcht erregt, von der Herrenmoral gerade als „gut" betrachtet wurde. Deshalb behauptet Nietzsche in seiner Schrift *Jenseits von Gut und Böse*, die Entstehung und Aufrechterhaltung der „Sklavenmoral" verdanke sich der **Furcht**. Unter Umständen der äußeren Bedrohung der Gemeinschaft oder des Krieges erweisen sich, wie er feststellt, Motive und Eigenschaften wie Verschlagenheit, Raubgier oder Herrschsucht als nützlich und werden, wenn auch unter anderem Namen, gesellschaftlich hochgeschätzt und gefördert. Ist die Gefahr gebannt, verkehrt sich die Wertschätzung in ihr Gegenteil. Denn in friedlichen Zeiten nimmt man die Eigenschaften, die sich in Situationen der kollektiven Bedrohung als wertvoll herausstellen, nunmehr als Gefahr wahr, da sie sich unter Bedingungen der äußeren Sicherheit ein anderes Ventil suchen und eine Gefahr für die innere Sicherheit werden. Man wendet sich jetzt gegen sie, indem man sie und alles, was einzelne Individuen von der Masse der Menschen abhebt, als „unmoralisch" und „böse" brandmarkt. Dagegen wird das, was als ungefährlich, als gesellschaftlich verträglich und gemäßigt wahrgenommen wird, als „moralisch gut" betrachtet. Nietzsche zufolge wird infolge dieser Vorgänge das Schwache, Mittelmäßige, auf Gleichheit Bedachte moralisch prämiert – die schiere Dummheit eines Herden-Denkens gewinne die Oberhand, welches den Zustand der Freiheit von Furcht als den Gipfelpunkt des Fortschritts betrachte. Die Entwicklung zunehmender Verzärtelung gehe so weit, dass man sich sogar fürchte, die zu strafen, die eine Gefahr für die Gesellschaft darstellen. Zugleich entstehe das **schlechte Gewissen**, da man sich in friedlichen Zeiten Vorwürfe mache für die kriegerischen Eigenschaften, die sich in Zeiten äußerer Bedrohung für jeden als wertvoll darstellten. Das schlechte Gewissen sei so gesehen eine **Erscheinung der „Sklavenmoral"**, in der Zeit der Herrenmoral war jedenfalls die herrschende Schicht der Aristokraten frei davon.

Herrenmoral		Sklavenmoral	
„**Gut**" ist der Gegensatz von „**Schlecht**".		„**Gut**" ist der Gegensatz von „**Böse**".	
„vornehm"	„verächtlich"	„gutmütig"	Macht und Gefährlichkeit

Nietzsche ist nicht der erste Kritiker des Mitleids. Schon in der Stoa und z. B. bei Spinoza (1632–1677) erfährt es eine negative Bewertung. Im Christentum wird es dagegen hochgeschätzt.

Der moralkritische Blick Nietzsches richtet sich nicht zuletzt auf das **Mitleid**, das noch von **Schopenhauer** als Grundlage der Moral schlechthin erachtet wurde. In den durch die jüdisch-christliche „Sklavenmoral" beherrschten Gesellschaften komme der Abscheu gegen das Leiden eine überragende Bedeutung zu – mit dem Effekt, dass die Menschen in ihrer Verweichlichung unfähig seien, Leiden zuzulassen, ihm ohne Mitleid beizuwohnen. Die „Sklavenmoral" verkleinere den Menschen in seinem Blick auf sich selbst (durch die Selbstvorwürfe, denen er sich aussetzt) und andere (durch das Mitleid) und ist letztlich deshalb abzulehnen, weil sie sich gegen das **Leben** wendet, denn der Wille zur Macht ist nach Nietzsche zugleich der „Wille des Lebens".

Die „Sklavenmoral" hemmt nach Nietzsche den „Willen zur Macht" und leugnet ihn damit als das, was er nach Nietzsche ist, nämlich ein nicht ernsthaft zu bestreitendes „*Ur-Faktum* aller Geschichte" (JGB 143).

Werte der „Herrenmoral"	Werte der „Sklavenmoral"
• Egoismus, Machtstreben • scharfe Ablehnung der Selbstlosigkeit • Selbstbewusstsein („Glaube an sich selbst") und Stolz auf sich selbst • auf lustvolle Weise „Strenge und Härte" gegen sich selbst üben • tiefe Ehrfurcht vor Alter u. Herkommen • Ausbildung innerer Härte, z. B. Bereitschaft, Menschen niedrigeren Rangs zu deren eigenem Wohl zu unterdrücken • Verachtung von Sicherheit/Behaglichkeit • Empfindung tiefer Lust am Zerstören und an der Grausamkeit	• Ablehnung der Werte der „Herrenmoral" als Ergebnis des Ressentiments • Nützlichkeitsdenken • hohe Wertschätzung von Eigenschaften, die das Leiden des Leidenden erleichtern und zu einer Selbstverkleinerung des Menschen beitragen, z. B.: – Mitleiden – Warmherzigkeit – Demut – Geduld – Fleiß
Begründung für die **Bevorzugung der „Herrenmoral"**: Sie stellt sich im Gegensatz zur „Sklavenmoral" nicht gegen das **Leben**.	

Die politische Dimension dieser von ihm als „*Gesamt-Entartung des Menschen*" (JGB 87) kritisierten Entwicklung sieht Nietzsche in demokratischen und sozialistischen Bewegungen seiner Zeit. Statt sich auf die Stärke des Individuums zu besinnen, seien sie ein Zeichen für den zu einer Heilslehre deformierten Glauben an die Gemeinschaft oder, wie er es ausdrückt, an die „Herde" als erlösende Instanz. Dieser Entwicklung des Menschen hin zu einem vollkommenen Gemeinschaftswesen sei nun eine **Umwertung der Werte** entgegenzusetzen unter Führung einer „neuen Art von Philosophen und Befehlshabern" (JGB 86), mithin von **„Übermenschen"** (Nietzsche): Das Ziel ist es, die „Sklavenmoral" zu überwinden, das Gewissen zu ‚stählen' und „Herz in Erz" (JGB 86) zu verwandeln. Solche und andere Aussagen, wie z. B. die, dass in einer wünschenswerten, von aristokratischem Geist geprägten und so in hohem Maße ungleichen Gesellschaft die herrschende Schicht die große Menge nach Belieben unterdrücken darf und dies auch sollte, stützen die These, dass wir es bei Nietzsche mit einem **moralischen Nihilisten** zu tun haben.

Anders als andere Autoren sieht Winfried Schröder Nietzsches Denken sehr kritisch. Dessen moralischer Nihilismus zeige sich darin, dass er „das allen Strömungen und Schulen der Moralphilosophie gemeinsame Fundament abtragen will. […] Dass Nietzsche sich mehr vorgenommen hat, als bloß bestimmte traditionelle Moralvorstellungen zu Fall zu bringen, ist also keine Frage der Interpretation, sondern ergibt sich aus seinen direkten Auskünften."[28]

ZITAT

„Das Wesentliche einer guten und gesunden Aristokratie ist aber, dass sie […] mit gutem Gewissen das Opfer einer Unzahl Menschen hinnimmt, welche um *ihretwillen* zu unvollständigen Menschen, zu Sklaven, zu Werkzeugen herabgedrückt und vermindert werden müssen." (JBG 142)

Angesichts der **sozialdarwinistischen Tendenz** in Nietzsches Denken, die den unerbittlichen Kampf um die gesellschaftliche Vorherrschaft betont, sowie der Hervorhebung der Härte und der Rücksichtslosigkeit gegenüber den „Schwachen" erstaunt es nicht, dass man sich in der Zeit des **Nationalsozialismus** auf ihn berief, um das damalige Herrschaftssystem zu rechtfertigen. Dabei ist zu bedenken, dass Nietzsche zwar wie die Nationalsozialisten die Demokratie ablehnte, er aber kein Nationalist war. Zur Entlastung Nietzsches kann auch ins Feld geführt werden, dass die in seiner Zeit vorherrschenden Moralvorstellungen der individuellen Selbstentfaltung keineswegs förderlich waren, man denke nur an die rigiden sexualmoralischen Normen und die damit verbundenen zum Teil (selbst)zerstörerischen Folgen für einzelne Personen. Nachvollziehbar ist ferner sein Unbehagen an einem Moralismus, der sich durch einen gedankenarmen Gebrauch hochgestimmter moralischer Appelle auszeichnet, sowie – je nach moralphilosophischer Warte – seine Ablehnung der Annahme objektiver Werte und Normen.

Der **Nationalismus** war aus Nietzsches Sicht selbst ein Beispiel für das von ihm abgelehnte Herden-Denken.

Nietzsches Moralkritik speist sich somit aus Anliegen, die keineswegs abwegig erscheinen, aber er gelangt ausgehend von ihnen zu Positionen, die in ihrer **inhumanen Konsequenz** aus moralisch-ethischer Sicht (ganz gleich welcher Ausrichtung) inakzeptabel erscheinen. Es fragt sich außerdem, ob er dem philosophischen Anspruch, gute Gründe zu liefern, an entscheidenden Stellen gerecht wird. So hat der Begriff „Leben" für ihn offensichtlich eine wertende Bedeutung: Was das **Leben** befördert, ist seiner Auffassung nach begrüßenswert, was das Leben hemmt, hingegen abzulehnen. Weshalb dies so sein soll, bleibt aber im Unklaren – eine Begründung wird nicht geliefert. Ebenso ist zweifelhaft, weshalb die „Sklavenmoral" – aus Nietzsches Sicht – überhaupt abgelehnt werden kann, wo sie sich doch seiner Darstellung nach in der Geschichte gegenüber der „Herrenmoral" als überlegen erweist. Im Spiel der Macht ist sie eigentlich die starke Moral, die „Herrenmoral" hingegen die schwache.

8.2 Kultur- und Moralkritik bei Sigmund Freud

Vgl. zu **Sigmund Freud** (1856–1939) S. 21 f. und 309 f. in diesem Band. Seine wichtigste kulturkritische Schrift ist *Das Unbehagen in der Kultur* (1930).

Sigmund Freuds Moralkritik erklärt sich aus seinen tiefenpsychologischen Betrachtungen und seinem Menschenbild. Als Begründer der Tiefenpsychologie und der Psychoanalyse sah er das menschliche Handeln von unbewussten Triebregungen bestimmt. Das Ich, so lautet eine bekannte Formulierung Freuds, sei insofern nicht „Herr in seinem eigenen Haus". Innerhalb seines aus **Ich**, **Es** und **Über-Ich** zusammengesetzten Seelenmodells ist das Ich dadurch bestimmt, dass es nach Lust strebt und Unlust zu vermeiden sucht. Es „vermittelt" zwischen dem Es, der „Heimat" der Triebe, und der äußeren Wirklichkeit und muss sich sowohl gegen das Es als auch gegen das Über-Ich behaupten.

Das Triebleben ist nach Freud auf zwei Grundtriebe zurückführbar, die den Menschen schon im Kleinkindalter prägen: den **Lebenstrieb** (Eros), zu dem insbesondere die **Libido** bzw. der Sexualtrieb gehört, und den **Todestrieb** (Destruktionstrieb), wobei diese Triebe in Kombination miteinander wirksam werden können. Statt von einem Todestrieb spricht er auch von einem dem Lebenstrieb entgegengesetzten **Aggressionstrieb**, den er als Derivat des Todestriebs ansieht. Dem Aggressionstrieb wirkt die **Kultur** entgegen, indem sie die in der Libido verankerte allgemeine Liebe zu anderen, z. B. gegenüber Freunden, fördert. Durch die Verinnerlichung moralischer Gebote im Sozialisationsprozess bildet sich das Über-Ich als innere moralische Instanz heraus. Die Aggression, die sich zunächst nach außen richtete, wird nunmehr vom Über-Ich gegen das Ich ausgeübt. Orientiert sich ein Kind an Normen aus Furcht vor dem Liebesentzug der jeweiligen Autoritäten, z. B. der Eltern, richtet sich (infolge der Verinnerlichung der Autoritäten) die Furcht später auf das Über-Ich. Die Kontrolle, die das Über-Ich, das auch als „Stimme des Gewissens" bezeichnet werden kann, über das Ich ausübt, zeigt sich dabei unerbittlicher als die Kontrolle durch äußere Autoritäten. Beides verlangt einen schmerzhaften **Triebverzicht**. Aber das Ausleben der Triebe kann im Falle *äußerer* Kontrolle gegen die Vergewisserung der Liebe eingetauscht werden, indem sich der Einzelne durch besonders gehorsames Verhalten gegenüber den Autoritäten (z. B. den Eltern) deren Zuwendung versichert. Im Falle *innerer* Kontrolle bleibt eine dauernde zur Bestrafung drängende Spannung bestehen, zumal dem Über-Ich keine einzige innere Regung entgeht. Dramatischerweise verhält es sich nach Freud sogar so, dass die Personen, die es in Sachen Moralbefolgung am weitesten gebracht haben, sich am stärksten der Schuldhaftigkeit bezichtigen.

Moralkritik und Kulturkritik gehen bei Freud Hand in Hand: Dass die Verinnerlichung moralischer Forderungen problematisch ist, zeigt sich in dem notwendigen Triebverzicht und der gleichsam diktatorischen Gewalt, die das Über-Ich auf das Ich ausübt. Als Folge entstehen **psychische Störungen (Neurosen)**, die einer therapeutischen Behandlung bedürfen, bei der die Forderungen des Über-Ichs bekämpft werden. Verstärkt wird die vom Über-Ich ausgehende Aggression durch spezielle moralische Forderungen, die innerhalb der Kultur in Geltung gesetzt werden. Freud kritisiert in diesem Zusammenhang beispielhaft das christliche **Gebot der Nächstenliebe**. Die Forderung, den Nächsten zu lieben wie sich selbst, überfordere den Menschen auf zweifache Weise: Erstens wirke ihm das eigene Triebleben entgegen, zweitens begebe sich derjenige, der sich über seine Triebe hinwegsetze, um das Gebot zu erfüllen, in einen Nachteil gegenüber denen, die das Gebot schlicht ignorieren.

Ähnlich wie **Friedrich Nietzsche** sieht Freud in der Moral eine Schwächung des Einzelnen, und er ist wie dieser skeptisch, was die Durchführbarkeit moralisch-ethischer Forderungen betrifft – was für Nietzsche in dieser Hinsicht der „Wille zur Macht" ist, ist für Freud der „Aggressionstrieb". Allerdings handelt es sich um **keine radikale Moral- und Kulturkritik** wie bei Nietzsche. Weit davon entfernt, sich etwa auf die Seite des Aggressionstriebs zu stellen, möchte er sich ausdrücklich nicht als „Kulturfeind" verstanden wissen. Vielmehr äußert Freud bei aller Kritik die Hoffnung, dass (auch qua Aufklärung über das Unbewusste) die Kultur so reformiert werden könne, dass sie den Triebbedürfnissen der Menschen besser entspricht. Die Gefahr der Entstehung von Neurosen würde so geringer und Selbstbestimmung gestärkt.

Konkret forderte Freud z. B. eine Lockerung der Sexualerziehung, indem Jugendlichen gegenüber offen zu kommunizieren wäre, welche Bedeutung die Sexualität in ihrem Leben einmal haben wird.

8.3 Moralkritik bei Karl Marx

Karl Marx (1818–1883), Philosoph, Ökonom und Gesellschaftstheoretiker, analysierte den Kapitalismus und arbeitete an dessen Überwindung mit dem Ziel der Errichtung einer kommunistischen Gesellschaft, in der die Produktionsmittel (z. B. Fabriken) nicht mehr in Privat-, sondern in Gemeineigentum sind. Bekannte Werke sind z. B. *Das Kapital* und das zusammen mit **Friedrich Engels** (1820–1895) verfasste *Manifest der kommunistischen Partei*.

Was die Beurteilung von Karl Marx als Moralkritiker betrifft, ist zwischen verschiedenen Richtungen in der Marxliteratur zu unterscheiden. Manche Interpreten sehen in Marx weniger einen Moralkritiker als vielmehr einen moralisch motivierten Kritiker des kapitalistischen Wirtschaftssystems und berufen sich dabei auf Stellen aus seinem frühen Werk. Andere richten den Blick vor allem auf die Stellen bei Marx, die die Moral kritisieren, und gewichten sie stärker als jene früheren Passagen.

Marx' moralkritisches Denken erschließt sich am besten, wenn man von zwei wesentlichen Auffassungen des Marxismus ausgeht: vom **dialektischen Materialismus** und vom **historischen Materialismus**.

info

Dialektischer Materialismus und historischer Materialismus

Nach dem dialektischen Materialismus ist das **Denken** des Menschen von den **wirtschaftlichen Verhältnissen**, in denen er lebt, **abhängig**. Diese bilden die materielle **„Basis"** und alle sogenannten geistigen Produkte menschlichen Tuns, wie z. B. Dichtung, Philosophie oder Religion, aber auch der Staat und seine Gesetze, bilden den **„Überbau"**. Hinzu kommt die Annahme, dass sich die materielle Basis durch einen Kampf der Gegensätze weiterentwickelt. Der historische Materialismus ist die Anwendung des dialektischen Materialismus auf die Geschichte: Diese sei als eine **Geschichte von Klassenkämpfen** aufzufassen und ende zwangsläufig in einer **klassenlosen Gesellschaft**, wobei für die Phase des Kapitalismus der Kampf zwischen Arbeiterschaft (Proletariat) und Bourgeoisie (den Eigentümern der Produktionsmittel) kennzeichnend sei.

In diesen beiden Auffassungen ist die Überzeugung enthalten, dass die Moral nichts überzeitlich Gültiges, sondern lediglich ein Überbauphänomen darstellt, welches sich ändert, je nachdem, welche ökonomischen Produktionsbedingungen herrschen. Die Moral ist damit zugleich **Ideologie**, d. h. falsches Bewusstsein, genauso wie etwa die Religion.

ZITAT

> „Auch die Nebelbildungen im Gehirn der Menschen sind notwendige Sublimate [hier: verfeinerte Formen] ihres [...] an materielle Voraussetzungen geknüpften Lebensprozesses. Die Moral, Religion, Metaphysik und sonstige Ideologie und die ihnen entsprechenden Bewußtseinsformen behalten hiermit nicht länger den Schein der Selbständigkeit. [...] Nicht das Bewußtsein bestimmt das Leben, sondern das Leben bestimmt das Bewußtsein."[29]

Mit dem historischen Materialismus verbindet sich Marx' Moralkritik insofern, als die Geschichte seiner Auffassung nach zwangsläufig auf eine proletarische Revolution und das Endziel einer kommunistischen Gesellschaft hinausläuft. Die Aufgabe der Intellektuellen bestehe nicht in der moralischen Kritik bestehender Verhältnisse oder der ethischen Begründung der Überlegenheit einer Gesellschaftsform über andere, sondern in der Ergründung der **Zwangsläufigkeit** der gesellschaftlichen und historischen Prozesse. Marx und Engels sahen sich als Vertreter eines **wissenschaftlichen Sozialismus**, die, ohne zu moralisieren, die Gesetzmäßigkeiten in der materiellen Wirklichkeit analysieren. In Anbetracht der angenommenen Notwendigkeit des Geschichtsverlaufs erschien ihnen die **ethisch-moralische Kritik gesellschaftlicher Zustände** nicht nur **wirkungslos**, sondern auch **schädlich**. Aus ihrer Sicht könnte sie in der Praxis zu einer Reformierung des Kapitalismus führen, was „reaktionär" wäre, weil dadurch das Rad des über eine Revolution führenden Fortschritts nur aufgehalten würde.

Marx und Engels vertraten ein teleologisches Geschichtsbild (von griech. *télos* = Ziel, Zweck), d. h., sie glaubten, dass sich die Geschichte mit Notwendigkeit auf ein bestimmtes Ziel hinbewegt. Man spricht dabei auch von Geschichtsdeterminismus oder Historizismus. Heute ist dieses Denken in der Philosophie kaum noch anzutreffen, was auch mit **Karl R. Popper** (1902–1994) zu tun haben dürfte, der es in seinem Werk *Das Elend des Historizismus* einer vernichtenden Kritik unterzog.

Zwei Formen der Moralkritik bei Marx

Dialektischer Materialismus	Historischer Materialismus
Moral als bloßer Überbau, als Ideologie bzw. Illusion („Nebelbildung im Gehirn")	Wirkungslosigkeit und Schädlichkeit einer moralischen Kritik gesellschaftlicher und politischer Zustände

Diese die Moral entwertenden Standpunkte sprechen dafür, Marx als einen „radikalen" Moralkritiker einzustufen. Und genau daran knüpften spätere Kommunisten wie der russische Revolutionsführer **Lenin** (1870–1924) an, für den moralische Gesichtspunkte im Kampf für den Aufbau des Kommunismus keine eigenständige Rolle spielen sollten.

9 Ludwig Wittgenstein – Philosophie als Sprachkritik

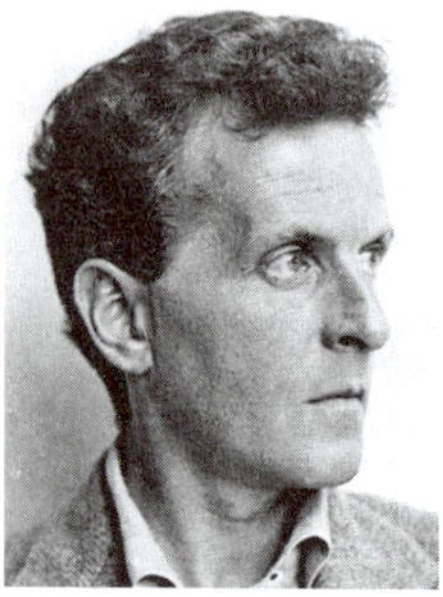

Ludwig Wittgenstein (1889–1951) war ein österreichischer Philosoph. Sein Nachlass (rund 20 000 Seiten Text) wurde 2017 Teil des Weltdokumentenerbes der UNESCO. Seine beiden wichtigsten Werke sind: *Tractatus logico-philosophicus* (1921, dt.: *Logisch-philosophische Abhandlung*) und *Philosophische Untersuchungen* (1953, postum veröffentlicht). Die Werke werden hier nach der Werkausgabe (Sigle WA) zitiert.

Ludwig Wittgenstein war ein bedeutender Sprachphilosoph des 20. Jahrhunderts. Sein Werk ist geprägt von komplexen Überlegungen zu Sprache, Bedeutung, Wahrheit und Erkenntnis. Seine zentrale These lautet, dass die meisten philosophischen Probleme nicht auf einer unzureichenden Sprache oder einer falschen Logik beruhen, sondern auf einem falschen Verständnis der Sprache und ihrer Anwendung – in seinen Worten: **„Alle Philosophie ist ‚Sprachkritik'."**
Er behauptet, dass viele abstrakte Begriffe der Philosophie aufgrund ihrer Mehrdeutigkeit und Unbestimmtheit nicht klar definiert werden können, und daher sei jede Diskussion, die sich auf sie bezieht, unvermeidlich inkohärent oder sinnlos.

Die Abbildtheorie im *Tractatus logico-philosophicus*

Eine seiner frühen Theorien, die **Abbildtheorie**, besagt, dass Sprache eine Art Abbild der Welt sei und dass wir durch Sprache eine adäquate und wahrheitsgetreue Darstellung der Welt schaffen können. So wie Fotos die Welt abbilden, so kann Sprache ein korrektes Abbild der Wirklichkeit erzeugen. Die folgenden Auszüge aus seinem *Tractatus* veranschaulichen diese Grundidee und vermitteln darüber hinaus auch einen Eindruck davon, wie sehr Wittgenstein der darin formulierten Forderung nach einer logisch-klaren Sprache zu folgen versucht:

ZITAT

„1 Die Welt ist alles, was der Fall ist.

1.1 Die Welt ist die Gesamtheit der Tatsachen […].

2.1 Wir machen uns Bilder der Tatsachen. […]

2.19 Das logische Bild kann die Welt abbilden. […]

3 Das logische Bild der Tatsache ist der Gedanke. […]

3.1 Im Satz drückt sich der Gedanke sinnlich wahrnehmbar aus. […]

4.01 Der Satz ist ein Bild der Wirklichkeit. […]"

Vor diesem Hintergrund lassen sich nach Wittgenstein **sinnvolle Sätze von sinnlosen Sätzen und unsinnigen Sätzen** unterscheiden:

- **Sinnvoll** ist ein Satz, wenn er sich auf Tatsachen bezieht und wenn seine Richtigkeit an diesen **Tatsachen geprüft** werden kann. Entspricht ein sinnvoller Satz den Tatsachen, dann ist der Satz **wahr** – tut er das nicht, dann ist er **unwahr**.

- **Sinnlose** Sätze sind für Wittgenstein **tautologische Sätze**, also Sätze ohne zusätzlichen Informationswert wie „Ein rotes Auto ist rot", und kontradiktorische Sätze, also in sich widersprüchliche Sätze wie „Das rote Auto ist blau".
- Als **unsinnige Sätze** bezeichnet Wittgenstein dagegen solche Sätze, die sich gar **nicht auf die Tatsachenwelt beziehen**, also gar nicht als Abbild der Welt in Frage kommen. Darunter fallen insbesondere Sätze über Metaphysisches, z. B. „Gott ist gnädig".

Allerdings gibt es für Wittgenstein einen Bereich jenseits dessen, was sich mit Sprache sinnvoll ausdrücken lässt. Dieser Bereich gehört daher nicht zum Sagbaren – er kann nur direkt *erfahren* werden. Dieses Unaussprechliche „zeigt sich" dem Menschen, Wittgenstein bezeichnet es als das **Mystische**. Dazu zählt nach Auffassung des Philosophen **auch die Ethik** – es sei klar, dass sie sich „nicht aussprechen läßt" (6.421).

Das Sagbare und das Unsagbare bei Ludwig Wittgenstein

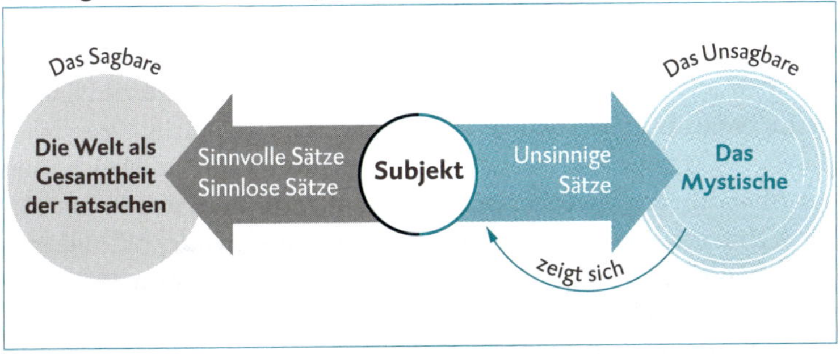

Wittgenstein selbst fasst die Erkenntnis seines *Tractatus*, dass es das Sagbare und das Unsagbare gibt, folgendermaßen zusammen:

ZITAT

> „Was sich überhaupt sagen läßt, läßt sich klar sagen; und wovon man nicht reden kann, darüber muß man schweigen." (WA 9)

Am Ende des *Tractatus* verwendet Wittgenstein die berühmte Leiter-Metapher, um die Grenzen seiner eigenen Arbeit zu verdeutlichen. Die Metapher besagt, dass seine philosophischen Aussagen wie eine Leiter seien, mit der man zur Erkenntnis vom wahren Charakter der Sprache emporsteige. Diese Leiter jedoch müsse, wenn man diese Erkenntnis erlangt habe, weggeworfen werden. Denn – so Wittgenstein – von der höheren Warte aus erkennt man, dass die getroffenen Aussagen eigentlich zu den unsinnigen Sätzen, also nicht zum Sagbaren gehören:

ZITAT

> „Meine Sätze erläutern dadurch, dass sie der, welcher mich versteht, am Ende als unsinnig erkennt, wenn er durch sie – auf ihnen – über sie hinausgestiegen ist. (Er muss sozusagen die Leiter wegwerfen, nachdem er auf ihr hinaufgestiegen ist.)" (6.5.4)

Exkurs

Von Wittgenstein stammt auch der bekannte Satz: „*Die Grenzen meiner Sprache* bedeuten die Grenzen meiner Welt." (5.6) Dieser Satz wird häufig im Sinne der Vorstellung gedeutet, dass die Sprache in fundamentaler Weise bestimmt, was und wie wir denken können: Sprache und Denken sind gemäß dieser Vorstellung untrennbar miteinander verbunden. Das bedeutet, dass man über Dinge, für die es keine Wörter oder Begriffe gibt, nicht sprechen und dass man sie auch nicht in das eigene Weltbild integrieren kann. Da Sprache kulturell vermittelt ist, geht mit dieser Auffassung auch häufig die Überzeugung einher, dass die Denkweisen und Denkmöglichkeiten der Menschen fundamental von der Kultur, in der man aufgewachsen ist (oder lebt), geprägt sind.

Die Sprachspiel-Theorie in den *Philosophischen Untersuchungen*

In seinem späteren Leben stand immer noch die Sprache und die Philosophie in Wittgensteins Fokus, er änderte aber seinen Betrachtungsschwerpunkt. Während er im *Tractatus* noch die Idealsprache untersucht und der Abbildtheorie angehangen hatte, wandte er sich in den *Philosophischen Untersuchungen* der Alltagssprache zu und entwickelte die Idee der **Sprachspiele**. Sie besagt, dass die Bedeutung von Sprache durch die Verwendung in bestimmten Kontexten und Regeln definiert wird, und wird daher auch als **Gebrauchstheorie der Bedeutung** bezeichnet.

ZITAT

> „Die Bedeutung eines Wortes ist sein Gebrauch in der Sprache." (WA 262)

Wittgensteins Sprachspiele sind nicht zu verwechseln mit „gewöhnlichen Spielen" wie Brettspielen oder auch Wortspielen – sie sind vielmehr komplexe und kontextabhängige soziale Praktiken, in denen die Verwendung von Sprache und die Bedeutung von Ausdrücken relevant sind.

Jedes Sprachspiel hat seine eigenen Regeln, die durch die Art der Sprachverwendung festgelegt werden. Wittgenstein argumentiert, dass wir nur verstehen können, was ein Begriff bedeutet, wenn wir seine Verwendung in einem Sprachspiel, also im Kontext der konkreten Situation, betrachten – und nicht durch eine abstrakte Definition. So kann das Wort „Wasser!" in unterschiedlichen Sprachspielen, also Kontexten, unterschiedlich verstanden werden. Es könnte eine Aufforderung an jemanden sein, dem Sprecher Wasser zu reichen. Es könnte eine Mitteilung an eine Schwangere sein, dass in einem Glas kein Wodka, sondern Wasser ist. Es könnte eine Warnung vor einer plötzlich den Betrieb aufnehmenden Sprinkleranlage sein. Es könnte in der Schule die Antwort auf die Frage

„Wofür steht H_2O?“ sein. Es könnte als Teil eines geheimen Codes sogar noch zahlreiche weitere unvorhersehbare Bedeutungen bekommen.
Mit den Sprachspielen meinte Wittgenstein nicht nur eine angemessene Beschreibungskategorie für die Alltagssprache gefunden zu haben – er ging auch davon aus, dass seine Theorie eine geeignete Grundlage für die **Behandlung philosophischer Probleme** (insbesondere der Metaphysik) darstellt. Seiner Ansicht nach sollen diese Probleme nicht im herkömmlichen Sinne *ge*löst, sondern vielmehr *auf*gelöst werden, indem die Sprache der Philosophie zurückgeführt wird auf unsere alltägliche Sprache mit ihren Sprachspielen:

ZITAT

> „Wenn die Philosophen ein Wort gebrauchen – ‚Wissen‘, ‚Sein‘, ‚Gegenstand‘, ‚Ich‘, ‚Satz‘, ‚Name‘ – und das *Wesen* des Dings zu erfassen trachten, muß man sich immer fragen: Wird denn dieses Wort in der Sprache, in der es seine Heimat hat, je tatsächlich so gebraucht? – *Wir* führen die Wörter von ihrer metaphysischen wieder auf ihre alltägliche Verwendung zurück.“ (WA 300)

Wittgenstein geht davon aus, dass auf diesem Weg „die Verhexung unsres Verstandes“ (WA 299), die aus der – der Alltagssprache enthobenen – philosophischen Sprache resultiert, bekämpft werden kann.

Sowohl im frühen als auch im späten Werk ist die richtig verstandene Philosophie für Wittgenstein **Sprachkritik**. Im frühen Werk begrenzt er die Sprache auf die abbildtheoretische Idealsprache und kritisiert Sprachverwendungen, die hierüber hinausgehen, als unsinnig. Im späten Werk dagegen verankert er die Sprache und ihre Anwendung alltagssprachlich und kritisiert eine Sprachverwendung, die sich von dem alltagssprachlichen Gebrauch entfernt.
Insgesamt kann die philosophische Sprachkritik als eine Methode betrachtet werden, die darauf abzielt, unser Verständnis der Sprache und ihrer Anwendung zu verbessern, indem sie uns dazu bringt, unsere Sprachgewohnheiten zu hinterfragen.
Wittgensteins Arbeit hatte einen großen Einfluss auf die Sprachphilosophie insgesamt. Seine Betonung der Bedeutung von Sprachkontexten und -konventionen in den *Philosophischen Untersuchungen* hat dazu beigetragen, dass Sprache als soziale Praxis und nicht nur als abstrakte Symbolisierung verstanden wird.

10 Zusammenfassung

- Die **deskriptive Ethik** beschreibt existierende Moralsysteme und dazugehörige Zusammenhänge, ohne diese zu werten. Die **normative Ethik** entwirft ethische Maßstäbe, die gelten sollen, und ist daher normsetzend. **Metaethiken** befassen sich mit den Sprech- und Argumentationsweisen der Ethiken und insbesondere mit dem erkenntnistheoretischen Stauts von ethischen Aussagen.
- Eine **Handlung** ist ein willentlich und wissentlich ausgeführter Akt.
- Der **Syllogismus** ist ein Verfahren, bei dem aus zwei Prämissen eine logische Schlussfolgerung gezogen wird. Mithilfe des **Toulmin-Schemas** lassen sich Argumentationen analysieren.
- Typische **Argumentationsfehler** sind der Kategorienfehler (insbesondere Sein-Sollen-Fehlschluss), anekdotische Evidenz und das *argumentum ad hominem*.
- Nach **Platon** ist ein Mensch dann gut (bzw. gerecht), wenn in seiner dreigeteilten Seele die Vernunft (mit ihrer Tugend der Weisheit) über die Tatkraft (mit ihrer Tugend der Tapferkeit) und über das Begehren (mit der Tugend der Besonnenheit) herrscht.
- Nach **Aristoteles** führt derjenige ein gutes Leben, der die dem Menschen eigene Vernunft in bester Weise in seinem Tun verwirklicht – zum einen mittels der *dianoëtischen* Tugenden (theoretische Tugenden: Wissenschaft, Verstand und Weisheit; praktische Tugenden: Kunstfertigkeit, Klugheit), zum anderen mittels der *ethischen* Tugenden, die sich als Mitte zwischen zwei Extremen (Mesotes-Lehre) bestimmen lassen.
- Die ethischen Ideale der Schule der **Stoa** sind die Apathie (Leidenschaftslosigkeit), die Autarkie (vernünftige Selbstbestimmung) und die Ataraxie (Unerschütterlichkeit).
- **Thomas von Aquin** fügt den klassischen Kardinaltugenden der Tapferkeit, Besonnenheit, Gerechtigkeit und Klugheit die göttlichen Tugenden Glaube, Liebe und Hoffnung hinzu.
- In jüngerer Zeit haben Tugendethiken unter anderem im **Kommunitarismus** eine gewisse Renaissance erlebt.
- Nach **Immanuel Kant** muss ein Moralprinzip universale Geltung haben. Es muss daher formal sein (kann also keine konkreten Inhalte vorschreiben), auf den Willen bezogen sein (und nicht auf empirische Handlungsfolgen) und Maximen zugrunde legen (und nicht die konkreten Bedingungen einer Situation). Kant formuliert diesen Erfordernissen entsprechend den kategorischen Imperativ als dieses Moral-

prinzip: „Handle nur nach derjenigen Maxime, durch die du zugleich wollen kannst, dass sie ein allgemeines Gesetz werde."

- Nach dem **Utilitarismus** ist *die* Handlung moralisch gut, die das größte Wohlergehen für die größtmögliche Zahl an Betroffenen zu schaffen vermag. In Jeremy Benthams **quantitativem Utilitarismus** zählt jedes Glück gleich viel, John Stuart Mills **qualitativer Utilitarismus** dagegen wertet die geistigen gegenüber den körperlichen Freuden auf. Nach dem **Präferenzutilitarismus** ist für die Moralität einer Handlung ausschlaggebend, ob ihre Auswirkungen bestmöglich den allgemeinen Präferenzen der betroffenen Wesen entsprechen.
- **Moral-Sense-Theorien** zufolge ermöglicht ein eigener moralischer Sinn im Menschen das moralische Urteilen.
- Nach **Arthur Schopenhauer** ist es das Mitleid (als eine Haltung), das gegen die antimoralischen Triebfedern des Egoismus und der Bosheit ankämpft. Seine Mitleidsethik formuliert hiervon ausgehend zwei Grundtugenden: Gerechtigkeit und Menschenliebe.
- **Hans Jonas** entwickelte angesichts der rasanten technischen Weiterentwicklungen des 20. Jahrhunderts (z. B. Atombombe) eine Verantwortungsethik, die die Permanenz echten menschlichen Lebens auf der Erde zum Ziel erklärt. Gemäß der von ihm geforderten Heuristik der Furcht soll ein zurückhaltender Umgang mit potenziell gefährlichen technischen Entwicklungen gepflegt werden.
- In seiner Diskursethik formuliert **Jürgen Habermas** als Maßstab für die Gültigkeit moralischer Forderungen, dass die Betroffenen sich in einem herrschaftsfreien Diskurs auf diese einigen können. Bei konkreten Konflikten sieht er drei Schritte der Urteilsbildung vor: die Explikation des Konflikts, den Geltungsdiskurs und den Anwendungsdiskurs.
- Drei Moralkritiken sind besonders wirkmächtig gewesen: **Friedrich Nietzsches** radikale Moralkritik wertet die klassischen moralischen Wertorientierungen (Mitleid, Hilfsbereitschaft, Geduld etc.) zur „Sklavenmoral" ab und fordert stattdessen eine von Machtstreben, Egoismus und Härte geprägte „Herrenmoral". Nach **Sigmund Freud** kann ein übermächtiges Über-Ich, das in seinem Instanzenmodell des Ichs dem Moralprinzip folgt, zu psychischen Störungen führen. Für **Karl Marx** basiert die Moral auf den ökonomischen Verhältnissen und ist insofern ein historisches und insofern sich veränderndes Phänomen.
- **Ludwig Wittgenstein** versteht Philosophie als Sprachkritik: Gemäß seiner Abbildtheorie kann Sprache nur äußere Tatsachen abbilden, weshalb z. B. ethische oder metaphysische Sätze unsinnig seien. Nach seiner späteren Gebrauchstheorie der Bedeutung ergibt sich die Bedeutung von Sprache aus ihrer Verwendung in den alltäglichen Sprachspielen.

Recht und Gerechtigkeit

Während in den vorangehenden Kapiteln vor allem der einzelne Mensch (und sein Handeln) im Mittelpunkt gestanden ist, rückt nun der **Mensch als Teil eines Gemeinwesens** ins Zentrum der Betrachtung. Dieses Kapitel stellt insbesondere die Frage in den Mittelpunkt, nach welchen **Grundsätzen das Gemeinwesen organisiert** sein soll, d. h., welche Regeln in diesem gelten sollen und wie diese durchgesetzt werden dürfen: Welches **Recht** soll in einem „guten" Staat gelten? In welchem Verhältnis steht es zur Moral? Was macht Gerechtigkeit aus? Wie und warum werden Verstöße gegen das Recht **sanktioniert**? Außerdem wird das Thema einer gerechten und sicheren Weltordnung behandelt.

1 Recht und Moral – Naturrecht und Rechtspositivismus

Die Frage nach dem Verhältnis zwischen **Recht und Moral** gilt als das zentrale Thema der Rechtsphilosophie. Dabei lässt sich zwischen folgenden Einzelfragen unterscheiden, die anschließend angesprochen werden:

- Wie verhalten sich moralische Normen (Regeln) zu rechtlichen Normen (Regeln)?
- Wie lassen sich Rechtsnormen (z. B. vom Gesetzgeber erlassene Gesetze) **beurteilen** und **begründen**?
- Wie sind insbesondere **naturrechtliche** Begründungen des Rechts zu beurteilen?
- Welche Konsequenzen hat die Unterscheidung zwischen Naturrecht und Rechtspositivismus für die Beurteilung **praktischer Fälle**?

1.1 Rechtsnormen und Moralnormen

Gemeinsam ist Normen der Moral und den Normen des geltenden Rechts, dass sie sich auf **menschliches Verhalten** beziehen und dieses **steuern** sollen. Allerdings wirken sie auf sehr unterschiedliche Weise auf das Verhalten ein.

Rechtliche Normen …	Moralische Normen …
… wirken nur auf das **äußere Verhalten** ein.	… wirken in einem erheblichen Maße auf die **Gesinnung** bzw. die **Absichten** ein.
… gelten im Allgemeinen von einem **bestimmten Zeitpunkt** an und ihre Wirksamkeit kann an einem bestimmten Zeitpunkt enden.	… sind im Hinblick auf den Beginn ihrer Geltung **nicht genau zu datieren** und lassen sich nicht einfach per Beschluss aus der Welt schaffen.
… kommen (jedenfalls in demokratischen Rechtsstaaten) als Gesetze durch **festgelegte Verfahren** zustande.	… entstehen **spontan** ohne institutionelle Verfahren.
… sind (in demokratischen Rechtsstaaten), falls sie übertreten werden, mit formellen, **festgelegten Sanktionen** verbunden (z. B. Bußgeld).	… sind mit **informellen Sanktionen** verbunden (z. B. abschätzige Blicke bis hin zum Ausschluss aus der Gesellschaft).

Der Philosoph **Günther Patzig** (1926–2018) weist darüber hinaus darauf hin, dass zwischen Rechtsnormen und Moralnormen insofern eine **Asymmetrie** besteht, als Moralnormen Verhaltensweisen verbieten, die durch das Recht aber gar nicht erfasst werden. So kommt es vor, dass Menschen – z. B. durch das Nichteinhalten von Versprechen – das Vertrauen anderer missbrauchen, ohne dass dies zu einer Anklage vor Ge-

richt führen könnte. Dennoch gibt es Verbindungen zwischen Moral und Recht: Was unter moralischen Gesichtspunkten als falsch erscheint, ist in vielen Fällen auch rechtlich verboten, wie z. B. das beliebige Verletzen oder Töten von Personen.
In diesem Zusammenhang wird zwischen Legalität und Legitimität unterschieden: Von **Legalität** spricht man, wenn sich Menschen **entsprechend der Gesetze** ihres Landes verhalten. **Legitim** ist ein Verhalten, das **moralischen Normen gemäß** ist. Ist in einem Land die Abtreibung gesetzlich erlaubt, sind Abtreibungen legal – manche Bürgerinnen und Bürger werden die Abtreibungen aber für illegitim halten.

1.2 Naturrecht

Der Begriff „Naturrecht" steht für Normen, die **unabhängig** von dem sogenannten **positiven Recht** bestehen.

info

Das positive Recht

Als positives Recht bezeichnet man die Normen, die in einem Staat durch den **Gesetzgeber autorisiert** worden sind, also z. B. die Gesetze in Deutschland. Der Begriff „positiv" geht zurück auf das lateinische Verb *ponere* (= setzen) bzw. auf das davon abgeleitete Partizip *positum* (= gesetzt) und ist nicht im wertenden Sinne zu verstehen. Das positive Recht ist insofern das „gesetzte", d. h. konkret in einem Staat festgelegte Recht.

Der Philosoph Karl-Heinz Ilting beschreibt das **Naturrecht** folgendermaßen:

ZITAT

> Unter „Naturrecht" versteht man gemeinhin das System rechtlicher Normen, die für alle Menschen als Vernunftwesen, auch ohne und im Konfliktfalle sogar gegen alle positiven, insbesondere staatlichen Gesetze und Weisungen, überall und jederzeit verbindlich sind.[1]

Das Naturrecht verdankt sich nach einer Definition des Rechtsphilosophen **Norbert Hoerster** (*1937) selbst keiner bewussten Setzung und beruht auch nicht auf menschlichem Wollen, sondern ist dem menschlichen Wollen vorgegeben. Es handelt sich um übergeordnete, objektiv vorgegebene Maßstäbe, denen nach Auffassung derer, die sie vertreten, das positive Recht entsprechen muss, um als gerechtfertigt gelten zu können. Ob es ein solches Naturrecht gibt, ist umstritten. Die Annahme, dass es existiert, reicht bis in die antike Philosophie und Dichtung zurück.

Das Naturrecht ist nicht nur dem „gesetzten" oder „gesatzten" Recht im engeren Sinne übergeordnet, sondern auch dem Gewohnheitsrecht, das, obwohl es sich keiner „Setzung" verdankt, zum positiven Recht in einem weiteren Sinne gezählt wird.

1.2.1 Naturrechtliche Vorstellungen in der Antike

Aristoteles (348–322 v. Chr.) unterscheidet ausdrücklich zwischen dem **natürlichen** und **gesetzlichen Recht**. Das gesetzliche Recht ist von Menschen festgesetzt, beruht auf Übereinkunft und ist dementsprechend wandelbar. Das natürliche Recht bleibt stets dasselbe und gilt überall, unabhängig davon, was die Menschen für gut halten. Charakteristisch für Aristoteles' speziellere naturrechtliche Vorstellungen ist sein **teleologischer** Denkansatz. Das natürliche Ziel des Menschen besteht darin, ein gutes Leben zu führen. Das ist ihm aber nur in einer politischen Gemeinschaft möglich, weshalb es zu seiner Natur gehört, danach zu streben, denn nur hier kann er seine Potenziale zur vollen Entfaltung bringen (der Mensch als *zôon politikon*). Der Zweck des Staates wiederum besteht darin, das gute Leben der Bürger zu befördern. Allerdings rechtfertigte er auch die **Sklaverei** und die **Ungleichheit von Mann und Frau** im Staat durch Verweis auf natürliche Unterschiede (z. B. indem er bezweifelte, dass die Frauen von Natur aus die Fähigkeit zur Führung besitzen).

teleologisch (von griech. *télos* = Zweck, Ziel): auf ein Ziel ausgerichtet

Antigone (hier auf einem Gemälde von Nikiforos Lytras [1832–1904]) im gleichnamigen Drama von Sophokles (497/6–406/5 v. Chr.) befindet sich im Konflikt zwischen positivem Recht und dem Naturrecht.

Die Unterscheidung zwischen natürlichem und staatlichem Recht ist auch Thema des berühmten Dramas ***Antigone*** von **Sophokles:** Antigone bezieht sich in dem Entschluss, ihren Bruder Polyneikes – entgegen dem von dem Herrscher Kreon erlassenen Gesetz – zu beerdigen, auf ein unveränderliches, ungeschriebenes göttliches Gesetz. Sie entscheidet sich damit für das Naturrecht und missachtet das positive Recht.

Dass es unabhängig vom positiven Recht ein ewiges göttliches Gesetz gibt, ist eine Vorstellung, die sich auch in der Philosophie der **Stoa** findet. Die Natur ist demnach durchwaltet von einer Gesetzmäßigkeit, die sich einer objektiven Vernunft (dem Logos) verdankt. Die Gesetzmäßigkeit ist nicht in einem wertfreien, naturwissenschaftlichen Sinne zu verstehen, sondern sie zeigt an, dass die Welt zweckmäßig, d. h. in einem normativen Sinne wohlgeordnet, eingerichtet ist. Damit gibt die **Natur** zugleich vor, wie die Menschen handeln **sollen**. In seinem berühmten „Zeushymnus" führt Kleanthes (331 – ca. 232 v. Chr.) die zu beachtende Weltordnung auf das göttliche Wirken Zeus' zurück:

Stoa: bedeutende philosophische Bewegung, die in Athen von Zenon von Kition begründet wurde und dann auch in Rom Fuß fasste. Weitere bekannte Vertreter sind z. B. Kleanthes, Chrysipp, Epiktet, Mark Aurel und Seneca. Der Name „Stoa" bedeutet „Säulenhalle" und bezieht sich auf eine bunte Säulenhalle in Athen, wo die Stoa ihren Anfang nahm.

ZITAT

> Aller Unsterblichen Höchster, vielnamiger Lenker des Weltalls,
> Zeus, du Herr der Natur, der nach dem Gesetz alles lenket,
> [...] So nämlich fügest du alles zusammen, das Gute und das Böse,
> Dass aus allem die eine und ewige Weltordnung werde.
> Nur die das Böse gewählt, versuchen ihr zu entfliehen,
> Elende, die von den Gütern stets nur den Reichtum begehren,
> Aber vor Gottes Gesetz die Augen und Ohren verschließen.[2]

Aus stoischer Sicht ergab sich z. B. aus der Betrachtung von Insektenstaaten, dass das Leben in der Gemeinschaft etwas Natürliches ist und der Einzelne ihr gegenüber entstehenden Verpflichtungen nachkommen muss.

1.2.2 Naturrechtliche Vorstellungen im Christentum

Nach **Augustinus** ist der Maßstab für die Beurteilung staatlichen Handelns und staatlicher Zustände die „wahre", d.h. von der **Heiligen Schrift** vorgegebenen Gerechtigkeit. Wo diese Gerechtigkeit fehle – für Augustinus ist das Römische Reich ein Beispiel –, könne man nicht von Gesetzen und nicht von einem Staat sprechen. Wo Ungerechtigkeit den Staat beherrsche, sei dieser von einer Räuberbande nicht zu unterscheiden.

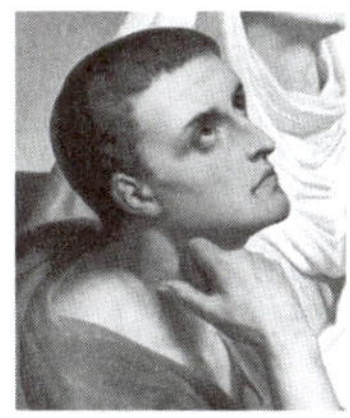

Augustinus
(354–430 n. Chr.)

ZITAT

> Was anders sind also Reiche, wenn ihnen die Gerechtigkeit fehlt, als große Räuberbanden? Sind doch auch Räuberbanden nichts anderes als kleine Reiche. Auch da ist eine Schar von Menschen, die unter Befehl eines Anführers steht, sich durch Verabredung zu einer Gemeinschaft zusammenschließt und nach fester Überzeugung die Beute teilt.[3]

Sowohl Augustinus als auch **Thomas von Aquin** greifen auf den von den **Stoikern** vertretenen Gedanken eines ewigen natürlichen Gesetzes *(lex aeterna)* zurück, dem entnommen werden kann, was moralisch richtig und falsch ist. Thomas unterscheidet folgende **Gesetzesformen:**

Thomas von Aquin
(1225–1274 n. Chr.)

Ewiges Gesetz	In der Natur wirkende, aufgrund eines göttlichen „Masterplans" geschaffene Gesetze, sichtbar in der zweckmäßig geordneten Einrichtung der Welt
Natürliches Gesetz	Teil des ewigen Gesetzes, der die Menschen betrifft und ihm als Sittengesetz durch die Vernunft erkennbar ist, Menschen haben eine natürliche Neigung zu Handlungen, die Gottes Zielen entsprechen – *Beispiele:* Gottes Willen erkennen, seinen Mitmenschen keinen Schaden zufügen
Menschliches Gesetz	Die in den Staaten qua menschlicher Setzung geltenden Gesetze, das positive Recht
Göttliches Gesetz	Dem Menschen nicht durch Vernunft, sondern durch die Offenbarung der Heiligen Schrift vermittelten Verhaltensvorschriften

Die **Katholische Kirche** hält bis heute am naturrechtlichen Denken fest und stützt sich dabei auf die Tradition der Stoa, auf Augustinus und Thomas von Aquin. Das **natürliche Gesetz** ist laut dem Katholischen Katechismus von 1992 durch die Vernunft erkennbar, unveränderlich, universell gültig und bildet die Grundlage der Grundrechte und Grundpflichten. Gegen das Sittengesetz verstoßen aus katholischer Sicht z. B. Ehescheidung und Sexualität außerhalb der Ehe.

Um als „gerecht" angesehen werden zu können, muss nach Thomas von Aquin das positive Recht, also das menschliche Gesetz, den Ansprüchen des **ewigen Gesetzes** und des aus ihm abgeleiteten **natürlichen Gesetzes** genügen. Erweist sich ein Gesetz als „ungerecht", dann ist sein eigentlicher Gesetzescharakter zu bezweifeln. Ausdrücklich stimmt Thomas von Aquin Augustinus zu, dass ein ungerechtes Gesetz gar kein Gesetz sei.

1.2.3 Freiheitliches Naturrecht in der Aufklärung: Locke und Kant

John Locke (1632–1704) knüpft als Vertreter der Frühaufklärung an die traditionelle Naturrechtslehre von Thomas von Aquin und anderen insofern an, als er ein **natürliches Gesetz** annimmt, das alle Menschen verpflichtet und als Maßstab zur Beurteilung staatlicher Zustände herangezogen werden soll. Das natürliche Sittengesetz gilt schon im Naturzustand, d. h. auch unter der Voraussetzung, dass es keinen Staat gibt. Wird das natürliche Gesetz von einer Regierung nicht befolgt, kehren die Individuen vom bürgerlichen Zustand wieder in den Naturzustand zurück, was bedeutet, dass die Gesetze keine Bedeutung mehr haben und ihren Verpflichtungscharakter verlieren. Während auch hier eine Verbindung zu früheren Naturrechtslehren besteht, wendet sich Locke im Gegensatz zu diesen entschieden gegen jede Form von Absolutismus und begründet mit Nachdruck einen **freiheitlichen Rechtsstaat** mit ausgeprägten Individualrechten.

Vgl. hierzu das spätere Kapitel über kontraktualistische Staatstheorien, S. 164–172 in diesem Band.

Für **Immanuel Kant** (1724–1804) ist die Frage nach der Grundlage des Rechts, die es erlaubt, positives Recht moralisch zu beurteilen, allein durch die Vernunft und nicht etwa mithilfe der Erfahrung zu beantworten. Man spricht deshalb in Bezug auf Kants Naturrecht von **„Vernunftrecht"**. Ausgangspunkt seiner Überlegungen ist die Willkürfreiheit des Einzelnen, d. h. die Freiheit, zu tun, was einem beliebt. Wichtig ist hierbei der Verallgemeinerungsgedanke, der schon in seiner Ethik des kategorischen Imperativs eine tragende Rolle spielt. Die uneingeschränkte Freiheit untergräbt sich unter der Voraussetzung, dass sie Inhalt eines allgemeinen Gesetzes ist, selbst. Das nach Belieben erfolgende Ausleben der eigenen Freiheit würde sich nämlich selbst aufheben, sobald alle auf diese Weise handelten. Nur unter der Voraussetzung, dass sie nicht zur Einschränkung der Willkürfreiheit Dritter führt, besteht die Willkürfreiheit den Verallgemeinerungstest. Erst dann kann die gleiche **Freiheit** aller als Grundlage des Rechts dienen. Kant vertritt wie Locke eine **liberale Rechts- und Staatsauffassung**. Diese sieht dennoch die Ausübung von staatlichem Zwang (die Einschränkung der Willkürfreiheit) gegenüber den Bürgerinnen und Bürgern vor, wenn dadurch die Freiheit Dritter geschützt wird:

Vgl. hierzu das Kapitel zu Kants Ethik, S. 88–103.

Kants freiheitliches Rechtsverständnis zeigt sich auch in seiner scharfen Kritik an „paternalistischem" Regierungshandeln (von lat. *pater* = Vater). Für ihn ist es der „größte denkbare Despotismus"[4], wenn sich eine Regierung als väterliche Autorität sieht und besser zu wissen glaubt, was für die Bürgerinnen und Bürger gut ist, als diese selbst.

ZITAT

> „Freiheit [...], sofern sie mit jedes anderen Freiheit nach einem allgemeinen Gesetz zusammen bestehen kann, ist dieses einzige, ursprüngliche, jedem Menschen, kraft seiner Menschheit, zustehende Recht."[5]

1.3 Rechtspositivismus

Zentral für den **Rechtspositivismus** ist die Auffassung, dass beliebige Inhalte als „Recht" betrachtet werden können. Um eine Norm als „Recht" zu bezeichnen, muss sie nicht bestimmten moralischen Maßstäben genügen. Die **Neutralitätsthese** des Rechtspositivismus besagt dementsprechend, dass das Recht mit Blick auf die Moral **neutral** ist, d. h. im Prinzip jeden beliebigen Inhalt annehmen kann. Als frühes rechtspositivistisches Statement kann insofern die bekannte Aussage **Thomas Hobbes'** (1588–1679) gelten, dass die Autorität bestimmt, was Recht ist, und nicht die Wahrheit. Darin unterscheidet sich der Rechtspositivismus z. B. von den Positionen Augustinus' und Thomas von Aquins, denen zufolge dem positiven Recht der Rechtscharakter abzusprechen ist, wenn es vom Naturrecht abweicht.

Statt von der Neutralitätsthese spricht man auch von der **Trennungsthese** (Trennung von Recht und Moral).

Berühmt ist die lateinische Fassung dieser Aussage aus dem *Leviathan*: „sed auctoritas, non veritas, facit legem".

Bei der Frage, nach welchen Maßstäben positives Recht moralisch beurteilt werden kann, stützt sich der Rechtspositivismus nicht auf ein Naturrecht. Gemäß der **Subjektivismusthese** (Hoerster) bewertet er es auf der Grundlage **subjektiver Maßstäbe**, statt sich auf die Annahme objektiv vorgegebener Normen zu stützen.

Bedeutende Vertreter des Rechtspositivismus neuerer Zeit sind z. B. **Hans Kelsen** (1881–1973), **Herbert L. A. Hart** (1907–1992) und gegenwärtig **Norbert Hoerster** (*1937).

Der Rechtspositivismus wird gerade in Deutschland oft kritisiert, wobei ihm vorgeworfen wird, jedes positive Recht hinzunehmen. Man warf insbesondere der deutschen Justiz vor dem Zweiten Weltkrieg und während der NS-Zeit vor, dass sie wegen ihrer rechtspositivistischen Überzeugungen dem Nationalsozialismus nichts entgegenzusetzen hatte. Die Subjektivismusthese besagt dagegen, dass der Rechtspositivismus lediglich ablehnt, **objektive Normen oder Werte** zur Beurteilung heranzuziehen. So vertritt **Hoerster** einen subjektivistischen Ansatz der Moralbegründung, der (in der Tradition von Hobbes' Vertragstheorie) darauf abhebt, dass rationale Individuen ein Interesse an bestimmten Normen einer Minimalmoral (z. B. an einem allgemeinen Tötungsverbot) haben.

Nach Norbert Hoerster ist es möglich, moralische und rechtliche Normen **intersubjektiv**, ohne Bezug auf objektiv vorgegebene Normen und sogenannte ewige Werte, zu begründen. Es sei somit falsch, dem Rechtspositivismus vorzuwerfen, nach ihm sei bestehendes Recht in jedem Fall zu befolgen.

Gegen das Naturrecht bringen Rechtspositivisten folgende Einwände vor:

- **Fehlende Erkenntnisgrundlage:** Objektive Normen und Werte, wie sie dem Naturrecht zugrunde liegen sollen, lassen sich mit Hilfe unserer gewöhnlichen Erkenntnisquellen (z. B. der Sinneserfahrung) nicht erfassen. Streng genommen gibt es sie gar nicht.

- **„Naturrecht" als Leerformel:** Unter Bezugnahme auf das „Naturrecht" seien beliebige moralisch-politische Vorstellungen begründet worden, und der Begriff sei deshalb als eine Leerformel anzusehen. Einerseits dient es z. B. dazu, christliche Normen zu begründen, andererseits wurde von dem Sophisten **Kallikles** in **Platons Dialog *Gorgias*** das Recht des Stärkeren gerechtfertigt und selbst im Nationalsozialismus berief man sich auf das Naturrecht.
- **Fragwürdige logische Grundlage:** Naturrechtslehren geben vor, die Maßstäbe für die Beurteilung des positiven Rechts aus der „Natur" zu gewinnen, manche beziehen sich auf natürliche Gesetzmäßigkeiten. Es lässt sich aber, worauf **David Hume** (1711–1776) hinweist, kein Sollen aus dem Sein ableiten, d. h. in diesem Fall aus Aussagen über Tatsachen der Natur. Logisch einwandfrei wird die Argumentation, wenn die Gesetzmäßigkeiten auf Gott zurückgeführt werden, dessen Willen befolgt werden soll. Das wirft aber neue philosophisch kontroverse Fragen auf, wie die nach der Existenz Gottes. Auch stellt sich die Frage, ob es einem säkularen Staat angemessen ist, die Grundlagen für das Recht in einer Begründung zu suchen, die religiösen Glauben voraussetzt.

„Das ist doch ‚natürlich'!" Im Alltag vermengen die Menschen gerne Sein und Sollen, wenn sie z. B. sagen, dass etwas „natürlich" oder „normal" sei, und damit meinen, dass es auch moralisch richtig sei.

1.4 Der rechtliche Umgang mit Tätern diktatorischer Regime

Die Frage nach dem Naturrecht stellt sich regelmäßig, wenn eine Diktatur durch eine freiheitliche Demokratie abgelöst wird und zu entscheiden ist, wie mit Personen rechtlich umzugehen ist, die sich Taten haben zu Schulden kommen lassen, welche in demokratischen Verhältnissen als schwere Verbrechen gelten. Typischerweise rechtfertigen die Täter ihr Handeln mit dem Verweis darauf, dass sie nach geltendem Recht gehandelt haben. Man steht nun vor dem Problem, dass man den ehrwürdigen Rechtsgrundsatz des **Rückwirkungsverbots**, wonach sich rückwirkendes Strafen verbietet, verletzen müsste, um die Täter strafrechtlich zu belangen. Tatsächlich wurden aber in Deutschland, das im 20. Jahrhundert zwei Diktaturen er-

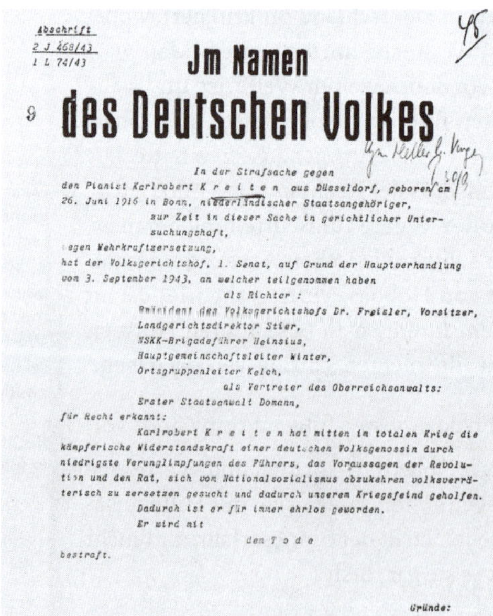

Abschrift
2 J 468/43
1 L 74/43

Jm Namen
des Deutschen Volkes

In der Strafsache gegen
den Pianist Karlrobert K r e i t e n aus Düsseldorf, geboren am 26. Juni 1916 in Bonn, niederländischer Staatsangehöriger,
zur Zeit in dieser Sache in gerichtlicher Untersuchungshaft,
wegen Wehrkraftzersetzung,
hat der Volksgerichtshof, 1. Senat, auf Grund der Hauptverhandlung vom 3. September 1943, an welcher teilgenommen haben
als Richter:
Präsident des Volksgerichtshofs Dr. Freisler, Vorsitzer,
Landgerichtsdirektor Stier,
NSKK-Brigadeführer Heinsius,
Hauptgemeinschaftsleiter Winter,
Ortsgruppenleiter Kelch,
als Vertreter des Oberreichsanwalts:
Erster Staatsanwalt Domann,
für Recht erkannt:
Karlrobert K r e i t e n hat mitten im totalen Krieg die kämpferische Widerstandskraft einer deutschen Volksgenossin durch niedrigste Verunglimpfungen des Führers, das Voraussagen der Revolution und den Rat, sich vom Nationalsozialismus abzukehren volksverräterisch zu zersetzen gesucht und dadurch unserem Kriegsfeind geholfen.
Dadurch ist er für immer ehrlos geworden.
Er wird mit
den T o d e
bestraft.

Gründe:

NS-Todesurteil gegen Karlrobert Kreiten, der sich lediglich kriegskritisch geäußert und Hitler einen „Wahnsinnigen" genannt hatte. Wie hätte mit den Angehörigen des Volksgerichtshofs, die das Urteil zu verantworten haben, nach dem 2. Weltkrieg rechtlich umgegangen werden sollen?

lebte, Prozesse geführt sowohl gegen NS-Täter als auch gegen „Mauerschützen“, d. h. gegen Grenzsoldaten der DDR, die Personen erschossen, welche von der DDR nach Westdeutschland fliehen wollten. In beiden Fällen berief man sich von gerichtlicher Seite auf den Standpunkt des Politikers und Rechtsgelehrten **Gustav Radbruch** (1887–1949), nach welchem positiven Gesetzen der Gesetzescharakter abgesprochen werden muss, falls sie auf eklatante Weise moralischen Vorstellungen zuwiderlaufen. Hierfür steht die sogenannte **Radbruch'sche Formel**, womit eine bekannte Stelle aus einem Aufsatz gemeint ist, den Radbruch 1946 unter dem Eindruck der nationalsozialistischen Verbrechen veröffentlichte:

ZITAT

> „Es ist unmöglich, eine schärfere Linie zu ziehen zwischen den Fällen des gesetzlichen Unrechts und den trotz unrichtigen Inhalts dennoch geltenden Gesetzen; eine andere Grenzziehung aber kann mit aller Schärfe vorgenommen werden: wo Gerechtigkeit nicht einmal erstrebt wird, wo die Gleichheit, die den Kern der Gerechtigkeit ausmacht, bei der Setzung positiven Rechts bewußt verleugnet wurde, da ist das Gesetz nicht etwa nur ‚unrichtiges Recht‘, vielmehr entbehrt es überhaupt der Rechtsnatur.“[6]

Mit Radbruch kann einem Täter, der im Auftrag einer Diktatur gehandelt hat und sich nachträglich auf damals geltendes Recht bezieht, gegebenenfalls entgegengehalten werden, dass das „Recht“, auf das er sich beruft, in Wahrheit gar kein Recht gewesen sei, was zugleich als Grund für seine Verurteilung herangezogen werden kann. Der Rechtspositivist steht, wie **H. L. A. Hart** darlegt, dagegen vor einem schwerwiegenden **Dilemma:** Er muss entweder für Straffreiheit plädieren (wegen des Verbots rückwirkenden Strafens) oder in Anbetracht des großen moralischen Übels, das der Täter zu verantworten hat, in diesem Fall für rückwirkendes Strafen eintreten. Hart, der als Rechtspositivist für die **Neutralitätsthese** und die **Trennung von Recht und Moral** plädiert, argumentiert, dass man es sich mit Radbruch zu einfach mache und mit der Radbruch'schen Formel dieser Konflikt nur kaschiert werde.

Exkurs: Im Spannungsfeld von Recht und Gerechtigkeit: Der Prozess gegen Adolf Eichmann (1961)

Am 11. Mai 1960 nahmen Mitarbeiter des israelischen Auslandsgeheimdienstes Mossad in Buenos Aires Adolf Eichmann (geb. 1906) fest – den maßgeblichen Organisator des Holocausts, d. h. der millionenfachen Ermordung von Juden im Dritten Reich. Sie entführten den seit 1950 unter falschem Namen in Argentinien lebenden Eichmann daraufhin nach Israel, wo ihm 1961 unter großem Interesse der internationalen Öffentlich-

Eichmanns Beteiligung am Holocaust bestand unter anderem darin, dass er von Berlin aus die Deportation von Millionen Juden in Konzentrationslager und Ghettos betrieb.

keit der Prozess gemacht wurde. Er wurde in Jerusalem zum Tode verurteilt und 1962 in der Nähe von Tel Aviv hingerichtet.

Für **Hannah Arendt** (1906–1975) war Eichmann eine in Anbetracht seiner Taten erstaunlich blasse, ja banale Persönlichkeit. Die heute vorliegenden Dokumente aus seiner Zeit in Argentinien unterstützen demgegenüber die Vermutung, dass er durchgehend ein überzeugter Nationalsozialist und Antisemit gewesen ist, der in Jerusalem geschickt die Rolle eines passiven Befehlsempfängers spielte.

An diesen Prozess und seine Vorgeschichte knüpfen sich verschiedene Fragen, die schon früh erörtert wurden. Ein zentraler Bezugspunkt dabei ist das 1963 von der Philosophin **Hannah Arendt** veröffentlichte Werk *Eichmann in Jerusalem – Ein Bericht von der Banalität des Bösen*. Arendt, die darin ihre Eindrücke von dem Prozess beschreibt, untersucht am Ende des Buches, wie der Prozess und sein Ergebnis zu beurteilen sind, und sie weist dabei auf den Konflikt zwischen **Legalität** (Rechtmäßigkeit) und **Gerechtigkeit** (Moralität) hin. So stellt sie heraus, dass die Entführung Eichmanns aus Argentinien einen klaren Bruch des Völkerrechts dargestellt habe, dem aber ein Verbrechen gegenüberstehe, das alles übertreffe, was in der Geschichte bisher Menschen anderen Menschen angetan haben. Seit den **Nürnberger Prozessen**, in denen kurz nach dem Zweiten Weltkrieg führende Nationalsozialisten zur Verantwortung gezogen wurden, spricht man im Zusammenhang mit Völkermord vom Straftatbestand **„Verbrechen gegen die Menschlichkeit“**. Für Arendt, die selbst die Formulierung **„Verbrechen gegen die Menschheit“** bevorzugt, ist es vor dem Hintergrund des Zivilisationsbruchs des Holocausts auch verständlich, dass im Falle Eichmann das Gebot rückwirkenden Strafens außer Kraft gesetzt und die Todesstrafe verhängt wurde.

Adolf Eichmann vor Gericht in Jerusalem (1961)

2 Aristoteles’ Gerechtigkeitstheorie

Im Rahmen seiner Ethik bestimmt Aristoteles die Gerechtigkeit als eine ethische Tugend. Die Gerechtigkeit bezeichnet eine Art und Weise des **Verhältnisses zu anderen Menschen**. Sie ist eine Haltung des Menschen, der zum Gerechten fähig ist und diesem entsprechend aus freiem Willen handelt. Aristoteles unterscheidet zwischen der Verwendung des Wortes „Gerechtigkeit“ in einem allgemeinen, umfassenden und in einem auf eine spezifische Unterart der Gerechtigkeit bezogenen Sinn. Zuweilen wird im schulischen Kontext auf diese beiden Verwendungsweisen

Die Sigle NE steht wie schon zuvor in diesem Band für die *Nikomachische Ethik* (zur Ausgabe vgl. Siglenverzeichnis).

etwas verkürzend mit den Ausdrücken „universale“ und „partikulare“ Gerechtigkeit Bezug genommen.[7] Über die differenzierende Analyse des Gerechtigkeitsbegriffes hinaus stellt Aristoteles aber auch Überlegungen zum Verhältnis der Allgemeinheit von Gesetzen zu ihren spezifischen Anwendungsfällen an, und zwar zur „Billigkeit“ der Rechtsanwendung.

2.1 Gerechtigkeit im allgemeinen Sinn (universale Gerechtigkeit)

Aristoteles geht von der zu seiner Zeit gängigen Bestimmung aus, dass ein gerechter und tugendhafter Mensch in einem allgemeinen Sinn derjenige ist, der sich **an die Gesetze hält**. Ziel der Gesetzgebung ist es, „*in der staatlichen Gemeinschaft die Glückseligkeit und ihre Bestandteile*“ (NE 1129b17 ff.) hervorzubringen und zu erhalten.

Die Gesetze der Polis regeln dem Anspruch nach alle Lebensbereiche im Hinblick auf ein **gutes, d. h. tugendhaftes Verhalten** ihrer Mitglieder: Sie schreiben u. a. vor, „sowohl die Werke des Mutigen zu verrichten, z. B. seinen Posten nicht zu verlassen, nicht zu fliehen, nicht die Waffen von sich zu werfen, als auch die Werke des Mäßigen, z. B. nicht Ehebruch zu treiben und keine Gewalttat zu begehen [...]“ (NE 1129b20 ff.). Die Gerechtigkeit im allgemeinen Sinn bezeichnet Aristoteles auch als die „ganze Tugend“ (NE, 1130a9), da sie alle einzelnen Tugenden umfasst. Sofern sie eine Tugend ist, die vor allem im Verhalten zu anderen ausgeübt wird, gilt sie als „die vollkommenste Tugend“ (NE 1129b30 ff.).

Polis (von griech. *polis*, Plural: *poleis*) = Stadtstaat im antiken Griechenland

Nun ist es offensichtlich, dass nicht alle Gesetze in allen Stadtstaaten gut sind. Dem trägt Aristoteles dadurch Rechnung, dass er innerhalb der allgemeinen Gerechtigkeit zwischen dem „natürlichen“ und dem „gesetzlichen“ Gerechten unterscheidet. Während das gesetzlich Gerechte von Polis zu Polis variieren und auch mehr oder weniger gut im Hinblick auf den obersten Staatszweck „Glückseligkeit“ gelungen sein kann, ist das „natürlich Gerechte“ das, „das überall die nämliche [dieselbe] Geltung hat, unabhängig davon, ob es den Menschen gut scheint oder nicht“ (NE 1134b20). Das „natürlich Gerechte“ umfasst die Gesetze, die am besten der menschlichen Natur entsprechen und die in der bestmöglichen Verfassung geltendes Recht wären.[8]

Diese Unterscheidung von „gesetzlichem“ Recht und „natürlich Gerechtem“ bleibt prägend für das europäische Rechtsdenken, in dem das Verhältnis vom Naturrecht zum positiven Recht diskutiert wird. In der Tradition des Naturrechtsdenkens steht u. a. auch die Menschenrechtserklärung der *Vereinten Nationen* von 1948. Vgl. hierzu S. 201–204 in diesem Band.

Ungerecht in einem allgemeinen Sinne ist nach Aristoteles also derjenige, der sich nicht an die Gesetze hält und damit auch **nicht tugendhaft**, sondern lasterhaft lebt. Alle Verstöße gegen die allgemeine Gerechtigkeit lassen sich demgemäß „immer auf eine bestimmte Untugend zurückführen, z. B. der Ehebruch auf Zuchtlosigkeit, das Entweichen aus Reih und Glied auf Feigheit, Mißhandlung auf Zorn [...]“ (NE 1130a30 ff.).

2.2 Gerechtigkeit im speziellen Sinn (partikulare Gerechtigkeit)

Lasterhafte Handlungen können aber auch begangen werden, um sich einen „unerlaubte[n] Gewinn“ (ebd.) gegenüber anderen zu verschaffen. Man könne etwa, so ein Beispiel von Aristoteles, Ehebruch nicht nur aus zügelloser Begierde, also aus Zuchtlosigkeit, begehen, sondern weil man sich davon einen monetären Gewinn erhoffe. Die Gewinnsucht, die Habgier, das Mehr-haben-Wollen (*pleonexia*) führen zu Handlungen, die auf eine spezifische Weise ungerecht sind: Bei diesen geht es immer darum, einen unfairen Vorteil gegenüber anderen zu erlangen. Solche Handlungen verstoßen nach Aristoteles gegen die Gleichheit, die dabei als eine richtige Mitte zwischen einem „zu viel“ und einem „zu wenig“ gegenüber anderen Personen angesehen wird.

Vgl. zur richtigen Mitte die Erläuterungen zur Mesotes-Lehre auf S. 81 in diesem Band.

Die sich auf das Kriterium der Gleichheit beziehende Form von Gerechtigkeit zeigt sich damit als eine spezielle Unterform der allgemeinen Gerechtigkeit: Beide Formen sind verschieden „wie Teil und Ganzes – denn alles, was wider die Gleichheit verstößt, ist ungesetzlich, aber nicht alles Ungesetzliche streitet mit der Gleichheit“ (NE 1130b11 ff.).

Aristoteles unterscheidet zwei Formen der speziellen Gerechtigkeit: die **Verteilungsgerechtigkeit** (auch: distributive Gerechtigkeit), bei der es um die Verteilung von Gütern geht, und die **ausgleichende** (auch: ordnende, korrektive) **Gerechtigkeit**, die freiwillige Interaktionen (z. B. Kauf, Miete) und unfreiwillige Interaktionen (z. B. Mord, Diebstahl), Aristoteles spricht von „Verkehr“ (NE, 1131a1 ff.), regelt.

Die freiwilligen Interaktionen werden auch häufig als Vertrags- und Tauschbeziehungen bezeichnet.

Die Verteilungsgerechtigkeit

Um etwas zu verteilen, bedarf es mindestens zweier Personen, zwischen denen etwas verteilt wird, und zweier Güter (z. B. Geldsummen, Anteile an Land, Regierungsämter), die diese jeweils zu erhalten haben. Eine gerechte Verteilung bedeutet nun für Aristoteles nicht, dass jeder genau den gleichen Anteil bekommt, sondern dass sich der **gerechte Anteil** an der jeweiligen **„Würdigkeit“** der Beteiligten **bemisst**. Die Kriterien für diese Würdigkeit können je nach Regierungsform variieren: Die „Demokraten erblicken sie in der Freiheit, die oligarchisch Gesinnten in Besitz oder Geburtsadel, die Aristokraten in der Tüchtigkeit“ (NE 1131a25–30). Eine gleiche und gerechte Verteilung bedeutet demgemäß eine **der jeweiligen Würdigkeit der Betroffenen entsprechende proportionale Aufteilung** der Güter. Abgekürzt ausgedrückt soll das Verhältnis der Würdigkeit der Personen (A, B) zueinander dem Verhältnis der Anteile (c, d) gleich sein: A : B = c : d. So würde zum Beispiel in einem oligarchischen Stadtstaat einem höherstehenden Bürger ein größerer Anteil an der Kriegsbeute zustehen als einem einfachen Bürger. Eine gute Polis – nach Aristoteles das

Die Aktualität der Überlegungen von Aristoteles zur Verteilungsgerechtigkeit wird deutlich, wenn man als Kriterien der „Würdigkeit“ Bedürfnisse und/oder Leistungen von Mitgliedern einer politischen Gemeinschaft ansetzen würde: Man wäre damit im Zentrum der Diskussionen zum modernen Wohlfahrtsstaat.

Königtum, die Aristokratie oder die Politie – dagegen ist auf das Ziel des bestmöglichen Lebens aller ausgerichtet. Hier bemisst sich die Würdigkeit nach dem jeweiligen Beitrag zu einem guten gemeinsamen Leben. Diesen liefern jene, „die die ethische *aretē* und die *phronēsis* besitzen. Ihnen stehen daher die eigentlichen Regierungsämter zu, untergeordnete Aufgaben jedoch auch solchen Gruppen, die geringere Fähigkeiten haben"[9].

Die ausgleichende Gerechtigkeit

Grundsätzlich bezieht sich die ausgleichende Gerechtigkeit auf die **Korrektur des Schadens**, den eine Person erlitten hat. Ihre Bestimmung fällt in den Aufgabenbereich eines Richters, der „die Mitte zwischen Nachteil und Vorteil" (NE 1132a18) wiederherstellt. Hierbei werden alle Personen gleich behandelt. Es ist irrelevant, ob „ein guter Mann einen schlechten beraubt oder ein schlechter einen guten" (NE 1132a2).

Raub, Betrug, Gewalttaten etc. bezeichnet Aristoteles als **„unfreiwilligen Verkehr"** (vgl. NE 1131b26). Wiederherstellende Gerechtigkeit bedeutet in diesen Fällen, das begangene Unrecht wieder auszugleichen. Hierbei soll jedoch nicht einfach Gleiches mit Gleichem vergolten werden, die „Wiedervergeltung [soll vielmehr] nach Maßgabe der Proportionalität" (NE 1132b32) stattfinden. Die Vergeltung nach dem Prinzip „Gleiches mit Gleichem" lehnt Aristoteles unter anderem auch deshalb ab, weil sie bei manchen Delikten – z. B. bei Ehebruch oder Verleumdung – kaum praktikabel ist. Der „Richter muss also nach einer analogen Handlung suchen, durch die sich ein Ausgleich herstellen lässt"[10].

Bemessungsgrundlage für den Ausgleich ist allein der Schaden, nicht der Charakter oder der Status der beteiligten Personen.

Wenn man in einem freiwilligen Tauschhandel – einem **„freiwilligen Verkehr"** (NE 1132b 11) – z. B. durch ein Versehen einen zu geringen Gegenwert erhält, dann zielt hier die ausgleichende Gerechtigkeit auf eine Korrektur dieses Missverhältnisses. Wie aber lässt sich ein unfairer Tauschhandel – z. B. drei Paar Schuhe für sechs Rinder – ausgleichen?

Manche Interpreten sehen in der Unterscheidung von unfreiwilligem und freiwilligem Rechtsverkehr schon die moderne Unterscheidung von Strafrecht und Zivilrecht angelegt.

Aristoteles steht bei seinen Überlegungen zu einer ausgleichenden Gerechtigkeit nach Maßgabe der Proportionalität vor dem Problem, wie er ganz unterschiedliche Dinge zueinander ins Verhältnis setzen kann. Was könnte Schlägen oder Ehebruch, was könnte Schuhen oder Rindern entsprechen? Eine mögliche Lösung bietet Aristoteles' Theorie des **Geldes:** „Denn das Geld mißt alles und demnach auch den Überschuß und den Mangel […]." (NE 133a21) Es ermöglicht die **quantitative Vergleichbarkeit** von allen Gütern und Leistungen, die ausgetauscht werden können. Als Erster in Europa setzt sich Aristoteles systematisch mit der Funktion des Geldes in arbeitsteiligen Gesellschaften auseinander.

2.3 Gerechtigkeit als Billigkeit

Das griechische Wort *epieikeia* kann mit „Billigkeit", „Schicklichkeit", „Milde" oder „Güte" übersetzt werden. Neben anderen Grundsätzen wie beispielsweise der Berücksichtigung von Sinn und Zweck eines Gesetzes wird im heutigen Recht der Grundsatz der Billigkeit in verschiedenen Rechtsgebieten bei der Auslegung von Gesetzen angewendet.

Aristoteles macht die Beobachtung, dass allgemeine Gesetze zwar viele Fälle schon regeln können, dass aber auch Fälle eintreten können, die vom entsprechenden allgemeinen Gesetz in ihrer spezifischen Beschaffenheit nicht zureichend erfasst werden. Um dem Einzelfall gerecht zu werden, bedarf das allgemeine Gesetz demgemäß einer Korrektur: „Und das ist die Natur des Billigen: es ist eine Korrektur des Gesetzes, da wo dasselbe wegen seiner allgemeinen Fassung mangelhaft bleibt." (NE1137b27f.)
Im Sinne der Billigkeit soll in einem solchen Fall das Gesetz gewissermaßen „geschmeidig" im Hinblick auf eine für die spezifische Situation angemessene Regelung ausgelegt werden. Diese Korrektur kann beinhalten, dass man z. B. in einem unabsichtlich verursachten Schadensfall gegenüber dem Täter Billigkeit im Sinn von Milde bzw. Güte walten lässt: Sie besteht dann in einer **situationsangemessenen Anwendung** des Gesetzes durch den Richter oder die Richterin. Aber auch Betroffene können auf formalrechtlich einklagbare Rechtsansprüche verzichten und Milde walten lassen. Die Billigkeit ist insofern auch eine **Haltung des Gerechten**, der nicht auf einer kleinlichen, formalen Rechtsdurchsetzung besteht, welche zu neuem Unrecht führen könnte. Der die „Billigkeit" berücksichtigende Gerechte ist derjenige, der „nicht das Recht zuungunsten anderer auf die Spitze treibt, sondern vom Rechte, auch wo er es auf seiner Seite hätte, nachzulassen weiß" (NE 1138a1ff.). Aristoteles betrachtet die Billigkeit als eine Ausprägung der Tugend „Gerechtigkeit". Sie bedeutet einen **maßvollen Gebrauch gesetzlicher Regelungen** und ist damit nach Aristoteles „ein besseres Recht" (NE 1137b9).

3 Staatsphilosophie

3.1 Platon und die Herrschaft der Philosophen

Die ***Politeia*** (ca. 375 v. Chr.) ist Platons bekanntestes staatsphilosophisches Werk. Darin wird die Behauptung aufgestellt, dass die Gerechtigkeit im Gegensatz zur Ungerechtigkeit dem Glück förderlich sei und deshalb der Ungerechtigkeit vorgezogen werden sollte. Dabei betrachtet Platon die Gerechtigkeit als ein Merkmal sowohl einzelner Personen als auch ganzer Städte oder Staaten. Ein gerechter und glücklicher Staat ist nach Platon ein in **Stände** aufgegliedertes Gemeinwesen, in dem jedes Mitglied das ihm „Gemäße" tut bzw. so handelt, wie es seiner Natur bzw. seinem Stand entspricht. Platon entwickelt seine Vorstellung dieses Gemeinwesens in Entsprechung zu den **drei Seelenteilen** innerhalb eines jeden Menschen. Den Seelenteilen und den Ständen ordnet er jeweils eine **Tugend** zu, die dann zusammen mit der Gerechtigkeit die vier Kardinaltugenden bilden. So wie in der Seele der denkend-vernünftige Seelenteil über die anderen Seelenteile herrschen soll, so sollen im Staat die Philosophen als der „denkende Stand" an oberster Stelle stehen.

Gerechtigkeit bedeutet für Platon, dass jedem das zukommt, was ihm zusteht. Im Unterschied zum heutigen Begriffsverständnis heißt das im Hinblick auf den Staat vor allem, dass jeder die Aufgabe erfüllt, die ihm die Natur vorgibt.

Vgl. zur Seele bei Platon auch das Platon-Kapitel zur Anthropologie, S. 2 f. in diesem Band.

Natürliche Ordnung der Seelenteile	Natürliche Ordnung der Stände und ihre Aufgaben	Tugenden im Staat und im Individuum
denkend-vernünftiger Seelenteil	Philosophen (Lehrstand) – Herrschen	Weisheit
mutartiger Seelenteil	Krieger/Wächter (Wehrstand) – Verteidigen	Tapferkeit
begehrender Seelenteil	Erwerbstreibende (Nährstand) – Versorgen	Besonnenheit/Mäßigung
		Übergeordnete Tugend: Gerechtigkeit
Wesen der Gerechtigkeit = das Seine haben und tun		

Für Platon besteht kein Zweifel, dass die herrschende Schicht im Staat sich aus **Philosophen** zusammensetzen sollte:

ZITAT

> „Wenn nicht […] entweder Philosophen Könige werden in den Staaten oder die jetzt so genannten Könige und Gewalthaber wahrhaft und gründlich philosophieren und also dieses beides zusammenfällt, die Staatsgewalt und die Philosophie […], eher gibt es keine Erholung von dem Übel, […] und ich denke auch nicht für das menschliche Geschlecht, noch kann jemals zuvor diese Staatsverfassung nach Möglichkeit gedeihen […]."[11]

Nach Platons **Höhlengleichnis** erkennt der Philosoph die wahre, ewige Wirklichkeit der **Ideen** (z. B. das objektive Wesen der Gerechtigkeit, die wahre Natur des Guten) hinter dem sinnlich Wahrnehmbaren. Diese Erkenntnisse ermöglichen ein gutes Regieren.

Zu dem Erziehungsprogramm gehört, dass oberen Stände nicht mit Werken der Dichtung vertraut gemacht werden, in denen Gerechte als unglücklich oder die Götter als lügende Wesen dargestellt werden.

Die Philosophen bilden eine Minderheit von Menschen, die sich von Natur aus schon früh durch ein ausgeprägtes Erkenntnisinteresse auszeichnen, einen maßvollen Charakter haben und sich nicht etwa durch den Wunsch nach mehr Geld treiben lassen. Aus dem Kreis der Krieger sind Personen mit der entsprechenden Charakteranlage sorgfältig auszusuchen. Sie leben wie der Wächterstand insgesamt dann in Form einer engen **Gemeinschaft** zusammen, in der sie kein Eigentum besitzen und der Frauen und Männer gleichermaßen angehören können. Die oberen Stände (Herrscher und Wächter) sollen nach Platon einem strengen, auf sie zugeschnittenen **Erziehungsprogramm** unterworfen werden.

Platon unterscheidet zwischen **fünf Herrschaftsformen:**
- **Aristokratie:** Herrschaft einer geistigen Elite
- **Timokratie:** Herrschaft der Ehrgeizigen
- **Oligarchie:** Herrschaft der Vermögenden
- **Demokratie:** Herrschaft der Vielen
- **Tyrannis:** Gewaltherrschaft

Dabei spricht Platon sich **für die Aristokratie** aus und hält die **weiteren Regierungsformen** für deren **Verfallsformen:** Er geht davon aus, dass sie in der oben genannten Reihenfolge der Regierungsformen schrittweise verfallen – bis hin zur Tyrannis, der schlechtesten Regierungsform. Der Tyrann sei die Ungerechtigkeit und Unglückseligkeit in Person, denn in seiner Seele herrschten Begierde und Habsucht über das Denken, womit er gleichsam Sklave seiner selbst sei.

Karl R. Popper (1902–1994) kritisiert in seinem epochalen Werk *Die offene Gesellschaft und ihre Feinde* (1945) Platons Staatstheorie als totalitär, weil gegen das Individuum gerichtet.

Obwohl Platons Staatsmodell Erziehungs- und Auswahlmaßnahmen vorsieht, die bewirken sollen, dass die Herrscher gut regieren (z. B. soll dafür gesorgt werden, dass die regieren, die am wenigsten Freude daran haben), kennt es keine gesetzlichen Maßnahmen gegen Machtmissbrauch. Deshalb und aus anderen Gründen (u. a. wegen der höchst autoritären staatlichen Maßnahmen und der elitären Nichtbeachtung der Erwerbstreibenden) ist es weit von freiheitlich-modernem Denken entfernt.

3.2 Aristoteles und das gute Leben

Vgl. hierzu das Anthropologie-Kapitel, S. 3 ff. in diesem Band.

Grundlegend für Aristoteles' politische Philosophie ist die anthropologische Annahme, der Mensch sei ein **politisches Wesen** *(zôon politikon).* Nach Aristoteles ist der Mensch zur Entfaltung seiner Potenziale auf das Zusammenleben in einer staatlichen Gemeinschaft angewiesen. Im Vergleich zu in Verbänden zusammenlebenden Tieren, wie z. B. der Biene, ist er dies in einem höheren Maße, weil er sich zugleich durch **Vernunft- und Sprachbegabung** auszeichnet. Das ermöglicht es ihm, politisch-moralische Begriffe wie „gerecht“ und „ungerecht“ zu bilden, wobei diese Fähigkeit aber erst in einem Staat ihre wahre Erfüllung erfährt, da dort die Umstände ihnen entsprechend gestaltet werden können. Da Aristoteles zufolge ohne **Staat** kein gedeihliches menschliches Leben möglich ist – wer ohne ihn auskomme, sei entweder ein „wildes Tier oder gar ein Gott“[12] –, sieht er eine natürliche Überlegenheit des Staats gegenüber dem einzelnen Individuum.

Ethik und **Staatsphilosophie** sind bei Aristoteles miteinander **verschränkt**. Zum einen ist der Mensch auf den Staat angewiesen, um moralische Tugenden zu entwickeln und zu einem guten Leben zu gelangen, zum anderen ist es der Zweck des Staates, die Moral und das gute Leben der Bürger zu fördern.

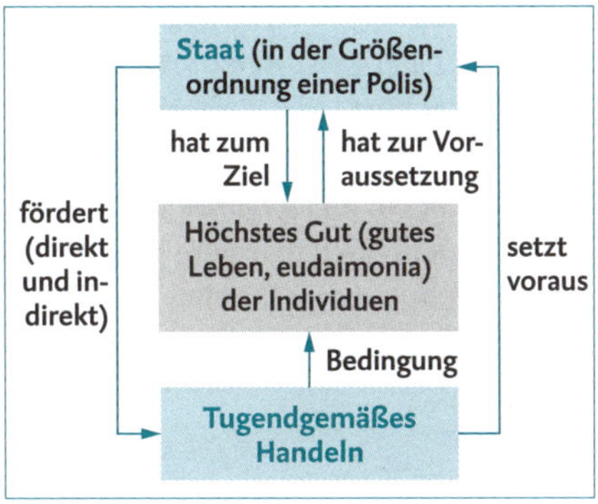

Ausdrücklich wendet sich Aristoteles *gegen* eine **vertragstheoretische Begründung des Staates** wie die des Sophisten Lykophron. Dieser spricht dem Staat die Aufgabe, die Bürger moralisch zu bessern, ab und fasst ihn als bloße Vereinigung von Individuen auf, die sich eigeninteressiert von den Gesetzen lediglich die Absicherung gegenseitiger Rechte versprächen.

Anders als Platon entwirft Aristoteles keinen Idealstaat, sondern er sucht nach einzelnen realisierbaren Merkmalen, die einen guten Staat ausmachen. Im Rahmen seiner detailreichen Betrachtungen konkreter Staatsverfassungen unterscheidet er zwischen Verfassungen, die das **Gemeinwohl** im Blick haben und deshalb vorzuziehen seien, und solchen, in denen das Wohl des bzw. der Herrschenden im Vordergrund steht:

Staaten mit Gemeinwohlorientierung	Staaten mit Orientierung am Wohl des bzw. der Herrschenden
Königsherrschaft (Herrschaft einer Person)	Tyrannis (Rücksicht auf das Wohl des Alleinherrschers)
Aristokratie (Herrschaft weniger)	Oligarchie (Rücksicht auf das Wohl der Wohlhabenden)
Politie (Herrschaft vieler, Mischform aus Oligarchie und Demokratie)	Demokratie (Rücksicht auf das Wohl der Mittellosen)

Tyrannis, **Oligarchie** und **Demokratie** sind so betrachtet jeweils schädliche Abweichungen der **Königsherrschaft**, der **Aristokratie** und der **Politie**.

Aus heutiger **freiheitlich-demokratischer Sicht** erscheint es befremdlich, dass Aristoteles nicht eindeutig der demokratischen Staatsform den Vorzug gibt, aber sein Verständnis von Demokratie (Demokratie als Staatsform, in der die Freien und Armen als Mehrheit über die Herrschaft entscheiden) ist eben ein anderes als unser heutiges. Nah an unserer heutigen Vorstellung von Demokratie ist allerdings seine Behauptung, es sei eine staatsbürgerliche Tugend, einzusehen, dass es gut sei, **abwechselnd zu herrschen und beherrscht zu werden**.

Besonders befremdlich ist in unseren Augen die Rechtfertigung der **Sklaverei**, denn Aristoteles findet tatsächlich, es gebe „von Natur aus“ Sklaven. Modern aus freiheitlich-demokratischer Perspektive ist dagegen seine Rechtfertigung des **Privateigentums**, mit der er Platons Idee der Vergemeinschaftung von Eigentum zurückweist: Die Menschen kümmern sich nach Aristoteles um den Erhalt des Eigenen stärker als um das, was allen gehört. Als Vorbotin **totalitären Denkens** wurde seine Annahme angesehen, dass der einzelne Bürger nicht sich selbst gehöre, sondern dem Staat. Ebenso problematisch sei es, dem Staat die *positive* Aufgabe zuzuschreiben, das gute Leben zu fördern, da dies von Regierungen als Aufforderung verstanden werden könne, sich allzu sehr in die Belange der Bürgerinnen und Bürger einzumischen.

Der Philosoph Jonathan Barnes stellt mit Bezug auf Aristoteles fest: „Diejenigen, die im Staat den Förderer des Guten sehen, enden oftmals als Fürsprecher der Unterdrückung.“[13]

3.3 Kontraktualistische Staatstheorien

kontraktualistisch: von lat. *contractus* = Vertrag

Als „kontraktualistisch“ werden Ansätze der Begründung von Moral, Recht oder Staat bezeichnet, die eine Antwort auf die Frage geben, worauf sich vernünftige Individuen ex ante, d. h. im Voraus bzw. in einer Situation, in der es Moral, Recht oder Staat nicht gibt, einigen würden. Die Idee geht zurück bis in die griechische Antike, besonders prägend für den heutigen Kontraktualismus ist die Philosophie Thomas Hobbes’.

3.3.1 Thomas Hobbes’ kontraktualistische Staatsphilosophie

Thomas Hobbes (1588–1679) veröffentlichte sein Hauptwerk *Leviathan* (hier zitiert unter der Sigle LE) im Jahr 1652. Darin legte er seine kontraktualistische Staatsbegründung vor.

Thomas Hobbes lebte in einer Zeit großer politischer Unruhen. In seine Lebenszeit fällt nicht nur der Dreißigjährige Krieg (1618–1648), sondern er erlebte auch persönlich den Bürgerkrieg in England (1642–1649), in dessen Vorfeld er aus politischen Gründen nach Frankreich fliehen musste. Für Hobbes war der Bürgerkrieg das beherrschende politische Thema: Es ging ihm vor allem darum, eine starke, den **Bürgerkrieg** verhindernde Staatsgewalt zu begründen. Dabei forderte er die Errichtung eines **absolutistischen Staats**, den er mithilfe der Fiktion eines **Gesellschaftsvertrags** begründete. Mit dieser sehr weltlichen Begründungsweise wandte er sich gegen die traditionelle Rechtfertigung der Herrschaft über das **Gottesgnadentum**.

Hobbes’ Menschenbild

Nach Hobbes ist der Mensch dem Menschen ein „Wolf“ („Homo homini lupus“). Gemessen an dieser berühmt gewordenen, bewusst dramatischen Ausdrucksweise macht sein Menschenbild bei genauerer Betrachtung einen nüchternen Eindruck: Der Mensch ist nach Hobbes nicht etwa von Grund auf böse, sondern in erster Linie an der eigenen **Selbsterhaltung** orientiert und damit **eigeninteressiert**. Hobbes erklärt dies im Rahmen seiner materialistisch-mechanistischen Naturphilosophie: Menschen sind Materie in Bewegung *(matter in motion)*. Was die Bewegung bremst, wird als Unlust erfahren und als „Unwert" betrachtet. Der größte Unwert ist das Erlöschen der Vitalbewegung, nämlich der Tod. Dementsprechend versucht der Mensch, sich selbst mit allen Mitteln zu erhalten bzw. den Tod zu vermeiden.

Das Selbsterhaltungsstreben ist nach Hobbes nicht immer auf den ersten Blick zu erkennen, sondern kann sich hinter dem allgegenwärtigen **Machtstreben** verbergen. Menschen streben nach Machtvergrößerung, nicht weil sie an Macht als solcher interessiert sind, sondern weil sie fürchten, die Macht, die sie schon haben und die ihnen ein zufriedenes Leben ermöglicht, zu verlieren. Das Machtstreben verleiht dem menschlichen Streben Rastlosigkeit und lässt den Einzelnen feindselig gegenüber Individuen sein, die er als Konkurrenten ansieht. Aber hinter den aggressivsten Machtmenschen steckt ein gleichsam **furchtsames Ich**, das um seine Selbsterhaltung bangt und erkennt, welche Mittel es ergreifen muss, um nicht unterzugehen. Hier kommt ein weiterer Gesichtspunkt von Hobbes' schonungslosem Menschenbild zum Tragen, nämlich die Fähigkeit zu erkennen, welche Mittel zur Erreichung der eigenen Ziele (Zwecke) am ehesten geeignet sind. Das menschliche Handeln ist mit anderen Worten nicht nur **eigennützig**, sondern auch **zweckrational**. Hobbes' Menschenbild setzt sich deutlich von dem aristotelischen ab: Während für Aristoteles der Mensch ein *zôon politikon* ist, d. h. ein Wesen, das seiner natürlichen Bestimmung erst im staatlichen Zusammenleben mit anderen gerecht wird, ist für Hobbes der Mensch primär einzeln und wählt sich als zweckrationales Individuum die Gesellschaft je nach seinem Nutzen.

Vgl. zu Aristoteles' Anthropologie insbesondere S. 3 ff. in diesem Buch.

Der Naturzustand – von der Notwendigkeit eines Staates

Hobbes' Begründung dafür, warum wir einen Staat brauchen, greift auf das Gedankenexperiment des Naturzustandes zurück.

info

Der **Naturzustand** ist ein gedachter Zustand, der sich ergibt, wenn man sich vorstellt, wie es den Menschen **ohne Staatsgewalt** erginge. In der Regel stellt er eine (fiktive) Rekonstruktion des Zustandes dar, der in **vorgesellschaftlichen** Zeiten herrschte, also bevor gesellschaftliche oder staatliche Strukturen geschaffen worden waren.

Hobbes charakterisiert den Naturzustand als „Krieg aller gegen alle" oder nach einer treffenderen Übersetzung der lateinischen Wendung „bellum

omnium contra omnes" als „Krieg eines jeden gegen jeden": Die Menschen leben im Naturzustand für sich oder in zerbrechlichen Familienverbänden und müssen stets auf der Hut voreinander sein. Obwohl Hobbes in diesem Zusammenhang von „Krieg" spricht, handelt es sich um einen **potenziellen Krieg**, d. h. um einen Zustand fehlender Kooperation, der jederzeit eskalieren und in Gewalt ausarten kann.
Auch die stärksten Personen können sich nach Hobbes im Naturzustand nicht sicher fühlen, denn es ist nicht ausgeschlossen, dass sich mehrere Schwächere gegen sie verbünden und sie mit List besiegen. Es herrscht insofern im Naturzustand eine **natürliche Gleichheit** vor – ein an sich revolutionärer Gedanke, der aber bei Hobbes offensichtlich keinen wünschenswerten Zustand bezeichnet und nicht dazu dient, Gleichheit im Staat zu rechtfertigen.
Um den potenziellen „Krieg eines jeden gegen jeden" zu **überwinden**, bedürfen wir nach Hobbes einer **staatlichen Ordnung**. Ohne Staat würden die Menschen ein kümmerliches Leben fristen, denn es gäbe, insbesondere wegen des Fehlens eines rechtlich verbürgten und staatlich durchgesetzten **Eigentumsschutzes**, keinen Anreiz, etwas Eigenes aufzubauen. Infolgedessen gäbe es auch keinen zivilisatorischen Fortschritt und keine kulturellen Errungenschaften.

ZITAT

„Da findet sich kein Fleiß, weil kein Vorteil davon zu erwarten ist; es gibt keinen Ackerbau, keine Schiffahrt, keine bequemen Wohnungen, keine Werkzeuge höherer Art, keine Länderkenntnis, keine Zeitrechnung, keine Künste, keine gesellschaftlichen Verbindungen; statt dessen ein tausendfaches Elend; Furcht, gemordet zu werden, stündliche Gefahr, ein einsames, kümmerliches, rohes und kurz dauerndes Leben." (LE 115 f.)

Neben dem menschlichen Machtstreben und dem fehlenden Eigentumsschutz macht nicht zuletzt die **Güterknappheit** den Naturzustand unerträglich. Indem er diesen Konfliktfaktor betont, erweist sich Hobbes als Wegbereiter modernen ökonomischen Denkens: Die Knappheit an Gütern stellt eine unentbehrliche Grundannahme wirtschaftswissenschaftlicher Lehrbücher dar.

ZITAT

„Am häufigsten wollen die Menschen einander verletzen, weil viele denselben Gegenstand zugleich begehren, der sehr oft weder gemeinsam genossen noch geteilt werden kann. Deshalb muß der Stärkste ihn haben; und wer der Stärkste ist, das muss durch das Schwert entschieden werden."[14]

Die Situation der Individuen ist nach Hobbes auch deshalb so hoffnungslos, weil es im Naturzustand keine Moral gibt, die das Eigeninteresse zü-

gelt. Natürliche Rechte im strengen Sinne, wie ein Recht auf Leben oder Eigentum, gibt es im Naturzustand nicht, was eine Folge davon ist, dass Hobbes die Existenz **objektiv vorgegebener moralischer Normen oder Werte** bestreitet.
Muss der Naturzustand aber wirklich als so trostlos betrachtet werden? Zweiflern hält Hobbes Erfahrungswerte entgegen: So werfen seiner Auffassung nach nicht nur Bürgerkriege, sondern auch das von Misstrauen geprägte **Verhältnis zwischen den Staaten** ein Licht auf den Zustand, der einträte, wenn die Regierung wegfiele.

Gesellschaftsvertrag und absolutistische Staatsidee

Nach Hobbes gibt es im Naturzustand weder Moral noch Recht im vollen Sinne, demgemäß hat die Rede von „Recht" und „Unrecht" erst im staatlichen Zustand Sinn. Dennoch nennt er eine Reihe **„natürlicher Gesetze"**. Eines von diesen verlangt, anderen so viel Freiheit zuzugestehen, wie man selbst von den anderen gewährt haben möchte. Die „natürlichen Gesetze" erheben keinen absoluten Geltungsanspruch, da sie auf den Wunsch nach Friedens- und Selbsterhaltung bezogen sind. Damit befindet Hobbes sich im Widerspruch zu dem traditionellen Naturrechtsdenken, auch wenn die Rede von „natürlichen Gesetzen" das Gegenteil nahezulegen scheint. Auch seine bekannte Feststellung, die Menschen hätten im Naturzustand ein „Recht auf alles", legt ihn nur scheinbar auf eine klassisch-naturrechtliche Position fest, denn er meint damit lediglich, dass die Individuen im Naturzustand jedes Mittel ergreifen können, um sich selbst zu erhalten. Er behauptet nicht, dass es ein dem Menschen vorgegebenes Recht auf alles gebe.

Man hat diese Gesetze auch als „hypothetische Imperative" im Sinne Kants bezeichnet; jedes einzelne besitzt somit die Form: „Falls ihr euch erhalten und den Frieden wollt, dann haltet euch an die Norm X."

Unter den Bedingungen des Naturzustandes kann nicht erwartet werden, dass die Individuen sich konsequent an die „natürlichen Gesetze" halten. Nichts hält sie zurück, ihnen zuwider zu handeln, sobald sie sich anderweitig selbst schaden würden. Da dies auf alle Individuen zutrifft und da sich keiner durch sie in seinem Verhalten verpflichtet sieht, helfen die „Gesetze" nicht, den Naturzustand und die mit ihm gegebene Unsicherheit zu überwinden. Erst die Errichtung eines staatlichen **Gewaltmonopols** verspricht Rettung, erst dann besteht ein Anreiz, sich entsprechend der Normen zu verhalten. Als umsichtige Nutzenmaximierer entschließen sich die Individuen, über das Abschließen eines Vertrags einen **Souverän** einzusetzen. In diesem **wechselseitig geschlossenen Vertrag** übertragen sie das im Naturzustand bestehende **Recht auf alles** auf eine Person oder Körperschaft, der die Aufgabe zugewiesen wird, für **innere und äußere Sicherheit** zu sorgen:

ZITAT

> „Ich übergebe mein Recht, mich selbst zu beherrschen, diesem Menschen oder dieser Gesellschaft unter der Bedingung, dass du ebenfalls dein Recht über dich ihm oder ihr abtrittst.“ *(LE 155)*

Mit dem Ziel der Verhinderung des Bürgerkriegs rechtfertigt Hobbes einen **Absolutismus**, d. h. eine Staatsform, in der die Regierung nicht an ein gegebenes Recht gebunden ist und es keine Gewaltenteilung gibt. Auf eine solche würden sich die Personen im Naturzustand – so sein Argument – in ihrem Wunsch nach **Frieden** und **Sicherheit** einigen. Hobbes neigte zu einer absoluten **Monarchie**, aber es widerspricht nicht seiner Theorie, die Macht wie in einer **Aristokratie** einer Gruppe oder wie in einer **Demokratie** allen Bürgerinnen und Bürgern oder einem Parlament zu übertragen.

Das Titelbild seiner Hauptschrift, des *Leviathan*, illustriert, wie sich Hobbes den Staat vorstellt. Man sieht in der Mitte den Staat als mächtige Person, zusammengesetzt aus vielen Menschen, die seine Bürgerinnen und Bürger darstellen. Über der Person findet sich eine lateinische Inschrift, die auf Deutsch lautet: „Es gibt keine Gewalt auf Erden, die der seinen vergleichbar wäre.“ Er hält in seiner rechten Hand das Schwert, das Zeichen der weltlichen Herrschaft, und in der linken den Bischofsstab, das Zeichen der geistlichen Herrschaft. Die Landschaft macht einen friedlichen Eindruck, was dem Schutz durch den mächtigen Staat zu verdanken ist. Rechts unter der Landschaft sieht man Symbole der geistlichen, links Symbole der weltlichen Herrschaft. Die Verbindung beider Bereiche verdeutlicht Hobbes' Vorstellung, dass nur ein **Staatskirchentum** Konflikte zwischen den Konfessionen und damit den Bürgerkrieg verhindern kann.

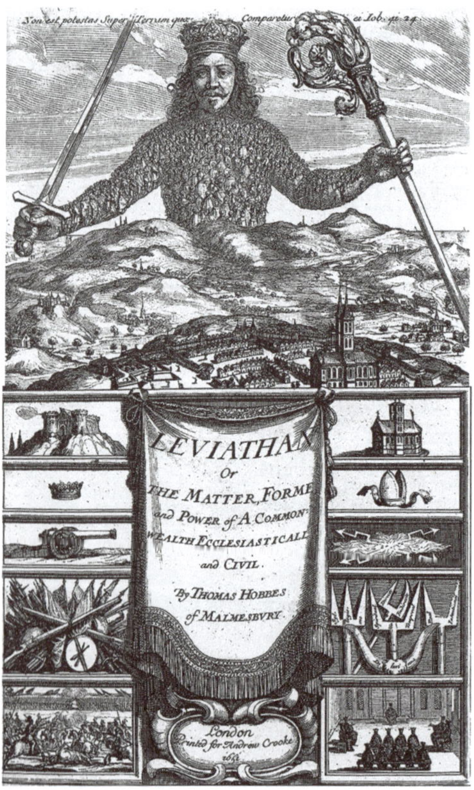

Titelbild von Hobbes' Schrift *Leviathan*

Obwohl der Zweck des Staates nach Hobbes nicht etwa die Freiheit der Bürger, sondern ihre **Sicherheit** ist, schreibt er ihm nicht nur autoritäre Elemente zu. Ein **freiheitlicher Zug** ist beispielsweise darin zu erkennen, dass der Staat in erster Linie Sorge tragen muss, dass die Bürger unbehelligt leben können, dass diese ihren Aufenthaltsort nach ihrem Gutdünken wählen können sollen oder dass Vertragsfreiheit herrschen soll. Nicht zuletzt gesteht Hobbes den Bürgern zu, sich nur so lange an die Gesetze halten zu müssen, wie der Staat in der Lage ist, ihre Sicherheit zu gewährleisten. Denn nur unter dieser Bedingung waren sie bereit, auf die Freiheit im Naturzustand zu verzichten.

3.3.2 John Locke – freiheitlicher Kontraktualismus

Der Engländer **John Locke** gilt als einer der einflussreichsten modernen Philosophen, manchem sogar als *der* einflussreichste. Obwohl er als Vertreter des Empirismus auch ein höchst bedeutender Erkenntnistheoretiker war, verdankt sich diese Einschätzung vor allem seiner politischen Philosophie. Lockes Denken ist stark von **Hobbes** beeinflusst: Er greift wie dieser in der Begründung seines Staatsmodells auf die Ideen des Naturzustands und Gesellschaftsvertrags zurück, lehnt aber dessen Absolutismus ab. Locke ist ein Klassiker des **Liberalismus**, dessen Ideen Eingang in die **Amerikanische Unabhängigkeitserklärung** (1776) gefunden und sich letztlich auch in den Verfassungen der **freiheitlichen Demokratien** niedergeschlagen haben.

John Locke (1632–1704) formulierte seine politische Philosophie vor allem in den *Zwei Traktaten über die Regierung* (1690).

Der Locke'sche **Naturzustand** ist durch folgende Merkmale geprägt:

- Die Menschen leben in **Freiheit und Gleichheit**.
- Die Freiheit ist beschränkt durch ein **„natürliches Gesetz“**, das kategorisch gebietet, die anderen nicht an Leben, Gesundheit, Freiheit oder Besitz zu schädigen.
- Es besteht insbesondere ein **Recht auf Eigentum**, wobei Eigentum das Eigentum an der eigenen Person einschließt. Durch Arbeit, z. B. das Bebauen von Boden, vermag es der Mensch, sich äußere Güter zu eigen zu machen, auf die er dann ebenfalls ein Recht hat.
- Es fehlt eine **unparteiische Gerichtsbarkeit**. Die Menschen sind Richter in eigener Sache, was das Leben unsicher und unvorhersehbar macht.

Der Verpflichtungscharakter dieses „natürlichen Gesetzes“ ist stärker als der der „natürlichen Gesetze“, die Hobbes für den Naturzustand postuliert.

In Form eines **untereinander geschlossenen Vertrags** beschließen die Individuen, sich zu einem **Staat** zusammenzuschließen. Ein solcher Staat kann – anders als bei Hobbes – kein Absolutismus, z. B. keine absolute Monarchie, sein, denn es wäre aus ihrer Sicht unklug, die Unsicherheit des Naturzustands gegen die willkürliche Herrschaft einer absoluten Herrschaft einzutauschen.

ZITAT

> „Dies hieße die Menschen für so töricht halten, daß sie zwar zu verhüten suchen, was ihnen Marder oder Füchse antun könnten, aber glücklich sind, ja, es für Sicherheit halten, von Löwen verschlungen zu werden.“[15]

Ein wichtiges Werk von Locke ist auch sein *Brief über Toleranz* (1689), der ihn als Pionier der Idee der **Religionsfreiheit** ausweist.

Das Ziel des Staates ist nach Locke die Erhaltung der **inneren und äußeren Sicherheit** und insbesondere der **Freiheit** sowie des **Eigentums** der Bürger. Die vielleicht entscheidende Besonderheit seines Staatsmodells ist die **Rechtsstaatlichkeit** bzw. die **Herrschaft des Rechts („rule of law"):** Das Recht gilt nicht nur für die Bürger, sondern auch für die Regierung. Zum Schutz vor Machtmissbrauch sieht bereits Locke (anders als Hobbes) eine **Gewaltenteilung** vor. Dabei unterscheidet er zwischen **Exekutive** und **Legislative**, während erst **Montesquieu** (1689–1755) für die in unserem Grundgesetz festgelegte Trennung zwischen Legislative (Gesetzgebung), Exekutive (ausführende Gewalt) und Judikative (richterliche Gewalt) eintritt. Für den Fall, dass die Legislative daran gehindert wird, ihrer Bestimmung entsprechend zu handeln, gesteht Locke den Bürgern das **Recht auf gewaltsamen Widerstand** zu.

3.3.3 Jean-Jacques Rousseau – Gleichheit, Freiheit und Demokratie

Jean-Jacques Rousseau (1712–1778) war Philosoph, Schriftsteller und Musiker, er wurde in Genf geboren und lebte in Frankreich, in der Schweiz und in England. Der Titel seiner bekanntesten politisch-philosophischen Schrift lautet *Vom Gesellschaftsvertrag oder Grundsätze des Staatsrechts* (1762, zitiert als GV) oder kurz *Vom Gesellschaftsvertrag (Du Contrat social)*.

Jean-Jacques Rousseau knüpfte in seiner politischen Philosophie an Hobbes' und Lockes Überlegungen zum **Naturzustand** und zum **Gesellschaftsvertrag** an, modifizierte diese jedoch an wichtigen Stellen. Mit der Vorstellung eines **„Gemeinwillens"** („volonté générale") begründete er die demokratische Idee der **Volkssouveränität**. Er befürwortete die **direkte Demokratie**, denn der Allgemeinwille bzw. der Wille des Volkes lässt sich seiner Auffassung nach nicht vertreten.

Der Naturzustand ist für Rousseau, wie es scheint, ein gedankliches Konstrukt und kein geschichtlich verbürgter Zustand, wie er auch den Gesellschaftsvertrag nicht als ein historisches Ereignis ansieht. Anders als Hobbes und Locke differenziert er die Entwicklung vom Naturzustand zum Gesellschaftsvertrag genauer aus. Ganz im Gegensatz zu Hobbes, der den Naturzustand als „Krieg aller gegen alle" charakterisiert, sind die Menschen im ursprünglichen Zustand gut und frei und leben unabhängig voneinander, ohne stabile Beziehungen zueinander, ohne festes Eigentum und ohne Arbeitsteilung. Dieser Idealzustand des einfachen und zufriedenen Lebens **endet** mit der Entwicklung von Arbeitsteilung und insbesondere von **Eigentumsansprüchen**.

ZITAT

„Der erste, der ein Stück Land eingezäunt hatte und dreist sagte: ‚Das ist mein' und so einfältige Leute fand, die das glaubten, wurde zum wahren Gründer der bürgerlichen Gesellschaft. Wie viele Verbrechen, Kriege, Morde, Leiden und Schrecken würde einer dem Menschengeschlecht erspart haben, hätte er die Pfähle herausgerissen oder den Graben zugeschüttet und seinesgleichen zugerufen: ‚Hört ja nicht auf diesen Betrüger. Ihr seid alle verloren, wenn ihr vergesst, dass die Früchte allen gehören und die Erde keinem.'"[16]

Erst durch das Eigentum also kommt nach Rousseau **Ungleichheit** in die Welt, die Ungleichheit zwischen Vermögenden und Ärmeren. Diese Ungleichheit wird dann auch noch durch die Formierung von Staaten verfestigt, in denen das **Recht auf Eigentum festgeschrieben** wird. In diesen Staaten leben die Menschen unfrei und unglücklich.
Das erste Kapitel des *Contrat Social* beginnt denn auch mit dem berühmten rhetorischen Weckruf:

ZITAT

> „Der Mensch ist frei geboren, und überall liegt er in Ketten." (GV 5)

Anders als bei Hobbes sind nach Rousseau Zwietracht und Krieg nicht den Bedingungen des Naturzustands oder der Natur des Menschen anzulasten, sondern **gesellschaftlichen Bedingungen**. Das von ihm konzipierte Staatsmodell ist daher kein Bruch mit dem idealen Naturzustand, den Rousseau als unwiederbringlich ansieht, sondern es orientiert sich an dem, was das Leben im Naturzustand wertvoll macht: Freiheit und Gleichheit. Die **Freiheit** des Naturzustandes, die in dem Recht des Individuums besteht, alles zu tun, was ihm beliebt und zu was es fähig ist, wird aufgegeben zugunsten einer rechtlichen und sittlichen bzw. moralischen Form der Freiheit. Durch den Gesellschaftsvertrag unterwerfen sich die Menschen dem, was die Allgemeinheit will, d. h. dem auf das **Gemeinwohl** ausgerichteten **Gemeinwillen**, der wiederum den „wahren" Interessen des Einzelnen entspricht. Das bedeutet, dass er sich, indem er sich ihm unterwirft, seinen wahren Interessen unterwirft und sich gleichsam selbst regiert. Indem der Einzelne sich den auf das Gemeinwohl ausgerichteten Rechtsnormen unterstellt, ist er nicht mehr länger Spielball seiner Begierden, sondern gewinnt seine innere Freiheit und insofern seine Autonomie. In der Literatur wird diese von Rousseau als „moralisch" bezeichnete Vorstellung von Freiheit als „positive" Freiheit verstanden, im Gegensatz zur Freiheit als Freiheit von Hindernissen, die man als „negative" Freiheit bezeichnet.

Rousseau beschreibt die sittliche Freiheit so: „[D]er Gehorsam gegen das selbst gegebene Gesetz ist Freiheit." (GV 23)

Rousseau formuliert diesen Gedanken so: „Finde eine Form des Zusammenschlusses, die mit ihrer ganzen [...] Kraft die Person und das Vermögen jedes einzelnen Mitglieds verteidigt und schützt und durch die doch jeder, indem er sich mit allen vereinigt, nur sich selbst gehorcht und genauso frei bleibt wie zuvor."(GV 17)

Vgl. zur Unterscheidung von positiver und negativer Freiheit S. 35 in diesem Band.

Der (unteilbare) Gemeinwille ist der wahre Wille des Volkes und nicht mit der „volonté de tous", d. h. der Summe der Einzelwillen oder Sonderinteressen identisch. Durch den Gesellschaftsvertrag wird auch eine neue Form der **Gleichheit** gewonnen: Alle Menschen sind **gleichberechtigter Teil** der Volkssouveränität. Wer die Unterordnung unter den Gemeinwillen verweigert, darf nach Rousseau dazu gezwungen werden, was „nichts anderes heißt, als dass man ihn **zwingt, frei zu sein**" (GV 22).
Die Vorstellung, dass der Staat seine Bürger zu ihrem eigenen Wohl zu etwas zwingen darf, hat Rousseau scharfe **Kritik** eingebracht, denn sie kann als Einladung für Regierungen gelesen werden, ihre Bürger wie Un-

mündige zu behandeln – und das mit dem guten Gewissen, ihnen zur „wahren" Freiheit zu verhelfen. Die Situation verschärft sich dadurch, dass Rousseau den Begriff des Gemeinwillens sehr vage verwendet, so dass er eine Grundlage für Diktaturen liefern kann, sich als „Demokratien" zu gebärden und ihre Unterdrückungsmaßnahmen unter Verweis auf den „wahren" Willen des Volkes zu rechtfertigen.

Die Vertragstheorien im Vergleich

Exkurs: Die Utopie einer gerechten Gesellschaft – Thomas Morus' *Utopia*

Thomas Morus (1478–1535) war ein englischer Staatsmann und Schriftsteller. Er machte eine bemerkenswerte Karriere. Er war Richter und Diplomat, Berater des Königs, Sprecher des Parlaments und bekleidete 1529–1532 als Lordkanzler das höchste Amt unter König Henry VIII. Als dieser sich von der Kirche in Rom lossagte, um die Scheidung von seiner Frau durchzusetzen, und sich zum Oberhaupt seiner neuen anglikanischen Kirche erhob, weigerte sich Morus, den Treueeid zu leisten, weil ihm die Einheit der Kirche am Herzen lag. Er wurde wegen Hochverrats hingerichtet. Für seine Treue zur Kirche wurde er 1935 heiliggesprochen.

Im Jahr **1516** veröffentlichte Thomas Morus unter dem Titel *Ein wahrhaft goldenes Büchlein von der besten Staatsverfassung und von der neuen Insel Utopia* eine Art Reisebericht über eine fiktive Insel, für die er das Bild einer gerechten Gesellschaft entwarf. Das in lateinischer Sprache abgefasste Bändchen erschien in einer **Zeit des Umbruchs:** Die neuen Techniken der Schifffahrt ermöglichten abenteuerliche Seereisen und die **Entdeckung** bis dahin unbekannter Weltgegenden. Das Denken der **Renaissance** rückte den Menschen in den Mittelpunkt; es konzentrierte sich aufs Diesseits und die Frage, wie das Leben im Hier und Jetzt zu verbessern sei. Dementsprechend verzichtet Morus auf die Begründung seines Gesellschaftsentwurfs mit göttlicher Vorsehung oder mit Vorstellungen vom jenseitigen Paradies. Die ganze Anlage der Insel Utopia basiert rein auf menschlichem Zutun und zeugt vom Vertrauen in die menschliche Leistungsfähigkeit und die technisch-planerische Vernunft. Wie alle anderen **Humanisten** der Zeit, mit denen Morus in regem Austausch stand, war

er vertraut mit den klassischen Werken der griechischen und lateinischen Antike, so auch mit **Platons** Vorstellung vom **idealen Staat**, die dieser in seiner *Politeia* (um 375 v. Chr.) entworfen hatte. Wie Platons Schrift ist auch Morus' Buch als **Dialog** konzipiert: Eine Ich-Figuration von Thomas Morus unterhält sich mit einem fiktiven Gesprächspartner, dem Portugiesen Raphael Hythlodaeus. Der Text ist **zweigeteilt:**
Vor dem wirtschaftlich-gesellschaftlichen Hintergrund des **zeitgenössischen England**, über das der Politiker Thomas More bestens Bescheid wusste, formuliert der **erste Teil** eine scharfe Kritik an der **sozialen Misere:** Verantwortlich für die Verelendung sind – so lässt Morus Raphael sagen – die reichen Großgrundbesitzer, die Gemeindeland (Allmende) für die lukrative Schafzucht okkupieren und die einfachen Pächter mit juristischen Tricks und mit Gewalt vom Ackerland vertreiben. Diese verarmen und ihnen bleibt nichts anderes übrig, als bettelnd und stehlend durchs Land zu ziehen. Dafür werden sie vom Staat verfolgt und grausamst bestraft. Grund allen Übels sei demnach die **Habgier** der Reichen: Wer **Privateigentum** hat, will es um jeden Preis vermehren.
Nach dieser bitteren Analyse der realen Zeitumstände wechselt der Text im **zweiten Teil** auf die Ebene der **Fantasie:** Der Portugiese berichtet von seinem Aufenthalt auf der fernen Insel Utopia, auf der, im krassen Gegensatz zum zeitgenössischen England, alle Menschen glücklich und in Harmonie miteinander leben. Bald nach der Entdeckung und Kolonisierung habe Utopius, der Gründer des Staates, die damals noch bestehende Verbindung zum Festland gekappt. Die dadurch entstandene **Insellage** macht Utopia zu einem in sich geschlossenen System – nach außen isoliert gegen störende Fremdeinflüsse, nach innen überschaubar und planbar – und damit letztlich zu einer in sich geschlossenen Versuchsanordnung für Morus' Gedankenexperiment.
Der Staat Utopia basiert auf folgenden **Grundprinzipien:**

- Weisheit und **Vernunft** gelten als die höchsten Werte, jedoch nicht um ihrer selbst willen (wie in der Antike), sondern unter der Maßgabe des Nutzens und der Zweckmäßigkeit für das Allgemeinwohl, d. h.: Vernünftig ist, was den Gesamtnutzen für das Gemeinwesen maximiert.
- Wichtigste Voraussetzung dafür ist die **Abschaffung des Privateigentums**, wirtschaftliche **Gütergemeinschaft** und die **gerechte Verteilung der Arbeit.**

„Utopia" ist übrigens ein von Morus neu gebildetes Wort (von griech. *ou* = nicht; *tópos* = Ort) und bedeutet so viel wie „Nichtort"; in englischer Aussprache ist der Titel doppeldeutig, denn die Vorsilbe *eu* (griech. für „gut") klingt gleich, somit schwingt die Bedeutung „guter Ort" mit. Das Wort „Utopie" wurde zum Gattungsbegriff und bezeichnet heute die literarische Darstellung eines an einem zeitlich und/oder räumlich fernen Ort angesiedelten Staatswesens als Gegenbild zur bestehenden Ordnung.

Zentrale Kennzeichen von Morus' Utopia

Aufbau	Die 54 gleich aufgebauten Städte der Insel, das umliegende Ackerland sowie die gesamte Infrastruktur sind wie auf dem Reißbrett rational durchgeplant.
Zusammenleben	Die Menschen leben in Großgruppen mit bis zu 40 Personen in schlichten Häusern zusammen, deren Türen nie verschlossen sind – jeder kann jederzeit eintreten. Alle tragen dieselbe einfache Kleidung.

Politische Ordnung	Jeweils 30 Haushaltungen wählen sich einen Vorsteher. Diese wählen aus vier vom Volk vorgeschlagenen Kandidaten ein Staatsoberhaupt. Ein Zehntel der Gruppenleiter wird in den Staatsrat gewählt.
Arbeit und Versorgung	Ausnahmslos alle Männer und Frauen sind zu sechs Stunden täglicher Arbeit verpflichtet, und zwar abwechselnd in der Landwirtschaft und in einem Handwerk, das man selbst wählen kann. Die Mahlzeiten werden gemeinsam in großen Hallen eingenommen. Alle produzierten Güter werden in öffentlichen Vorratslagern abgeliefert, aus denen jeder erhält, was er braucht. Geldwirtschaft gibt es nicht.
Gesundheit	Kranke werden in Spitälern gepflegt, Alte und Arbeitsunfähige versorgt.
Freizeit	Die verbleibende Freizeit wird vorzugsweise zur geistigen Weiterbildung genutzt, denn darin liegt nach Meinung der Utopier das Glück des Lebens. Reisen sind nur in Ausnahmefällen gestattet.
Werte	Religiöse Toleranz und allgemeine Schulbildung schaffen die Grundlagen für moralische sowie geistige Kompetenz und für gesellschaftlichen Frieden.

Zur Aufrechterhaltung dieser Gesellschaftsordnung sind soziale und politische Strukturen mit festen Regeln und Geboten nötig, die tief ins Privatleben eingreifen und auf den modernen Leser irritierend wirken. So garantiert etwa das Gleichheitsprinzip soziale Gerechtigkeit, lässt aber keinen Raum für Individualität, Spontaneität und Kreativität. Soziale Harmonie geht auf Kosten von Privatsphäre und persönlicher Freiheit. „Utopia" stellt sicherlich kein Ideal vor, das Morus in der Realität eins zu eins verwirklicht hätte sehen wollen. Er lässt sein Alter Ego immer wieder einzelne Aspekte hinterfragen, beispielsweise wie das Konzept der Gütergemeinschaft funktionieren solle, „wenn sich jeder vor der Arbeit drückt, da ihn keinerlei Zwang zu eigenem Erwerb drängt"[17]. Abschließend könne er nicht allem zustimmen, wovon Raphael berichtet habe, jedoch gestehe er, „daß es im Staate der Utopier sehr vieles gibt, was [er] unseren Staaten eher wünschen möchte als erhoffen kann"[18].

Schon der Name des Portugiesen Hythlodaeus (von gr. *hythlus* = Posse, Geschwätz) lässt sich, je nach Betonung, mit „Schwätzer" oder „Possenreißer" übersetzen, was die Glaubwürdigkeit des Augenzeugen in Zweifel zieht. Hinzu kommen amüsante Details – etwa die Tatsache, dass die Utopier, um ihre Verachtung für Luxus zu demonstrieren, goldene Nachttöpfe verwenden.

Keinesfalls ignorieren sollte man die Ironie-Signale des Textes. Brechungen und Übertreibungen sind derart auffällig, dass sich „Utopia" bis zu einem gewissen Grad selbst relativiert, Distanz schafft und damit zur kritischen Reflexion auffordert.

Morus' *Utopia* eröffnete ein breites Spektrum an Interpretationsperspektiven: Für die einen war es ein groß angelegter Witz eines geistreichen Humanisten, andere sahen darin die wichtigste vorwissenschaftliche Version des modernen Kommunismus. Jedoch werden solche Verabsolutierungen dem Text und seiner Machart nicht gerecht. In jedem Falle aber gab Morus den Anstoß, über die Grundlagen des staatlichen Gemeinwesens zu diskutieren.

3.4 Joseph Schumpeter und die Elitendemokratie

Joseph Schumpeter entwickelt seine Vorstellung von Demokratie in Reibung mit klassischen Demokratietheorien des 18. Jahrhunderts wie der von Rousseau. Seine Kritik an diesen setzt bei den Voraussetzungen an, die diese Theorien in seinen Augen explizit oder implizit enthalten. Nach Schumpeter gehen die klassischen Theorien davon aus, dass sich das Gemeinwohl mithilfe der Vernunft eindeutig erkennen lässt und daher auch jeder Mensch zum gleichen Ergebnis kommt, wenn er das Gemeinwohl zu definieren versucht. Auch welche Maßnahmen zu treffen seien, um das Gemeinwohl zu realisieren, liege dann auf der Hand. Weil die Menschen daher zumindest in der Tendenz gleicher Meinung seien, könnten diese Theorien auch von einem „allgemeinen Willen" sprechen. An diesen Voraussetzungen zweifelt Schumpeter. Vielmehr würden in einer Gesellschaft **ganz verschiedene Auffassungen** davon existieren, was das **Gemeinwohl** sei und wie man es erreichen könne. Deshalb müsse man sich von dem Konstrukt des „Gemeinwohls" als „Leitstern der Politik" (KSD 329) verabschieden.

Joseph Schumpeter (1883–1950) war ein österreichischer Wirtschaftswissenschaftler, der sich insbesondere mit der Entwicklung der Wirtschaftssysteme auseinandersetzte. Seine Theorie der Demokratie entwickelte Schumpeter in dem Werk *Kapitalismus, Sozialismus und Demokratie* (1942, hier zitiert als KSD).

Kritisch sieht Schumpeter das vorausgesetzte Menschenbild, nach dem die Menschen rational agieren würden und ihre Bedürfnisse klar erfassen könnten. Schumpeter hat ein eher pessimistisches Bild von den Menschen: Für ihn sind sie **beeinflussbar** und haben keinen unmittelbaren Einblick in die eigene Motivlage. Eine **direkte Demokratie**, in der die Menschen direkt über bestimmte Maßnahmen abstimmen, sieht er daher **nicht** als **erstrebenswert** an.

Er wendet sich damit gegen die in den Wirtschaftswissenschaften verbreitete *Rational-Choice-Theory*, nach der Konsumenten rationale Kaufentscheidungen treffen.

An deren Stelle setzt Schumpeter eine spezifische Form der **Konkurrenzdemokratie**, die er so definiert:

ZITAT

> „[D]ie demokratische Methode ist diejenige Ordnung der Institutionen zur Erreichung politischer Entscheidungen, bei welcher einzelne die Entscheidungsbefugnis vermittels eines Konkurrenzkampfs um die Stimmen des Volkes erwerben." (KSD 355)

Politiker treten also mit ihren politischen Ideen und Angeboten in Konkurrenz zueinander und versuchen die Gunst der Gesellschaftsmitglieder zu erwerben, die sie dann **wählen**. Schumpeter entwickelt diese Vorstellung von Demokratie in Parallele zur ökonomischen Interaktion von Produzenten und Konsumenten: So wie Produzenten für ihre Produkte werben, so werben die Politiker um die Stimmen der Menschen. So wie die Konsumenten dann dieses oder jenes Produkt wählen, wählen die Wahlberechtigten diesen oder jenen Politiker. Die Demokratie ist insofern ein **Markt**, auf dem sich Politiker in der Konkurrenz mit anderen Politikern durchzusetzen versuchen. Nach der Wahl werden die politischen **Entscheidungen** ausschließlich von dem gewählten **Führungspersonal** getroffen. Dieses Konzept hat in seinen Augen verschiedene Vorteile:

- Schumpeter bescheinigt dem eigenen Ansatz eine „angemessene Anerkennung der lebenswichtigen Tatsache der Führung" (KSD 356). Weil die Menschen politisch eher nicht informiert bzw. kompetent seien und nicht rationale politische Entscheidungen träfen, bedürfen sie nach seiner Meinung in besonderem Maße der **Führung** durch eine Führungsschicht.
- Auch sei eine Demokratie nach seiner Vorstellung dazu geeignet, Gruppen- bzw. Sonderinteressen von Minderheiten oder Benachteiligten zu berücksichtigen. Die politischen Führer würden diese in der Regel latenten (verdeckten) Interessen aufgreifen und ihnen Form geben, erst durch den politischen Führer würden sie so zu einem „politische[n] Faktor" (KSD 356).
- Zugleich sieht es Schumpeter als wahrscheinlich an, dass eine in seinem Sinne konstruierte Demokratie ein großes Maß an Meinungs- und Pressefreiheit mit sich bringe, da theoretisch jeder sich um eine Position in der politischen Führung bewerben könnte. Allerdings formuliert er an anderer Stelle (vgl. unten), dass sich die politische Führung gerade nicht aus der Normalbevölkerung bilden solle.
- Eine **Kontrolle der politischen Führung** sieht Schumpeter allein durch die Möglichkeit vor, dass die Wählerschaft diese wieder **abwählen** kann. Eine über die Wahl hinausgehende Beteiligung der Bevölkerung an der politischen Gestaltung der Gesellschaft sollte es demnach nicht geben.

Schumpeter fordert von den Wählern, dass sie die „Arbeitsteilung zwischen ihnen selbst und den von ihnen gewählten Politikern respektieren" (KSD 389). Sie sollen einsehen, dass „die politische Tätigkeit […] Sache" der Politiker ist „und nicht die ihre" (KSD 389).

Will diese Form der Demokratie erfolgreich sein, so muss das „Menschenmaterial der Politik" (also der Kandidaten) nach Schumpeter „von hinreichend hoher Qualität" (KSD 383) sein. Diese Anforderung sieht er am besten mit der „Existenz einer sozialen Schicht" erfüllt, „die – selbst das Produkt eines strengen Auswahlprozesses – sich der Politik als einer Selbstverständlichkeit zuwendet" (KSD 389). Weil diese Vorstellung auf die Forderung nach einer **politischen Elite** hinausläuft und weil gleichzeitig die Rolle der Bürgerschaft abgewertet wird, wird Schumpeters Ansatz häufig als „Elitendemokratie" bezeichnet. In seinem minimalistischen Konzept ist nach der Auffassung des Politikwissenschaftlers William Scheuermann „Demokratie nichts anderes als ein begrenztes, institutionelles Mittel, um kompetente Führer hervorzubringen"[19].
Demokratie ist bei Schumpeter also nicht inhaltlich oder normativ bestimmt (etwa als gerechte Gesellschaftsform, die Gemeinwohl stifte),

sondern rein **prozedural** als eine **Methode**. Mit seiner Reduktion von Demokratie auf eine Methode bleibt Schumpeter auf Abstand zu einem erweiterten Demokratieverständnis, in dem neben dem prozeduralen Aspekt der Wahl noch weitere (normative) Aspekte eine Rolle spielen, z. B. die Sicherung von Grundrechten, die Gewaltenteilung zur Verhinderung von Machtmissbrauch oder insgesamt eine rege und politisch interessierte Bürgergesellschaft.

Exkurs: Hannah Arendt: Macht und Gewalt im Staat

In ihrem Essay *Macht und Gewalt* setzt sich die politische Philosophin Hannah Arendt mit der Frage auseinander, in welchem **Verhältnis Macht und Gewalt** im Staat zueinander stehen. Sie kritisiert die vorherrschende Ansicht, dass politische Macht sich durch Gewalt bestimmen lasse – etwa in dem Sinne, dass derjenige, der die wirksamsten Gewaltmittel besitze, die Macht innehabe. Nach dieser Ansicht lässt Macht sich daran festmachen, wie wirksam Herrschaft von oben durchgesetzt werden kann. Für Arendt basiert Macht dagegen auf dem Prinzip der **Zustimmung** und entspringt dem **gemeinsamen Handeln:**

Der englische Originaltitel von Arendts Essay aus dem Jahr 1970 lautet *On Violence*. Die deutsche Übersetzung wird hier zitiert unter der Sigle MG.

ZITAT

> „Macht entsteht, wann immer Menschen sich zusammentun und gemeinsam handeln, ihre Legitimität beruht nicht auf den Zielen und Zwecken, die eine Gruppe sich jeweils setzt; sie stammt aus dem Machtursprung, der mit der Gründung der Gruppe zusammenfällt." (MG 53)

Die Grundlage von Macht ist also der Zusammenschluss von Menschen, die gemeinsam handeln wollen. Macht ist daher für Arendt auch nicht denkbar ohne eine Öffentlichkeit im Sinne eines Raumes, in dem Austausch stattfindet und das gemeinsame Handeln verhandelt wird. Ein Machtverlust finde statt, wenn „das Volk seinen Konsens zu dem, was die Machthaber, nämlich die Ermächtigten tun, entzieht" (MG 81). Der Machtverlust werde dann häufig durch **Gewalt** kompensiert. Diese versteht Arendt als **Gegenprinzip zur Macht**: „Nackte Gewalt tritt auf, wo Macht verloren ist." (MG 55) Das Mittel der Gewalt werde dann genutzt, wenn es an **freiwilliger Zustimmung bzw. Unterstützung fehle**. Statt Konsensorientierung einander gleichgestellter Menschen komme nun ein instrumentelles Denken zum Tragen, indem Waffen als Werkzeug eingesetzt würden, um Menschen zu einem bestimmten Handeln zu zwingen. Nicht mehr Freiheitlichkeit und Gleichheit würden die Gesellschaft dann prägen, sondern ein hierarchisches Gefälle zwischen Herrschenden und Beherrschten.

3.5 Jürgen Habermas und die deliberative Demokratie

deliberare (lat.) = erwägen, beratschlagen

Mit Hannah Arendt teilt Jürgen Habermas die positive Bewertung von **Austausch und Kommunikation** in der Gesellschaft. Seine Vorstellung einer deliberativen Demokratie, also einer „beratschlagenden" Demokratie, versteht sich als Vereinigung der Vorteile von liberalen und republikanischen Demokratiemodellen. Während liberale Modelle vor allem den Schutz individueller Freiheiten und Rechte ins Zentrum stellen, sind republikanische Modelle insbesondere von der Idee der politischen Teilhabe geprägt.

Habermas geht durchaus (wie das liberale Modell) von einer Trennung von Staat und Gesellschaft aus. Der Staat mit seinen Institutionen ist für politische Entscheidungen und deren Umsetzung zuständig und in diese Sphäre ist die gesellschaftliche Lebenswelt nicht integriert. Die Gesellschaft hat aber Einfluss auf die staatliche Sphäre. Habermas weist hier der **Öffentlichkeit** eine entscheidende Rolle zu: Sie ist der Raum für eine **gesellschaftliche Selbstverständigung**, in deren Rahmen frei Argumente ausgetauscht werden können und Meinungs- und Willensbildung stattfinden kann. Habermas betont dabei – wie in seiner Diskurstheorie allgemein – die Rolle einer von Rationalität getragenen Kommunikation, die von Zwang frei ist und an der alle teilnehmen können. Das Konzept deliberativer Demokratie fordert insofern eine **politisch rege und interessierte Zivilgesellschaft**, die dann auf der Grundlage des Meinungsbildungsprozesses fundierte Wahlentscheidungen treffen kann. Hierin liegt einer der fundamentalen Unterschiede zur Demokratietheorie Schumpeters: Während die Meinungen bei diesem durch die politischen Vertreter – sozusagen von oben – geformt werden, finden bei Habermas die Meinungsbildung und die politische Willensbildung durch die Kommunikation zwischen Gleichen statt.

Eine wichtige Funktion der Öffentlichkeit besteht nach Habermas auch darin, dass regelungsbedürftige **Probleme** in der Gesellschaft **identifiziert** und **an die Politik herangetragen** werden können. Außerdem würden auch die politischen Entscheidungsprozesse vom zivilgesellschaftlichen Austausch begleitet: Die Politik stehe ständig „unter Beobachtung" der Öffentlichkeit, die die Politik so **kontrolliere**. Auch darin unterscheidet sich Habermas' Konzeption stark von Schumpeters Demokratiemodell, nach dem das gewählte Führungspersonal bis zur nächsten Wahl von der Gesellschaft losgelöst seine Entscheidungen trifft.

Eine funktionierende Öffentlichkeit ist nach Habermas auf eine **freie und pluralistische Medienlandschaft** angewiesen. Er weist aber auch Parteien, NGOs, Bürgerinitiativen, Vereinen und anderen Zusammenschlüssen, die aus der Privatgesellschaft hervorgehen, eine zentrale Rolle zu.

NGO: *non-governmental organization* = Nichtregierungsorganisation

3.6 John Rawls – Gerechtigkeit als Fairness

Der US-amerikanische Philosoph **John Rawls** ist für sein Werk *A Theory of Justice* (1971) bekannt, das die philosophische Diskussion um Gerechtigkeit der nächsten Jahrzehnte mitbestimmen sollte. Die deutsche Übersetzung wird hier unter der Sigle TG zitiert.

John Rawls befasste sich insbesondere mit der Frage, welche **grundlegenden Prinzipien eine gerechte Gesellschaft** prägen sollten. Rawls' Denkansatz steht in der Tradition kontraktualistischer Überlegungen: Ausgangspunkt ist auch bei ihm ein **hypothetischer Urzustand** *(original position)*, der dem Naturzustand in den früheren Vertragstheorien ähnelt. In diesem fiktiven Zustand werden die Mitglieder der Gesellschaft vor die **Entscheidung** gestellt, nach welchen Grundsätzen die Gesellschaft gestaltet sein sollte, in der sie später leben wollen. Rawls setzt unter anderem voraus, …

- … dass in dieser Situation unter den Beteiligten Gleichheit herrscht,
- … dass sie frei entscheiden können,
- … dass sie gewillt sind, Gerechtigkeitsgrundsätze zu entwerfen.

Das entscheidende Merkmal des Urzustandes ist aber der sogenannte **Schleier des Nichtwissens**.

info

Der **Schleier des Nichtwissens** *(veil of ignorance)* liegt im Urzustand über den späteren eigenen Lebensbedingungen: So wissen die Menschen nicht, …

- … welche **Stellung** sie im soziale Gefüge haben werden (u. a. hinsichtlich Status, Macht, Vermögen usw.),
- … welche **Begabungen**, **Fähigkeiten** und **Vorlieben** (u. a. Intelligenz, körperliche Fähigkeiten usw.) sie später haben werden.

Kenntnis haben die Menschen dagegen davon, …

- … welche gesellschaftlichen Rollen und Positionen es geben wird,
- … welche Begabungen, Fähigkeiten und Vorlieben die Individuen haben können,
- … welche Auswirkungen die zu wählende gesellschaftliche Grundstruktur auf die Lage der gesellschaftlichen Gruppen bzw. Individuen haben wird.

Der Schleier des Nichtwissens **verhindert**, dass die Wahl der gesellschaftlichen Grundsätze von den **individuellen Lebensbedingungen beeinflusst ist.**

Ohne Kenntnis der individuellen Lebensbedingungen – so Rawls – werden die Menschen eine von **Fairness** geprägte Haltung einnehmen, wenn sie die Wahl treffen sollen, auf welchen Grundsätzen die Gesellschaft aufgebaut sein soll. Nach Rawls ist diese Wahl ausdrücklich nicht altruistischer Natur – vielmehr folgen die Wählenden **rational dem eigenen Interesse**. Rawls geht davon aus, dass sie in einer solchen Situation, in der eine Entscheidung unter Unsicherheit getroffen werden muss, dem sogenannten **Maximin-Prinzip** folgen werden. Nach diesem entscheiden sich die Menschen so, „dass die Konsequenzen, die im *ungünstigsten*

Fall eintreten werden, mindestens ebenso gut sind wie die Konsequenzen, die sich bei anderen Entscheidungen im dann jeweils ungünstigsten Fall ergeben würden“[20]. Nach Rawls werden die Menschen also Prinzipien wählen, deren Auswirkungen den Schlechtestgestellten der Gesellschaft eine Lebenssituation verschaffen, die besser ist als die Lebenssituation, die sich bei jeglichen anderen Prinzipien für die Schlechtestgestellten der Gesellschaft ergäbe. Rawls geht davon aus, dass sich als Ergebnis der Wahl zwei Grundsätze herauskristallisieren werden.

Nach Rawls werden solche Grundsätze gewählt, „die jemand als Plan für eine Gesellschaft wählen würde, in der ihm sein Feind einen Platz zuweisen kann“ (TG 178).

Der **erste Grundsatz** ist das **Gleichheitsprinzip** (auch: Prinzip der gleichen Freiheit). Rawls beschreibt es folgendermaßen:

ZITAT

> „Jeder Mensch hat das gleiche Recht auf das umfangreichste Gesamtsystem gleicher Grundfreiheiten, das für alle möglich ist.“ (TG 336)

Dieser Grundsatz garantiert allen Mitgliedern der Gesellschaft **grundlegende Freiheiten** wie beispielsweise die Unverletzlichkeit der Person, das aktive und passive Wahlrecht, die Versammlungs- und Redefreiheit, das Recht auf Eigentum sowie den Schutz vor Willkür durch den Staat.

Der **zweite Grundsatz** ist etwas komplizierter und enthält das **Prinzip fairer Chancengleichheit** und das **Differenzprinzip**. Wie bereits deutlich geworden sein sollte, geht Rawls durchaus davon aus, dass es in der Gesellschaft gewisse Ungleichheiten geben wird, insbesondere was die Verteilung von Gütern angeht. Das Prinzip fairer Chancengleichheit und das Differenzprinzip bestimmen Bedingungen für solche Ungleichheiten.

> „Soziale und wirtschaftliche Ungleichheiten müssen folgendermaßen beschaffen sein:
>
> (a) sie müssen unter der Einschränkung des gerechten Spargrundsatzes den am wenigsten Begünstigten den größtmöglichen Vorteil bieten, und
>
> (b) sie müssen mit Ämtern und Positionen verbunden sein, die allen gemäß fairer Chancengleichheit offen stehen.“ (TG 336)

Im Punkt (a), dem **Differenzprinzip**, kommt das Maximin-Prinzip besonders deutlich zum Tragen: Ungleichheiten in sozialer und wirtschaftlicher Hinsicht können nur zulässig sein, wenn sie die **Lage der Schlechtestgestellten verbessern**.

Im Punkt (b) artikuliert sich das **Prinzip fairer Chancengleichheit:** Ungleichheiten in sozialer und wirtschaftlicher Hinsicht können nur zulässig sein, wenn alle die **gleichen Chancen** haben, die **Ämter und Positionen**, die es in der damit einhergehenden gesellschaftlichen Ordnung gibt, zu erlangen.

Rawls formuliert eine Rangfolge der drei Prinzipien: In jedem Fall muss das **Gleichheitsprinzip** garantiert werden, es hat insofern **Vorrang** vor den anderen Prinzipien. Eine Beschränkung von Grundfreiheiten zugunsten einer Verbesserung der sozialen oder wirtschaftlichen Situation der Schlechtestgestellten wäre in diesem Sinne beispielsweise nicht vertretbar. Außerdem gibt Rawls dem **Prinzip fairer Chancengleichheit Vorrang vor dem Differenzprinzip**. Das heißt, dass eine Verbesserung der sozialen oder wirtschaftlichen Situation der Schlechtestgestellten dann nicht zulässig ist, wenn dadurch die Chancengleichheit verloren geht.

Die drei Prinzipien beziehen sich übrigens auf die Verteilung verschiedener Formen sozialer Güter – das Gleichheitsprinzip auf das Gut der Freiheit, das Prinzip fairer Chancen auf den Zugang zu Ämtern und Positionen und das Differenzprinzip auf wirtschaftliche Ressourcen.

Rawls' Herleitung der Gerechtigkeitsgrundsätze

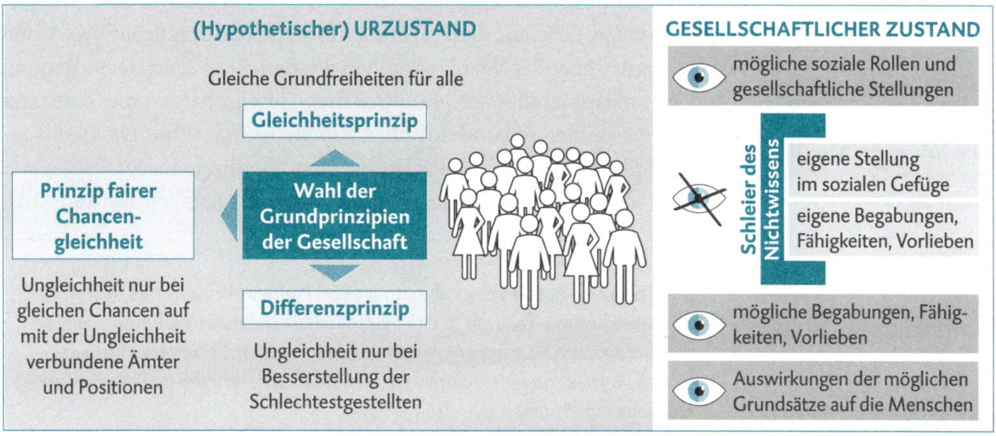

John Rawls' Gerechtigkeitstheorie wird im Allgemeinen dem **egalitären Liberalismus** zugeordnet. Liberal ist sie insofern, als sie die Grundfreiheiten als vorranging ansieht; egalitär ist sie in dem Sinne, dass sie für alle Menschen die gleichen Grundfreiheiten sowie Chancengleichheit vorsieht und sozioökonomische Ungleichheiten nur zugunsten der Schlechtergestellten zulassen will. Insgesamt argumentiert Rawls für eine **sozialstaatliche Grundstruktur** des Gemeinwesens, in der **Umverteilung** ein wesentlicher Pfeiler ist.

egalitär: von fr. *égalitaire* = gleichmachend; **Liberalismus** (von lat. *liberalis* = freiheitlich) politische Grundposition, die die individuellen Rechte der Menschen (insbesondere Freiheitsrechte) in den Vordergrund stellt

Rawls distanzierte sich übrigens stark vom Utilitarismus: Er kritisierte dessen Übertragung der individuellen auf die interindividuelle bzw. kollektive Nutzenmaximierung. Bei dieser zähle nur die Summe des Nutzens, während die Verteilung des Nutzens nicht von Belang sei. Nach dieser Maßgabe seien Gesellschaften denkbar, in denen ein Teil der Bevölkerung in großem Überfluss lebe, auch wenn dadurch der andere Teil in äußerstem Elend lebe – es müsse ja nur die Nutzensumme stimmen.

4 Pluralismus und Bürger-Engagement als Merkmale freiheitlicher Demokratien

4.1 Die pluralistische Gesellschaft

Pluralismus und Grundkonsens

pluralitas (lat.) = Mehrzahl

Als prägendes Merkmal moderner freiheitlicher Gesellschaften gilt der **Pluralismus**. Dieser Begriff bezeichnet das friedliche **Nebeneinander** von ganz unterschiedlichen, auch widersprüchlichen **Lebensweisen**, **Überzeugungen** und **kulturellen Ausrichtungen** in einer Gesellschaft. Er kann im Sinne eines empirischen Begriffsverständnisses der Beschreibung einer Gesellschaft dienen, er kann aber auch im normativen Sinne als ein anzustrebender Wert angesehen werden. Eine zentrale Bedingung für das Funktionieren einer pluralistischen Gesellschaft ist die **Toleranz** gegenüber Andersdenkenden und Anderslebenden. Eine Herausforderung für pluralistische Gesellschaften liegt allerdings in der Frage, wie mit dem sogenannten **Toleranz-Paradoxon** umgegangen werden soll.

Toleranz (von lat. *tolerare* = erdulden, ertragen): duldsame Haltung der Akzeptanz und des Gewährenlassens gegenüber anderen Meinungen und Lebensweisen

info

Das **Toleranz-Paradoxon** hat erstmals Karl Popper formuliert. Es besagt, dass uneingeschränkte Toleranz in einer Gesellschaft zu Intoleranz führen kann, weil auch intolerante Haltungen toleriert werden müssten. Es bestehe die Gefahr, dass die Intoleranten die tolerante Gesellschaft untergraben und gegebenenfalls sogar zerstören.

Aus dem Toleranz-Paradoxon folgert Popper, dass die Toleranz einer Gesellschaft **nicht grenzenlos** sein könne, d. h., dass sie gegenüber Intoleranz intolerant sein und intolerante Bestrebungen bekämpfen solle.
Ganz in diesem Sinne sind in Deutschland dem Pluralismus Grenzen gesetzt, die maßgeblich vom sogenannten **Grundkonsens** bestimmt werden. Darunter versteht man die Prinzipien und Werte, die als grundlegende Basis für das gelingende Zusammenleben in der Gesellschaft angesehen werden. Das deutsche Grundgesetz spielt für den Grundkonsens bei uns eine zentrale Rolle: Es formuliert wesentliche Werte und Rechte (z. B. Recht auf freie Entfaltung, Meinungsfreiheit, Gleichheit, Rechtsstaatlichkeit, Gleichberechtigung), die in Deutschland gelten sollen. Bestrebungen, die sich gegen diese Werte und Rechte richten, werden nicht toleriert. Verfassungsfeindliche Parteien können z. B. verboten werden.

Pluralismus bedeutet daher auch nicht Relativismus, nach dem jegliche ethischen Werte keine absolute, universelle Geltung beanspruchen können. Der Grundkonsens ist die normative Basis, auf der Vielfalt beruht.

Gesellschaftliche Konflikte

Konflikte und Probleme ergeben sich in pluralistischen Gesellschaften vor allem dort, wo sich die Unterschiede auch auf **(moralische) Prinzi-**

pien und auf die **Wertorientierung** erstrecken. Dabei spielen oft kulturelle und religiöse Unterschiede eine Rolle, wie folgende Beispiele zeigen:

- Es wird immer wieder diskutiert, ob die **Ganzkörperverschleierung** (mit fast vollständiger Verschleierung des Gesichts), die manche Musliminnen in der Öffentlichkeit tragen, verboten werden soll. Unter anderem wird argumentiert, dass diese Praxis der Gleichberechtigung von Mann und Frau und der freien Entfaltung der Frau entgegenstehe. Viele Gegnerinnen und Gegner des Verbots dagegen sehen in einer solchen Vorschrift einen eklatanten Verstoß gegen die Religionsfreiheit.

In Belgien und Frankreich ist ein solches Verbot bereits in Kraft.

- Im sogenannten **Kreuzerlass** (2018) verordnete Markus Söder (Ministerpräsident von Bayern), dass im Eingangsbereich von Landesbehörden als Ausdruck der geschichtlich-kulturellen Prägung Bayerns ein gut sichtbares Kruzifix hängen müsse. Dieser Erlass wurde mit dem Argument kritisiert, dass er das Neutralitätsgebot des Staates verletze. Der Staat beziehe weltanschaulich Position und beeinträchtige damit den religiösen Pluralismus. Klagen gegen die Verordnung wurden 2022 vom Bayerischen Verwaltungsgerichtshof abgewiesen.

Kruzifix: plastische Darstellung des ans Kreuz genagelten Jesus

Die Abweisung der Klagen wurde u. a. damit begründet, dass das Kruzifix hier nur passiv und nicht zur Missionierung oder Indoktrinierung verwendet würde.

- Im Judentum und im Islam ist die **Beschneidung** von Jungen, also die Entfernung der männlichen Vorhaut, eine wichtige religiöse Praxis. Im Judentum ist sie für den achten Tag nach der Geburt vorgesehen, im Islam soll sie bis zum Beginn der Pubertät durchgeführt worden sein. 2012 urteilte das Kölner Landgericht, dass diese Praxis Körperverletzung sei. Auf der einen Seite stehen hier die Religionsfreiheit und das Selbstbestimmungsrecht der Eltern in Erziehungsfragen, das auch die Entscheidung umfasst, an welchen religiösen Praktiken das Kind teilhat. Auf der anderen Seite steht das Recht auf körperliche Unversehrtheit. Noch im selben Jahr wurde vom Bundestag ein Gesetz verabschiedet, das es Eltern erlaubt, die religiöse Beschneidung bei ihren Kindern vollziehen zu lassen, wenn sie „nach den Regeln der ärztlichen Kunst" (BGB 1631d) durchgeführt wird – der Schutz der Religionsfreiheit wurde hier vom Gesetzgeber also höher gewichtet.
- **Kulturell-religiöse Vielfalt** kann als Merkmal pluralistischer Gesellschaften gelten. Insbesondere mit Blick auf die Einwanderung aus muslimischen Gesellschaften wenden Kritiker allerdings ein, dass sie zu einem Problem werden könne, wenn sie zur Bildung von **„Parallelgesellschaften"** führe, die – oft abgeschottet in bestimmten Stadtvierteln – keine Verbindung mehr zur „Mehrheitsgesellschaft" hätten und ihre eigenen Regeln etablieren würden. Als Gegenargument wird angeführt, dass Stadtviertel, in denen eine „andere" Kultur dominiere, für eine Einwanderergesellschaft ganz normal seien, wie beispielsweise die Chinatowns in den USA oder in Kanada zeigen würden. Außer-

dem müsse nach den Gründen für die Abschottung gefragt werden: Ist es mangelnde Integrationsbereitschaft der Eingewanderten? Oder ist eine verfehlte Politik verantwortlich, die zu wenig oder zu wenig wirksame Integrationsangebote schafft oder es nicht vermag, Integrationshürden zu minimieren (z. B. durch Maßnahmen gegen die Diskriminierung bei der Wohnungs- oder Arbeitssuche)?

Gesellschaftliche Konflikte können sich aber auch auf ganz anderen Feldern abspielen. Der **Pluralismus politischer Meinungen** beispielsweise ist geradezu ein Pfeiler der Demokratie, die Meinungsfreiheit ist vom Grundgesetz geschützt. Insbesondere die Sozialen Medien sind heute aber von einer Eskalation der Rhetorik geprägt. Was ist hier noch vom Meinungspluralismus gedeckt? Was fällt unter Desinformation, was möglicherweise unter juristisch zu ahndende Volksverhetzung oder Ehrverletzung? So wurde die Grünen-Politikerin Renate Künast auf *X* unter anderem als „Stück Scheiße" und „Geisteskranke" bezeichnet. Ein Berliner Gericht urteilte 2019, dass dies als „zulässige Meinungsäußerung" gelten dürfe. Künast ging bis vor das Bundesverfassungsgericht, das 2021 die vorigen Urteile aufhob und damit solche Äußerungen als nicht zulässig einordnete, weil sie das Persönlichkeitsrecht verletzen würden.

Die rhetorische Eskalation ist v. a. in den Sozialen Medien auch oft mit der Tendenz verbunden, bestimmte Auffassungen (vor)schnell einem politischen Lager zuzuordnen. Wer das Gendersternchen (oder vergleichbare Markierungen) ablehnt, muss nicht rechts sein und die Gleichberechtigung der Geschlechter ablehnen. Und wer Wärmepumpen-Förderung gut findet, ist noch lange kein „Linksfaschist".

Differenzerfahrung, Kommunikation und Interkulturalität

Differenz: Unterschiedlichkeit, Verschiedenheit

Pluralismus hat grundlegend mit **Differenz** zu tun: Nur wo es unterschiedliche Lebensweisen und Überzeugungen gibt, kann man im empirischen Sinne auch von Pluralismus sprechen. Der einzelne Mensch kann (von) Differenz auf ganz unterschiedliche Weise erfahren, beispielsweise über …

- direkte Begegnungen (z. B. bei einer Einladung beim gleichgeschlechtlichen Paar in der Nachbarschaft),
- Erzählungen (z. B. wenn ein Muslim einem anderen Muslim von einem Kirchenbesuch erzählt),
- die klassischen Massenmedien (z. B. durch eine Dokumentation über jüdische Rituale),
- die Sozialen Medien (z. B. durch Posts zu Klima-Demos im sozialen Netzwerk *X*).

Das mit Differenzerfahrungen häufig verbundene Gefühl der Fremdheit kann einhergehen mit Verunsicherung und Irritation. Eine wichtige Frage ist es, wie man mit dieser ersten Empfindung umgeht: Reagiert man rundheraus ablehnend oder stellt man gar die Legitimität des „Anderen" infrage? Oder ist man bereit, sich auf die Differenzerfahrung weiter einzulassen und die Verunsicherungs- und Irritationsgefühle gegebenenfalls abzubauen?

Die Differenzerfahrung kann aber auch positive Gefühle auslösen: Wenn ich bei einem Straßenfest zum ersten Mal eine Spezialität an einem persischen Stand probiere, dann führt das womöglich zur Freude, einen neuen Geschmack für sich entdeckt zu haben.

Ein Faktor für die Akzeptanz von Differenz ist **Kommunikation** mit dem als „anders" Empfundenen, da ein Austausch gegenseitiges Verstehen ermöglicht. Wem Transgeschlechtlichkeit fremd vorkommt, der wird vermutlich, wenn er sich mit einer Transperson austauscht, eher Verständnis für deren Lebensweise entwickeln können, als wenn er dies nicht tut.

Insbesondere für die **Interkulturalität**, also für die – in Zeiten der Globalisierung immer wichtiger werdenden – Beziehungen zwischen den Kulturen, spielt die Kommunikation eine entscheidende Rolle. Wenn man versteht, woher bestimmte Gebräuche, die zunächst seltsam erscheinen, stammen, dann fällt es in der Regel auch leichter, sie zu akzeptieren.

Eine grundlegende Voraussetzung der interkulturellen Verständigung ist das Bewusstsein für die **Kulturgebundenheit** des menschlichen Denkens und Verhaltens (also auch des eigenen): Wie ich denke und handle, ist abhängig davon, in welcher Kultur ich **sozialisiert** worden bin. Das zeigt sich schon an einfachen Beispielen: Der Handschlag als Teil der Begrüßung ist in westlichen Ländern sehr üblich, in Japan dagegen verbeugt man sich. In Japan stehen vor der Toilette auch eigene Schuhe, die man beim Toilettengang statt der Straßen- oder Hausschuhe anziehen soll – eine Gepflogenheit, die sich der kulturellen Bewertung von Toilettenräumen als „unrein" verdankt.

Der anderen Kultur erst einmal **wertungsfrei** zu begegnen, d. h. die kulturelle Differenz nicht positiv oder negativ zu beurteilen, sondern einfach nur wahrzunehmen, wird ebenfalls als wichtiger Aspekt interkultureller Begegnungen angesehen. Auf dieser Basis kann dann ein **gegenseitiges Kennenlernen** erfolgen, in dessen Zuge sich Verständnis für die Andersartigkeit entwickelt und Akzeptanz gefördert wird.

Zu kuriosen Situationen kann es kommen, wenn zwei Menschen mit unterschiedlichem Kulturhintergrund im gleichen Moment versuchen, sich den Gepflogenheiten der anderen Kultur anzupassen.

4.2 Politisches Engagement in der Zivilgesellschaft

ZITAT

„Sobald man bei Staatsangelegenheiten die Worte hören kann ‚Was geht mich das an?‘, kann man darauf rechnen, dass der Staat verloren ist.“ (Jean-Jacques Rousseau)[21]

Die „Qualität“ und Stärke einer modernen Zivilgesellschaft lässt sich ganz wesentlich daran messen, in welchem Ausmaß sich die Bürgerinnen und Bürger am **öffentlichen Leben** und am **demokratischen Prozess beteiligen** und inwiefern sie zu **freiwilligem Engagement** bereit sind. Seit jeher kommt dem guten Miteinander innerhalb einer Gesellschaft große Bedeutung zu. Bereits Aristoteles bezeichnet den Menschen als ein von Natur aus politisches Lebewesen *(zôon politikon)*, das nur in der Gemeinschaft der Polis sein Glück finden und eine tugendreiche Gesinnung ausbilden kann. Deshalb sollten sich alle mit dem Bürgerrecht ausgestatteten Einwohner der Polis am **politischen Tagesgeschehen** beteiligen und Verantwortung für die Gesellschaft übernehmen. Adam Ferguson (1723–1816), ein schottischer Historiker und Moralphilosoph der Aufklärung, definiert in seinem *Essay on the History of Civil Society* (1767) den Menschen als soziales Wesen und hebt die **gegenseitige Hilfsbereitschaft** der Bürger untereinander als wünschenswerte Geisteshaltung hervor, die alle Bereiche der Gesellschaft durchdringen solle. Im 19. Jahrhundert stellt der französische Politiker und Historiker Alexis de Tocqueville (1805–1859) in seiner Analyse *Über die Demokratie in Amerika* (1835) heraus, wie wichtig **freie Zusammenschlüsse** und die **aktive Teilnahme der Bürger** für den Zusammenhalt der Gesellschaft und die Entwicklung der Demokratie sind. Unter anderem auf die Thesen Tocquevilles bezieht sich der amerikanische Soziologe und Politikwissenschaftler **Robert Putnam** (*1941), der seit den 1960er-Jahren einen **rückläufigen Trend des „Sozialkapitals“** in den USA beobachtet und diese Entwicklung für die steigende Unzufriedenheit sowie für die politische Apathie und das damit einhergehende Gefühl der Entfremdung verantwortlich macht. „Soziales Kapital“ entsteht für Putnam durch die Bereitschaft und die Fähigkeit der Bürger, gemeinschaftlich miteinander zu kooperieren, was zu „sozialem Vertrauen“ und zur inneren Festigung der Gesellschaft führe. Von der anderen Seite her betrachtet ließen sich im Rahmen dieses soziologischen Konzepts undemokratische Tendenzen innerhalb einer Gesellschaft u. a. mit einem Mangel an Sozialkapital erklären. Weitere Vertreter des **Kommunitarismus** schließlich, einer sich um 1980 entwickelnden liberalismus- und kapitalismuskritischen Strömung innerhalb der politischen Philosophie, beklagen die Überbetonung

Ferguson wurde auch als „Vater der Soziologie“ bezeichnet.

Tocqueville gilt als Begründer der Vergleichenden Politikwissenschaft.

des Individuums in den westlichen Gesellschaften. Sie fordern mehr **Gemeinsinn** und plädieren für eine **„aktive Gesellschaft“** sowie für ein Gleichgewicht zwischen individuellen Rechten und sozialer Verantwortlichkeit.

Das **Engagement** einer **aktiven Zivilgesellschaft** gilt – neben der Kontrolle der staatlichen Macht und dem demokratischen Pluralismus – als ein wesentlicher **Faktor** für eine **stabile Demokratie**.
Um dieses von der politischen Theorie immer wieder geforderte Engagement zu realisieren, bietet sich ein **breites Spektrum an Möglichkeiten**. Es umfasst **Vereine** und **Organisationen**, die in unterschiedlichem Ausmaß und in unterschiedlicher Weise strukturiert sein können, ebenso wie zeitlich begrenzte Projekte und Initiativen. Im engeren Sinne **politisch ausgerichtete Zusammenschlüsse** (wie Parteien, Gewerkschaften und Bürgerinitiativen) und **Institutionen** (wie Greenpeace, Amnesty International und andere Hilfsorganisationen, die sich beispielsweise für Geflüchtete engagieren) gehören genauso dazu wie die Beteiligung an **Protestaktionen** im Rahmen **sozialer Bewegungen** (z. B. Antiatomkraftbewegung, Protest gegen Stuttgart 21 etc.). Aber auch die **Mitarbeit in karitativen Einrichtungen**, etwa während eines Freiwilligen Sozialen Jahres, oder beispielsweise das Engagement in **Sportvereinen**, die mit ihrer integrativen Wirkung einen nicht zu unterschätzenden Beitrag für ein gelingendes gesellschaftliches Miteinander leisten, können hier dazugerechnet werden.

Ein Beispiel für zivilgesellschaftliches Engagement – Fridays-for-Future-Demonstration am 24. 5. 2019 in Leipzig.

Diese Zusammenstellung der Attribute geht zurück auf die vom Bundestag eingesetzte Enquetekommission *Zukunft des bürgerschaftlichen Engagements* (2000–2002).

Dem zivilgesellschaftlichen Engagement lassen sich **fünf Attribute** zuschreiben:

Bürgerschaftliches Engagement	
Freiwilligkeit	Selbstorganisation und Selbstbestimmtheit sind maßgeblich.
Unentgeltlichkeit	Das Engagement zielt nicht auf materiellen Gewinn und wird nicht bezahlt. Aufwandsentschädigungen oder Geringbezahlung wie beispielsweise beim Bundesfreiwilligendienst (BFD), beim Freiwilligen Sozialen Jahr (FSJ) oder dem Freiwilligen Ökologischen Jahr (FÖJ), sind aber möglich.
Ausrichtung auf das Gemeinwohl	Unter mindestens einem Aspekt muss das Engagement einen positiven Effekt für andere Menschen haben. Besonders deutlich wird das bei Aktivitäten für sozial schwache oder benachteiligte Menschen oder beispielsweise in den Bereichen des Rettungswesens, wie etwa bei der Freiwilligen Feuerwehr oder der DLRG. Das schließt keineswegs den persönlichen „Gewinn" für den sich engagierenden Menschen selbst aus, der in dieser Tätigkeit Befriedigung finden und sich selbst verwirklichen kann.
Öffentlicher Raum	Öffentlichkeit des Engagements ermöglicht u. a. eine bessere Vertretung der Interessen, schafft Transparenz und höhere Zugänglichkeit. Öffentlichkeit kann auch Anerkennung verschaffen.
Gemeinschaftlichkeit	Ein kooperatives Vorgehen innerhalb der unterschiedlich organisierten Zusammenschlüsse zielt nicht nur auf die Umsetzung gemeinschaftlicher Interessen, sondern ermöglicht beispielsweise auch das Einüben und Praktizieren von Kompetenzen (z. B. Gesprächskultur), die für ein demokratisches Gemeinwesen essenziell sind.

Blickt man auf die jüngsten Entwicklungen, so lässt sich die Tendenz erkennen, dass **geringer formalisierte und institutionalisierte Formen** zivilen Engagements zunehmend an Bedeutung gewinnen (was aber nicht automatisch mit einem Bedeutungsverlust der herkömmlichen Organisationen einhergeht). Der Wandel der Gesellschaft sowie der Generationen bringt auch mit sich, dass bürgerschaftliches Engagement verstärkt auf **digitaler Kommunikation** beruhen wird, wofür die bundesweite Initiative *Fridays for Future* ein eindrucksvolles Beispiel gibt. Die Verlagerung ins Digitale birgt aber auch Gefahren, z. B. das der **Filterblasen:** Wer aufgrund des Algorithmus der Social-Media-Plattformen nur noch solche Beiträge angezeigt bekommt, die der eigenen Meinung entsprechen, wird gegenläufige Meinungen weniger wahrnehmen. Erschwerend kommt hinzu, dass die Sozialen Medien ein hohes **Manipulationspotenzial** in sich tragen (bis hin zur Verbreitung von Fake News) sowie aufgrund der Tendenz zur Kürze von Beiträgen **wenig Platz für differenzierte Darstellungen** lassen. Die politische Kommunikation im digitalen Raum ist aus diesen und weiteren Gründen oft von **enthemmter Rhetorik** geprägt, die einen konstruktiven Austausch erschwert. All dies kann zur **Polarisierung** der Gesellschaft beitragen.

5 Kriminalität und Strafe

Während im Kapitel zur Staatsphilosophie eher aus einer theoretischen, Rechtssysteme grundsätzlich begründenden Perspektive auf das Recht geblickt wurde, rückt nun die Frage in den Fokus, wie mit Verstößen gegen existierendes Recht, also mit der Kriminalität, umgegangen wird.

Der Begriff der **Kriminalität** umfasst die Gesamtheit der Straftaten in einem Rechtssystem; oft werden aber fahrlässig begangene Verstöße gegen das Gesetz nicht der Kriminalität zugerechnet. Fahrlässig sind Taten, die nicht aus Vorsatz begangen werden, sondern aus mangelnder Vorsicht oder aus Vernachlässigung zumutbarer Sorgfalt.

5.1 Kriminalitätstheorien – warum werden Menschen kriminell?

Die Theorien, warum Menschen kriminell werden, gehen auseinander. Sie unterscheiden sich u. a. in Abhängigkeit vom zugrunde liegenden Menschenbild und von der wissenschaftlichen Perspektive. Da sich Kriminalität nicht mithilfe *eines* Ansatzes erschöpfend erklären lässt, wird heute ein **Mehrfaktorenansatz** bevorzugt. Die hier thematisierten Kriminalitätstheorien setzen bestimmte Schwerpunkte und schließen einander nicht zwingend aus. Teilweise nehmen sie auch nur bestimmte Arten der Delinquenz (z. B. Gewaltstraftaten) in den Blick. Zwei der Ansätze werden ausführlicher beschrieben, weitere summarisch in einer Übersicht.

Delinquenz: Straffälligkeit

Anomietheorie

Die soziologische Anomietheorie von Robert K. Merton (1910–2003) geht davon aus, dass in der Gesellschaft **kulturelle Ziele** existieren (z. B. Wohlstand), für deren Erreichung bestimmte **Mittel** (z. B. Bildung) benötigt werden. Es herrscht ein **sozialer Druck**, diese Ziele zu erreichen. Merton beschreibt fünf Möglichkeiten, wie mit diesem sozialen Druck umgegangen werden kann:

Anomie (von griech. *a nomos* = ohne Gesetz): mangelnde Orientierung an sozialen Normen

1 Konformität	Die Menschen akzeptieren sowohl die kulturellen Ziele als auch die Mittel, die in der Gesellschaft zur Verfügung stehen, und versuchen, die Ziele mithilfe dieser legitimen Mittel zu erreichen.
2 Innovation	Die Menschen akzeptieren die Ziele und versuchen sie zu erreichen, verfügen aber nicht über die gesellschaftlich akzeptierten Mittel oder haben sie nicht verinnerlicht. Sie suchen nach anderen – auch illegitimen oder illegalen – Mitteln.
3 Ritualismus	Die Menschen passen die Ziele an, schrauben sozusagen den Anspruch an sich selbst zurück – und zwar bis zu dem Punkt, an dem die verfügbaren Mittel zur Zielerreichung ausreichen. Der Begriff Ritualismus meint hier, dass die gesellschaftlichen Regeln sozusagen blind befolgt werden.
4 Rückzug	Die Menschen verzichten sowohl auf die kulturellen Ziele als auch auf die legitimen Mittel zur Zielerreichung – eine Art Fluchtreaktion. Hierzu rechnet Merton v. a. Menschen am Rande der Gesellschaft, u. a. Obdachlose oder Drogenabhängige.
5 Rebellion	Die Menschen weisen sowohl die kulturellen Ziele als auch die legitimen Mittel zur Zielerreichung zurück und setzen an deren Stelle andere Ziele und Mittel, meist zusammen mit anderen Menschen. Oft findet die Rebellion in einer ganz anderen Lebensweise Ausdruck. Ein Beispiel für Rebellion wären die Kommunen, die im Rahmen der 68er-Bewegung gegründet wurden.

Die Anomietheorie wird insbesondere für die Erklärung der Diebstahlkriminalität von Heranwachsenden herangezogen, die noch nicht die erforderlichen Geldmittel für ihre Ziele haben.

Das Vorherrschen von Konformität versteht Merton als einen Faktor für stabile Gesellschaften. Die anderen vier Anpassungstypen zählt er zum abweichenden Verhalten. **Kriminalität** entsteht nach dieser Theorie bei dem Typ **Innovation**. Straffälligkeit wird also damit erklärt, dass zwischen den gesellschaftlich geteilten Idealen und den verfügbaren legitimen Mitteln eine Diskrepanz besteht und deshalb zu ungesetzlichen Mitteln wie Diebstahl gegriffen wird. Kriminalität wird so als Folge eines **Ziel-Mittel-Konflikts** angesehen. Mertons Theorie hat vor diesem Hintergrund eine sozialkritische Stoßrichtung, denn Kriminalität wird als Resultat einer sozialen Struktur verstanden, in der die Mittel für legitime Ziele ungerecht verteilt sind. Denn insbesondere Angehörige unterer sozialer Schichten mit unzureichenden materiellen Mitteln sind aus dieser Sicht für Kriminalität anfällig.

Etikettierungsansatz

Nach seiner englischen Herkunft wird dieser Ansatz auch **labeling approach** genannt.

Der Etikettierungsansatz nimmt eine ganz andere Perspektive ein. Er betont, dass ein bestimmtes Verhalten nicht *an sich* illegitim oder illegal ist – sondern von der Gesellschaft dazu gemacht wird. Dieser Ansatz heißt Etikettierungsansatz, weil einem Verhalten von der Staatsgewalt sozusagen ein **Etikett** aufgeklebt wird, auf dem **„kriminell"** steht. Diese Perspektive lässt sich nachvollziehen, wenn man sich die Einführung neuer Straftatbestände vergegenwärtigt. So wurde 2021 der Straftatbestand „Verhetzende Beleidigung" geschaffen, mit dem eine Lücke zwischen den Straftatbeständen „Beleidigung" und „Volksverhetzung" geschlossen werden sollte. Bestimmte (z. B. rassistische) Äußerungen, die zuvor aufgrund ihres Charakters oder ihres Kontextes nicht strafbar waren, wurden nun strafbar. Die Äußerung wurde – so der Etikettierungsansatz – mit dem Etikett „kriminell" versehen.

Für Edwin M. Lemert (1912–1996) können solche Etikettierungen weitreichende Folgen haben. Er unterscheidet die **primäre Devianz**, also die erstmalig auftretende Abweichung von Normen, insbesondere Gesetzen, und die sogenannte **sekundäre Devianz**, also danach auftretende Abweichungen. Nach Lemert führt die Etikettierung (auch: Stigmatisierung) als kriminell bei der primären Devianz dazu, dass der Etikettierte die **Zuschreibung in sein Selbstbild integriert** („Ich bin ein Krimineller.") und künftig auch eher entsprechend handelt, d. h. wieder straffällig wird.

Auch in anderem Sinne kann Stigmatisierung zu weiterer Straffälligkeit führen. Insbesondere Menschen, die im Gefängnis waren, wird es oft schwer gemacht, wieder in die Gesellschaft zurückzufinden.

Weitere Erklärungsansätze

Biologische Ansätze	Diese Ansätze schreiben biologischen Voraussetzungen eine wichtige Rolle bei der Entstehung von Kriminalität zu. Cesare Lombroso (1835–1909), ein italienischer Arzt, entwickelte unter dem Eindruck von Mendels Theorie der Vererbung z. B. die Lehre **vom „geborenen Verbrecher"**, nach der Erbanlagen entscheiden, wer zum Verbrecher wird und wer nicht. Er war u. a. überzeugt, Verbrecher hätten bestimmte äußere Merkmale. Dieser erbbiologische Ansatz wird heute als überholt angesehen.
Triebtheorie der Aggression	Nach dieser Theorie von Konrad Lorenz (1903–1989), die man auch zu den biologischen Ansätzen zählen kann, gibt es einen **angeborenen Aggressionstrieb**, der auch auf friedliche Weise befriedigt werden kann, beispielsweise durch Sport. Wird er nicht befriedigt, staut sich die Aggression auf und kann sich in kriminellem Verhalten entladen. Dieser Erklärungsansatz dient vor allem der Erklärung von Gewaltverbrechen, wird heute aber von vielen Wissenschaftlerinnen und Wissenschaftlern in Zweifel gezogen.
Entwicklungstheorie	Im Kinder- und Jugendalter werden häufig leichte bis mittlere Straftaten begangen. Dieser Befund wird mit **Besonderheiten dieser Entwicklungsphase** erklärt. Im Rahmen der Abnabelung vom Elternhaus testen Heranwachsende Grenzen aus und rebellieren im Selbstfindungsprozess zuweilen auch gegen die gesellschaftlichen Erwartungen. Zudem sind sie mehr unter Gleichaltrigen, wodurch es zu Gruppeneffekten kommen kann (z. B. gemeinschaftlicher Ladendiebstahl, Mutproben). Die größere Häufigkeit von Delikten im Jugendalter (insb. bei Kleindelikten) sagt daher spätere Delinquenz nicht zuverlässig voraus: Kinder- bzw. Jugendstraftäter werden nicht zwangsläufig zu „Gewohnheitsverbrechern".
Lerntheorie	Nach der Lerntheorie wird kriminelles Verhalten wie jedes andere Verhalten durch **Beobachtung und Nachahmung** eines **Modells** (z. B. Eltern und Erzieher, aber auch fiktionale Figuren oder berühmte Menschen) gelernt. Nach Albert Bandura (1925–2021) gilt dies insbesondere, wenn das Modell für sein Verhalten (z. B. für aggressives Verhalten) belohnt wird. Empirisch belegt ist der Umstand, dass gewalttätige Erwachsene in ihrer Kindheit oder Jugend oft selbst Gewalt ausgesetzt waren oder sie nah miterlebt haben.
Frustrations-Aggressions-Theorie	Gemäß dieser Theorie resultiert Gewaltkriminalität aus **Frustration**. Aggression wird hier nicht als angeborener Trieb verstanden, sondern als Reaktion auf Erlebtes. Zu Frustration kommt es, wenn man ein mit einer Handlung erstrebtes Ziel nicht erreicht.
Sozialisationstheorie	Diese Theorie erklärt Kriminalität mit **Defiziten in der Sozialisation**, unter anderem mit mangelnden sozialen Beziehungen und Bindungen in der Kindheit, wodurch die Herausbildung von Urvertrauen erschwert wird. Ausgeprägte Härte oder fehlende Konsequenz in der Erziehung können die Gewissensbildung beeinträchtigen, wodurch wiederum spätere Kriminalität begünstigt werden kann.

5.2 Strafrechtstheorien – was wird bestraft?

Was aber genau wird vom Gesetzgeber unter Strafe gestellt? Zwei grundsätzliche Ansätze lassen sich hier unterscheiden:

- Nach dem **Tatstrafrecht** wird eine **bestimmte Tat** bestraft, die jemand begangen hat. Strafbarkeit ist hier an das konkrete Verhalten geknüpft.
- Das **Täterstraftrecht** zielt dagegen nicht auf die begangene Tat, sondern auf den Tätertyp und insofern auf die **Persönlichkeit des Täters**. Die Strafbarkeit ist an dessen Wesen geknüpft. In der Tat kommt dieses Wesen lediglich zum Vorschein.

Ermordet beispielsweise ein Mann seine Ehefrau, dann wird diese Tat im Tatstrafrecht als Mord bestraft. Das Täterstrafrecht dagegen bestraft den Tötenden, weil ihm die Persönlichkeit eines Mörders zugeschrieben wird. Grundsätzlich gilt in der Bundesrepublik Deutschland das **Tatstrafrecht**. Im Rahmen der Strafzumessung allerdings können durchaus Aspekte zur Geltung kommen, die man eher dem Täterstrafrecht zurechnen würde. Denn wie hoch eine Strafe ausfällt oder welcher Art die Strafe genauer ist, kann von persönlichen Merkmalen abhängig sein. Beispiele hierfür wären:

Das Täterstrafrecht findet sich als Grundsatz insbesondere in totalitären Staaten.

- Wer **Schuldeinsicht** bzw. **Reue** zeigt, wird möglicherweise milder bestraft.
- Wer **schuldunfähig** (oder vermindert schuldfähig) ist, weil er beispielsweise psychisch krank ist, wird gegebenenfalls nicht bestraft (oder weniger hart bestraft). Bei psychischer Krankheit kommen vielleicht auch andere Maßnahmen in Frage, z. B. eine Einweisung in eine psychiatrische Anstalt bzw. die Verpflichtung zu einer Therapie.
- Ob die Tötung eines anderen Menschen als Mord oder als Totschlag qualifiziert wird, hängt auch vom **Motiv** ab. Als Mordmerkmale gelten u. a. die Mordlust, die Befriedigung des Geschlechtstriebs, Grausamkeit und das Motiv, eine andere Straftat zu vertuschen.

Vgl. hierzu die späteren Hinweise zum Jugendstrafrecht.

Insbesondere im deutschen Jugendstrafrecht kommt das Täterstrafrecht stark zum Tragen. Eine Straftat des Jugendlichen ist zwar Voraussetzung für eine Strafe, aber in der Verhandlung und in der Frage, welche juristischen Folgen die Tat hat, spielt die Täterpersönlichkeit eine zentrale Rolle.

5.3 Strafzwecke – warum wird gestraft?

Eine Strafe kann im allgemeinen Sinn als eine **Sanktion** verstanden werden, die wegen eines **unerwünschten Verhaltens** verhängt wird. Im juristischen Sinne ist eine Strafe eine Sanktion, die ein dazu legitimiertes Gericht im Rahmen eines Gerichtsprozesses gegenüber einer **straffällig** gewordenen Person ausspricht. Solche Sanktionen beeinträchtigen in verschiedener Weise Rechtsgüter der Verurteilten. Wer eine Gefängnisstrafe verbüßen muss, wird beispielsweise in seinem Rechtsgut der persönlichen Freiheit beschränkt. Wie aber werden solche Eingriffe ins Persönliche legitimiert? Warum erlaubt sich der Staat solche Eingriffe? Welchen genaueren Sinn und Zweck haben sie? Diese Fragen beantworten die sogenannten Strafzwecktheorien (oder kurz: Straftheorien), die sich auf allgemeiner Ebene in absolute und relative Straftheorien unterteilen lassen.

info

Absolute Straftheorien

Absolute Straftheorien gehen davon aus, dass Strafen keinen weitergehenden Zweck haben, als dass durch sie ein **Ausgleich des Gesetzesverstoßes** geschaffen, d. h. Gerechtigkeit, wiederhergestellt werde. Mögliche positive oder negative Folgen interessieren die absoluten Straftheorien nicht. Sie folgen damit dem lateinischen Grundsatz *punitur quia peccatum est* („Es wird bestraft, weil Unrecht begangen worden ist.") und richten den Blick insofern zurück, nur auf die **begangene Tat.**

Relative Straftheorien

Relative Straftheorien dagegen setzen die Strafe in Relation zu den erstrebten Folgen der Strafe, d. h. zum Erfolg, den die Strafe bei der **Verhinderung weiterer Straftaten** hat. Sie folgen damit dem lateinischen Grundsatz *punitur ne peccetur* („Es wird bestraft, damit nicht Unrecht begangen wird."). Die Strafe ist insofern auf die Zukunft bezogen. Der Zweck der Strafe ist also die **Prävention** (= Vorbeugung, Verhütung).

5.3.1 Absolute Straftheorien

Einer der bekanntesten Vertreter der absoluten Straftheorie ist der Philosoph Immanuel Kant (1724–1804). Seine Ablehnung von relativen Straftheorien gründet sich auf seine Ethik, nach der **kein Mensch nur als Mittel** behandelt werden darf: „[D]enn der Mensch kann nie bloß als Mittel zu den Absichten eines Anderen gehandhabt [...] werden."[22] Der Mensch würde dadurch sozusagen instrumentalisiert und „unter die Gegenstände des Sachenrechts gemengt"[23], wodurch dieser in seiner angeborenen Würde verletzt werde. Stattdessen soll ein straffälliger Mensch nur deshalb bestraft werden, „*weil er verbrochen* hat"[24]. Der Grund für die Strafe liegt allein in der **Wiederherstellung der Gerechtigkeit**. Diese Wiederherstellung soll sich dabei nach dem **Talionsprinzip** richten: Eine Straftat soll mit einer nach Umfang und Art möglichst gleichen Strafe vergolten werden. Ein Mörder etwa verdient die Todesstrafe. Wenn eine Vergeltung nach dieser Maßgabe nicht möglich ist, so fordert Kant eine Art Ersatzstrafe, die aber einen Bezug zur Tat aufweist: Für eine Vergewaltigung schlägt er beispielsweise die Kastration als Strafe vor.[25]

Die absoluten Straftheorien werden auch Vergeltungstheorien oder Retributionstheorien (engl. *retribution* = Vergeltung) genannt. Auch wenn der Begriff „Vergeltung" es suggieren könnte, ist es nicht das Ziel dieser Theorien, persönliche Rachebedürfnisse zu befriedigen.

talio (lat.) = (Wieder-)Vergeltung

Eine strikte Ausprägung des Talionsprinzip findet sich schon in der Bibel in der bekannten Formel „Auge um Auge, Zahn um Zahn".

Georg Wilhelm Friedrich Hegel (1770–1831) vertrat eine ähnliche absolute Straftheorie. Er folgte allerdings weniger dem von Kant vertretenen strikten Talionsprinzip, sondern sah vielmehr eine Gleich*wertig*keit von begangener Tat und zu verhängender Strafe vor. Bekannt ist seine Formulierung, dass die Strafe eine Negation der Negation ist: Die Negation des Rechts durch die Straftat soll durch die Bestrafung negiert werden, wodurch die Rechtsverletzung aufgehoben wird.

Negation: von lat. *negare* = verneinen

5.3.2 Relative Straftheorien

Der Grundansatz der relativen Strafteorien, dass zur Verhinderung künftiger Rechtsverletzungen gestraft werde, findet sich schon in Platons Dialog *Protagoras*.

Relative Straftheorien sehen die Verhinderung zukünftiger Rechtsbrüche als Strafzweck an. Man unterscheidet traditionellerweise generalpräventive von spezialpräventiven Zwecken.

Generalpräventive Zwecke

Generalprävention ist auf die **Allgemeinheit** gerichtet: Das Ziel ist es, durch die Strafandrohung bzw. durch die Bestrafung des Delinquenten **Straftaten durch andere Menschen** in der Bevölkerung zu **verhindern**. Hierbei lassen sich die negative und die positive Generalprävention voneinander abgrenzen:

- **Negative Generalprävention** zielt auf die **Abschreckung** der Allgemeinheit.
- **Positive Generalprävention** meint dagegen, dass durch die Strafe das **Rechtsbewusstsein** der Allgemeinheit bzw. ihr Vertrauen in die Rechtsordnung **gestärkt** wird.

Paul Johann Anselm Ritter v. Feuerbach (1775–1833)

Im Mittelalter diente insbesondere die öffentliche Vollstreckung von grausamen Strafen der Abschreckung. Der Rechtsprofessor **Paul Johann Anselm Ritter von Feuerbach** rückte dann dagegen vor allem die **Strafandrohung** als wirksames Mittel in den Blick. Der Staat übe mit der Strafandrohung einen psychologischen Zwang auf die Bürgerinnen und Bürger aus, indem er den Antrieb, sich gegen das Recht zu verhalten, durch die Androhung eines Übels, also durch die Strafe, reduziere bzw. aufhebe. Für Feuerbach ist die Strafandrohung wichtiger als die Strafvollstreckung, die die Androhung lediglich glaubwürdig mache.

Spezialpräventive Zwecke

Die Spezialprävention wird auch **Individualprävention** genannt.

Spezialprävention ist auf den **einzelnen Täter** gerichtet. Auch hier ist eine Unterteilung in negative und positive Prävention gängig:

Insbesondere die Sicherungsverwahrung (im Anschluss an das Verbüßen einer Freiheitsstrafe) verfolgt den Zweck, die Gesellschaft vor dem Straftäter zu schützen.

- **Negative Spezialprävention** will den Täter durch **Abschreckung** davon abhalten, **wieder straffällig** zu werden. Ihm wird sozusagen ein „Denkzettel" gegeben. Auch der Ansatz, den Täter (für eine bestimmte Zeit) einzusperren, um die **Gesellschaft vor ihm zu schützen**, wird der negativen Spezialprävention zugerechnet.
- **Positive Spezialprävention** dient der **Besserung** des Täters. Die **Resozialisierung**, d. h. seine Wiedereingliederung in die Gesellschaft, aus der er sich durch sein Verbrechen entfernt hat, ist das Hauptziel.

Mit der Spezialprävention ist untrennbar der Name **Franz von Liszt** (1851–1919) verbunden. Der Rechtswissenschaftler entwickelte seine Lehre Ende des 19. Jahrhunderts unter Beachtung des zeitgenössischen Denkens, nach dem ein Mensch durch individuelle Anlagen und Umwelteinflüsse zu dem wird, was er dann ist. Die Strafe wird als eine Einwirkung von außen angesehen, durch die der Verbrecher (oder zumindest sein Verhalten) geändert werden kann. Weil der Mensch, der die Straftat begeht, die Ursache für das Verbrechen ist, müsse bei diesem angesetzt werden, um weitere Straftaten zu verhindern.

Dieser Vorstellung liegt ein deterministisches Menschenbild zugrunde. Liszt ging übrigens zusätzlich davon aus, dass eine gute Sozialpolitik, die die Lage der unteren Schichten bessert, eine wirksame Maßnahme gegen Kriminalität darstellt.

Für Liszt sind vor diesem Hintergrund „**Besserung**, **Abschreckung**, **Unschädlichmachung** [...] die unmittelbaren Wirkungen der Strafe“[26]. **Welcher Strafzweck** anzuvisieren ist, macht er davon abhängig, um **welche Art von Verbrecher** es sich handelt:

ZITAT

> „1) Besserung der besserungsfähigen und besserungsbedürftigen Verbrecher;
> 2) Abschreckung der nicht besserungsbedürftigen Verbrecher;
> 3) Unschädlichmachung der nicht besserungsfähigen Verbrecher.“[27]

Liszt bestimmt die Arten von Verbrechern genauer und ordnet ihnen die Strafzwecke zu:

- Eine erste Gruppe bilden die **Gewohnheitstäter,** bei denen keine Chance auf Besserung gesehen wird. Dazu zählt Liszt Täter, die bereits mehrfach **rückfällig** geworden sind. Vor dieser Gruppe der „Unverbesserlichen“ soll die Gesellschaft durch **Unschädlichmachung**, d. h. durch **lange Haftstrafen**, geschützt werden.
- Eine zweite Gruppe bilden **Gewohnheitstäter**, bei denen noch eine Chance auf Besserung zu bestehen scheint. Dazu gehören nach Liszt v. a. die Erst- und Zweittäter, die wegen ihrer Anlagen zum Verbrechen neigen und bei denen daher weitere Straftaten wahrscheinlich sind, wenn nicht auf sie eingewirkt wird. Hier fordert er die freiheitsentziehende Unterbringung in **Besserungsanstalten**. Unter Besserung versteht Liszt die „Einpflanzung altruistischer, sozialer Motive“[28], es soll also die innere Motivlage verändert werden. Das Ziel ist **Resozialisierung**.
- Bei **Gelegenheitstätern** wird die Straftat nur als eine Art Ausnahme angesehen, die weniger in der Person als vielmehr in den äußeren Umständen der Tat begründet liegt. Eine Wiederholung wird als relativ unwahrscheinlich angesehen. Für diese Täter sieht Liszt die **Abschreckung** vor. Diese definiert er als „Einpflanzung und Kräftigung egoistischer, aber in der Wirkung mit den altruistischen zusammenfallender Motive“[29]. Der Grundgedanke ist hier, dass die Gelegenheitstäter aus Angst vor erneuter Strafe nicht zum Wiederholungstäter werden.

Gelegenheitstäter	Gewohnheitstäter	
	besserungsfähig	besserungsunfähig
Abschreckung	Besserung	Unschädlichmachung

5.3.3 Vereinigungstheorie

Eine deutliche Position, wie die unterschiedlichen Strafzwecke zu gewichten wären, hat das Bundesverfassungsgericht dabei bewusstermaßen nicht bezogen, um dem Gesetzgeber Gestaltungsfreiheit zu lassen.

Das heutige bundesdeutsche Recht führt die verschiedenen Strafzwecke in der **Vereinigungstheorie** zusammen, nach der die beschriebenen Strafzwecke miteinander verbunden werden, um deren jeweilige Vorzüge zu nutzen. Ausdrücklich wurden die verschiedenen Strafzwecke 1977 in einem maßgebenden Urteil des Bundesverfassungsgerichts benannt: „Schuldausgleich, Prävention, Resozialisierung des Täters, Sühne und Vergeltung [...] werden als Aspekte einer angemessenen Strafsanktion bezeichnet [...].“ (Urteil vom 21.06.1977) Dabei wird den relativen Strafzwecken, also der Prävention, eine große Bedeutung beigemessen.

Exkurs zum Jugendstrafrecht

Eine Besonderheit ist sicherlich das **Jugendstrafrecht**, das einen starken Fokus auf die Spezialprävention und insbesondere auf die **positive Spezialprävention** legt: Das Ziel ist es, die jugendlichen Straftäter zu „bessern“, und zwar vor allem durch pädagogische Maßnahmen. Prägend ist im Jugendstrafrecht also der **Erziehungsgedanke**. Drei Stufen von Sanktionen lassen sich unterscheiden:

Insoweit die Maßnahmen auf die Erziehung, d. h. auf Veränderung der Person, abzielen, sind sie als Ausdruck eines Täterstrafrechts (vgl. hierzu S. 191 f. in diesem Band) zu werten.

- Unter **Erziehungsmaßregeln** werden Weisungen verstanden, denen der Verurteilte zu folgen hat. Das kann z. B. eine zu erbringende Arbeitsleistung sein, ein soziales Training oder auch die Zuweisung eines Betreuenden.
- Insbesondere wenn Erziehungsmaßregeln nicht fruchten, kommen **Zuchtmittel** in Betracht. Hierunter fallen neben der Verwarnung (einer Art Standpauke eines Richters) auch Auflagen wie Geldbußen oder Wiedergutmachung des verursachten Schadens. Zudem kann auf dieser Stufe auch schon ein (kurzer) Jugendarrest verhängt werden.
- Die härteste Sanktion ist die **Jugendstrafe** – eine Freiheitsstrafe, die mindestens sechs Monate, aber höchstens 10 Jahre dauert. Sie kann auch zur Bewährung ausgesetzt werden.

Der Bundesgerichtshof betont jedoch, dass die Jugendstrafe nicht der Generalprävention diene.

5.3.4 Täter-Opfer-Ausgleich

Der Täter-Opfer-Ausgleich hat insbesondere im Jugendstrafrecht eine große Bedeutung. Hier wird schon das Bemühen um Wiedergutmachung dem Täter hoch angerechnet.

Eine besondere Stellung im Strafsystem nimmt der **Täter-Opfer-Ausgleich** ein, der eine direkte **Wiedergutmachung** des Täters am Opfer leisten soll. Mit dieser Möglichkeit werden das Opfer einer Tat und seine Bedürfnisse stärker in den Blick genommen. Sie kommt aber eher bei minderschweren Fällen in Frage.

Der Täter-Opfer-Ausgleich ist eine Möglichkeit, einen Konflikt **außergerichtlich** beizulegen, und kann dazu führen, dass das Gerichtsverfahren eingestellt oder dass die Strafe gemildert wird. In der Regel bedarf es dafür vonseiten des Täters einer **erheblichen persönlichen Leistung**

(z. B. vorübergehende Pflege des Gartens des Opfers, der bei der Straftat verwüstet wurde) oder eines **persönlichen Verzichts**.

Bei einem Täter-Opfer-Ausgleich **treffen** sich der Täter und das Opfer. Dieses Treffen wird in der Regel von einem Vermittler oder einer Vermittlerin begleitet. Im Gespräch versuchen dann der Täter und das Opfer sich auf eine Wiedergutmachung zu einigen. Dabei kommen meist auch das Vergehen selbst und die Folgen, die sich daraus ergaben, zur Sprache, wodurch die jeweils andere Seite besser verstanden werden kann. Der Täter-Opfer-Ausgleich bietet für beide Seiten Vorteile:

Das **Opfer** kann persönlich und direkt für seine Bedürfnisse eintreten. Es ist nicht von dem Urteil einer anderen Macht (dem Gericht) abhängig und agiert insofern **autonomer**. Zudem wird die Wiedergutmachung des Schadens, z. B. in Form von Schadenersatz, meist **unbürokratischer und zeitnäher** erreicht. Es kann dem Opfer auch gut tun, seine **eigene Perspektive** dem Täter zu erläutern und dafür im Gespräch **Verständnis** signalisiert zu bekommen. Durch die Perspektive des Täters kann das Opfer je nach Fall gegebenenfalls auch besser **verstehen**, **warum** der **Täter die Tat** begangen hat. Das kann bei der Bewältigung des Erlittenen helfen.

Auch für den **Täter** ist mit dem Täter-Opfer-Ausgleich ein höheres Maß an **Autonomie** verbunden, da er den Schaden aus eigener Kraft und freiwillig zu beheben versucht. Mit der Wiedergutmachung übernimmt er auch direkt **Verantwortung** für seine Rechtsverletzung. Durch den Kontakt zum Opfer erhält der Täter zudem direkteren und persönlichen Einblick in die Folgen seines Tuns. Das kann Empathie fördern und eine positive **resozialisierende Wirkung** haben. Außerdem hat der Täter die Möglichkeit, sich für seine Tat zu entschuldigen.

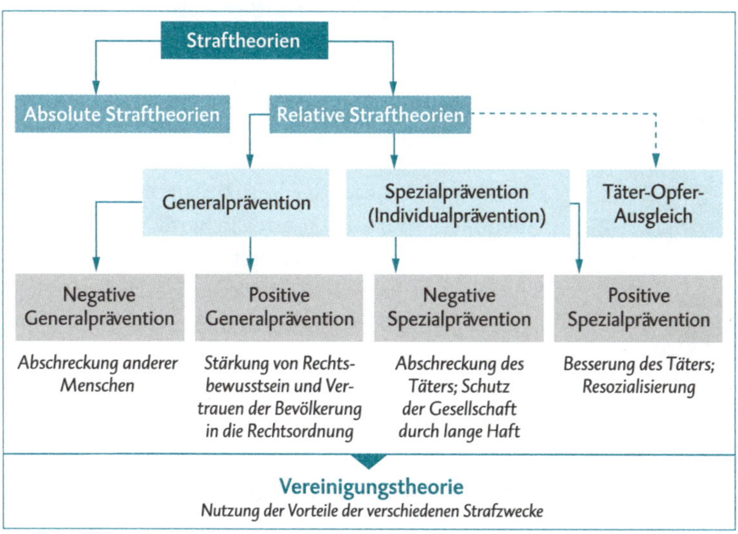

5.4 Der moderne Strafvollzug und seine Probleme

Wie genau der Strafvollzug gesetzlich ausgestaltet ist, hat sich seit 2006 geändert. In diesem Jahr haben Bundestag und Bundesrat die Zuständigkeit für die Gesetzgebung bezüglich des Strafvollzugs in die Hand der Bundesländer gegeben. Deshalb unterscheiden sich heute die entsprechenden Gesetze je nach Bundesland.

Neben der Geldstrafe ist die Freiheitsstrafe die wichtigste Säule des deutschen Strafsystems. Die Durchführung einer freiheitsentziehenden Maßnahme nennt man Strafvollzug. Da eines der Hauptziele des Strafvollzugs die Resozialisierung ist, folgt er drei Grundsätzen:

info

Grundsätze des Strafvollzugs

- Gemäß dem **Angleichungsgrundsatz** soll das Leben in Haft so weit wie möglich dem Leben draußen ähneln. So sollen die Häftlinge möglichst einer Arbeit nachgehen oder auch eine Ausbildung machen. Eine Gestaltungsmöglichkeit stellt der offene Vollzug dar, bei dem die Insassen ohne große Mühe „entweichen" könnten.
- Gemäß dem **Gegensteuerungsgrundsatz** sollen schädliche Folgen der Haft für die Häftlinge vermieden werden (z. B. durch das Besuchsrecht).
- Gemäß dem **Wiedereingliederungsgrundsatz** soll der Vollzug darauf ausgerichtet sein, dass der Häftling auf das Leben danach möglichst gut vorbereitet ist. Dazu gehören beispielsweise eine Beratung vor der Entlassung sowie Unterstützung bei der Entlassung (z. B. bei der Suche nach einer Unterkunft).

Aus wissenschaftlicher Sicht sind insbesondere Lockerungsmaßnahmen des Strafvollzugs wie z. B. der offene Vollzug (v. a. als Vorbereitung der Entlassung) ein wirksames Mittel für die Resozialisierung. Manche Forscher[30] sehen ein Problem darin, dass solche Maßnahmen **in der Praxis zu wenig umgesetzt** würden. Einzelfälle, in denen die Lockerung Schaden bringt (beispielsweise wenn ein Freigänger eine Straftat begeht), würden medial aufgebauscht, während die Vorteile weniger sichtbar seien. Lockerungsmaßnahmen seien so ein Risiko für die Entscheidungsträger.

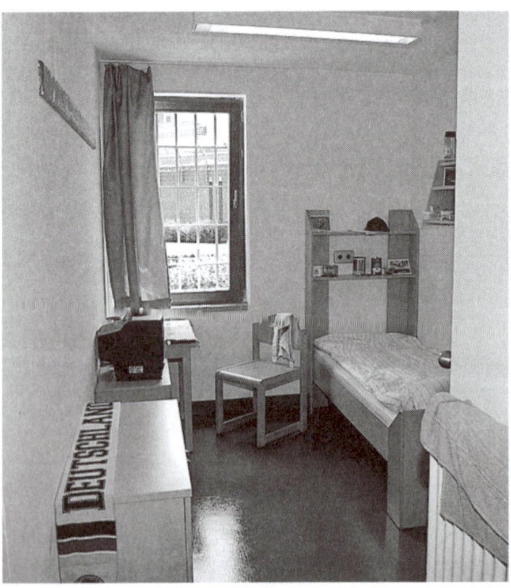

Haftraum der JVA Oldenburg

Inwiefern das Ziel der Resozialisierung durch den heutigen Strafvollzug erreicht wird, ist schwer zu beurteilen. Eine Rückfallstatistik des *Bundesministeriums der Justiz und für Verbraucherschutz* zeichnet jedenfalls folgendes Bild: Im 12-Jahres-Zeitraum nach einer Entlassung aus dem Erwachsenenstrafvollzug bleiben 34,3 % rückfallfrei, die anderen 65,7 % werden innerhalb dieser Zeit rückfällig. Etwas mehr als die Hälfte der Rückfälligen muss eine erneute Haftstrafe verbüßen.[31]

6 Menschenwürde und Menschenrechte

6.1 Menschenwürde

Schon seit der Antike wird dem Menschen in der europäischen Philosophie eine Sonderstellung unter allen Wesen zugesprochen, die insbesondere mit seiner Vernunft begründet wird. Mit dieser Sonderstellung ist bei vielen Denkern auch die Zuschreibung eines besonderen Werts verbunden, und zwar der **Menschenwürde**. Diese kommt dem Menschen **an sich**, also nur aufgrund seines Menschseins, zu. Sie ist also nicht abhängig von Merkmalen wie beispielsweise Herkunft oder Geschlecht, Alter oder sexueller Orientierung – und sie wird auch nicht erworben, etwa durch Leistung oder gute Taten. Die Menschenwürde macht den Menschen aus dieser Perspektive zu einem in besonderem Maße **schützenswerten Wesen**. Diese Vorstellung bildet die gedankliche Grundlage für die Entwicklung der sogenannten **Menschenrechte**, also der Rechte, die dem **Menschen von Natur aus** zukommen sollen.

Vgl. hierzu das Kapitel zur Anthropologie in diesem Band.

Ein wichtiger Vorreiter für die moderne Idee der Menschenwürde war der römische Politiker und Philosoph **Cicero** (106 v. Chr. bis 43 v. Chr.): Während zuvor die Würde (lat.: *dignitas*) eines Menschen an Merkmale (wie beispielsweise ein bestimmtes Amt) oder an Verhalten (wie beispielsweise besondere politische Verdienste) gebunden war, kam bei diesem der Gedanke auf, dass der Mensch unabhängig von seiner Individualität Würde hat – im Sinne einer **allgemeinmenschlichen Eigenschaft**.

Vgl. hierzu das Unterkapitel zum Naturrecht, S. 149–153 in diesem Band.

In der **christlichen Denktradition** wird später die Würde des Menschen weniger mit seiner Natur, sondern mehr mit seiner **Gottebenbildlichkeit** begründet.

Ein wichtiger Verteter dieser Richtung ist etwa Thomas von Aquin.

In der **Renaissance** griff dann **Giovanni Pico della Mirandola** die Idee der Menschenwürde wieder auf. Er stellt nicht die Vernunftbegabung des Menschen in den Vordergrund, sondern dessen Willensfreiheit. Während Tiere in ihrem Verhalten aufgrund von Instinkten festgelegt seien, habe Gott dem Menschen die Fähigkeit gegeben, eigene Entscheidungen zu treffen. Der Mensch kann daher werden, „was er will"[32]. Er kann sich nach seinen eigenen Vorstellungen entwickeln und schöpferisch an sich selbst tätig werden. Mirandola sieht insofern die Fähigkeit zur **Selbstbestimmung** als den entscheidenden Unterschied zu den Tieren an. Sie begründet für ihn die Würde des Menschen. Damit bringt er den Gedanken der Autonomie als Kernaspekt von Menschenwürde in die Diskussion ein.

Giovanni Pico della Mirandola (1463–1494) entwickelte sein Verständnis von Menschenwürde in seiner Rede *Oratio de hominis dignitate* (1486).

Vgl. hierzu die Ausführungen zu Kants Ethik, S. 88–103 in diesem Band.

Immanuel Kants Würdebegriff schließt an diese Idee an: Der Mensch besitzt Würde, weil er zur Autonomie fähig ist. Kant setzt dabei allerdings einen anderen Akzent: Er stellt weniger die Freiheit in der Selbstgestaltung ins Zentrum, sondern die moralische Autonomie, die in der vernünftigen Selbstgesetzgebung, in der freiwilligen Unterwerfung des Menschen unter das Moralprinzip besteht.
Die **Selbstzweckformel** von Kants kategorischem Imperativ unterstreicht dieses Verständnis von Würde: „Handle so, daß du die Menschheit, sowohl in deiner Person als in der Person eines jeden anderen, jederzeit zugleich als Zweck, niemals bloß als Mittel brauchst." (GMS 429) Weil Personen Zwecke setzen können (da sie zur Selbstbestimmung fähig sind), sind sie nach Kants Auffassung ein Zweck an sich. Deshalb sollen sie nie nur als Mittel instrumentalisiert werden. Kant grenzt Personen vor diesem Hintergrund von Sachen ab. Personen besitzen als **Zweck an sich** einen **inneren, absoluten Wert**, der ihre **Würde** ausmacht. Sachen dagegen haben einen **Zweck für etwas** – ein Bett beispielsweise hat den Zweck, dass jemand darin schlafen kann. Sachen haben daher nur einen **äußeren, relativen Wert**. Für Kant besitzen sie daher keine Würde, sondern lediglich einen **Preis**.

Kants Unterscheidung zwischen Personen und Sachen

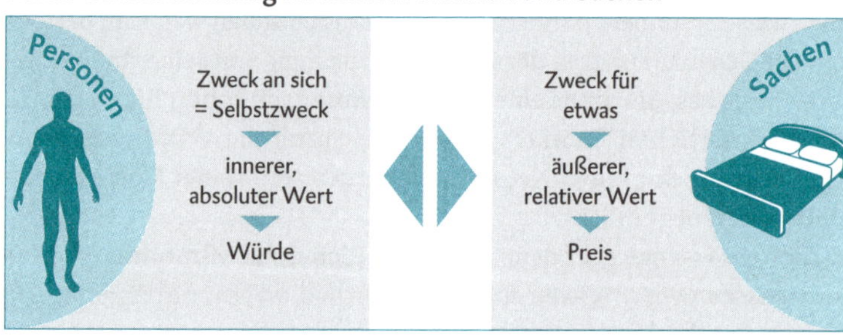

Das Konzept der Menschenwürde fand vor dem Hintergrund der Verbrechen des Nazi-Regimes im 20. Jahrhundert, die sich niemals wiederholen sollten, Eingang in die bundesdeutsche Verfassung aus dem Jahr 1949. Der Schutz der Menschenwürde hat als **Artikel 1 des Grundgesetzes** höchsten Rang:

ZITAT

Artikel 1 des Grundgesetzes

Die Würde des Menschen ist unantastbar. Sie zu achten und zu schützen ist Verpflichtung aller staatlichen Gewalt.

Dieser Artikel soll den Einzelnen (oder auch Gruppen) insbesondere vor dem Staat schützen. Die sogenannte **Ewigkeitsgarantie** (Art. 79 Abs. 3 GG), auch Ewigkeitsklausel genannt, soll dabei sicherstellen, dass der im Artikel beschriebene Grundsatz niemals ausgehebelt werden kann: Sie verbietet eine Änderung der Artikel 1 bis 20 des Grundgesetzes, auch wenn es einen entsprechenden demokratisch zustande gekommenen Beschluss des Gesetzgebers geben sollte. Das Bundesverfassungsgericht hat in Gerichtsurteilen präzisiert, dass es insbesondere zum Schutz der Menschenwürde gehört, den Menschen niemals zum **bloßen Objekt des Staates** zu machen – eine Formulierung, die stark an Kants Verständnis von Würde erinnert. In der Vergangenheit gab es schon Fälle, in denen vom Bundestag erlassene Gesetze durch das Bundesverfassungsgericht als Verstoß gegen Artikel 1 eingeordnet wurden. So sah es das Luftsicherheitsgesetz (2005) vor dem Hintergrund der Terroranschläge auf das World Trade Center (2001) vor, dass es erlaubt sein solle, ein von Terroristen entführtes Flugzeug abzuschießen, wenn es absehbar sei, dass dieses gegen das Leben von Menschen eingesetzt werde. Das Bundesverfassungsgericht urteilte, dass damit aber gegebenenfalls ebenfalls mit an Bord befindliche Tatunbeteiligte getötet werden könnten, wodurch diese als bloßes Objekt behandelt würden. Unter anderem deshalb stufte es das Gesetz als verfassungswidrig ein.

Am 11. September 2001 steuerten Islamisten zwei von ihnen entführte Flugzeuge in das World Trade Center in New York.

6.2 Menschenrechte

Die Vorstellung von Menschenrechten steht in engem Zusammenhang mit der Idee der Menschenwürde. Wie diese sollen die Menschenrechte dem Einzelnen **allein aufgrund seines Menschseins** zukommen. Sie stehen so in der Tradition des Naturrechtsdenkens. Gleichwohl sind sie in der neueren Geschichte zunehmend dem kodifizierten Recht eingeschrieben worden. Vier Wesensmerkmale werden heute den Menschenrechten zugesprochen:

Vgl. zur Idee des Naturrechts S. 148–153 in diesem Band.

Universalität: Die Menschenrechte sind allgemeingültig, d. h., sie gelten für jeden Menschen überall und zu jeder Zeit.	**Egalität:** Die Menschenrechte gelten unabhängig von bestimmten Merkmalen wie z. B. der Herkunft oder des Geschlechts. Es gilt also der Gleichheitsgrundsatz.
Unteilbarkeit Die einzelnen Menschenrechte gelten alle zugleich bzw. in ihrer Gesamtheit.	**Unveräußerlichkeit:** Menschenrechte können nicht aufgehoben oder abgetreten werden. Sie sind unverlierbar.

Die Unteilbarkeit wird auch oft so ausgelegt, dass die Menschenrechte nicht in wichtigere und unwichtigere eingeteilt werden können.

Drei Generationen von Menschenrechten werden heute unterschieden, wobei diese Bezeichnung insofern irreführend ist, als sie ein zeitliches Nacheinander suggeriert – es handelt sich aber eher um Kategorien von Menschenrechten:

info

Drei Generationen von Menschenrechten

- Zur **ersten Generation** der Menschenrechte gehören die **bürgerlichen und politischen Rechte**, insbesondere die **Abwehrrechte** gegenüber dem Staat (also Rechte, die den Einzelnen vor Übergriffen des Staates schützen sollen: Recht auf Freiheit, Recht auf Gleichheit) und die **Mitwirkungsrechte**.
- Zur **zweiten Generation** der Menschenrechte zählt man die sozialen, kulturellen und wirtschaftlichen Rechte, insbesondere zu verstehen als **Gewährleistungsrechte**, d. h. als Rechte auf bestimmte Leistungen (wie z. B. Recht auf Bildung, angemessene Ernährung und sauberes Wasser).
- Die **dritte Generation** der Menschenrechte umfasst Rechte zwischen den Staaten im Sinne von **Kollektiv- bzw. Solidaritätsrechten** (z. B. das Recht auf Entwicklung, das Recht auf saubere Umwelt sowie das Selbstbestimmungsrecht).

Die Menschenrechte der dritten Generation wurden von Ländern des Globalen Südens eingefordert, sind aber (noch) kaum in Menschenrechtsabkommen aufgenommen worden.

Kurze Geschichte der Menschenrechte

Als einer der ersten Vorläufer heutiger Menschenrechtsvorstellungen gilt die ***Magna Charta Libertatum***, die ab dem Jahr 1215 in England ein gewisses Schutzrecht der Menschen gegenüber dem Staat etablierte. So ist darin u. a. das heutige Rechtsstaatsprinzip vorformuliert, nach dem der Staat nur auf der Grundlage von Gesetzen die Freiheit des Einzelnen beeinträchtigen darf.

„Magna Charta Libertatum" ist Latein und bedeutet „Große Urkunde der Freiheit".

Ebenfalls in England wurde der ***Habeas Corpus Act*** (1679) beschlossen: Er räumt beispielsweise jedem Menschen, der verhaftet worden ist, das Recht ein, seine Inhaftierung gerichtlich prüfen zu lassen.

„Habeas Corpus" ist Latein und bedeutet „Du sollst einen Körper haben".

Ein Meilenstein war die ***Unabhängigkeitserklärung der Vereinigten Staaten*** von 1776: In ihrer Präambel bekräftigt sie die Gleichheit aller Menschen („that all men are created equal") und spricht ihnen die unveräußerlichen (und insofern unverlierbaren) Rechte auf Leben, auf Freiheit und auf das Streben nach Glück zu. Die Präambel formuliert zugleich das Recht der Menschen, eine Regierung abzusetzen, die gegen diese Rechte verstößt, und eine neue einzusetzen, die diese Rechte achtet. In der Rechtspraxis wurden die eingeräumten Rechte dann allerdings nicht allen Menschen, sondern vor allem „weißen" Männern zugestanden.

Einige Jahre später (1789) nach der Unabhängigkeitserklärung wurde dann in Frankreich die ***Déclaration des Droits de l'Homme et du***

Citoyen (Erklärung der Menschen- und Bürgerrechte) verabschiedet. Darin werden allen mündigen Bürgern grundlegende Menschenrechte garantiert, darunter das Recht auf Eigentum, auf Freiheit, auf Sicherheit und auf Widerstand gegen tyrannische Herrschaft:

ZITAT

Artikel 1 und 2 der *Déclaration des Droits de l'Homme et du Citoyen*

I. Die Menschen sind frei geboren und bleiben frei und gleich vor dem Gesetz. Soziale Unterschiede können nur durch das öffentliche Wohl gerechtfertigt werden.

II. Ziel aller politischen Vereinigung ist die Erhaltung der natürlichen und ewigen Menschenrechte. Diese Rechte sind: Freiheit, Eigentum, Sicherheit und Widerstand gegen Unterdrückung. […]

Als mündige Bürger allerdings galten zu dieser Zeit insbesondere Männer. Der Versuch der Frauenrechtlerin Olympe de Gouges, mithilfe der ***Déclaration des droits de la femme et de la citoyenne*** *(Erklärung der Rechte der Frau und Bürgerin)* eine Gleichstellung der Frauen zu erreichen, scheiterte.
Die bekannteste Kodifizierung von Menschenrechten ist die ***Allgemeine Erklärung der Menschenrechte***, die auch UN-Menschenrechtscharta genannt wird. Es handelt sich um eine Resolution aus dem Jahr **1948**, die von den ***Vereinten Nationen*** vor dem Hintergrund der Gräuel während des Zweiten Weltkriegs verabschiedet wurde. Artikel 1 und 2 betonen die Gleichheit aller Menschen und die Unabhängigkeit der Menschenrechte von individuellen Unterschieden:

ZITAT

Artikel 1 und 2 der *Allgemeinen Erklärung der Menschenrechte*

Artikel 1: Alle Menschen sind frei und gleich an Würde und Rechten geboren. Sie sind mit Vernunft und Gewissen begabt und sollen einander im Geist der Brüderlichkeit begegnen.

Artikel 2: Jeder hat Anspruch auf die in dieser Erklärung verkündeten Rechte und Freiheiten ohne irgendeinen Unterschied, etwa nach Rasse, Hautfarbe, Geschlecht, Sprache, Religion, politischer oder sonstiger Überzeugung, nationaler oder sozialer Herkunft, Vermögen, Geburt oder sonstigem Stand. […]

Die Allgemeine Erklärung der Menschenrechte enthält unter anderem die Rechte auf **Gleichheit und Freiheit** sowie staatsbürgerliche **Beteiligungsrechte**, formuliert aber auch weitergehende Rechte, z. B. auf **freie Berufswahl** (Art. 23), auf **Bildung** (Art. 26) oder auch auf **gesellschaftlich-kulturelle Teilhabe** (Art. 27). Die UN-Menschenrechtscharta ist

Emblem der *Vereinten Nationen*

deswegen so bedeutsam, weil sie von einer Gemeinschaft von Nationen beschlossen wurde und insofern eine internationale Verständigung darüber darstellt, an welchen Maßstäben man sich orientieren will. Allerdings ist diese Resolution (völker)rechtlich nicht bindend, d.h., die Rechte können nicht vor Gericht eingeklagt werden.

Einklagbarkeit gewährt aber die wenig später beschlossene ***Europäische Menschenrechtskonvention*** (1950, amtlicher Titel: *Konvention zum Schutze der Menschenrechte und Grundfreiheiten*), ein völkerrechtlicher Vertrag, den alle Mitglieder des Europarats unterzeichnet haben. Sie kann als der Versuch verstanden werden, ein höheres Maß an Verbindlichkeit zu schaffen, als es die *Allgemeine Erklärung der Menschenrechte* vermochte. Die in der Konvention zugesicherten Rechte können vor dem **Europäischen Gerichtshof für Menschenrechte** eingeklagt werden.

Darüber hinaus gibt es noch die ***International Bill of Human Rights***, die 1966 von den *Vereinten Nationen* verabschiedet worden ist. Überprüft wird die Einhaltung der darin niedergelegten Menschenrechte vom **UN-Menschenrechtsausschuss**. Beschwerden können hier allerdings erst eingereicht werden, wenn die innerstaatlichen Möglichkeiten, die Rechte einzuklagen, ausgeschöpft sind.

Genozid bedeutet Völkermord. Um im juristischen Sinne von Völkermord sprechen zu können, muss bei entsprechenden Handlungen die „Absicht" nachgewiesen werden, „eine nationale, ethnische, rassische oder religiöse Gruppe als solche ganz oder teilweise zu zerstören" (*Konvention über die Verhütung und Bestrafung des Völkermordes*, Art. II).

Eine zentrale Institution, die bei der Durchsetzung von Menschenrechten eine wichtige Rolle spielt, ist der **Internationale Strafgerichtshof** in Den Haag. Dieser nimmt sich schwerster Menschenrechtsverletzungen an, wie beispielsweise Genoziden, Kriegsverbrechen oder Verbrechen gegen die Menschlichkeit.

2020 wurde die Kairoer Erklärung von 1990 durch eine neue liberalere Version ersetzt.

Im islamischen Raum wurden ebenfalls Menschenrechte aufgeschrieben. Die ***Kairoer Erklärung*** von 1990, beschlossen von der *Organisation der Islamischen Konferenz*, erklärt noch die Scharia, die aus den heiligen Schriften des Islam abgeleiteten Regeln für das Zusammenleben, zur Basis der Menschenrechte, war also sehr religiös geprägt. Die ***Arabische Charta der Menschenrechte*** aus dem Jahr 2004, die von der Arabischen Liga verabschiedet worden ist, orientiert sich dann mehr an der *Allgemeinen Erklärung der Menschenrechte* und enthält beispielsweise – im Unterschied zur Kairoer Erklärung – den Grundsatz der Gleichheit von Frau und Mann.

Schwierigkeiten bei der juristischen Durchsetzung der Menschenrechte

Die Weltgemeinschaft ist also noch zu keinem Konsens gekommen, was die Menschenrechte angeht – es existieren bisher nur verschiedene Menschenrechtsabkommen, die dann auch nur für bestimmte Länder oder

Regionen gültig sind. Daher gibt es auch noch **keinen Weltgerichtshof**, der der Universalität von Menschenrechten in der juristischen Praxis mehr Geltung verschaffen könnte. Eine effektive allgemeine **Durchsetzung** der Menschenrechtsstandards ist vor diesem Hintergrund sehr **erschwert.** Selbst beim *Europäischen Gerichtshof für Menschenrechte*, dessen Urteile die Vertragsparteien der *Europäischen Menschenrechtskonvention* mit Unterzeichnung zu befolgen zugesagt haben, bleibt es eine Frage der nationalen Gesetze, welchen Status die Menschenrechtskonvention und die nach ihr gefällten Urteile in dem jeweiligen Land dann tatsächlich haben. Der Gerichtshof selbst kann von den Staaten, die Menschenrechte verletzt haben, lediglich Entschädigungszahlungen verlangen.

Auch der *Internationale Strafgerichtshof* kann kaum die Rolle eines Weltgerichtshofs übernehmen. Denn viele Staaten, darunter auch große Staaten wie die USA, Russland und China, haben das zugrunde liegende Rom-Statut nicht unterzeichnet bzw. die Unterzeichnung wieder zurückgenommen und erkennen ihn insofern nicht als Gericht an, dessen Urteile für sie verbindlich wären.

Die Geltung der Menschenrechte in der Diskussion

Wie die Geschichte der Menschenrechte und deren Verknüpfung mit dem Aspekt der Menschenwürde und mit naturrechtlichen Herleitungen zeigt, steht die Idee der Menschenrechte, wie wir sie heute verstehen, in europäisch-westlicher Denktradition. Der Anspruch ihrer universellen Geltung ist vor diesem Hintergrund kritisiert worden: Weil die Menschenrechte auf „westlichen" Wertvorstellungen basieren würden, könne ihnen kein Universalismus bescheinigt werden – vielmehr müsse man von einer **partikularen, regional verankerten Geltung** ausgehen. Vertreter des Postkolonialismus sehen deshalb die Übertragung der westlich geprägten Menschenrechte auf andere Regionen oder Länder im Zuge des Kolonialismus (beispielsweise auf kolonisierte afrikanische Länder) als einen unzulässigen Übergriff an. Ähnlich argumentieren Vertreter des **Kulturrelativismus:** Der Universalitätsanspruch der Menschenrechte sei eine Anmaßung, denn das, was man als Menschenrecht einzuräumen bereit sei, sei von der Kultur, in der man lebe, und von den damit verbundenen Traditionen und Denkweisen abhängig.

Der Kulturrelativismus ist eine Denkrichtung, nach der andere Kulturen nicht von außen verstanden bzw. bewertet werden können.

7 Die Frage nach einer gerechten und sicheren Weltordnung

7.1 Krieg und Frieden

Die Begriffe „negativ" und „positiv" sind hier nicht im wertenden Sinne zu verstehen.

Als strukturelle Gewalt wird die Beeinträchtigung elementarer Bedürfnisse des Menschen bezeichnet, die staatlichen bzw. (welt)gesellschaftlichen Strukturen innewohnt.

Die Frage nach einer gerechten und sicheren Weltordnung stellt sich in einer globalisierten Welt noch dringlicher als früher. Eine grundlegende Unterscheidung, von der aus man sich mit dieser Frage auseinandersetzen kann, stammt von dem norwegischen Soziologien **Johan Galtung** (1930–2024). Er hat den Begriff „Frieden" doppelt kodiert: Als **negativen Frieden** bezeichnet er die **Abwesenheit von organisierter physischer Gewalt**, vor allem von militärischer Gewalt. Ein solcher Frieden kann über Waffenstillstände, Friedensverträge oder andere Formen der Beilegung gewaltsamer Konflikte geschaffen werden. **Positiver Frieden** lässt sich dagegen als ein dynamischer Prozess beschreiben, in dem Gerechtigkeit im Sinne einer **Vermeidung von struktureller Gewalt** zum bestimmenden Maßstab wird. Es geht um die gerechte Ausgestaltung der sozioökonomischen, sozialen und politischen Verhältnisse, wozu insbesondere die Ausschaltung von Unterdrückung und Ausbeutung, die Reduktion des eklatanten Unterschiedes zwischen Arm und Reich, aber auch die Berücksichtigung der strukturellen, auch mittelbaren Schädigung anderer Menschen gehören. So verschlechtern sich im Zuge der Klimakrise, zu der die Industrienationen in besonderem Maße beigetragen haben, die Lebensbedingungen vor allem in Afrika zunehmend. Solche Ungerechtigkeiten sollen nach Galtung auch deshalb beseitigt werden, weil das in ihnen enthaltene Konfliktpotenzial die Gefahr birgt, zu Krieg und direkter physischer Gewalt zu führen.

Eine besondere Herausforderung für die internationale Gemeinschaft sind **Kriege** als Form der organisierten physischen Gewalt. Unter einem Krieg versteht man einen mit Waffengewalt ausgetragenen Konflikt zwischen Kollektiven. Man unterscheidet Kriege *zwischen* Staaten von Kriegen *innerhalb* von Staaten (meist zwischen sozialen Gruppen – oft in Form eines Bürgerkriegs). Die Ursachen von Kriegen sind vielfältig, z. B.:

- Durchsetzung von Territorialansprüchen
- Sicherung der Herrschaft vor (befürchteter) Bedrohung
- ökonomische Interessen (z. B. auch von Eliten des Landes) und Konkurrenz um Rohstoffe
- Ideologien
- geopolitische Machtkonkurrenz

US-Panzer vor dem Triumphbogen *Schwerter des Sieges* in Bagdad während des Irakkriegs (2003), der unter dem Vorwand, der Irak besäße Massenvernichtungswaffen, begonnen wurde.

Mit der Frage, wie Kriege entstehen und wie sie verhindert werden können, befasst sich insbesondere die Konflikt- und Friedensforschung. Sie hat unter anderem das Ziel, Faktoren für einen dauerhaften Frieden in bestimmten Regionen, mit weiter gehendem Blick aber auch für die Weltgemeinschaft zu identifizieren. In diesem Ziel scheint die Hoffnung durch, dass Kriege überwunden werden könnten.

7.2 Gerechter Krieg und Pazifismus

Die von der angreifenden Kriegspartei genannten Gründe für den Angriff entsprechen dabei häufig nicht den tatsächlichen Gründen. Oft wird beispielsweise vorgeschoben, dass eine Bedrohung von dem anderen Land ausginge, die zum Krieg gegen dieses Land zwänge. Dahinter steckt häufig der Versuch, den Krieg zu einem sogenannten „gerechten Krieg“ umzudeuten.

Die lateinische Bezeichnung für einen gerechten Krieg ist „**bellum iustum**“ und ist auch heute noch gebräuchlich.

info

Die Grundidee des „gerechten Krieges“

Unter einem „gerechten Krieg“ verstehen Vertreter dieser Theorie einen Krieg, der aus einem **gerechten Grund** bzw. mit **guter Absicht** geführt wird und deshalb als legitim angesehen werden kann. Das Konzept des „gerechten Krieges“ blickt auf eine lange Geschichte zurück: Der römische Politiker und Philosoph Cicero (106 v. Chr. bis 43 v. Chr.) sah Kriege als moralisch an, …

- denen Verhandlungen zur Lösung des Konflikts vorangegangen sind, die aber gescheitert sind,
- die eine Reaktion auf erfahrenes Unrecht darstellen,
- die von einer autorisierten, rechtmäßigen Instanz ausgehen,
- denen eine formale Legitimierung vorausgegangen ist,
- die das Ziel haben, das begangene Unrecht auszugleichen und so Frieden zu schaffen.

Der römische Bischof Augustinus (354–430) griff später die Bezeichnung *bellum iustum* auf und bettete sie in sein christliches Weltbild ein. Oberstes Ziel eines „gerechten Krieges“ ist es für ihn, Frieden zu stiften. Da er Frieden aber als die von Gott gewollte Ordnung begreift, zählt er auch Kriege dazu, die im Dienste dieser Ordnung geführt werden, also beispielsweise auch Kriege gegen Heiden. Er lieferte damit im Grunde eine Rechtfertigung für „Heilige Kriege“.

Der „gerechte Krieg“ lässt sich als ein Konzept verstehen, das zwischen dem Bellizismus und (strikt verstandenem) Pazifismus zu verorten ist. Der Bellizismus bezeichnet eine grundsätzlich positive Haltung zum Krieg – beispielsweise weil sich in ihm Tugenden wie die Tapferkeit in Reinform zeigen würden oder auch weil das Recht des Stärkeren befürwortet wird. Der Pazifismus dagegen ist eine Haltung, nach der jegliche

Das Wort „Pazifismus“ leitet sich vom lateinischen *pax* (= Frieden) ab.

Eine gemäßigte Variante des Pazifismus vertritt der britische Philosoph Bertrand Russell (1872 –1970). Er nennt diese Form einen „relativen politischen Pazifismus". Von einem „absoluten Pazifismus" unterscheide sich dieser dadurch, dass er auf die Schaffung von Institutionen abziele, die Kriege möglichst verhindern, dass er aber nichts gegen die militärische Verteidigung gegen diktatorisch geführte Staaten einzuwenden habe.

Anwendung von Gewalt abzulehnen ist. Politisch ist ein **radikaler Pazifismus** eine Minderheitenposition, denn die meisten Menschen würden einräumen, dass es in gewissen Situationen gerechtfertigt ist, sich mit Waffengewalt zur Wehr zu setzen, und dass das für Staaten gilt, die auf völkerrechtswidrige Weise angegriffen wurden. In der Ethik wird eine solche Sichtweise oft im Sinne einer **Verantwortungsethik** gerechtfertigt, während ein radikaler Pazifismus als **gesinnungsethisch** abgelehnt wird. Diese Unterscheidung geht auf den deutschen Soziologen **Max Weber** (1864–1920) zurück, der unter Gesinnungsethik eine politische Einstellung versteht, nach der eine Handlung dann geboten ist, wenn die hinter ihr stehende Gesinnung oder Motivation richtig ist, ganz gleich, welche Folgen diese Handlung haben wird. Ein politischer Akteur ist dagegen nach Weber ein Verantwortungsethiker, wenn er die Verantwortung für die Folgen seines Tuns übernimmt und sich aufgrund der Abwägung der Folgen für oder gegen eine bestimmte Handlung entscheidet. Dabei kann auch der Zweck die Mittel „heiligen", was z. B. zur Folge haben kann, dass aus seiner Perspektive der Einsatz von Gewalt gerechtfertigt sein kann.

7.3 Zwei Ansätze zu einer gerechteren Weltordnung: Global Governance vs. Global Government

Zwei grundlegende Konzepte zu einer gerechteren und sichereren Weltordnung lassen sich unterscheiden: das Konzept *Global Governance* und das Konzept *Global Government.*

Mit **Global Government** ist im Grunde eine Weltregierung gemeint, der ein weltweit einheitliches politisches System zugrunde liegen müsste. Die Einzelstaaten würden sich sozusagen zu einem Weltstaat zusammenschließen, dessen Regierung dann wie in heutigen Staaten politische Entscheidungen trifft, die für alle Länder auf der Welt direkt verbindlich sind. Eine zentrale Frage wäre es bei einer solchen Weltregierung, welche Befugnisse diese genau hat und welche bei den einzelnen Ländern verbleiben. Auch wäre zu klären, ob dieser Weltregierung die momentanen Machtverhältnisse auf der Welt zugrunde lägen (mit der Dominanz bestimmter Länder) oder ob sie von den „Weltbürgerinnen und Weltbürgern" analog zu heutigen Wahlen demokratisch gewählt würde. Eine Weltregierung böte vermutlich den Vorteil schneller und verbindlicher Entscheidungsfindung.

Die Etablierung einer Weltregierung – auch angesichts der kulturellen und weltanschaulichen Unterschiede in der Welt – wäre ein sehr großer Schritt, weil die Staaten dafür ihre Souveränität oder einen großen Teil davon aufgeben müssten. Weniger weitreichend sind die Konsequenzen beim Konzept **Global Governance:** Damit ist keine Weltregierung gemeint, sondern ein **internationales System** von **Regeln** und **Prinzipien**, von **Vereinbarungen** und **Prozessen** sowie dazugehörigen **Institutionen**, die im Dienste dieses Systems stehen. Global Governance beruht auf der **freiwilligen Kooperation** der souverän bleibenden Einzelstaaten und zielt darauf ab, **weltweite Probleme**, die insbesondere im Zuge der Globalisierung aufgetreten sind, zu **bekämpfen**. Während im Konzept *Global Government* die Entscheidungsgewalt zentralisiert wird, sieht das Konzept *Global Governance* eher ein (dezentral organisiertes) **multilaterales Netzwerk** aus Vereinbarungen und Institutionen vor. Der Kreis der relevanten Institutionen beschränkt sich dabei nicht auf im engen Sinne politisch organisierte Institutionen. Es können auch Bürgerbewegungen und Nichtregierungsorganisationen oder auch international agierende Konzerne und Medien eine Rolle spielen. *Global Governance* ist so weniger als stabile Weltordnung, sondern mehr als dynamischer Prozess zu verstehen, in dem die eigenständigen Akteure nach gemeinsamen Lösungen für die Probleme der globalisierten Welt suchen.

multilateral (von lat. *multus* = viel; *latus* = Seite): mehr als zwei Vertragspartner betreffend (vs. bilateral: zwei Vertragspartner betreffend)

7.4 Kants Schrift *Zum ewigen Frieden*

Die Überlegungen, wie auf der Welt dauerhaft Frieden geschaffen werden könnte, sind vielfältig. Einer der bekanntesten Entwürfe einer globalen Friedensordnung stammt von dem Aufklärer Immanuel Kant. Seine Schrift *Zum ewigen Frieden* (1795/96) erweckt gestalterisch den Anschein eines Friedensvertrages. Ihr Hauptteil ist in zwei Abschnitte, die Präliminarartikel und die Definitivartikel, unterteilt. In den Präliminarartikeln werden sechs notwendige Voraussetzungen für einen dauerhaften Frieden in Form von Verboten dargelegt, während die nachfolgenden Definitivartikeln im zweiten Abschnitt genauer beschreiben, wie eine dauerhafte Friedensordnung ausgestaltet sein sollte:

Die Schrift wird hier zitiert unter der Sigle ZF.

Die an den Hauptteil anschließenden Zusätze/Anhänge werden im Folgenden nicht genauer dargestellt.

Präliminarartikel	
Wortlaut	**Erläuterung**
1 „Es soll kein Friedensschluss für einen solchen gelten, der mit dem geheimen Vorbehalt des Stoffs zu einem künftigen Kriege gemacht worden." (ZF 5)	Wenn die Frieden schließenden Parteien insgeheim planen, zu einem späteren Zeitpunkt wieder Krieg zu führen, dann kann man nicht von Frieden sprechen, sondern nur von einem Waffenstillstand. Zu einem echten Frieden gehört für Kant, dass die **Kriegsursachen beseitigt** werden.
2 „Es soll kein für sich bestehender Staat (klein oder groß, das gilt hier gleichviel) von einem anderen Staate durch Erbung, Tausch, Kauf oder Schenkung erworben werden können." (ZF 6)	Ein Staat ist keine Sache, sondern ein Zusammenschluss von Menschen. Als solcher kann er **nicht veräußert oder weitergegeben** werden – insbesondere deswegen, weil dadurch auch die Menschen **entwürdigt** würden.

3 „Stehende Heere (miles perpetuus) sollen mit der Zeit ganz aufhören." (ZF 8)	Kant sieht die **Gefahr eines Wettrüstens**, wenn es stehende Heere gibt. Wiederkehrende Übungen, bei denen Freiwillige die Verteidigung des Landes trainieren, seien dagegen sinnvoll.
4 „Es sollen keine Staatsschulden in Beziehung auf äußere Staatshändel gemacht werden." (ZF 9)	Kredite sollen Staaten nur gewährt werden, wenn sie **nicht der Finanzierung des Militärs** dienen.
5 „Kein Staat soll sich in die Verfassung und Regierung eines andern Staats gewalttätig einmischen." (ZF 11)	Kant betont hier die Nichteinmischung in anderer Staaten und damit deren **Souveränität**.
6 „Es soll sich kein Staat im Kriege mit einem andern solche Feindseligkeiten erlauben, welche das wechselseitige Zutrauen im künftigen Frieden unmöglich machen müssen: als da sind, Anstellung der *Meuchelmörder* [...], *Giftmischer* [...], *Brechung der Kapitulation, Anstiftung des Verrats* [...] in dem bekriegten Staat etc." (ZF 12)	Nach Kant sollen in einem laufenden Krieg bestimmte, von ihm als „ehrlos" bezeichnete Mittel nicht angewendet werden. Dadurch würde das letzte Stück **Vertrauen**, das bei einem späteren Friedensschluss nötig wäre, verspielt. Zudem bestünde die Gefahr, dass der Krieg in einen **Vernichtungskrieg** umschlüge.

Definitivartikel	
Wortlaut	**Erläuterung**
1 „Die bürgerliche Verfassung in jedem Staate soll *republikanisch* sein." (ZF 20)	Es sollen die Grundsätze „*Freiheit* der Glieder einer Gesellschaft", „*Abhängigkeit* aller von einer einzigen gemeinsamen Gesetzgebung" und „*Gleichheit*" (ZF 20) gelten. Ein Krieg betrifft nach Kant in einem so gefassten republikanischen Staat alle Menschen in gleichem Maße. Als wichtig erachtet Kant dabei auch die **Trennung der exekutiven von der legislativen Gewalt**, um Machtmissbrauch vorzubeugen.
2 „Das Völkerrecht soll auf einem *Föderalismus* freier Staaten gegründet sein." (ZF 30)	Kant sieht einen **Völkerbund von freien Staaten** (im Unterschied zu einem Völkerstaat, in dem die Souveränität der Einzelstaaten beeinträchtigt wäre), in dem diese sich gegenseitig zusichern, die je eigene Freiheit zu erhalten und zu sichern, als beste Möglichkeit der Friedenssicherung.
3 „Das Weltbürgerrecht soll auf Bedingungen der allgemeinen *Hospitalität* eingeschränkt sein." (ZF 40)	Kant formuliert hier die Forderung nach einem Besuchsrecht in anderen Staaten und beschreibt es als Recht darauf, einen „Verkehr" mit den Einwohnern „*zu versuchen*" (ZF 41), wobei dieser Versuch auch – mit friedfertigen Mitteln – abgewiesen werden kann. Mit der Einschränkung auf das Besuchsrecht will Kant kolonialistischen Tendenzen Einhalt gebieten.

Weil Kant den Krieg als Naturzustand begreift, bedarf es der aktiven Anstrengung, Frieden herzustellen.

7.5 Das heutige Völkerrecht und humanitäre Interventionen

Unter dem Völkerrecht versteht man ein überstaatliches Recht, das insbesondere den Umgang der Staaten untereinander regelt. Die zentrale Rechtsquelle des heutigen Völkerrechts ist die ***Charta der Vereinten Nationen***. Die darin niedergeschriebenen völkerrechtlichen Regeln werden aufgrund des Völkergewohnheitsrechts auch als verbindlich für Staaten angesehen, die den *Vereinten Nationen* nicht angehören. Das sind heute nur noch sehr wenige Staaten. Im heutigen **Völkerrecht** gibt es ein **grundsätzliches Gewalt- und damit Kriegsverbot:**

ZITAT

Charta der Vereinten Nationen – Art. 2, Zif. 4

„Alle Mitglieder unterlassen in ihren internationalen Beziehungen jede gegen die territoriale Unversehrtheit oder die politische Unabhängigkeit eines Staates gerichtete oder sonst mit den Zielen der Vereinten Nationen unvereinbare Androhung oder Anwendung von Gewalt."

Allerdings gibt es **Ausnahmen** von diesem allgemeinen Gewaltverbot: So sind Interventionen völkerrechtlich insbesondere erlaubt, wenn ...

- ... sich ein Staat gegen einen anderen Staat zur Wehr setzt, also zum Zwecke der **Selbstverteidigung**,
- ... der Staat, in dem interveniert wird, sein **Einverständnis** dafür gegeben hat,
- ... der **UN-Sicherheitsrat** ein entsprechendes **Mandat** erteilt hat (sogenannte friedensbewahrende bzw. friedensschaffende Maßnahmen).

Im Völkerrecht existiert eine grundlegende Unterscheidung zwischen dem **Recht *zum* Krieg** (lat.: *ius ad bellum*) und dem **Recht *im* Krieg** (lat.: *ius in bello*). Ersteres betrifft die eben behandelte Frage, *ob* der Krieg geführt werden darf, bei Letzterem geht es um die Art und Weise, wie der Krieg geführt wird, bzw. darum, was im Krieg erlaubt ist und was nicht.
Hierauf bezieht sich das sogenannte **humanitäre Völkerrecht**. Es regelt unter anderem, wie mit **Zivilisten**, aber auch mit **Kriegsgefangenen** oder **verletzten Soldaten** umgegangen werden soll. Es klärt auch, welche **Methoden der Kriegsführung** erlaubt sind. So verbietet es den Einsatz bestimmter Waffensysteme, die übermäßiges Leid verursachen, sowie Angriffe auf zivile Objekte oder auf Bauwerke, deren Zerstörung viele Menschenleben gefährden würde (Kernkraftwerke, Staudämme etc.). Auch **kulturelle Einrichtungen** bzw. **Kulturgüter** werden durch das humanitäre Völkerrecht geschützt. Grundlage des humanitären Völkerrechts sind insbesondere zwei zwischenstaatliche Abkommen: die ***Genfer Konventionen*** und die ***Haager Konvention***. Die Wurzeln der *Genfer Konventionen* reichen in die Mitte des 19. Jahrhunderts zurück, die heute gültige Version stammt von 1949. Die ursprüngliche *Haager Konvention* stammt aus den Jahren 1899 und 1907.

Vgl. hierzu S. 204 in diesem Band. Der *Internationale Strafgerichtshof* sollte nicht mit dem *Internationalen Gerichtshof* verwechselt werden, der sich insbesondere um Konflikte zwischen Staaten kümmert.

Bei schweren Verstößen gegen das humanitäre Völkerrecht kann eine Strafverfolgung durch den **Internationalen Strafgerichtshof** in Den Haag erfolgen, der gemäß dem Rom-Statut (von 1998) hierfür zuständig ist.

Humanitäre Interventionen und Schutzverantwortung

Während der *Internationale Strafgerichtshof* der Strafverfolgung dient, also im Nachhinein Urteile fällt, spielt während Konflikten, in denen gegen das (humanitäre) Völkerrecht verstoßen wird, aber auch bei anderen schweren Menschenrechtsverletzungen die Frage eine Rolle, inwieweit ein Eingriff von außen aus **humanitären Gründen** zulässig ist. Wie oben bereits dargestellt, ist ein solcher erlaubt, wenn der UN-Sicherheitsrat diesen Eingriff als friedensbewahrende bzw. friedensstiftende Maßnahme genehmigt.

Nach dem Bosnienkrieg, in dem unter der Führung von Ratko Mladić der Völkermord von Srebrenica (an über 8 000 Bosniaken) begangen wurde, und nach dem Völkermord der Hutu-Mehrheit an den Tutsi in Ruanda mit weit über einer halben Million Opfern wurde über eine Anpassung der rechtlichen Grundlage für humanitäre Interventionen nachgedacht. Ein Ergebnis davon war das Konzept der **Schutzverantwortung**, das zu Beginn des 21. Jahrhunderts aufkam und den Akzent von dem Recht auf Intervention hin zur **Verpflichtung zur Intervention** verschob: Die Frage nach der Zulässigkeit einer Intervention wurde sozusagen durch die Frage nach der Zulässigkeit einer *Unterlassung* der Intervention ersetzt. Das normative Konzept der Schutzverantwortung beschreibt so das Vorgehen gegen schwere Menschenrechtsverletzungen als eine Pflicht zum Schutz der Menschen. Dem Konzept liegt die Vorstellung zugrunde, dass zunächst einmal zur Souveränität der Staaten die Pflicht gehört, die Menschen im eigenen Land zu schützen. Kommt ein Staat dieser Pflicht nicht nach, z. B. indem er selbst Menschenrechtsverletzungen begeht, dann kommt die Schutzverantwortung der internationalen Gemeinschaft zum Tragen.

Das Konzept der Schutzverantwortung geht auch insofern über das Recht zu humanitären Interventionen hinaus, als es nicht auf die Maßnahme eines militärischen Eingriffs beschränkt ist. Vielmehr umfasst es drei Verantwortungsbereiche:

- **Prävention:** Die Staatengemeinschaft ist verpflichtet, Entwicklungen zu vermeiden, die zu schweren Menschenrechtsverletzungen führen.
- **Reaktion:** Die Staatengemeinschaft ist verpflichtet, bei schweren Menschenrechtsverletzungen einzugreifen, um diese zu unterbinden – vor militärischen Interventionen sollen aber andere Mittel ausgeschöpft sein.

- **Wiederaufbau:** Die Staatengemeinschaft ist verpflichtet, nach einem Konflikt zu einer Instandsetzung beschädigter oder zerstörter Infrastruktur oder auch zur Versöhnung der Konfliktparteien beizutragen.

Das so zugeschnittene Konzept der Schutzverantwortung fand allerdings nur in beschränkter Form Eingang in die – zudem völkerrechtlich nicht bindende – Abschlusserklärung zur „Umsetzung der Schutzverantwortung" beim UN-Weltgipfel von 2005: Sie bezieht sich zum einen lediglich auf die vier großen Tatbestände Völkermord, Kriegsverbrechen, ethnische Säuberungen und Verbrechen gegen die Menschlichkeit. Zum anderen enthält sie nicht die Pflicht zum militärischen Eingriff, sondern nur die Erklärung, zu einem solchen bereit zu sein.
Die Diskussion um die Schutzverantwortung ist – so lässt sich zusammenfassend festhalten – sehr von der Frage geprägt, inwieweit sich die internationale Durchsetzung der Menschenrechte mit dem Recht auf Souveränität verträgt.

7.6 Peter Singer und Thomas Pogge: Ideen für eine globale Gerechtigkeit

Mit der Frage, wie menschenwürdigere Bedingungen geschaffen werden könnten, haben sich auch Peter Singer und Thomas Pogge befasst. Sie richten den Blick insbesondere auf die schwierige Situation der Menschen im **Globalen Süden**, die sich im Zuge der Klimakrise zudem noch weiter zu verschlechtern droht.
Peter Singer, der eigentlich vor allem für den Präferenzutilitarismus bekannt ist, hat sich bereits 1972 in seiner Schrift *Famine, Affluence, and Morality* intensiv mit dieser Frage auseinandergesetzt. Er plädiert für ein radikales Umdenken hinsichtlich der eigenen Lebensweise und der Verantwortung, die wir tragen. Der zentrale Grundsatz in Singers Überlegungen ist der folgende:

> „Wenn es in unserer Macht steht, etwas Schlechtes zu verhindern, ohne dabei etwas von vergleichbarer moralischer Bedeutung zu opfern, so sollten wir dies, moralisch gesehen, tun."[33]

ZITAT

Diesen Grundsatz unterstreicht er mit einem einfachen Beispiel: Wenn jemand sieht, wie ein kleines Kind in einem flachen Teich zu ertrinken droht, dann ist es moralisch geboten, das Kind zu retten, auch wenn dieser Jemand dadurch beispielsweise seine Kleidung schmutzig macht. Utilitaristisch gesprochen wiegt das Wohlergehen des Kindes schwerer als die Unannehmlichkeit, die Kleidung zu waschen oder sie gegebenenfalls neu zu kaufen. Singer argumentiert nun, dass sich dieser intuitiv einsichtige Fall einer moralisch notwendigen Hilfestellung auch auf globale Zusammenhänge übertragen lasse: Die Menschen in den reichen Industrienationen hätten die **moralische Pflicht**, Menschen, die in anderen Ländern **Not leiden**, zu **helfen** – beispielsweise indem sie Geld spenden. Singer führt aus, dass nur ein geringer Anteil des Verdienstes der Menschen in den reichen Nationen genügen würde, um den Menschen in den ärmeren Ländern zu helfen.

Hilfeleistungen sind aus Singers Perspektive dann auch nicht mehr als Wohltätigkeit anzusehen.

Infolge des Klimawandels trocknen Böden immer schneller aus. Dadurch reduziert sich insbesondere in Afrika der landwirtschaftliche Ertrag noch weiter, wodurch sich die dortigen Lebensbedingungen zunehmend verschlechtern.

Singers Überlegungen wurden später zum Konzept des **effektiven Altruismus** erweitert. Dieser besagt, dass die Mittel, die man zur Verbesserung der Lebensumstände anderer Menschen zur Verfügung hat, eine möglichst große Hilfswirkung erzielen sollen. Im Grunde fordert dieser Ansatz eine utilitaristisch gedachte Kosten-Nutzen-Rechnung, also eine rationale Kalkulation, wie vorhandene Mittel am wirkungsvollsten eingesetzt werden können. So ist für einen Vertreter des effektiven Altruismus klar, dass die 100-Euro-Spende an eine Organisation, die damit lebensrettende Impfungen in Afrika finanziert, moralischer ist als eine Spende in gleicher Höhe an den lokalen Fußballverein und sogar an ein todkrankes Kind, dem mit den gesammelten Spenden ein letzter Wunsch erfüllt wird.

Während Singers Überlegungen und der effektive Altruismus eher **individualethische Ansätze** sind, bei denen es darum geht, wie der Einzelne zur Verringerung des Leidens auf der Welt beitragen kann, vertritt der Philosoph **Thomas Pogge** (*1953) einen eher **institutionell-vertragstheoretischen Ansatz**. Sein Doktorvater John Rawls nahm noch vor allem die innerstaatliche Gerechtigkeit in den Fokus, Pogge wendet sich nun der zwischenstaatlichen Gerechtigkeit zu. Er geht davon aus, dass die momentane Weltordnung eine Form des „Massentötens" ist, weil die reichen Länder die ärmeren Länder ausbeuten und die damit einhergehenden Lebensbedingungen mittelbar zu unzähligen Toten in diesen Ländern führen. Der These, dass die politische Situation in diesen Ländern für deren Armut verantwortlich wäre, tritt er entgegen: Dass die armen Länder (insbesondere des Globalen Südens) häufig von Diktatoren oder korrupten Eliten beherrscht würden und dies zulasten des Wohlergehens der Bevölkerung gehe, räumt Pogge zwar ein. Doch die reichen **Industrienationen** hätten einen beträchtlichen Anteil an der **schlech-**

ten wirtschaftlichen Situation der dort lebenden Menschen. Er kritisiert insbesondere zwei internationale Regeln:

- das internationale Kreditprivileg,
- das internationale Rohstoffprivileg.

Das **internationale Kreditprivileg** meint das Recht eines jeden Staates, sich auf dem Kreditmarkt Geld zu leihen, auch wenn es sich bei diesem Staat um einen illegitimes System handelt. Zum einen würden diktatorische Herrscher auf diese Weise oft ihren verschwenderischen Lebensstil finanzieren und dabei eigentlich „private" Schulden verstaatlichen. Zum anderen helfe das Kreditprivileg den Herrschern beim Machterhalt und -ausbau, da sie das Geld für Waffen, Militär oder auch für Söldner ausgeben könnten.

Das **internationale Rohstoffprivileg** besteht darin, dass auch Diktatoren oder andere illegitime Regime frei über die Rohstoffe des beherrschten Landes verfügen und sie auf dem Weltmarkt verkaufen können. Pogge argumentiert folgendermaßen gegen diese Regel: Die Rohstoffe in den Ländern gehören in seinen Augen eigentlich der Bevölkerung. Die Diktatoren, die sich meist an die Macht geputscht haben, und ihre Eliten in diesen Ländern würden diese Rohstoffe aber auf dem Weltmarkt anbieten und so im Grunde die eigene Bevölkerung berauben. Wenn nun Länder diese Rohstoffe kaufen, machen sie sich nach Pogge an diesem Raub mitschuldig. Deshalb trügen sie Verantwortung für das Leid in den armen Ländern. Aus Pogges Sicht greift deshalb Singers Beispiel des Kindes, das von einem Vorübergehenden gerettet werden muss, als Veranschaulichung der Hilfsverpflichtung auch zu kurz. Denn die reichen Länder sind nicht wie der Vorübergehende an der Notsituation unbeteiligt, sondern Teil des ungerechten internationalen Systems, das die Notsituation schafft.

Pogge versteht diesen Vorgang als international legitimierte Hehlerei.

Pogge schlägt vor diesem Hintergrund beispielsweise eine **globale Rohstoffdividende** vor: Bei jeder Entnahme von Rohstoffen soll der Entnehmende einen geringen Anteil des entnommenen Wertes zusätzlich bezahlen. Diese – so könnte man es nennen – Rohstoffentnahme-Abgabe solle dann der Bevölkerung in den Staaten zugutekommen, in denen der Rohstoff entnommen wird. Pogge betont, dass diese Idee nicht an der kapitalistischen Funktionsweise der Weltwirtschaft rüttle, sondern nur die Eigentumsrechte an den Rohstoffen anders definiere.

Eine weitere Idee Pogges zur Bekämpfung des Leides auf der Welt ist der *Health Impact Fund*, mit dessen Hilfe eine bessere weltweite Versorgung mit Medikamenten realisiert werden soll.

Nach Berechnungen des Philosophen könnte schon eine geringe Abgabe in der Höhe von etwa 1 % des Rohstoffpreises die Armut in der Welt beseitigen.

Als nützlichen Nebeneffekt dieser Abgabe identifiziert Pogge den Anreiz, wegen der Verteuerung des Rohstoffes sparsamer mit den Rohstoffen umzugehen.

8 Zusammenfassung

- Man unterscheidet **Legalität** und **Legitimität:** Legal ist ein Verhalten, das den Gesetzen eines Landes entspricht. Legitim nennt man ein Verhalten, das bestimmten moralischen oder sittlichen Normen entspricht.
- Das **positive Recht** besteht aus den **geltenden Gesetzen** eines Staates, unter dem **Naturrecht** wird dagegen ein Normensystem verstanden, das für alle Menschen und überall gelten soll. Der **Rechtspositivismus** bestreitet ein objektives, von Natur aus geltendes Recht. Ihm wird häufig vorgeworfen, dass damit auch Gesetze in offensichtlichen Unrechtssysteme hingenommen würden.
- Gemäß der **Radbruch'schen Formel** kann Gesetzen, die grundlegenden Prinzipien der Gerechtigkeit und Gleichheit widersprechen, der Rechtscharakter abgesprochen werden – es ist „gesetzliches Unrecht".
- Nach Platon gibt es (gemäß seinem Seelenmodell) drei Stände im Staat: Die **Philosophen** (Lehrstand) sollen über die den Staat verteidigenden Wächter bzw. Krieger (Wehrstand) und über die Erwerbstreibenden (Nährstand), die die Versorgung sichern, **herrschen**.
- Aristoteles sieht den Menschen als **Gemeinschaftswesen**, das im Staat seine Bestimmung verwirklichen kann. Er unterscheidet Staatsformen danach, ob sie das **Gemeinwohl** im Blick haben oder nicht.
- Für Thomas Hobbes kann der (potenzielle) Krieg zwischen den auf Selbsterhaltung ausgerichteten Menschen im (fiktiven) Naturzustand durch einen **Gesellschaftsvertrag** überwunden werden, in dem sich diese auf ein **staatliches Gewaltmonopol** einigen – ein absolutistischer Staat sorgt gemäß dieser Idee für innere und äußere Sicherheit.
- Nach John Locke würden sich die Menschen in einem **Gesellschaftsvertrag** wegen der Willkürgefahr nicht auf einen absolutistischen Staat einigen, sondern auf einen Staat, in dem die **Herrschaft des Rechts** gilt, in dem sich also auch der Staat an das Recht halten muss. Er sieht darüber hinaus eine **Gewaltenteilung** in Exekutive und Legislative vor.
- In Jean-Jacques Rousseaus Vorstellung unterwerfen sich die Menschen im **Gesellschaftsvertrag** dem auf das Gemeinwohl ausgerichteten **Gemeinwillen**. Das Ziel ist Freiheit und Gleichheit. Das Volk wird im Sinne einer **direkten Demokratie** zum Souverän.
- Joseph Schumpeters Vorstellung von Demokratie beschränkt sich auf die Wahl einer **politischen Führung** aus der **politischen Elite**.
- Jürgen Habermas' Vorstellung einer **deliberativen Demokratie** betont dagegen die Rolle der **Öffentlichkeit**, in der ein reger **Austausch** über

politische Belange zum Zwecke der Meinungs- und Willensbildung stattfinden soll und die die Politik kritisch begleitet und **kontrolliert**.

- In einer gerechten Gesellschaft sollen nach John Rawls alle Menschen die gleichen Rechte haben **(Gleichheitsprinzip)**. Zudem sind sozioökonomische Ungleichheiten nur erlaubt, wenn sie mit Vorteilen für die Schlechtestgestellten **(Differenzprinzip)** und Chancengleichheit **(Prinzip fairer Chancengleichheit)** verbunden sind.
- **Pluralistische** Gesellschaften zeichnen sich durch große Vielfalt der Meinungen und Lebensweisen aus. Als wichtige Säule demokratisch-pluralistischer Gesellschaften wird das **zivilgesellschaftliche Engagement** angesehen.
- In der Kriminalitätstheorie wird heute ein **Mehrfaktorenansatz** verfolgt, nach dem verschiedene Faktoren zu Kriminalität führen.
- **Relative Straftheorien** sehen den Zweck von Strafen darin, zukünftig Straftaten zu **vermeiden**. **Absolute Straftheorien** verstehen Strafen dagegen als reinen **Ausgleich eines Gesetzesverstoßes**.
- Unter Menschenwürde wird der besondere **Wert** verstanden, der dem Menschen **nur aufgrund seines Menschseins** zukommt.
- Menschenrechte sind **Rechte**, die dem Menschen **nur aufgrund seines Menschseins** zukommen. Die wichtigste Rechtsquelle ist die *Allgemeine Erklärung der Menschenrechte* (1948) der Vereinten Nationen.
- Nach dem Konzept des „gerechten Krieges“ gibt es Kriege, die als legitim gelten können, weil sie mit „guter“ Absicht geführt werden.
- Unter **Global Government** versteht man die Gestaltung der Weltpolitik durch eine Art Weltregierung. **Global Governance** bezeichnet ein internationales, dezentrales System von Prinzipien, Vereinbarungen und Prozessen, in dem souveräne Einzelstaaten freiwillig kooperieren.
- In seiner Schrift *Zum ewigen Frieden* hat Immanuel Kant Grundsätze einer stabilen Weltordnung formuliert. Er fordert z. B. einen Völkerbund souverän bleibender Staaten.
- Nach dem heutigen Völkerrecht gilt ein grundsätzliches **Gewaltverbot**. Ausnahmen sind insbesondere **humanitäre Interventionen** mit Mandat des UN-Sicherheitsrates und die **Selbstverteidigung**.
- Nach Peter Singer haben wir die **moralische Pflicht**, etwas **gegen die globale Ungerechtigkeit** zu tun (z. B. durch möglichst effektive Spenden), um insbesondere Menschen im Globalen Süden zu helfen. Thomas Pogge schlägt zur Bekämpfung der globalen Ungerechtigkeit eine globale Rohstoffdividende vor, die bei der Entnahme eines Rohstoffes fällig wird und der Bevölkerung zugutekommt.

Glück und Sinnerfüllung

Das Gemälde *Das Gastmahl des Plato* (1869) von Anselm Feuerbach zeigt unterschiedliche **Ansätze zu einem glücklichen Leben:** ausschweifende Lust voller sinnlicher Genüsse (links), ernsthafte Gespräche oder in sich gekehrte Nachdenklichkeit (rechts). Was den Menschen glücklich macht, ist eine Frage, auf die Menschen wohl auch heute sehr individuelle Antworten geben würden: Während die einen vielleicht Macht oder Geld in den Mittelpunkt stellen, sehen andere in menschlichen Beziehungen ihr Glück und wieder andere in einer sinnvollen Arbeit.

In diesem Kapitel geht es zunächst um **philosophische Betrachtungen der Glücksthematik**. Im Anschluss stehen die **empirische Glücksforschung** sowie die **Bedeutung gelingender Kommunikation** in zwischenmenschlichen Beziehungen im Fokus.

1 Antike Vorstellungen von Eudaimonie – Die Frage nach dem gelingenden Leben

eudaimonía (von griech. *eu*: gut; *daimon*: Geist, göttliche Macht) meint ursprünglich den Zustand des Menschen, in dem ihm die Gottheit wohlgesonnen ist.

Antike Konzepte von Glück (*eudaimonía*) fragen nach dem gut geführten, gelingenden Leben. Es geht also um eine bewusste Lebensgestaltung, für die sich der Mensch entscheidet und die sich auf seine gesamte Existenz bezieht. Unterschiedlich sind dabei die Vorstellungen davon, wie solch ein glückliches Leben aussieht und auf welchem Weg es zu erreichen ist.

1.1 Aristoteles und die Vortrefflichkeit der Vernunft

Die ***Nikomachische Ethik*** ist die wichtigste der drei *Ethik*-Schriften des Aristoteles. Sie war für den Gebrauch im philosophischen Unterricht vorgesehen. Der Titel erinnert möglicherweise an seinen Sohn Nikomachos, vielleicht auch an seinen gleichnamigen Vater.

Vgl. zu Aristoteles' Überlegungen auch S. 78–83 in diesem Band.

Aristoteles ist der erste Philosoph, der die Frage nach dem Glück des Menschen systematisch untersucht hat. In seiner *Nikomachischen Ethik* nähert er sich dieser Frage schrittweise an. Prinzipiell ist hier wichtig, dass Ethik als praktische Disziplin weniger auf Erkenntnis, sondern auf das **Handeln** abzielt. So sollen Aristoteles' Ausführungen Orientierung geben, wenn man Entscheidungen trifft, die den eigenen Lebensentwurf betreffen.

Glück als oberstes Gut und Endziel allen Handelns

Aristoteles, der auch ein großer Naturforscher war, geht davon aus, dass jeder Bestandteil der Natur auf ein **Ziel *(télos)*** hin ausgerichtet ist, dass also alles einen bestimmten Zweck zu erfüllen hat, der gewissermaßen sein Wesen definiert. So existiert beispielsweise ein Sonnenblumenkern, weil aus ihm eine blühende Sonnenblume werden soll. Dementsprechend ist auch das menschliche Handeln zielorientiert. Durch ein bestimmtes Tun oder Handeln soll etwas **Gutes** bzw. ein **geistiges Gut** (das griech. Wort *agathón* ist mehrdeutig) erreicht werden.
Da es verschiedene Tätigkeiten und Handlungen in den Lebensbereichen des Menschen sowie verschiedene Formen des Handelns, praktischen Könnens und Wissens gibt, gibt es auch eine **Vielzahl an Zielen**. Diese haben in sich eine bestimmte Struktur: So ergeben sich Verkettungen und **hierarchische Ordnungen**. Denn das Ziel des Schiffsbaus ist das Schiff, die Sattlerei dient der Reitkunst – und diese beiden sind der Kunst der Kriegsführung untergeordnet. Die Kriegskunst ist wiederum Bestandteil der Staatskunst. Würde man diese Fragen und teleologischen Erklärungen ins Unendliche fortsetzen, so bliebe der Sinn jedes Handelns letztlich unklar. Deshalb muss es ein Ziel geben, das nicht weiteren übergeordneten Zielen dient, sondern sich selbst genügt, ein **Endziel**, das man **um seiner selbst willen** anstrebt. Was ist das oberste aller Güter, das man durch Handeln erreichen kann? „Glückseligkeit nennen es die [einfachen] Leute ebenso wie die Gebildeten, und sie setzen das Gut-Leben und das Sich-gut-Verhalten gleich mit dem Glückseligsein." (NE2 1095a16–19)

Glück im Rahmen der Hauptformen des menschlichen Lebens

Der Begriff „Glücklichsein“ bleibt bis hierhin jedoch noch inhaltsleer, gibt keine konkreten Handlungsziele vor. Dabei ist es, so Aristoteles, mit Blick auf die eigene Lebensführung überaus wichtig, dieses „Gut“ näher bestimmen zu können – so wie auch der Bogenschütze, der sein Ziel vor Augen hat, leichter das Richtige trifft. Also muss der Einzelne sich darüber klar werden, worin „Glück“ für ihn besteht. Um einen Orientierungsrahmen zu geben, unterscheidet Aristoteles **drei Lebensformen** *(bíos)*, die sich seiner Meinung nach aus dem menschlichen Verhalten ergeben. Diese Lebensformen definieren sich durch ihren **jeweiligen obersten Wert** und durch die **spezifische Organisation des Lebens**, die auf dieses Ziel hin ausgerichtet ist:

Lebensform	Höchster Wert	Beschreibung
Genussleben *(bíos apolaustikós)*	Lust *(hedoné)* und sinnliche Genüsse	Diese Lebensform, für die sich „die Mehrzahl der Leute und die rohesten“ (NE2 1095a16 –19) entscheiden, betrachtet Aristoteles als animalisch und lehnt sie strikt ab .
Leben im Dienst des Staates *(bíos praktikós)*	Ehre	„Die gebildeten und energischen Menschen wählen die Ehre“ (NE2 1095b21–22), sie entscheiden sich für ein politisches Leben als engagierte Bürger im Staat. Ihnen sollte es dabei, so fordert Aristoteles, vor allem um die sittliche Vortrefflichkeit gehen.
Leben als Hingabe an die Philosophie *(bíos theoretikós)*	Theoretische Reflexion	Hier widmet man sich der aktiven Auseinandersetzung mit philosophisch-geistigen Inhalten.

Das Wirken der Vernunft als wahres Glück

Welches aber ist nun die beste Lebensform? Bei der Beantwortung dieser Frage spielt für Aristoteles der Begriff des ***érgon*** eine wichtige Rolle. Deshalb wird dieser Gedankengang auch **Ergon-Argument** genannt. Unter *érgon* versteht man die Funktion, Aufgabe, Tätigkeit oder Leistung, die für eine Sache oder ein Lebewesen jeweils spezifisch ist, wofür es also besonders gut geeignet ist. So ist das *érgon* des Auges die Sehkraft, für das Pferd ist es der schnelle Lauf, für den Schuster das Herstellen von Schuhen, für den Flötenspieler das Spielen seines Instruments usw. Was aber ist die **spezifische Tätigkeit des Menschen**? Was zeichnet ihn als Menschen aus? Das rein Vegetative, etwas wie Ernährung und Wachstum, kann es nach Aristoteles nicht sein, da diese Funktion ebenso den Pflanzen eigen ist. Über Wahrnehmungsvermögen verfügen auch die Tiere. Das spezifisch menschliche Vermögen muss also mit dem zu tun haben, was ihn von allen anderen Lebewesen unterscheidet, nämlich mit dem **Seelenteil der Vernunft**. Die **beste Lebensform** für den Menschen ist für Aristoteles demnach die, die das **Wirken des rationalen Seelenteils**, also das Tätigsein der Ratio beinhaltet.

An anderen Stellen von Aristoteles' Werk wird *areté* mit **„Tugend"** übersetzt, meint also dann „Gutsein" im Sinne dieses hohen Maßes an Tauglichkeit.

Der zweite in diesem Zusammenhang wichtige Begriff ist ***areté*** , was wörtlich übersetzt „Bestheit", „Bestform", „Vortrefflichkeit" heißt. Gemeint ist damit die **hervorragende Tauglichkeit und Tüchtigkeit** im Bereich jener spezifischen Funktion oder Tätigkeit, also etwa die besondere Sehschärfe des Auges oder das exzellente Musizieren des Flötenspielers. Dasselbe gilt nach Aristoteles auch für jene spezielle Tätigkeit, die den Menschen als Mensch auszeichnet. Glück kann der Mensch erreichen, indem er seinem *érgon* in der bestmöglichen Form gerecht wird.

ZITAT

> „[Wenn] wir als die eigentümliche Leistung des Menschen ein bestimmtes Leben annehmen und als solches die Tätigkeit der Seele und die vernunftgemäßen Handlungen bestimmen und als die Tätigkeit des hervorragenden Menschen eben diese Tätigkeit in einem hervorragenden Maße, [...] dann ist das Gute für den Menschen die Tätigkeit der Seele auf Grund ihrer besonderen Befähigung, und wenn es mehrere solche Befähigungen gibt, nach der besten und vollkommensten; und dies außerdem noch ein volles Leben hindurch. Denn eine Schwalbe macht noch keinen Frühling, und auch nicht ein einziger Tag; so macht auch ein einziger Tag oder eine kurze Zeit niemanden glücklich und selig." (NE2 1098a11–20)

Das Ende der Passage unterstreicht, dass sich diese Auffassung von Glück auf das ganze Leben bezieht und dauerhafte Aktivität fordert.

Zwei Grundformen des Tätigseins der Vernunft

Dieses Tätigsein des Vernunftvermögens lässt sich nach Aristoteles innerhalb von zwei zuvor bereits skizzierten Lebensformen realisieren:

bíos politikós: Bei dieser Lebensform kommt die am Pragmatischen orientierte Vernunft (Klugheit) zum Einsatz. Der Mensch **engagiert** sich auf **konkret-praktische** Weise, er bringt sich als **politisch** aktiver Bürger in den Staat (also in die Polis) ein, wobei er von sittlicher Einsicht geleitet wird. Dabei entspricht diese Lebensform durchaus dem Wesen des Menschen, denn er ist ja nicht nur Vernunftwesen *(zôon logon echon)*, sondern auch Gemeinschaftswesen *(zôon politikon)*, also von Natur aus auf das Leben in der Gemeinschaft ausgerichtet, die er auf diese Weise aktiv mitgestaltet. Somit ist politisch-praktisches Handeln eine Form gelingenden Lebens, zumal auch nur ein vernünftig organisierter, gerechter Staat das Glück

Gemälde von Leo von Klenze (1864) – Im Zentrum von Athen wurden politische Entscheidungen getroffen.

aller Bürger garantieren kann. Trotz alldem ist dies nach Aristoteles **nur** die **zweithöchste Lebensform**, da sie von Ruhelosigkeit bestimmt ist und von äußeren Faktoren abhängt. So braucht der gerechte Mensch beispielsweise andere Menschen, an denen er gerecht handeln kann.

bíos theoretikós: Im „theoretischen" Leben dagegen verwirklicht sich die Vernunft in den Verstandestugenden (*epistéme:* Wissenschaft, *nous:* Geist, *sophía:* Weisheit). Hier steht die **geistige, philosophische Anschauung** des notwendig Seienden im Mittelpunkt. Besonderen Stellenwert schreibt Aristoteles hierbei der Betrachtung der letzten Seins-Prinzipien zu, deren Erkenntnis nur durch Weisheit möglich ist. Die Philosophie gilt Aristoteles als **oberste Lebensform**, die das **höchste Maß an Glückseligkeit** gewähren kann, und zwar aus folgenden Gründen:

theoría (griech.) bedeutet „Betrachtung", „das Anschauen". Im römischen Denken wird daraus die *vita contemplativa*, das kontemplative Leben (von lat. *contemplatio*: Anschauung), im Gegensatz zur *vita activa*, dem tätigen Leben.

- Sie lässt sich am ehesten kontinuierlich und ununterbrochen ausüben.
- Die aktive Beschäftigung mit Philosophie schenkt das höchste Maß an **Genuss**, nicht im Sinne körperlich-sinnlicher Lust, sondern in der **Freude** über die Tätigkeit des Verstandes.
- *theōría* als Beschäftigung ist in sich selbst sinnvoll, sie verfolgt keine weiteren Ziele oder bringt keine weiteren Resultate, d. h., sie **genügt sich selbst**.
- Sie ist auch deshalb autark, weil sie nicht auf Dinge oder andere Menschen angewiesen ist. Der Philosoph kann sich allein, in Abgeschiedenheit und in Muße der geistigen Betrachtung widmen (wenngleich Aristoteles hier einräumt, dass diese Tätigkeit auch zusammen mit Freunden Freude bereitet).

autárkeia (griech.) = sich selbst genügend, ausreichende Mittel besitzend, unabhängig

Trotz alledem ist Aristoteles realistisch genug, um festzustellen, dass die theoretische Lebensform schwerlich für die breite Masse geeignet ist, nennt er doch dieses Tun „göttlich" oder „durch das Göttlichste in uns" hervorgebracht. Auch ist seiner Meinung nach bei aller „Autarkie" ein gewisses Maß an äußerer Ausstattung nötig: Wer völlig mittellos ist, weder Freunde noch Familie oder aber missratene Kinder hat, wird schwerlich glücklich werden. Zusammenfassend betrachtet ist Aristoteles' Konzept eines gelingenden Lebens nicht statisch, sondern prozesshaft: Glück liegt in der Entwicklung, in der Verwirklichung von Möglichkeiten, *eudaimonía* ist erfülltes Tätigsein. Dabei sind Tugend und Glückseligkeit untrennbar verbunden.

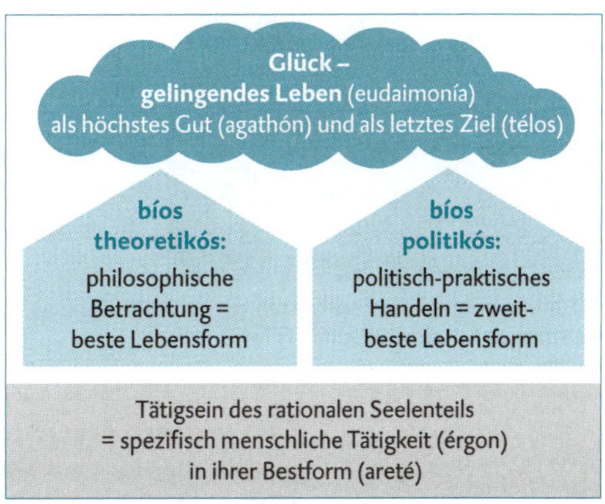

Aristoteles' Glückskonzeption im Überblick

1.2 Epikur – die Lust als oberstes Ziel

Eine ganz andere Vorstellung davon, wie *eudaimonía* zu erreichen und ein gelingendes Leben zu gestalten sind, hat der griechische Philosoph Epikur (um 341–270 v. Chr.):

ZITAT

„Die Lust ist Anfang und Ende seligen Lebens. [...] Alles Wählen und Streben geht doch auf das Wohl des Leibes und die Ruhe der Seele, denn das ist das Telos eines glücklichen Lebens. Und was wir tun, tun wir, um der Unlust zu entgehen und die Ruhe der Seele zu finden."
(Brief an Menoikeus)[1]

Epikur (ca. 341–270 v. Chr.)

Epikur bestimmt die **Lust** *(hedoné)* als obersten Wert und oberstes Ziel „seligen Lebens". Doch versteht er darunter keinesfalls hemmungslose Orgien und Gelage, also das, was sittenstrenge Philosophen als „Hedonismus" scharf verurteilten. Die „richtige", wahre Lust basiert für Epikur auf drei Faktoren:

ataraxía: griech. *a*- Vorsilbe, die die Abwesenheit, Umkehrung oder Wirkungslosigkeit von etwas bezeichnet, *tarachḗ*: Verwirrung, Unordnung, Störung, Unruhe; **aponía:** griech. Vorsilbe *a*-, *pónos*: Mühe, Strapaze, Not, Leid, Schmerz, Krankheit.

- **Ruhe der Seele** *(ataraxía)*, also ein psychischer Zustand frei von Angst und seelischen Erschütterungen,
- **Freisein** von körperlichem **Schmerz** *(aponía)*,
- **Selbstgenügsamkeit** und innere **Unabhängigkeit** *(autárkia)*, also die innere Haltung, sich mit einfachen Dingen zu begnügen und sich von allen unnötigen Bedürfnissen frei zu machen.

Ein glückliches Leben ist also nur möglich, wenn der Mensch frei von Un-Lust ist. Doch was erzeugt Unlust und was lässt sich dagegen tun? Jenseits körperlicher Schmerzen, auf die man oft keinen Einfluss hat, sind es irrationale Ängste, die abgebaut werden müssen, und ein unkluger Umgang mit Begierden, die man in den Griff bekommen sollte.

Epikur bevorzugte einfachste Mahlzeiten – auch Brot und Wasser könnten höchstes Wohlbefinden spenden.

Abbau von irrationalen Ängsten und Aberglaube

Die Furcht der Menschen vor dem Zorn der **Götter**, die Erzählungen von einem Fortleben nach dem Tod und von ewigen Strafplätzen rauben den Menschen ihre Seelenruhe. Dagegen helfen soll ein Weltverständnis, das an die vorsokratische Naturphilosophie Demokrits anknüpft und das davon ausgeht, dass der Lauf der Dinge keineswegs durch das Eingreifen der Götter bestimmt werde. „Um jene Schrecken und das ganze religiöse Dunkel zu vertreiben", so formuliert es der römische Dichter Lukrez, brauchen wir „nur den Blick auf die Natur und ihre Gesetze"[2].

Der römische Dichter Lukrez (ca. 99–55 v. Chr.) gilt als eine der Hauptquellen für Epikurs Philosophie.

Also versetzt man die Götter weltanschaulich in *Intermundien* (Räume zwischen den Welten), wo sie, ohne ins irdische Geschehen einzugreifen, ein unvergängliches und glückseliges Dasein führen. Somit muss der Mensch nicht mehr voll Furcht auf die Götter blicken. Vielmehr begreift er sie als Vorbild und versucht, sich sein Leben ähnlich göttlich-glücklich und in friedlicher Abgeschiedenheit einzurichten.
Auch die Angst vor dem **Tod**, die die *ataraxía* beeinträchtigt, hält Epikur für unbegründet, und zwar schlicht deshalb, weil uns der Tod nichts angehe. Denn so lange wir am Leben sind, ist der Tod nicht da, wenn der Tod aber da ist, dann existieren wir nicht mehr – so Epikurs Argumentation.

Vernünftiger Umgang mit Begierden: Das Lust-Unlust-Kalkül

Begrifflich unterscheidet Epikur die **katastematische** (zuständliche) Lust, die den Zustand des Freiseins von Unlust beschreibt, von der **kinetischen** (Bewegungs-)Lust, den Sinnenlüsten, denen hinterherzujagen den Menschen letztlich unglücklich macht, da ihm die rastlose Suche nach der Befriedigung immer neuer Bedürfnisse die Seelenruhe (*ataraxía*) raubt. In vielen Fällen kann es im Nachhinein also Unlust (etwa in Form von Schmerzen oder Ärger) erzeugen, wenn man jedem Bedürfnis sofort nachgibt und sich zügellos jede nur mögliche Lust verschafft. Andererseits gibt es auch Situationen, die einen großen Lustgewinn ermöglichen, wenn man bereit ist, zuvor ein gewisses Maß an Unlust (etwa Strapazen) auf sich zu nehmen. Deshalb gilt es bei jeder Entscheidung im Vorfeld abzuschätzen, ob nicht durch Aufschub einer sofortigen Lustbefriedigung oder durch Verzicht auf bestimmte Genüsse langfristig ein höheres Maß an Lustgewinn oder Schmerzvermeidung erzielt werden kann. Mithilfe dieses Kalküls soll, nicht auf den Moment, sondern auf das Lebensganze bezogen, die **Summe der Lust möglichst groß**, die der Unlust möglichst gering gehalten werden. Dies abzuwägen und mit der Lust auf Dauer angemessen umzugehen, übernimmt die Instanz der Klugheit (*phrónesis*), die dann das konkrete Handeln des Menschen bestimmt.

phrónesis (griech.) bedeutet Klugheit im Sinne der Fähigkeit zu angemessenem Handeln in einer konkreten Situation.

Die Rolle der Tugenden und das sittlich gute Leben

Jene praktisch orientierte Klugheit, die das Luststreben lenkt, zieht alle übrigen Tugenden nach sich, und zwar jeweils unter dem Aspekt, dass sich dieses tugendhafte Handeln vorteilhaft auf den Lusthaushalt auswirkt. Denn die Weisheit schützt vor Irrtümern und Ängsten, wer gerecht handelt, den quälen keine Gewissensbisse, und Mäßigung vermeidet Magenschmerzen. Also ist es die Lust, die den Menschen zu tugendhaftem, sittlichem Handeln antreibt, **lustvolles und sittlich gutes Leben** sind **untrennbar verbunden**. Verändert hat sich damit auch die Auffassung davon, was „gut" ist. War in der klassischen Philosophie (Platon, Aristoteles) das ethische Prinzip des Guten im Einklang mit einem objektiven, idealen Ordnungssystem, so bildet nach Epikur das subjektive Lustempfinden den Bezugsrahmen: Das Gute ist die Lust!

Rückzug ins Private und Freundschaft im historischen Kontext

In der antiken griechischen Geschichte wird die Epoche der Klassik (ca. 500 – 336 v. Chr.) durch den Hellenismus (336 – 27 v. Chr.) abgelöst, der mit der Herrschaft Alexanders des Großen einsetzt. Epikur gilt als typischer Vertreter der hellenistischen Zeit.

Seit 306 v. Chr. betrieb Epikur für mehr als dreieinhalb Jahrzehnte im großen Garten seines Hauses bei Athen eine Philosophenschule, der auch Frauen und Sklaven angehörten. Die Mitglieder dieser freundschaftlich verbundenen Schulgemeinschaft wurden „die aus dem Garten“ genannt.

Dieser Wandel ist auch im Kontext des gesellschaftlichen und politischen Umbruchs zu sehen, nämlich des Übergangs von der Epoche der griechischen Klassik hin zum **Hellenismus**. Im Zuge dessen wurde die Staatsform der Polis abgeschafft, die zuvor den sinnstiftenden Bezugsrahmen der Philosophie bildete. War bis dahin Politik die Sache jeden Bürgers, der danach strebte, in der Polis sein Bestes *(areté!)* zu geben, so wurde die Staatsführung nun zum gefährlichen Geschäft einiger weniger Machthaber. Also zog sich der Mensch in die **Privatheit** zurück, Epikurs Motto dafür war: „Lebe im Verborgenen!“ Dementsprechend konnten die Maßstäbe für ein gelingendes Leben nicht mehr von der Polisgemeinschaft abgeleitet werden. Die Festlegung dessen, was Glück bedeutet, lag nun beim Individuum und seiner **subjektiven Empfindung** (von Lust). Doch war man dabei nicht egoistisch auf die eigene Person fixiert. Vielmehr maß Epikur gerade der **Freundschaft** einen immens hohen Stellenwert zu, denn nichts leiste einen größeren Beitrag zum Glück des Lebens. Die wenigen erlesenen Freunde wähle man sich um der Lust willen, doch sei man ebenso bereit, für sie die größten Schmerzen auf sich zu nehmen.

Alles in allem betrachtet beginnt mit Epikur die Geschichte der individuellen, subjektiven Suche nach einem glücklichen Leben. Epikur findet dies in einem Maximum an innerer Ruhe und Zufriedenheit.

1.3 Die Stoa und die Unerschütterlichkeit der Seele

Die Philosophenschule der Stoa ist nach ihrem ersten Versammlungsort benannt, einer bunt ausgemalten Säulenhalle (*stoà poikile*) auf dem Marktplatz von Athen.

Wie die Lehren Epikurs war auch die um 300 v. Chr. in Athen gegründete Philosophenschule der Stoa von den politisch-gesellschaftlichen Umständen der hellenistischen Zeit des Wandels beeinflusst. Der Rückgang der politischen Freiheit der Polis und der Verfall des klassischen Griechenlands zeigten, dass man sich der Verfügbarkeit äußerer Güter nicht mehr sicher sein konnte. So wurde *eudaimonía* zunehmend eine Frage der **inneren Haltung**. Die Stoa, eine sehr einflussreiche und bis in die Neuzeit nachwirkende Richtung der hellenistischen Philosophie, wird geschichtlich in drei Abschnitte unterteilt: Zur älteren Stoa (4./3. Jhd. v. Chr.) zählt unter anderem ihr Gründer, **Zenon von Kition**, zur mittleren Stoa (2./1. Jhd. v. Chr.) beispielsweise Poseidonios (135–51 v. Chr.), dessen Vorlesungen auch der römische Schriftsteller und Politiker Cicero eine Zeit lang hörte. Da stoische Ideale wie **Entsagung** und **Selbstdisziplin** der militärisch geprägten Lebensauffassung der Römer entgegen kamen, wurde die Stoa die wichtigste Philosophie des römischen Weltreiches. Dementsprechend sind die Hauptvertreter der späten Stoa der Staatsmann **Seneca** (um 4. v. Chr.–65 n. Chr.), Erzieher und Minister des Kaisers Nero (bis dieser ihn zum Selbstmord zwang), und **Marc Aurel** (121–180 n. Chr.), der „Philosoph auf dem Kaiserthron".

Seine letzten Lebensjahre verbrachte Kaiser **Marc Aurel** in Feldlagern an der Nordgrenze des Römischen Reiches. Hier verfasste er eine bis heute bedeutende philosophische Schrift, die *Selbstbetrachtungen* (hier zitiert unter der Sigle SB).

Göttliche Weltvernunft und das Verhältnis des Menschen zu sich selbst – *lógos* und *oikeiosis*

Die Stoa geht davon aus, dass alles von einer **göttlichen Weltvernunft**, einem kosmischen Wirkprinzip, dem *lógos*, durchdrungen ist. Dieser Welt-*lógos* formt und ordnet die ganze „Natur" (hier als allumfassender Begriff), jegliches Entstehen und Vergehen ist zweckmäßig und planvoll vorgezeichnet, also **determiniert**, und alles hat seinen ihm bestimmten Platz innerhalb dieser kosmischen Ordnung.

ZITAT

> „Alles ist ineinander verflochten wie durch ein heiliges Band [...]. Eines ist dem andern beigeordnet und dient zur Harmonie derselben Welt. Denn *eine* Welt ist vorhanden, aus allem zusammengesetzt, *eine* Gottheit, alles durchwaltend, *ein* Urstoff, *ein* Gesetz, *eine* Vernunft, allen vernünftigen Wesen gemeinsam und *eine* Wahrheit [...]." (Marc Aurel, SB 83)

In diesen Zusammenhang einer vom *lógos* durchwalteten Allnatur gehört das Konzept der *oikeiosis*. Gemeint ist damit, dass sich der Mensch gewissermaßen sich selbst „zu eigen macht", dass er also ein **Verhältnis zu sich selbst entwickelt** und seinen Weg findet. Bei diesem Prozess orientiert sich der Mensch, der ja selbst Teil des göttlichen, in sich vernünftigen Weltgefüges ist, an seiner **inneren Vernunft**. Glück bedeutet demnach, wenn es dem Menschen gelingt, in **Übereinstimmung mit sich selbst und der Welt** zu leben, sich also mit der Natur und dem Kosmos zu identifizieren.

oikeiosis: von griech. *oikeion* = zu eigen machen

Eudaimonie durch ein tugendhaftes Leben nach dem *lógos*

Um ein glückliches, gelingendes Leben im Einklang sowohl mit der eigenen, individuellen als auch mit der Welt-Vernunft führen zu können, muss sich der Mensch gewisse Verhaltensweisen, Gewohnheiten und Haltungen aneignen, kurz: er muss **tugendhaft** leben. Denn Tugend ist die **in Lebenspraxis umgesetzte Vernunft** und somit ein Garant für Glück, ja es ist identisch mit Glück. Dies bedeutet natürlich, **auf der Seite des Guten** zu stehen, tapfer, besonnen und gerecht zu handeln.

Ablehnung von Sinnenlust und Hedonismus

Für die Stoa sind **Sinnenlust und Tugend unvereinbar**. Nicht das Erleben von Lust als Ziel allen Handelns weist dem Menschen den Weg, sondern der **objektive Sinn der Naturordnung**. Die Stoiker halten es für ausgeschlossen, dass jemand aus der Motivation der Lust heraus ein sittliches Leben führen kann. Wäre die Lust der Motor für alles Tun und Lassen – so ihr Einwand gegen die Epikureer – dann würden Kinder nie gehen lernen, weil sie immer wieder hinfallen und sich weh tun. Doch die Kinder machen trotzdem weiter, folglich bewege sie ein anderer Antrieb als der der Lust. Außerdem macht Lust unfrei, denn sie zieht **Abhängigkeiten** nach sich, wenn man sich erst einmal dem Sinnengenuss ausliefert. So lautet eine Devise der Stoiker, in ständiger **Härte und Strenge gegen sich** selbst allen **sinnlichen Genüssen zu entsagen**.

Schon während der Entstehungszeit der beiden sich parallel entwickelnden Philosophenschulen gab es Streitigkeiten zwischen den Epikureern und den Anhängern der Stoa, obwohl sich manche Ansätze nicht unähnlich sind. So kommt beispielsweise die stoische Auffassung von *ataraxía* dem Begriff Epikurs sehr nahe. Doch neigt die Stoa dazu, das Glücksstreben Epikurs zu simplifizieren und auf die Sinnenlüste zu reduzieren (was bei genauem Hinsehen seinen Lehren widerspricht). Das einprägsamste Bild dieser vereinfachenden (und unrichtigen) Version des Epikureismus schuf der römische Satirendichter Horaz (65 – 8 v. Chr.), der sich selbstironisch als „Schwein aus der Herde Epikurs" bezeichnete.

Ziel der Apathie

Affekte, d. h. kurz andauernde, heftige Gefühlsbewegungen (griech. *páthos*: Leiden, Leidenschaft) wie beispielsweise Furcht, Zorn, Begierde, Trauer etc., schaden nach Auffassung der Stoiker dem Menschen, denn sie hindern ihn daran, klar zu erkennen, vernünftig zu denken und entsprechend zu handeln. Affekte sind die Quelle **schlechter Eigenschaften** und daraus folgender **schlechter Handlungen**; sie binden Zeit und Energie und halten den Menschen vom tugendhaften Leben ab. Folglich gilt es, in einer Art Trainings- und Abhärtungsprogramm die **Affekte zu bekämpfen** und sich von ihnen zu befreien. Den so erreichten Zustand nennt die Stoa ***apátheia*** (griech. für „Leidenschaftslosigkeit"). Hat der Mensch diesen Zustand erreicht, so ist er gleichmütig, gelassen, unempfindlich gegenüber Leid und Schmerz und damit jederzeit zu vernünftigem Handeln bereit. *Apátheia* ist also eine weitere wesentliche Voraussetzung für *eudaimonía*. Marc Aurel fasst diesen Aspekt in folgendes Bild: „Gleiche dem Fels, an dem sich beständig die Wogen brechen – er bleibt unerschüttert, und zu seinen Füßen schlafen die wilden Wasser ein." (SB 46)

Das für das Glück Gleichgültige (adiáphora)

Weiterhin hält es die Stoa für eine Frage der Vernunft, sich bei der Wahl der Lebensziele auf das zu konzentrieren, was im **Bereich des Machbaren und Erreichbaren** liegt. Alles andere muss dem Menschen gleichgültig werden. So sind auch Ruhm und Reichtum, Armut und Krankheit nur Äußerlichkeiten und zählen damit zu den „gleichgültigen Dingen" (griech. ***adiáphora***). Diese spielen für das Daseinsglück keine Rolle und es gilt, sich von ihnen frei zu machen.

Pflichterfüllung in der Gemeinschaft (vita activa)

Weil alle Menschen jener Weltordnung angehören und am selben *lógos* teilhaben, kommt ein Leben in privater Zurückgezogenheit (nach Epikurs Vorstellungen) für die Stoiker nicht in Frage. Ein naturgemäßes, dem *lógos* entsprechendes Verhalten kann nur in der **Gemeinschaft** stattfinden. Der Mensch entscheidet sich dafür, **aktiv am öffentlichen Leben teilzunehmen** (vita activa) und gemäß dem *lógos* seine **Pflicht** zu erfüllen.

ZITAT

> „[W]olle vielmehr nur das eine: deine Kraft in Bewegung setzen oder zurückhalten, wie es das Gemeinwesen verlangt." (Marc Aurel, SB 120)

Wenn der Mensch sich dann als aktiver Bürger an den politischen Auseinandersetzungen beteiligt, wird sich seine innere Haltung „stoischer" Gemütsruhe auch im täglichen Leben als Vorteil erweisen.

Innere Freiheit in einer determinierten Welt

Hat sich der Mensch erst einmal die richtige Einstellung erarbeitet, hat er sich durch den Zustand der *apátheia* gegen alle Verlockungen, gegen Leid und Schicksalsschläge gewappnet, betrachtet er alle äußeren Güter mit gleichgültiger Distanz, dann erreicht er den Zustand völliger ***autárkia***, einer inneren Unabhängigkeit, in der ihm gegen seinen Willen nichts zustoßen kann. Daraus erwächst ihm **unerschütterlicher Seelenfrieden, *ataraxía,*** und innere Heiterkeit. So gelingt es der Stoa argumentativ, dem Menschen auch innerhalb eines streng deterministischen Weltbildes Freiheit des Willens und der Entscheidung zuzusprechen.

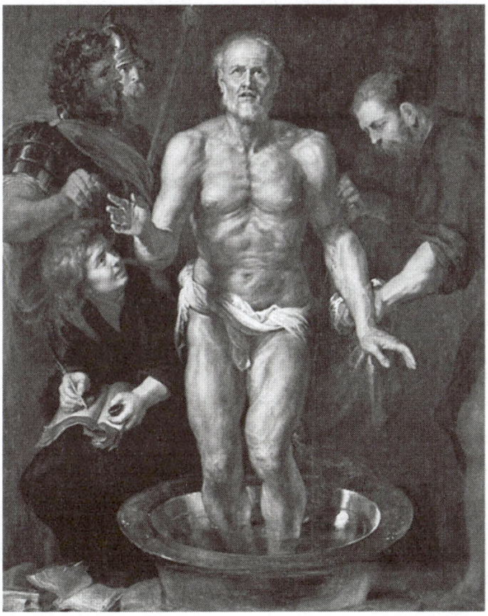

Das Gemälde (Peter Paul Rubens, 1577–1640) zeigt den römischen Philosophen und Staatsmann Seneca (1–65 n. Chr.), der von Kaiser Nero zu Unrecht der Verschwörung beschuldigt und zum Suizid gezwungen worden war. Ohne Angst und Wut blickt Seneca, der die Vorbereitung auf den eignen Tod auch als zentrales Thema der stoischen Lebenskunst ansah, seinem Ende entgegen. Er diktiert dem jungen Schreiber neben ihm letzte Worte, und auch die aufgeschlagenen Bücher zeigen, dass der Philosoph bis zuletzt tätig ist. Die Situation versinnbildlicht den Handlungsspielraum, den der Mensch in einer erzwungenen Situation, in einer determinierten Welt hat, nämlich eine innere Haltung zu entwickeln sowie selbstbestimmt und aktiv mit seinem Schicksal umzugehen.

2 Moderne Glückskonzeptionen und empirische Glücksforschung

2.1 Albert Camus und das Glück im Absurden

Albert Camus (1913–1960) wuchs im damals französischen Algerien in ärmlichen Verhältnissen auf und studierte in Algier Philosophie und Literatur. 1940 zog er nach Paris, verkehrte bald in intellektuellen Kreisen (etwa um Jean-Paul Sartre), fühlte sich dort jedoch nie richtig wohl. Camus litt an Tuberkulose, was ihn beruflich einschränkte. Als untauglich für den militärischen Dienst im Zweiten Weltkrieg ausgemustert, schloss er sich in Paris der Résistance an. 1957 erhielt Camus den Literaturnobelpreis. Seine letzten Jahre lebte er in der Provence. Mit 46 Jahren kam er bei einem Autounfall ums Leben.

Camus' Essay *Der Mythos des Sisyphos* wird hier unter der Sigle MS zitiert.

Albert Camus, einer der bedeutendsten französischen Autoren des 20. Jahrhunderts, zählte sich selbst als Philosoph nicht zu den Existenzialisten, wenngleich sein Frühwerk dem nahestand. So teilt er nicht die für den Existenzialismus typische Grundannahme, dass die Existenz der Essenz vorausgehe (vgl. die Ausführungen zu Sartre, S. 10–13 in diesem Band). Zudem hatte Camus das Gefühl, Sartre und seine Kreise würden ihn, den aus Algerien Stammenden, nie wirklich akzeptieren. Heute wird Camus für seine kompromisslose Kritik totalitärer Systeme und für seinen atheistischen Humanismus geschätzt, der die Menschlichkeit in den Vordergrund rückt. Neben wichtigen philosophischen Essays (u. a. *Der Mythos des Sisyphos. Ein Versuch über das Absurde*, 1942; *Der Mensch in der Revolte*, 1951) verfasste er auch Romane, z. B. *Der Fremde* (1942). Ähnlich wie Viktor Frankl, der mit seiner ärztlich-psychologischen Arbeit von Anfang an versuchte, der Gefahr des Suizids entgegenzuwirken, beginnt der französische Schriftsteller und Philosoph Albert Camus seinen Essay *Der Mythos von Sisyphos* mit dem Begriff des Selbstmordes und wirft damit die Frage nach einem lohnenswerten, glücklichen Leben auf:

ZITAT

> „Es gibt nur ein wirklich ernstes philosophisches Problem: den Selbstmord. Sich entscheiden, ob das Leben es wert ist, gelebt zu werden oder nicht, heißt auf die Grundfrage der Philosophie antworten." (MS 15)

Das Absurde

Camus beschreibt die Möglichkeit, jederzeit der Absurdität des Lebens gewahr zu werden, so: „Das Gefühl der Absurdität kann an jeder beliebigen Straßenecke jeden beliebigen Menschen anspringen." (MS 23) Dieser Moment sei äußerst bedeutsam: „Eines Tages aber erhebt sich das ‚Warum', und mit diesem Überdruss, in den sich Erstaunen mischt, fängt alles an. ‚Fängt an' – das ist wichtig." (MS 25)

Ausgangspunkt für Camus' Gedankengang in *Der Mythos des Sisyphos* sind das **Lebensgefühl** und die **Erfahrung des Absurden**. Der Mensch empfindet die Absurdität des Daseins in der Monotonie des Arbeitsalltags ebenso wie zum Beispiel im Angesicht von menschlichem Leid und Elend, das keinen Sinn ergibt und sich nicht erklären lässt. Das **Ausgeliefertsein an die Zeit** und den **unausweichlichen Tod** erscheint ihm absurd. Seiner Vernunft folgend verlangt der Mensch nach Sinn, den ihm die Welt jedoch verweigert (sie „schweigt", wie Camus sagt). Die Religion gibt keine Antworten mehr, logisch-rationale Erklärungsversuche scheitern, und so ist der Mensch ganz **auf sich selbst** gestellt. Mit Schrecken stellt er den unüberwindbaren Zwiespalt fest zwischen der eignen Vernunft, die nach Einheit und absolutem Sinn sucht, und der Fremdheit und Irrationalität des Daseins – er sieht sich wie von Mauern umgeben, aber (und dieser Moment ist bedeutsam!) er wird sich dieser Mauern **bewusst**.

Der Selbstmord

Die Unausweichlichkeit dieser Absurdität des Daseins lässt den „Selbstmord" zunächst als einzigen Ausweg erscheinen. Camus unterscheidet hier zwei Arten des Selbstmords, die er aber beide rigoros verwirft:

- Mit dem **körperlichen Suizid** (wenn man also etwa von einem Gebäude springt) würde der Mensch der Erfahrung des Absurden nur ausweichen, das Grundproblem der Sinnlosigkeit des Daseins bliebe weiterhin ungelöst.
- Auch der **geistige Suizid** wäre lediglich eine Form des Ausweichens oder der Flucht. Camus nennt dies den „Sprung" ins Unlogische – beispielsweise, wenn der Mensch sich im irrational Religiösen und im Hoffen auf Gott verliert oder versucht, ein einheitliches gedankliches System zu konstruieren, das so tut, als könne es Trost, Halt und Orientierung geben. In beiden Fällen würde der Mensch versuchen, die Absurdität aufzuheben oder zu überwinden. Ebendies würde bedeuten, „geistigen Suizid" zu begehen, also die eigene Vernunft zu „töten", da man das, was man durch das eigene Denken erkannt hat, nämlich die Absurdität des Daseins, negieren würde. Das Absurde in irrationaler Religiosität oder in ideologischen Glaubenssystemen aufheben zu wollen, wäre ein „Sprung" aus dem Absurden heraus, käme aber einer Art Selbstverleugnung gleich, da ja gerade dieser Zwiespalt, diese Zerrissenheit, das Menschsein ausmacht. Würde man das Absurde negieren, so würde man letztlich auch den eigenen Sinnanspruch negieren, dessen Legitimität man zuvor erkannt und bejaht hat.

Aushalten und Revoltieren

Um also Mensch bleiben zu können, muss man das Absurde **aushalten**. Man muss den Widerspruch ertragen, am eigenen, zutiefst menschlichen Anspruch auf Sinn in dem Wissen festzuhalten, dass es niemals eine Erfüllung geben wird. Das heißt aber nicht, sich resigniert mit seinem Los abzufinden. Vielmehr gilt es, so Camus, aufzubegehren, beständig gegen die Absurdität des Dasein zu **revoltieren** und sich über die Unmenschlichkeit des Lebens zu empören. Aus diesem fortwährenden Protest gegen das Absurde gewinnt der Mensch seine Lebenskraft, die Revolte gegen das Schicksal gibt dem Leben seinen Wert.

In seinem Essay *L'Homme révolté* (1951, dt.: *Der Mensch in der Revolte*) weitet Camus diesen Gedanken auf die menschliche Gemeinschaft aus: In der gemeinsamen Revolte gegen das Absurde in Gestalt der Unmenschlichkeit und Ungerechtigkeit erfahren die Menschen den grundlegenden Wert der Solidarität: „Ich revoltiere, also sind wir!"

Freiheit und Lebensintensität

Entschließt sich der Mensch, die Absurdität auszuhalten, so kann ihn dies letzten Endes sogar **frei machen**. Denn indem das Absurde gewissermaßen die Zukunft ausschaltet, befreit es den Menschen von dem selbstauferlegten Zwang, sein Leben nach bestimmten Zielen und den entsprechenden Werteskalen ausrichten zu müssen. Ein Leben, das sich ständig nur auf die Zukunft fokussiert, wird durch das **Leben in der Gegenwart** ersetzt. Weil es angesichts des Fehlens absoluter Werte ohnehin sinnlos wäre, geht es nicht mehr darum, moralisch gut zu leben, sondern **möglichst intensiv**. Schicksalsschläge und Wechselfälle des Lebens verlieren ihre Schwere, da es keine höhere Bedeutung gibt, von der her sich das Geschehen bewerten ließe, das Dasein wird frei und beweglich, da es über die eigenen Kreise hinaus keine Erwartungen hegt. Durch die bewusste Annahme der *condition absurde* gelangt der Mensch zu einer Klarheit und Ehrlichkeit sich selbst gegenüber, die das niederdrückende Gefühl der Absurdität in ein befreiendes Glücksgefühl verwandelt.

Auch Camus' Held Sisyphos (s. u.) liebt das intensive Leben „auf der lächelnden Erde", er liebt „die Sonne, die warmen Steine und […] das Meer […]." (MS 142).

Sisyphos als Paradigma des absurden Helden

Im letzten Kapitel seines Essays, in dem Camus den antiken Sisyphos-Mythos neu deutet, zeichnet er ein anschauliches Bild von Sisyphos als Paradigma für das absurde Dasein:

info

Der Sisyphos-Mythos nach Albert Camus

Der Mensch Sisyphos hat die Götter gegen sich aufgebracht. Als Gründe dafür werden in der Überlieferung eine gewisse „Leichtfertigkeit im Umgang mit den Göttern", aber insbesondere auch sein Entkommen aus der Unterwelt, die ihm mithilfe eines Tricks gelingt, angeführt. Die Götter verurteilen Sisyphos dazu, immer wieder einen Felsbrocken einen „Berg hinaufzuwälzen, von dessen Gipfel der Stein kraft seines eigenen Gewichts wieder hinunterrollte. Sie meinten nicht ganz ohne Grund, es gäbe keine grausamere Strafe, als unnütze und aussichtslose Arbeit." (dieses und die folgenden Zitate: MS 141–145)

Nach Camus ist Sisyphos „der absurde Held. Ebenso sehr aufgrund seiner Leidenschaften wie seiner Qual. Seine Verachtung der Götter, sein Hass auf den Tod und sein leidenschaftlicher Lebenswille haben ihm die unsagbare Marter eingebracht, bei der sein ganzes Sein sich abmüht, ohne etwas zu vollenden. Das ist der Preis für die Leidenschaften dieser Welt." Nachdem der Stein, den er mühevoll hinaufgewälzt hat, ein weiteres Mal hinabgerollt ist, geht Sisyphos vom Gipfel wieder in die Ebene hinunter. Sisyphus denkt während des Abstiegs über seine Lebensbedingungen nach. Dieser Rückweg, diese „Stunde, die gleichsam ein Aufatmen ist und ebenso zuverlässig wiederkehrt wie sein Unheil, ist die Stunde des Bewusstseins." In Camus' Deutung ist Sisyphos in diesen Momenten „seinem Schicksal überlegen. Er ist stärker als sein Fels." Das Wissen um die Absurdität, immer wieder einen Stein hinaufzurollen, der dann wieder

Gemälde *Sisyphus* (1920) von Franz Stuck

hinunterrollt, sollte eigentlich „Ursache seiner Qual" sein – aber es „vollendet zugleich seinen Sieg. Es gibt kein Schicksal, das durch Verachtung nicht überwunden werden kann." Gerade die Phase des Abstiegs kann nach Camus „auch von Freude begleitet sein", denn „die erdrückenden Wahrheiten verlieren an Gewicht, sobald sie erkannt werden" (S.144). Ja, „Glück und Absurdität sind [...] untrennbar." Die Absurdität „macht aus dem Schicksal eine menschliche Angelegenheit, die unter Menschen geregelt werden muss" und nicht mehr irgendeiner (göttlichen) Vorsehung obliegt. „Darin besteht die verborgene Freude des Sisyphos. Sein Schicksal gehört ihm. Sein Fels ist seine Sache. [...] Wenn es ein persönliches Geschick gibt, dann gibt es kein übergeordnetes Schicksal, oder zumindest nur eines, das er unheilvoll oder verachtenswert findet. Darüber hinaus weiß er sich als Herr seiner Tage." „Der absurde Mensch sagt *ja*" und wendet sich dem Leben zu. „Der Kampf gegen Gipfel vermag ein Menschenherz auszufüllen. Wir müssen uns Sisyphos als einen glücklichen Menschen denken."

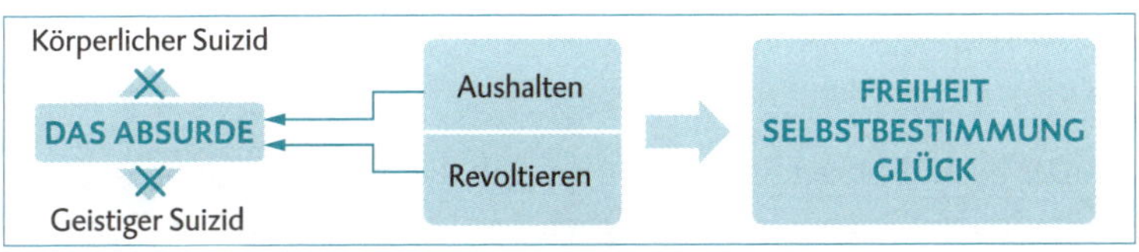

2.2 Viktor Frankl und der „Wille zum Sinn"

Stand im Zusammenhang mit der antiken Philosophie das „Glück" im Fokus der Betrachtung, so rückte der österreichische Neurologen und Psychiater Viktor Frankl (1905–1997) den „Sinn" ins Zentrum. Frankl, der Begründer der sogenannten **Logotherapie**, vertrat sogar die Ansicht, dass ein zu intensives Streben nach Glück („Hyperintention") zu psychischen Problemen führen könne, da man an nichts anderes mehr denke („Hyperreflexion"), sich verkrampfe und sich ständig selbst beobachte. Dieses Phänomen, nämlich dass sich das Glück desto mehr entzieht, je mehr man ihm hinterher jagt, nennt Frankl die „Paradoxie des Glücks". Voraussetzung für psychische Gesundheit ist es demnach, sich in bewusster, aktiver Auseinandersetzung mit dem eigenen Leben einen **Sinn zu setzen**. Denn wenn der Mensch sein Leben als sinnvoll empfindet, dann stellt sich Glück, gewissermaßen als Nebenwirkung, von selbst ein.

Die **Logotherapie** (von griech. *lógos* = Sinn; *therapeía* = Pflege, Sorge, Dienst) ist eine von Frankl entwickelte psychologische Lehre und Behandlungsform. Sie gilt neben Sigmund Freuds Psychoanalyse und Alfred Adlers Individualpsychologie als dritte Wiener Schule der Psychotherapie.

Viktor Frankl (im Jahr 1965). Sein Buch *Das Leiden am sinnlosen Leben. Psychotherapie für heute* wird im Folgenden unter der Sigle LL zitiert.

info

Viktor Frankl (1905–1997)

Der in Wien geborene Frankl studierte dort Medizin und beschäftigte sich auch mit Philosophie. Als junger Mann hatte er persönlichen Kontakt zu den Psychologen Sigmund Freud sowie Alfred Adler. Er befasste sich intensiv mit den Themen Depression und Suizid, gründete 1928 entsprechende Jugendberatungsstellen und betreute 1933 bis 1937 als Oberarzt im Wiener Psychiatrischen Krankenhaus selbstmordgefährdete Frauen. In seiner 1937 eröffneten neurologisch-psychiatrischen Praxis durfte er sich wegen seiner jüdischen Herkunft nach dem „Anschluss“ Österreichs an Nazi-Deutschland (1938) nur noch um jüdische Personen kümmern. Ab 1940 leitete Frankl die neurologische Station am einzigen Wiener Krankenhaus, in dem noch jüdische Menschen behandelt werden durften. Dort verhinderte er durch falsche Gutachten die im Rahmen des NS-Euthanasieprogramms vorgesehene Ermordung von psychisch Kranken. Ein Visum zur Ausreise nach Amerika ließ er verfallen, um seine Eltern nicht im Stich zu lassen. 1942 wurden Frankl, seine Frau und seine Eltern ins KZ deportiert; nur er überlebte. Im April 1945 befreite ihn die US-Armee aus einem Außenlager des KZ Dachau. Seine Erfahrungen verarbeitete Frankl in dem Buch *... trotzdem Ja zum Leben sagen. Ein Psychologe erlebt das Konzentrationslager* (1946), das ein Bestseller wurde. Von 1946 bis 1970 war er Vorstand der neurologischen Abteilung der Wiener Poliklinik, 1955 wurde er Professor an der Universität Wien. Es folgten Gastprofessuren an zahlreichen ausländischen – v. a. amerikanischen – Universitäten, so etwa in Harvard. Frankl veröffentlichte zahlreiche Bücher. Er wurde 92 Jahre alt.

Frankls beeindruckende Biografie spiegelt die seinen Theorien und Ansätzen innewohnende positive, lebensbejahende Kraft wider. Er entwickelte seine Lehre aus seinen Lebenserfahrungen und seiner medizinischen Praxis in den von ihm gesetzten Schwerpunkten (Suizid etc.) ebenso wie in kritischer Auseinandersetzung mit seinen Vorläufern Freud und Adler oder etwa auch dem US-amerikanischen Psychologen Abraham Maslow (1908–1970), dessen Theorien zu seiner Zeit sehr populär waren.

Existenzielles Vakuum und der Wille zum Sinn

Viktor Frankl bettet seine Sicht auf die Gegenwart in größere historische Zusammenhänge ein:

ZITAT

„Im Gegensatz zum Tier sagen dem Menschen keine Instinkte, was er muss, und im Gegensatz zum Menschen von gestern sagen dem Menschen von heute keine Traditionen mehr, was er soll. Nun [...] scheint er oftmals nicht mehr recht zu wissen, was er im Grunde will.“ (LL 13)

Eine Neurose (von griech. *neuron* = Nerv) ist eine psychische Störung.

Frankl war der Ansicht, dass jede Zeit ihre spezifischen Neurosen hat, die daher auch verschiedene Ursachen hätten. Daher könnten die Neurosen der Gegenwart nicht mehr mit dem „Willen zur Lust", den Sigmund Freud noch zu Beginn des 20. Jahrhunderts in den Mittelpunkt gestellt hatte, oder durch den „Willen zur Macht", den Alfred Adler als Hauptursache betrachtete, erklärt werden. Frankl stellt in seiner Logotherapie den **„Willen zum Sinn"** ins Zentrum, den er für ein existenzielles Bedürfnis hält. Ist dieses unerfüllt, dann spricht Frankl von **„existenzieller Frustration"** oder **„existenziellem Vakuum"**. Frankls Logotherapie, die er seit den späten 1920er-Jahren stets weiterentwickelte, wird daher auch **„Existenzanalyse"** genannt.

Alfred Adler (1870–1937) gilt als Begründer der Individualpsychologie, einer Form der Tiefenpsychologie.

Der Begriff „existenziell" meint hier alles, was mit der Suche des Menschen nach einem Lebenssinn zu tun hat.

Er stützt sich dabei auf Studien zu Suiziden und Selbstmordversuchen, die er während seiner ärztlichen Tätigkeit in den 1920er- und 1930er-Jahren durchgeführt hatte, oder auch auf Umfragen unter amerikanischen Studierenden, die er während seiner Gastaufenthalte interviewte und die in den reichen, konsumorientierten USA der Nachkriegszeit häufig unter dem Gefühl von Leere und Sinnlosigkeit litten. Dabei bezieht er die Theorien Abraham Maslows mit ein:

ZITAT

> „[Es] kommt [...] zu einem existenziellen Vakuum. Und dies mitten in einer ‚affluent society' [Überflussgesellschaft], die kein einziges unter den von Maslow so benannten Grundbedürfnissen unbefriedigt gelassen hätte. Das rührt daher, dass sie eben nur Bedürfnisse befriedigt, nicht aber den Willen zum Sinn erfüllt. ‚Ich bin 22 Jahre alt', schrieb mir einmal ein amerikanischer Student. ‚Ich besitze einen akademischen Grad, besitze einen luxuriösen Wagen, bin überhaupt finanziell unabhängig und es steht mir mehr Sex und mehr Prestige zur Verfügung, als ich verkraften kann. Was ich mich frage, ist nur, was das alles für einen Sinn haben soll.'" (LL 32)

Frankl geht sogar noch weiter: Er vertritt die Meinung, dass der Mensch nicht erst den Anspruch auf einen Sinn im Leben anmeldet, wenn es im gut geht, sondern dass das Bedürfnis nach Lebenssinn gerade dann aufflammt, „wenn es einem am dreckigsten geht. Das können die Sterbenden unter unseren Patienten ebenso bezeugen wie die Überlebenden der Konzentrations- und Kriegsgefangenenlager!" (LL 17)

Selbsttranszendenz und die Wege zum Sinn

Doch wie ist es möglich, ein empfundenes existenzielles Vakuum zu füllen und Sinn zu finden? Frankl spricht hier von der **Selbsttranszendenz der menschlichen Existenz** und erklärt sie folgendermaßen:

transcendentia (lat.) = das Übersteigen

ZITAT

> „Mensch-Sein ist immer auf etwas gerichtet, das nicht wieder es selbst ist – auf etwas oder auf jemanden: auf einen Sinn, den zu erfüllen es gilt, oder auf anderes menschliches Sein, dem wir da liebend begegnen." (LL 110)

Je mehr man sich also einer Sache oder einem anderen Menschen hingibt, desto mehr verwirklicht man das eigene Mensch-Sein. Voraussetzung für diese Selbstverwirklichung ist die dem Menschen eigene Fähigkeit zur **Selbstdistanzierung:** Er könne zu sich selbst (z. B. zu seinen Bedürfnissen, seinen Stimmungen etc.) in Distanz gehen und gegebenenfalls auch entgegen diesen handeln.

Hier kommt Frankls anthropologisches Konzept zum Tragen, nach dem der Mensch als Einheit von drei Dimensionen (dem Physischen, Psychischen und dem Geistigen) verstanden wird. Die geistige Dimension ermögliche dem Menschen die Selbstdistanzierung und damit Autonomie gegenüber Physis und Psyche.

Frankls Logotherapie bietet Möglichkeiten an, sich selbst einen Lebenssinn zu setzen:

- Hingegebensein an einen anderen Menschen,
- Aufgehen in einer Sache,
- kreative, schöpferische Akte,
- Natur- und Kulturerlebnis,
- reflektierter Umgang mit Grenzsituationen (Krankheit, Leiden und Tod), um auch darin noch einen Sinn zu sehen.

Aufgabe des Therapeuten ist es, im Menschen den **Willen zum Sinn zu stimulieren** und ihm bewusst zu machen, dass es in seiner Verantwortung liegt, selbst und von sich aus seine Aufgabe zu finden und damit seinem Leben aktiv einen Sinn zu setzen.

2.3 Glück als *Flow* – Mihály Csíkszentmihályi

Das wichtigste Werk von **Mihály Csíkszentmihályi** (1934–2021) war: *Flow. Das Geheimnis des Glücks* (hier zitiert unter der Sigle FGG, engl. Orig. 1990).

Der *Flow* als eine Form des Glückserlebens ist im Grunde ein psychologisches Konzept der Handlungstheorie. Dementsprechend hat dieses Glückskonzept mit Tätigsein zu tun. Der ungarisch-amerikanische Psychologe Mihály Csíkszentmihályi hatte über Jahre hinweg viele Menschen nach ihren Glückerlebnissen befragt und deren Angaben systematisch ausgewertet. Aus all den Aussagen filterte er eine Anzahl an immer wieder genannten Merkmalen heraus und entwickelte daraus seine Theorie. Eine Tänzerin beispielsweise beschrieb ihr Erleben während der Vorstellung so: „Deine Konzentration ist vollständig. Deine Gedanken wandern nicht herum. Du denkst an nichts anderes: du bist total in deinem Tun absorbiert. … Deine Energie fließt sehr leicht. Du fühlst dich entspannt, angenehm und energievoll." (FGG 80) Und ein Bergsteiger formulierte sein Glücksempfinden während einer Klettertour an einer Felswand folgendermaßen: „Man ist dermaßen in der Tätigkeit ‚drinnen', dass einem kein von der unmittelbaren Tätigkeit unabhängiges ‚Ich' in den Sinn kommt. … Man sieht sich selbst nicht getrennt von dem, was man tut." (FGG 80) Als Voraussetzungen für das *Flow*-Glückserleben identifizierte Mihály Csíkszentmihályi:

- klare, selbst festgelegte Ziele und das Verfügen über Strategien, wie diese zu erreichen sind,

- perfekte **Übereinstimmung** zwischen den eigenen **Fähigkeiten** und dem **Anforderungsniveau** der Tätigkeit, wobei Anforderungen und Kompetenzen möglichst **hoch** sein sollten, um zum *Flow* zu gelangen. Ist das Verhältnis genau richtig, kann man in den „Flow-Kanal" gelangen. Ansonsten kann es zu anderen Zuständen kommen – bei Überforderung z. B. zu Sorge und Angst, bei Unterforderung z. B. zu Langeweile.

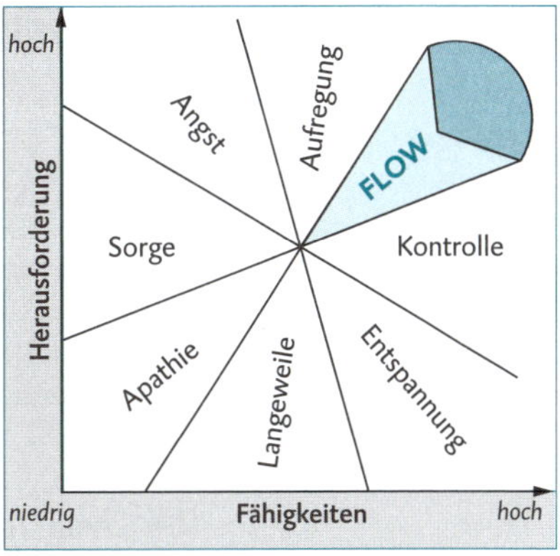

Beste Voraussetzung für ein *Flow*-Erleben ist die Kombination aus hohen Herausforderungen mit ausgeprägten Fähigkeiten.

Das Flow-Erleben selbst hat nach Csíkszentmihályi folgende Merkmale:

- Gefühl, die **Kontrolle** über die Situation und über sich selbst zu haben,
- Bündelung von Aufmerksamkeit und Handlungsenergie im **Fokussieren** auf das Ziel, feste Verankerung im Hier und Jetzt ohne ablenkende Gedanken,
- **Verschmelzung** mit der Handlung, völliges Aufgehen im eigenen Tun,
- veränderte **Wahrnehmung der Zeit**, die natürlicher Bestandteil des Handelns wird,
- Hochgefühl und Freude in der Handlung selbst, **ohne** dass eine **Belohnung von außen** nötig ist („intrinsisch motivierte Handlung").

intrinsisch (lat.) = von innen her kommend

Wirkung von Flow

Die genannten Merkmale zeigen deutlich den Zusammenhang zwischen Flow und dem Zustand des Lernens, Erforschens und Entdeckens. Wie Csíkszentmihályi herausfand, fördert Flow die Kreativität und bringt den Menschen voran, denn er kann sein Tun, wenn er auf dem gleichen Level bleibt, nicht lange genießen und sucht neue Wege und höhere Herausforderungen um seine – sich dadurch stets verbessernden – Fähigkeiten anzuwenden. Dies beschränkt sich keineswegs auf intellektuelle, sportliche oder künstlerische Hochleistungen. Auch ein „normaler" erfüllender Beruf oder eine gelingende zwischenmenschliche Beziehung – etwa das innige Zusammensein von Mutter und Kind beim Spielen – kann den Menschen in Flow versetzen. Nach Flow-Erfahrungen hat der Mensch ein besseres Selbstbild und baut langfristig mehr Selbstachtung auf. Auch kann, wer die *Flow*-Mechanismen anzuwenden weiß, besser mit Stresssituationen umgehen, da es ihm gelingt, Unangenehmes in positive Herausforderungen umzuwandeln, die zu meistern ihn glücklich stimmt. Jedoch reicht es nach Csíkszentmihályi für ein „gelingendes Leben" nicht

Das *Flow*-Erleben ist beispielsweise beim Tanz möglich.

aus, einfach einzelne Flow-Momente aneinanderzureihen. Vielmehr braucht es einen Gesamtzusammenhang von Zielen, die der jeweiligen Lebensphase angemessen sind und die sich, vom Ende her betrachtet, zu einem sinnvollen und harmonischen Ganzen verbinden:

ZITAT

> „Diese letzte Aufgabe der *flow*-Theorie bedeutet, die Gesamtheit des Lebens zu einer einzigen *flow*-Aktivität zu gestalten, mit einheitlichen Zielen, die allem beständigen Sinn verleihen." (FGG 280)

2.4 Martin Seligman: Glücksfaktoren und das PERMA-Modell

Positive Psychologie

Martin E. P. Seligman (*1942) ist ein US-amerikanischer Psychologe.

In den 1990er-Jahren rief Martin E. P. Seligman, damals Präsident der amerikanischen psychologischen Gesellschaft (*American Psychological Association*, APA), seine Berufskollegen dazu auf, sich mehr einer *Positiven Psychologie* zuzuwenden. Hatte man sich bisher vor allem mit psychischen Störungen und Defiziten beschäftigt und sich auf die Behebung von Krankheiten konzentriert, so soll jener neue Zweig der Psychologie vermehrt die positiven Anlagen des Menschen in den Vordergrund rücken. Ausgehend von einer optimistischen, vom positiven Wachstumspotential des Individuums überzeugten Persönlichkeitstheorie, soll es in der psychologischen Forschung und Praxis vermehrt um das gehen, was die Psyche stärkt und den Menschen glücklicher macht. Nach Seligman ruht die positive Psychologie auf drei Säulen, genauer auf der Erforschung von drei Bereichen:

Darin ähnelt Seligman dem *Flow*-Konzept von Csikszentmihalyis, vgl. S. 236 ff. in diesem Band.

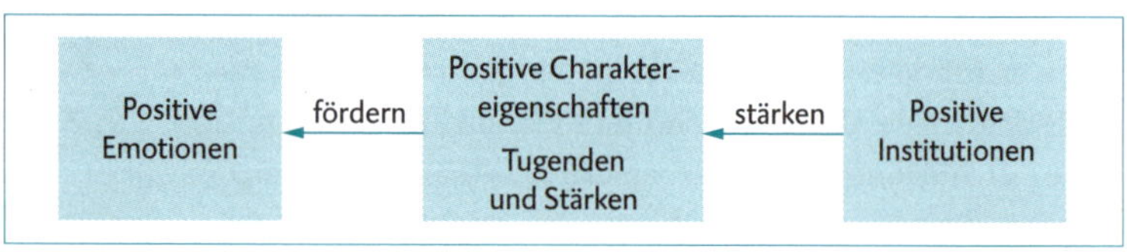

Positive Institutionen wie gefestigte Familienstrukturen, Schulen oder unsere Demokratie ermöglichen **persönliches Wachstum** und stärken die **positiven Charaktereigenschaften**. Besonders in Krisenzeiten ist es wichtig, solche Institutionen zu verstehen und zu unterstützen. **Positive Emotionen**, beispielsweise Freude, Behagen oder Begeisterung, lassen sich im Prinzip auch über Abkürzungen erreichen (Drogen, Computerspiele etc.). Wahrhaftig sind diese Glücksgefühle jedoch nur dann, wenn der Mensch auf dem Weg dorthin seine Charakterstärken und Tugenden eingebracht hat. **Stärken und Tugenden** anzuwenden ist demnach der beste Weg zu authentischem und somit dauerhaftem Glück.

Seligman hat 200 der bedeutendsten Tugendkataloge der Menschheit (so beispielsweise das Alte Testament und die Werke des chinesischen Philosophen Laotse) analysiert und dabei sechs universelle, von allen Kulturen anerkannte Tugenden herauskristallisiert. Diesen abstrakten Tugenden hat er jeweils mehrere konkrete Stärken zugeordnet. Gemeint sind damit unterschiedliche individuelle Zugänge zu den Tugenden, also – je nach Typ – verschiedene Möglichkeiten, die Tugenden im Leben umzusetzen. Stärken, wie etwa Tapferkeit und Freundlichkeit, sind dabei nicht zu verwechseln mit (eher angeborenen) Talenten wie beispielsweise einem absoluten Gehör. Stärken sind vielmehr moralisch positiv bewertete Eigenschaften, die prinzipiell von jedem aufgebaut, eingeübt und angewendet werden können, der sich willentlich dafür entscheidet:

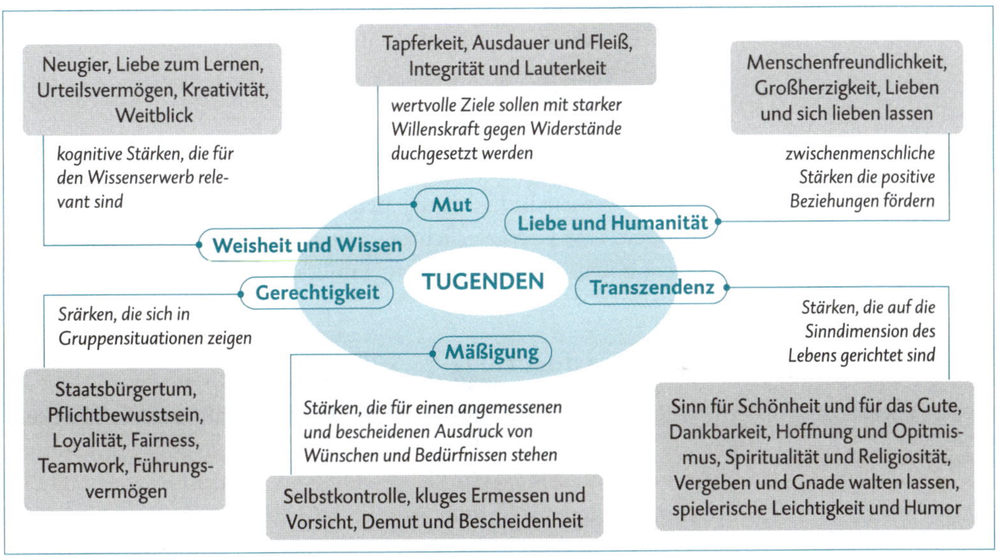

Signaturstärken

Niemand hat all die genannten Stärken in gleichem Umfang ausgebildet. Vielmehr hat jeder Mensch einige davon, die für ihn charakteristisch sind, so genannte „Signaturstärken". Man erkennt sie daran, dass sie, setzt man sie ein, das **Gefühl der Authentizität** geben („So bin ich wirklich!"), dass sie Begeisterung und den inneren Drang wecken, diese Stärken in immer neuen Variationen anzuwenden und dass ihre Ausübung Kraft und Elan verleiht. Seligman rät, die eigenen Signaturstärken so oft wie möglich und in verschiedenen Lebensbereichen aktiv anzuwenden, insbesondere in der Arbeitswelt und in zwischenmenschlichen Beziehungen. Die damit einhergehenden positiven Gefühle stärken die Psyche und führen laut Seligman zu authentischem, dauerhaftem Glück.

Das PERMA-Modell

In seinem Buch *Flourish* (2011; deutscher Titel: *Wie Menschen aufblühen*) rückt Seligman vom Begriff des Glücks ab und spricht nun von einer Theorie des **Wohlbefindens** *(Well-being)*. Fünf Faktoren sind nach Seligman für das Wohlbefinden entscheidend – deren Akronym gibt seinem Modell den Namen:

Positive Emotion	Empfinden von positiven Gefühlen (auch durch eine Änderung der Wahrnehmung – das Positive sehen)
Engagement	Anwenden der eigenen Stärken bei einer Tätigkeit, in der man sich selbst verwirklichen kann
Relationships	Gute zwischenmenschliche Beziehungen, entsprechend der Natur des Menschen als soziales Wesen
Meaning	Sinn, erreichbar durch den Einsatz von Stärken und Tugenden für ein höheres Ziel oder für die Gemeinschaft
Accomplishment	Errungenschaften durch eigene Leistung

Auch hier müssen nicht bei jedem die Faktoren gleich groß ausgebildet sein. So haben manche mehr gute menschliche Beziehungen, andere eine erfüllendere Tätigkeit. Letztlich ist es die Summe, die das Wohlbefinden ausmacht und den Menschen zum „Erblühen“ bringt.

2.5 Resilienzforschung

Der Begriff „**Resilienz**“ leitet sich ab vom englischen *resilience* (= Unverwüstlichkeit, Belastbarkeit, Elastizität) bzw. vom lateinischen *resilire* (zurückspringen, abprallen, nicht anhaften). Als Gegenkonzept zur Resilienz gilt die „**Vulnerabilität**“, also ein besonders hohes Maß an seelischer Verletzbarkeit.

Unter Resilienz versteht man die **psychische Widerstandsfähigkeit**, über die Menschen in individuell unterschiedlichem Ausmaß verfügen und die es ihnen ermöglicht, selbst widrigste Lebensumstände und hohe Belastungen ohne nachhaltige psychische Schäden zu bewältigen.
Der Begriff entstammt der Werkstofflehre und beschreibt die Eigenschaft von Materialien, auf das Einwirken äußerer Kräfte elastisch oder flexibel zu reagieren und rasch wieder in den ursprünglichen Zustand „zurückzuspringen“, wie etwa ein Schwamm oder eine Metallfeder.
Übertragen auf die Psyche des Menschen ist damit die Eigenschaft gemeint, nach elementaren Krisen oder Schicksalsschlägen, wie beispielsweise dem Tod naher Angehöriger, oder traumatischen Erlebnissen, etwa aufgrund von Gewalt oder Krieg, rasch wieder in den seelischen Normalzustand zurückzukehren *(bouncing back)*.
Bisweilen geht es so weit, dass es dem Einzelnen nicht nur gelingt, Extremsituationen unbeschadet zu bewältigen, sondern sie sogar als **Chance** zu begreifen, daraus zu lernen und sich emotional weiterzuentwickeln, so dass er – mit zeitlichem Abstand – gestärkt aus der Krise hervorgeht. Dies nennt man „**posttraumatisches Wachstum**“.

Resilienz entsteht im **Zusammenspiel** verschiedener äußerer und innerer Faktoren. Aus genetischen Anlagen, frühkindlichen Erfahrungen (idealerweise einer das Grund- und Urvertrauen stärkenden Mutter-Kind-Beziehung oder einer ähnlich stabilen Beziehung) und individuellen Erlebnissen bilden sich **Ressourcen**. Auf diese persönlichen und sozial vermittelten **Schutzfaktoren** vermag der resiliente Mensch in Krisensituationen, das heißt, wenn er **Risikofaktoren** ausgesetzt ist, zurückzugreifen, um die Situation zu überstehen. Somit ist Resilienz ein komplexes Wechselspiel zwischen Risiko- und Schutzfaktoren, wobei es erlernt und trainiert werden kann, solche protektiven Mechanismen in Gang zu setzen und zu steuern.

Die Zeichentrickfigur *SpongeBob Schwammkopf*, dessen Optimismus und Frohsinn durch nichts zu erschüttern sind, der trotz unwürdigster Bedingungen hochmotiviert seiner Arbeit nachgeht und dabei von seinem Chef ausgenutzt wird, ließe sich als ironisch überzeichnete Verkörperung einer resilienten Persönlichkeit verstehen.

Ein weiterer, neuer Ansatz rückt die Frage ins Zentrum, wie unser Gehirn bestimmte Situationen bewertet. Ausschlaggebend ist dabei weniger die belastende Situation an sich, sondern vielmehr ein **positiver Bewertungsstil**, der über die Resilienz einer Person entscheidet („Positive Appraisal Style Of Resilience").

Resilienzforschung – Ursprünge und relevante Themengebiete

Ihren Ursprung hat die Resilienzforschung in der **Entwicklungspsychologie**. So befassten sich mehrere Studien mit der Frage, wie sich ein Aufwachsen unter ungünstigen Bedingungen auf die Entwicklung und das spätere Leben der betroffenen Kinder auswirkt. Eine der ersten Studien untersuchte Familien, die während der *Great Depression*, der schweren Wirtschaftskrise in den USA der 1930er-Jahre, in Armut geraten waren. Dem *Resilienz*-Begriff verhalf dann die amerikanische Entwicklungspsychologin **Emmy Werner** zum Durchbruch, die auf der hawaiianischen Insel Kauai 698 Jungen und Mädchen des Jahrgangs 1955 über vier Jahrzehnte hin beobachtete und testete. Das erstaunliche Ergebnis der Untersuchungen: Trotz Armut, trotz Vernachlässigung und Misshandlung in teils arg zerrütteten Familienverhältnissen wuchs ein Drittel der Kinder zu selbstbewussten, fürsorglichen, leistungsfähigen Erwachsenen heran, die ihre Kindheit psychisch unbeschadet überstanden und sich normal entwickelt hatten. Auch hier ist es wichtig zu sehen, dass Resilienz sich nicht nur *trotz* widriger Umstände entwickelt (wie es die Anlage der ersten Studien nahelegt), sondern auch wegen der Herausforderungen, mit denen sich das Kind notgedrungen auseinandersetzen muss. Zugleich

Florence Owens Thompson (1903–1983), eine US-amerikanische Wanderarbeiterin, 1936 eher zufällig in einer Fotografie festgehalten, wurde zum weltweit bekannten Gesicht der *Great Depression*.

Auch während der COVID-19-Pandemie wurde das Konzept *Resilienz* aktuell – sowohl im Hinblick auf den persönlichen Umgang mit Sterbefällen als auch im Hinblick auf die Auswirkungen, die insbesondere die Kontaktbeschränkungen und Lockdowns hatten.

haben Werner und andere Forscher eine Reihe von Schutzfaktoren herausgearbeitet, die die Widerstandsfähigkeit der Kinder begünstigten. Heute begegnet der Begriff *Resilienz* vermehrt im Zusammenhang mit der Frage, wie wir **mit ökonomischen und ökologischen Krisen** umgehen. Unter jeweils variierenden Vorzeichen ist Resilienz auch in der **Arbeitswelt** von Belang. So gelingt es resilienten Arbeitnehmern auch unter Druck und hoher Belastung, ihre psychische und körperliche Gesundheit stabil zu halten. Der Arbeitgeber wiederum profitiert von anpassungsfähigen, **stressresistenten** Mitarbeitern, da deren Resilienz letztlich die Produktivität steigert.

Resilienzfaktoren

Zwar werden die Fundamente der Resilienz bereits in frühester Kindheit gelegt, doch gibt es weitere Faktoren und Strategien, die sich später noch trainieren und verfestigen lassen. Diese schützenden und unterstützenden Faktoren lassen sich in verschiedene Bereiche gruppieren:

„Resilienz-Hype" – kritische Stimmen

Kritiker beklagen, dass durch den inflationären, oft phrasenhaften Gebrauch des Begriffs, durch die wahre Flut von Ratgeberliteratur und Workshops „Resilienz" mittlerweile zu einer Art Modeerscheinung verkommen sei. Zudem gelte es in der heutigen Gesellschaft als gefragtes Persönlichkeitsprofil, belastbar und flexibel zu sein, jedoch verberge sich hinter der Maske entspannter Zufriedenheit oft Unbehagen und Leid.

Der sich hartnäckig in den Köpfen festsetzende Imperativ, resilient sein zu müssen, also sich mit eigentlich unzumutbaren gesellschaftlichen oder persönlichen Gegebenheiten zu arrangieren, führe zu einer Psychologisierung struktureller Probleme, lenke weg von der eigentlich politischen oder organisationellen Verantwortlichkeit und überlasse die Bewältigung inakzeptabler Lebensbedingungen dem Einzelnen.

3 Die Bedeutung gelingender Kommunikation

Da der Mensch von Natur aus ein soziales Wesen ist, ist es für sein Wohlbefinden und letztlich für sein Glück relevant, mit den Mitmenschen zurechtzukommen. Dabei spielt Kommunikation eine zentrale Rolle.

3.1 Schulz von Thun und sein Kommunikationsquadrat

Der Psychologe Friedemann Schulz von Thun entwickelte, ausgehend von früheren einflussreichen Konzepten, ein weithin akzeptiertes Kommunikationsmodell. Das Ziel war es, ein Instrumentarium zu schaffen, mit dem sich das Phänomen der Kommunikation analysieren und die Ursachen von gestörter Kommunikation aufdecken lassen. Zudem wollte er herausfinden, was nötig ist, damit Kommunikation funktioniert.
Nach diesem Modell enthält jede menschliche Nachricht, die ein Sender an einen Empfänger richtet, **vier Botschaften** bzw. **Seiten.** Sie machen das **Kommunikationsquadrat** aus (siehe Abb. weiter unten). Diese vier Botschaften, die der Sender teilweise bewusst und absichtlich, teilweise auch unbewusst, in der Nachricht „verpackt", gilt es zu differenzieren:

Friedemann Schulz von Thun (*1944) war bis 2009 Professor am Fachbereich Psychologie der Universität Hamburg. Sein dreibändiges Werk *Miteinander reden* erschien erstmals 1981.

info

Sachebene – welche Sachinformationen ich mitteile: Hier geht es um die Frage, was inhaltlich mitgeteilt wird. Die Aussage „Die Tür ist immer noch offen" vermittelt die schlichte Information, dass die Tür schon länger offen ist.

Beziehungsebene – was ich von dir halte oder wie wir zueinander stehen: Hier geht es darum, wie ich meinen Mitmenschen durch die Art meiner Kommunikation **behandle** (oder misshandle?), also: Fühlt sich mein Gegenüber durch mein Sprechen akzeptiert, herabgesetzt, bevormundet ...? Gerade in diesem Bereich sagen Tonfall, Formulierungen und andere nichtsprachlichen Begleitsignale wie Mimik und Körperhaltung besonders viel aus. Die Aussage „Die Tür ist immer noch offen" könnte zum Beispiel die Botschaft enthalten, dass der Sender auf den anderen sauer ist, weil dieser nicht die Tür geschlossen hat.

Selbstoffenbarungsebene – was ich von mir selbst kundgebe: In jeder Nachricht steckt – gewollt oder nicht, offenkundig oder versteckt – ein Stück Selbstoffenbarung, d. h. eine Botschaft **über den Sender**. Die Aussage „Die Tür ist immer noch offen" könnte zum Beispiel die Botschaft enthalten, dass dem Sender kalt ist oder dass er genervt ist.

Appellebene – wozu ich dich veranlassen möchte: Mit jeder Nachricht möchte der Sender sein Gegenüber dazu bringen, bestimmte Dinge zu tun, zu unterlassen, zu denken oder zu fühlen. Die Aussage „Die Tür ist immer noch offen" könnte zum Beispiel die Aufforderung enthalten sein, dass der andere die Tür schließen soll.

Das Kommunikationsquadrat

Der **Sender** schickt also die Nachricht mit allen vier Seiten **verschlüsselt** ab. Er kann zunächst nicht wissen, ob es dem **Empfänger** gelingt, die vier Mitteilungen richtig zu **entschlüsseln**, zumal sie alle gleichzeitig bei ihm ankommen. Schulz von Thun verwendet für diesen Vorgang des **Dekodierens** – analog zu den vier Seiten einer gesendeten Nachricht – das Bild von vier „Ohren" des Empfängers, auf denen er womöglich unterschiedlich gut „hört" (das Modell wird daher zuweilen auch *Vier-Ohren-Modell* genannt): So kann es sein, dass ein Vater mit dem Satz „Marlene hat Fieber" eigentlich nur eine sachliche Information an seine Frau weitergeben möchte, diese die Aussage aber auf dem „Appell-Ohr" hört und als Aufforderung versteht, der Tochter Fiebermittel zu geben. Insofern könnte man davon sprechen, dass jede Kommunikation von zwei Kommunikationsquadraten bestimmt ist – eines vom Sender, eines vom Empfänger.

Missverständnisse und Kommunikationsprobleme

Schwierigkeiten in der Kommunikation können vor allem dann entstehen, wenn die Nachricht, die ankommt, nicht der entspricht, die gesendet wurde (wenn also sozusagen die Kommunikationsquadrate nicht zur Deckung kommen), oder wenn Sender und Empfänger den Schwerpunkt auf eine jeweils andere Ebene legen. Missverständnisse bleiben oft verdeckt und unaufgeklärt. Außerdem sind sie normal und es geht nicht darum, wer schuld ist oder wer Recht hat, weil zunächst beides seine Berechtigung hat: das, was der eine gesagt, und das, was der andere gehört hat. Folgende Kommunikationsschwierigkeiten sind typisch:

- Manche reagieren ausschließlich auf die **Sachseite** einer Nachricht und überhören das eigentliche Anliegen des Gegenübers, das vielleicht primär eine Selbst- oder Beziehungsaussage treffen wollte.
- Das **„Beziehungs-Ohr"** ist oft sehr sensibel, und so reagieren viele Gesprächspartner primär auf die in der Nachricht (vermeintlich) enthaltene Beziehungsbotschaft.

Ein Beispiel (von Schulz von Thun)

- Zu Problemen in der Kommunikation kann es kommen, wenn die **Sachinformation** nicht „richtig" verstanden wird, weil sie beispielsweise nicht verständlich formuliert ist.
- Menschen mit einem übergroßen **„Appell-Ohr"** reagieren häufig (über)schnell auf (vermutete) Aufforderungen.
- Auf der **Appellebene** dringt der Sender zwangsläufig in den Bereich der Freiheit und Selbstinitiative des anderen ein. In manchen Fällen ist es rollenmäßig und situationsbedingt angemessen, klare Anweisungen zu erteilen (beispielsweise ein Fahrlehrer in der Fahrstunde). Ist der Appell versteckt, spricht man von **„Manipulation"** (z. B. Werbung oder Propaganda). Manipulative Sender instrumentalisieren dann zuweilen die anderen Seiten der Nachricht, um ihr Ziel zu erreichen.

Die Aussage „Morgen wird ein schöner Tag" könnte auf der Sachebene zum einen bedeuten, dass morgen das Wetter schön wird, zum anderen aber auch, dass ein besonderes Erlebnis bevorsteht.

Bei manipulativer Kommunikation wird die Sachseite oft einseitig und tendenziös dargestellt, die Selbstoffenbarung zielt darauf, bestimmte Gefühle, etwa der Bewunderung oder der Hilfsbereitschaft, zu erzeugen, auf der Beziehungsseite wird der andere beispielsweise durch Schmeicheleien bei Laune gehalten.

Faktoren für gelingende Kommunikation

Schulz von Thuns Modell gibt einige Instrumente an die Hand, um die Kommunikation störungsfreier zu gestalten:

- **Innere Klarheit und kongruente Kommunikation:** Je mehr sich jeder Gesprächspartner dessen bewusst ist, was er will, denkt und fühlt, je mehr seine Kommunikation mit seinem inneren Erleben und seinem Bewusstsein übereinstimmt, d. h., je kongruenter er kommuniziert, desto eindeutiger ist seine Nachricht zu verstehen.
- **Verständlichkeit:** Eine mehrdeutige oder **schwer verständliche Aussage** kann eine Hürde im Gespräch sein, die der Sender durch eine möglichst klare, einfache, geordnete und prägnante Darstellung des Sachverhalts beseitigen kann.
- **Auseinanderhalten der Empfangsvorgänge – Feedback geben:** Beim Empfangen einer Nachricht sind drei Vorgänge zu unterscheiden: das **Wahrnehmen** (d. h. etwas hören oder sehen, z. B. einen bestimmten Blick), das **Interpretieren** (d. h. das Wahrgenommene mit einer Bedeutung versehen, z. B. den Blick als abfällig deuten) und das **Fühlen** (d. h. auf das Interpretierte mit einem Gefühl antworten). Dabei beeinflusst die eigene seelische Verfassung stark, welches Gefühl ausgelöst wird. Der Empfänger muss sich klar machen, dass seine Reaktion auf eine Nachricht einen (womöglich sehr hohen) Eigenanteil enthält, und er sollte bereit sein, diesen Anteil zu überprüfen, indem er dem Sender zurückmeldet, wie er die Nachricht entschlüsselt hat **(Feedback)**. Auf diese Weise lässt sich klären, inwieweit Sende-Absicht und Empfangsresultat übereinstimmen.

Es ist entscheidend, sich bewusst zu machen, dass es sich um eine Interpretation handelt, die richtig, aber auch falsch sein kann.

- **Metakommunikation:** Als Heilmittel bei **gestörter Kommunikation** empfiehlt Schulz von Thun eine explizite Metakommunikation, also eine Auseinandersetzung darüber, wie wir in der Kommunikation miteinander umgehen, wie die gesendete Botschaft gemeint war, die empfangene Botschaft entschlüsselt wurde, wie wir darauf reagiert haben und was sich zwischen uns abspielt. Der Psychologe spricht hier bildlich von einem Feldherrenhügel, auf dem die Gesprächspartner Abstand nehmen können von dem Getümmel, in das sie sich verstrickt haben. Durch ein offenes Gespräch auf einer anderen Ebene kann es gelingen, die Störung zu überwinden.

3.2 Eric Berne und Thomas Harris: Die Transaktionsanalyse

Eric Berne (1910–1970)

Der amerikanische Psychiater Eric Berne und sein enger Mitarbeiter Thomas Harris entwickelten in den 1950er Jahren ausgehend von Freuds Psychoanalyse ein Persönlichkeitsmodell, nach dem jeder Mensch **drei Ich-Zustände** in sich hat. Diese Ich-Zustände, die sich jeweils noch **weiter differenzieren** lassen, unterscheiden sich signifikant in der Wahrnehmung, im Fühlen, Denken und Handeln und befinden sich fortlaufend (teils bewusst, teils unbewusst) im Dialog miteinander:

info

Eltern-Ich: In diesem Ich-Zustand sind alle Gefühle, Verhaltensweisen und (Vor-)Urteile gespeichert, die wir in unserer frühen Kindheit (etwa bis zum sechsten Lebensjahr) an unseren Eltern und anderen Autoritätspersonen wahrgenommen haben. In bestimmten Situationen wenden wir diese automatisch und unreflektiert an, handeln und sprechen also so, wie unsere Eltern es getan hätten. Das **kritische (normative) Eltern-Ich** enthält Werte und Normen, Gebote und Verbote, das **nährend-fürsorgliche Eltern-Ich** ist zuständig für das Geben von Wärme, Schutz und Ermutigung.

Erwachsenen-Ich: Dies ist der Ich-Zustand, in dem der Mensch im Hier und Jetzt seine Umwelt erlebt, alle Einflüsse geistig verarbeitet, kritisch durchdenkt und autonom in begründete Reaktionen umsetzt. Auch werden in diesem Ich-Zustand die Vorgaben des Eltern-Ichs auf ihre Tauglichkeit geprüft und gegebenenfalls verworfen. Stress- oder Krisensituationen können dem Erwachsenen-Ich zusetzen, so dass das Eltern- oder das Kind-Ich die Steuerung übernimmt.

Kind-Ich: In diesem Zustand denken, agieren und fühlen wir, wie wir es als Kind konnten und taten. Drei Ausprägungen lassen sich hier unterscheiden: Das **angepasste Kind-Ich** entwickelt sich in der frühen Kindheit, nämlich dann, wenn wir lernen, uns den Forderungen und Verboten der Autoritätspersonen anzupassen. Auch das **rebellische Kind-Ich** orientiert sich an den Forderungen der anderen, tut dabei jedoch stets das Gegenteil des von ihm Erwarteten. Das **freie Kind-Ich** ist der ursprünglichste, natürlichste Ich-Zustand, in dem wir spontan, furchtlos und vertrauensvoll sind.

Die **Transaktionsanalyse** richtet den Blick darauf, in welchem Ich-Zustand wir uns in dem Moment befinden, in dem wir mit einem anderen

Menschen kommunizieren. „**Transaktion**" bezeichnet dabei die kleinste vollständige Kommunikationseinheit, bestehend aus einem Stimulus, also einer sprachlichen oder nonverbalen Äußerung einer Person A, und der Reaktion einer Person B: Person A richtet von einem seiner drei Ich-Zustände aus eine Äußerung an einen bestimmten Ich-Zustand der Person B, die ihrerseits von einem Ich-Zustand aus antwortet. Dieses Hin und Her der Kommunikationseinheiten nennt man **Transaktionsweg**. Man unterscheidet drei Grundmuster:

- **Parallele Transaktion:** Hier verlaufen die Pfeile der **Transaktionswege parallel**, d. h.: Person B reagiert tatsächlich von dem Ich-Zustand aus, den Person A angepeilt hatte. Sind die Transaktionswege parallel ausgerichtet, ist das Gespräch im Fluss und kann im Prinzip unendlich weitergehen. Dies kann ergiebig sein, etwa innerhalb einer Arbeitsgruppe, in der jeder mit dem Erwachsenen-Ich kommuniziert, oder emotional befriedigend, so etwa auf der Ebene des freien Kind-Ichs. Weniger konstruktiv sind beispielsweise Gespräche, bei denen zwei Personen ihrem kritischen Eltern-Ich freien Lauf lassen und sich endlos über die heutige Jugend, die Männer etc. aufregen.
- **Gekreuzte Transaktion:** In diesem Fall antwortet Person B nicht aus dem Ich-Zustand, den Person A angepeilt hatte, sondern reagiert auf einem anderen Transaktionsweg, so dass sich die Pfeile kreuzen. Der Gesprächsfluss wird unterbrochen, was nicht prinzipiell gut oder schlecht sein muss. Gekreuzte Transaktionen können zu destruktiver Kommunikation führen, sind aber ebenso dazu geeignet, parallele Transaktionen, die ins Leere laufen, zu unterbrechen, um dann neu ansetzen zu können. Wenn beispielsweise Person A aus dem kritischen Eltern-Ich heraus agiert und versucht, Person B im Ich-Zustand des Kind-Ichs abzukanzeln, kann B durch das Kreuzen der Transaktion sein Gegenüber dazu bringen, das Eltern-Ich zu verlassen, und das Gespräch in eine konstruktive Richtung lenken.
- **Verdeckte Transaktion:** Bei dieser Form der Kommunikation kommt zur ausgesprochenen Transaktion eine zweite, verdeckte Nachricht hinzu, die zeitgleich auf einem anderen Transaktionsweg läuft (in der Grafik gestrichelt dargestellt). Person A bringt also zwei Ich-Zustände ins Spiel. Dass bei dem auf der „sozialen Ebene" (Berne) offen Gesagten unterschwellig auf der „psychologischen Ebene" eine verdeckte Botschaft mitschwingt, ist meist nur an nonverbalen Signalen (Klang der Stimme, Mimik etc.) oder aus dem Kontext der Situation heraus erkennbar. Häufig sind es Wünsche oder Kritik, die man nicht offen äußern mag. So ist es im Alltag oft der Fall, dass die Gesprächspartner auf der „sozialen Ebene" vom Erwachsenen-Ich aus agieren, verdeckt

jedoch das Eltern- oder Kind-Ich dominiert und dadurch ganz andere (parallele oder gekreuzte) Transaktionen stattfinden.

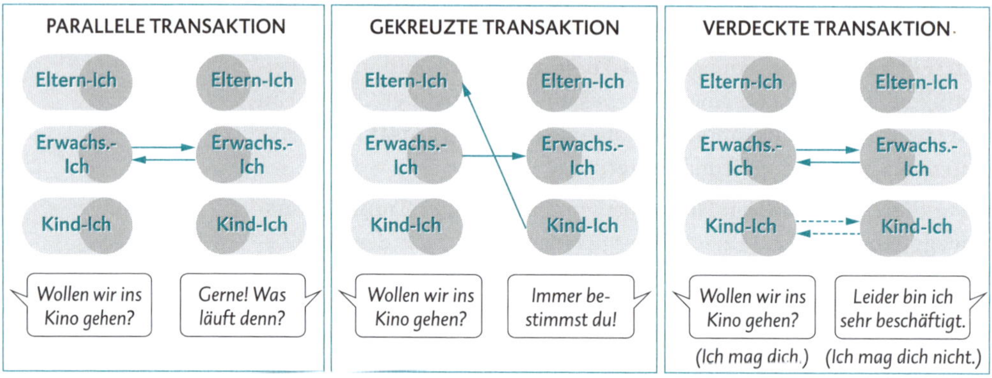

4 Glück und Gesellschaft in utopischen und dystopischen Entwürfen einer anderen Welt

Inwieweit der Einzelne sein **Glücksstreben** entfalten kann, hängt wesentlich von den **äußeren Bedingungen** ab, denn die **politischen, wirtschaftlichen und gesellschaftlichen Strukturen** bilden den Rahmen für Frieden, Gerechtigkeit, Wohlstand und Glück. Da die tatsächlichen Zustände jedoch oft als defizitär empfunden werden, setzen Dichter und Philosophen der ungerechten Realität erdachte Staatsentwürfe entgegen, die in Anlehnung an Thomas Mores Roman *Utopia* (1516) als **Utopien** bezeichnet werden. In der frühen Neuzeit, als diese Gattung ihre erste Blüte erlebte, bildeten sich bestimmte Merkmale heraus: Kernintention war es, **Kritik** zu üben und der zeitgenössischen Gesellschaft den **Spiegel vorzuhalten**. Den Modellentwurf maßstabsgetreu in der Realität umzusetzen, war hingegen nie das Ziel. Vielmehr sollten alternative Möglichkeiten menschlichen Zusammenlebens auf gedanklich-experimenteller Ebene durchgespielt werden. Typischerweise waren die ersten dieser fiktiven Gemeinwesen auf einer fernen (erfundenen) Insel angesiedelt, bereist von einem Seefahrer, der nach seiner Rückkehr von dort berichtet.

Vgl. hierzu S. 172 ff. in diesem Band. Ihre antiken Wurzeln hat die literarische Form der Utopie in Platons Entwurf eines Idealstaates (*Politeía*) und seiner Schilderung des sagenumwobenen Inselreichs Atlantis (*Kritias*).

Rund 110 Jahre nach Morus' *Utopia* setzte **Francis Bacon** in seiner Schrift ***Nova Atlantis*** (1627) erstmals radikal auf den naturwissenschaftlich-technischen Fortschritt. Ziel der idealen Gesellschaft von Forschenden auf der fiktiven Südseeinsel „Neu Atlantis“ sollte es sein, die **Grenzen der Naturbeherrschung** durch den Menschen so weit wie möglich **auszudehnen** und damit die Grundlagen für **allgemeines Glück** zu schaffen. Weil es im Lauf der Zeit immer weniger unentdeckte Weltgegenden gab, kam es im 18. Jahrhundert zu einem Paradigmenwechsel, weg von der räumlichen hin zur zeitlichen Dimension: Das utopische Staatsgebilde befand sich nicht mehr auf einer fernen Insel, sondern wurde nun fast ausnahmslos in die Zukunft projiziert.

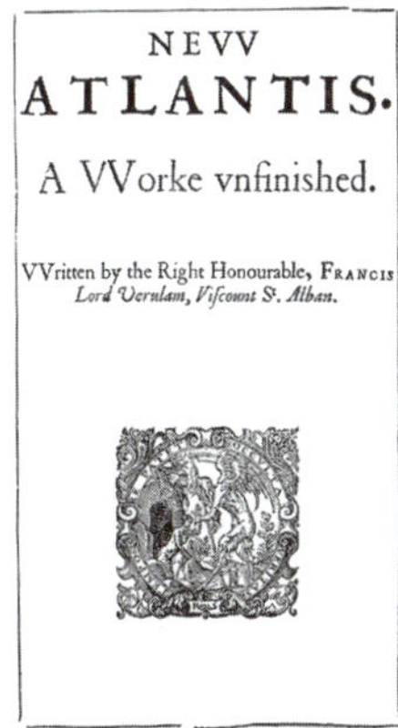

NEVV ATLANTIS. A VVorke vnfinished.

VVritten by the Right Honourable, FRANCIS Lord Verulam, Viscount S. Alban.

Titelblatt von Bacons Werk

Das 19. Jahrhundert besinnt sich auf Bacons naturwissenschaftlich-technische Utopie zurück, jedoch zunehmend unter anderem Vorzeichen. Mit der wachsenden Skepsis gegenüber den Folgen von Industrialisierung und Technisierung verschiebt sich die Bewertung der fiktiven Szenarien ins Negative: sogenannte **Dystopien** entstehen (z. B. Herbert G. Wells *Die Zeitmaschine*, 1895). Darin verkehren sich utopische Ideale wie Transparenz und staatliche Lenkung in ihr Gegenteil, sie werden zu Überwachung, Willkür und Auslöschung der Individualität. Die Kriege und totalitären Regime des 20. Jahrhunderts beweisen nicht nur das Scheitern des Fortschrittsglaubens, sondern bringen auch den Kern des utopischen Gedankens selbst in Verruf, nämlich dass das Glück des Einzelnen in einer idealen Gesellschaftsordnung begründet sein müsse.

So kritisiert z. B. der russische Schriftsteller **Jewgenij Samjatin** in seiner 1920 entstandenen Dystopie ***Wir*** die Tendenzen des noch jungen Sowjetstaats. Der Ich-Erzähler des Romans, „Nummer D503“, berichtet in Tagebuchform vom Leben in einem totalitären Staat, der wie eine Maschine funktioniert und in dem auch die Menschen wie Maschinenteile funktionieren müssen. Allen, die von diesem System abweichen oder gar widerständig sind, wird die Seele und damit die Fantasie durch eine Laser-Operation am Stammhirn entfernt.

Samjatin war anfangs selbst als überzeugter Bolschewist an der Oktoberrevolution beteiligt gewesen.

Die Handlung des 1932 erschienenen Romans ***Schöne neue Welt*** von **Aldous Huxley** ist im Jahr 632 „nach Ford“ angesiedelt, denn die Zeitrechnung in diesem vom überwiegenden Teil der Menschheit bewohnten Weltstaat beginnt mit der Herstellung des ersten *Ford T*-Modells, des ersten Autos, das am Fließband für die breite Masse hergestellt wurde. An die Stelle der Religion ist in dieser neuen Welt der **Glaube an industrielle Massenproduktion und Konsum** getreten, an die Stelle Gottes der Erfinder Henry Ford. Das höchste Ziel ist „Stabilität“, gewährleistet durch ein staatlich durchgeplantes System, in dem die Menschen möglichst viel arbeiten und in ihrer Freizeit möglichst viel an Waren und Dienstleistungen konsumieren. Soziale Stabilität wird durch das stabile Wohlbefinden des Einzelnen garantiert. Sollte dieses aus dem Gleichgewicht geraten, gibt es für alle die frei zugängliche **Droge Soma**, die sämtliche Probleme (bis hin zur Angst vor dem Tod) aus der Welt schafft. Die Gesellschaft ist hierarchisch in fünf durchnummerierte **Kasten** gegliedert, wobei die oberste Kaste „Alpha“ für die Leitung der Organisationen zuständig ist, die niederste Kaste „Epsilon“ hingegen für die Arbeit

Aldous Huxley (1894–1963), britischer Schriftsteller und Philosoph, stammte selbst aus einer Familie von Naturwissenschaftlern (sein Großvater und sein Bruder waren Biologen). Sein berühmtester Roman *Brave New World* (1932) wurde 1953 auf Deutsch veröffentlich, in der Folge dann u. a. als Vorausschau auf Teilbereiche der nationalsozialistischen Verbrechen gesehen.

in der Massenproduktion. Wie viele Menschen den einzelnen Kasten angehören, wird je nach Bedarf geregelt. Denn die Menschen werden – und dies ist das schockierendste Element in Huxleys Dystopie – in **„Brut- und Aufzuchtzentren"** gezüchtet (natürliche Fortpflanzung ist abgeschafft bzw. verpönt). Aus Eizellen von Kastenmitgliedern werden Embryos geklont und deren Entwicklung noch in der Retorte auf ihre spätere Bestimmung hin manipuliert. So züchtet man innerhalb der niedrigsten Klasse durch Sauerstoffentzug und das Verabreichen schädlicher Substanzen wie Alkohol im Embryostadium geistig beschränkte Menschen für niedrigste Arbeiten. Nach dem „Entkorken" der Retorten wird das „Menschenmaterial" durch Konditionierung und verschiedene Suggestionstechniken entsprechend den einzelnen Klassen weiter genormt.

Beispielsweise werden in Huxleys Roman den Kindern beim Anfassen von Büchern Elektroschocks verpasst, um das Entwickeln eigener Ideen oder irgendeiner Form von Individualität zu unterbinden.

Zum klassischen Dreigestirn der Dystopien des 20. Jahrhunderts gehört schließlich **George Orwells *1984*** (1949). Anders als Huxley hatte Orwell bereits die totalitären Regime der ersten Jahrhunderthälfte vor Augen, als er von 1946 bis 1948 seinen Roman schrieb. Die Handlung ist in – aus damaliger Sicht – naher Zukunft, im Jahr 1984, angesiedelt: Nach dem Dritten Weltkrieg gibt es nur noch die drei Supermächte Ozeanien, Eurasien und Ostasien, die die gleichen **totalitären Herrschaftsstrukturen** haben und permanent Krieg gegeneinander führen. Ozeanien, der Schauplatz des Romans, wird von einer kleinen, **politisch-intellektuellen Machtelite** beherrscht, repräsentiert durch den nicht greifbaren „großen Bruder". Zwischengeschaltet sind Partei-Funktionäre und eine Reihe von Ministerien, die breite Masse der Bevölkerung vegetiert in **geistiger Unmündigkeit** vor sich hin und wird ausgebeutet. Das „Wahrheitsministerium" hat die Aufgabe, Informationen und Nachrichten aller Art zu vernichten oder zu fälschen und sie damit den jeweiligen Verhältnissen anzupassen. Die Menschen werden durch Televisoren, die sowohl senden als auch empfangen können, **dauerüberwacht**, so dass die bis ins Intimste reichende Staatskontrolle jegliche Privatheit zerstört. Schon die Kinder werden geschult, ihre Eltern bei der „Gedankenpolizei" zu denunzieren. Eine brutal verstümmelte Sprache, „Neusprech", soll verhindern, dass die Menschen in Alternativen denken können, und wird damit zum Instrument der Herrschaftssicherung.

Szene aus Michael Andersons Film 1984 (1956), der auf Orwells Roman beruht.

Der Schock über die historisch-politischen Ereignisse und die tiefe Skepsis gegenüber kollektives Glück verheißenden totalitären Staatssystemen macht es der Literatur der Nachkriegszeit schwer, positive Gesellschaftsutopien zu entwickeln. Dies ändert sich mit der Herausbildung eines ökologischen Bewusstseins in den 1970er-Jahren.

1975 stellt **Ernest Callenbach** mit seinem Zukunftsroman ***Ökotopia*** den ökologischen Krisensymptomen der Zeit einen dezidiert positiven Entwurf gegenüber. Dabei klingt vieles von dem, was er schreibt, erstaunlich aktuell. Der Staat *Ökotopia* ist im Jahr 1980 als Abspaltung von den USA aus drei nordwestamerikanischen Bundesstaaten hervorgegangen. Das Territorium ist (wie auch die Inseln der frühen Utopien) nach außen hin isoliert, der Flugverkehr ist wegen Luftverschmutzung strikt untersagt. Tragende Idee aller Bemühungen ist das Konzept eines **stabilen Gleichgewichts innerhalb des ökologischen Haushalts**. Das ganze Leben, vom Konsumverhalten bis zur industriellen Produktion, wird dem Prinzip eines sich beständig selbst reproduzierenden Systems untergeordnet, das sich z. B. auf ausgeklügeltes Recycling und Aufforstungsprogramme stützt. Damit ist die Natur nicht mehr, wie in früheren Utopien, dem beherrschenden, planerischen Zugriff unterworfen. Stattdessen sind die Menschen zunehmend bereit, einen bescheidenen Platz im organischen Ganzen des Lebens einzunehmen und dafür ein Absinken des Lebensstandards im Kauf zu nehmen. Bemerkenswerterweise ist in Callenbachs Modellstaat, anders als in früheren Utopien, der Idealzustand noch nicht erreicht. Vielmehr wird gezeigt, wie sich die meisten Bürger diesem ohne Zwang annähern. Der Roman richtet den Fokus also auch auf den **Transformationsprozess** hin zu einer ökologischeren Welt.

Ernest William Callenbach (1929–2012), war ein amerikanischer Schriftsteller und Journalist. Er gilt als ökologischer Vordenker. Sein ökologisches Bewusstsein war nach eigenen Angaben stark durch indianische Kulturen geprägt.

So sind „biologisch abbaubar" und „verwesungsfähig" in Ökotopia ganz zentrale Begriffe.

Ein beklemmendes Szenario hingegen entwirft **Julie Zeh** (geb. 1974) in ihrem Roman ***Corpus delicti*** (2009), der eine Grundidee der Dystopie besonders klar erkennen lässt. Oft nämlich greift diese Art von Text gewisse Entwicklungen der Gegenwart auf, die auf den ersten Blick positiv und Glück verheißend erscheinen, steigert sie ins Extreme und zeigt so deren Gefahrenpotenzial. So hat Zehs Zukunftsstaat, der sich „Methode" nennt, eine **Gesundheitsdiktatur** errichtet, die sich durch den kollektiven Willen legitimiert, Krankheiten auszumerzen und ein möglichst langes Leben zu ermöglichen. Jeder Einwohner ist zu einem absolut gesunden Lebenswandel verpflichtet, hat ein obligatorisches Sportprogramm zu absolvieren und muss dem Staat fortwährend Gesundheitsdaten wie seine Blutwerte melden. Alles wird bis ins kleinste Detail überwacht, „Fehlverhalten" (z. B. ein zu geringes Schlafpensum) wird geahndet. Für Menschen, die anders denken und ihrem Leben eine andere Priorität geben wollen als die größtmögliche Verlängerung ihres biologischen Daseins, ist kein Platz. Der Roman prangert also den Trend eines allgemeinen **Gesundheitswahns** an und warnt davor, die Werte **Gesundheit und Sicherheit** so sehr in den Vordergrund zu stellen, dass ein von den Werten **Freiheit und Selbstbestimmung** getragenes Leben nicht mehr möglich ist.

5 Zusammenfassung

- Nach Aristoteles erreicht der Mensch Glückseligkeit, indem er seiner Bestimmung zur Nutzung der Vernunft gerecht wird – in Form des **bíos politikós**, des politisch engagierten Lebens in der Polis, oder (besser noch) in Form des **bíos theoretikós**, eines philosophischen Lebens.
- Für Epikur verschaffen **Lust** und die Vermeidung von **Schmerz** ein glückliches Leben. Dies meint aber nicht die rastlose Suche nach immer neuen Genüssen. Vielmehr betont Epikur die Bedeutung der **Seelenruhe** *(ataraxía)* und der Befriedigung grundlegender Bedürfnisse.
- Nach der Stoa wird ein glückliches Leben durch **Leidenschaftslosigkeit** *(apátheia)* und **Entsagung gegenüber Sinneslüsten** möglich. Innere **Unabhängigkeit** *(autárkia)* von äußeren Bedingungen und unerschütterlicher **Seelenfrieden** *(ataraxía)* sind das Ziel.
- Das menschliche Leben ist nach Albert Camus von **Absurdität** geprägt, die sich aus der Vergänglichkeit und dem Mangel jeglicher Sinngebung ergibt. Die Absurdität müsse der Mensch **aushalten**. Das könne ihn sogar frei machen, so dass er ein möglichst intensives Leben leben könne.
- Viktor Frankl diagnostiziert bei vielen Menschen der Moderne ein **existenzielles Vakuum**, das aber durch eigenständige **Sinnsetzung** überwunden werden könne. Sinn finde man in etwas außerhalb seiner Selbst (Selbsttranszendenz), z. B. in einer Aufgabe oder in einem Menschen.
- Das **Flow-Erleben** nach Mihály Csíkszentmihályi ist eine Form des Glückserlebens, bei der das Ich sich mit der Handlung **verschmolzen** fühlt. Es kann sich einstellen, wenn eine perfekte **Entsprechung** von **hohen Anforderungen** mit **ausgeprägten Kompetenzen** herrscht.
- Nach Martin Seligman fördert die Nutzung von **Stärken** ein dauerhaftes Glücksempfinden. Seligmans späteres PERMA-Modell betont als Faktoren für Wohlbefinden positive Emotionen, Engagement, Beziehungen, Sinn und Errungenschaften durch eigene Leistung.
- Für **Resilienz**, also die **Widerstandfähigkeit** gegenüber **psychischen Belastungen**, gibt es außerhalb des Ichs liegende **Umweltfaktoren** und innerhalb des Ichs liegende **personale Faktoren**.
- Nach Friedemann Schulz von Thun besitzt **jede Nachricht vier Ebenen:** Sachebene, Beziehungsebene, Selbstoffenbarungsebene und Appellebene. Misskommunikation ergibt sich oft dann, wenn der Empfänger der Nachricht in Bezug auf diese Ebenen auf andere Weise entschlüsselt, als sie vom Sender gemeint war.

- Die Transaktionsanalyse unterscheidet drei Ich-Zustände: das **Eltern-Ich**, das **Erwachsenen-Ich** und das **Kind-Ich**. Je nach dem, welche Ich-Zustände zwei Gesprächspartner in der Kommunikation einnehmen, wird von **paralleler**, **gekreuzter** oder **verdeckter Transaktion** gesprochen.
- Utopische und dystopische Entwürfe in der Literatur zeigen die Abhängigkeit des **Glücks des Einzelnen** von den **äußeren, gesellschaftlichen Umständen**.

Angewandte Ethik

Darf der Mensch das menschliche Erbgut verändern? – Nur eine unter vielen, vielen Fragen, die sich die **Angewandte Ethik** stellt. Die Angewandte Ethik gilt als ein Teilbereich der normativen Ethik. Im Unterschied zur Allgemeinen Ethik geht es ihr aber nicht um die Herleitung oder Erklärung moralischer Grundsätze und Maßstäbe, sondern um die **konkreten Entscheidungen** bei **Problemfällen** oder **Typen von Problemfällen**.

Dieses Kapitel beschreibt zunächst wichtige **Grundlagen** der Angewandten Ethik. Anschließend werden **verschiedene Bereiche** der Angewandten Ethik genauer beschrieben und jeweils mithilfe eines **Beispiels** veranschaulicht, dessen Problemstellung anhand zentraler Aspekte aufgezeigt wird.

1 Grundlagen

Ein weiterer Faktor für den Bedarf an ethischer Orientierung dürften die gesellschaftlichen Entwicklungen sein wie beispielsweise die zunehmende Pluralisierung der Gesellschaft oder auch die Globalisierung.

Als eigenständige Disziplin ist die Angewandte Ethik relativ jung. Sie entstand in den 1960er- und 1970er-Jahren. Im Zuge der sich immer schneller entwickelnden technologischen Möglichkeiten stellte sich die Frage, wie mit diesen umgegangen werden soll. Auch weil die Geschwindigkeit, mit der technologische Neuerungen kommen, sich seitdem noch erhöht hat und sich voraussichtlich auch noch weiter erhöhen wird, stellt sie sich immer wieder in Bezug auf bestimmte Entwicklungen (z. B.: verpflichtende Impfung mit einem sehr neuen Impfstoff während der Coronapandemie?) sowie in neuen Anwendungsfeldern (z. B.: Wie geht man verantwortungsvoll mit Künstlicher Intelligenz um?). In jüngerer Zeit entstehen in verschiedenen Kontexten sogenannte Ethikräte oder -kommissionen, die Empfehlungen für ethisch richtiges Handeln geben sollen. Seit 2008 gibt es beispielsweise den *Deutschen Ethikrat*, der die Aufgabe hat, in gesellschaftlich relevanten Fragen Orientierung zu geben. So hat er beispielsweise schon zu den Themen *Demenz und Selbstbestimmung* (2012) und *Klimagerechtigkeit* (2024) Stellungnahmen veröffentlicht. Ethikräte oder Ethikkommissionen gibt es aber u. a. auch in kirchlichen Institutionen, an Universitäten oder in Verbänden.

In der Angewandten Ethik hat sich eine Einteilung in sogenannte **Bereichsethiken** eingebürgert. Unter Bereichsethiken versteht man die einen bestimmten lebensweltlichen Handlungskontext betreffenden Ethiken – sie fragen, welche Verhaltensweisen in dem jeweiligen Kontext aus ethischer Sicht geboten, erlaubt oder abzulehnen sind. Die folgende Aufstellung ist sicher nicht erschöpfend, vermittelt aber einen guten Eindruck von der Vielfalt der Bereichsethiken:

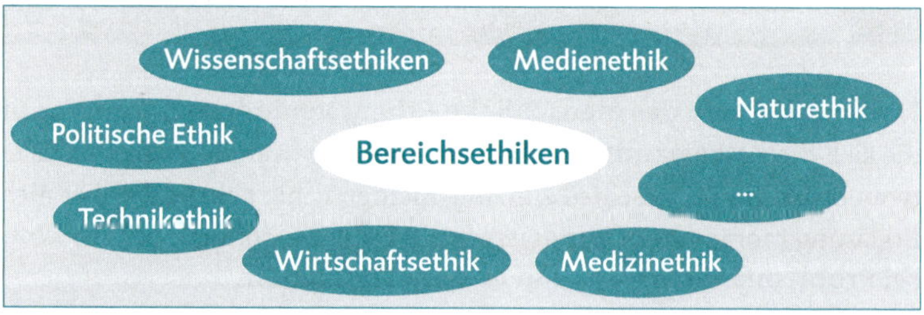

Zwei grundsätzliche Herangehensweisen lassen sich in der Angewandten Ethik unterscheiden:

Das Top-down-Modell folgt der deduktiven Methode, bei der aus dem Allgemeinen das Besondere abgeleitet wird.

- **Top-down-Modell:** Im Mittelpunkt steht die systematische Anwendung der Allgemeinen Ethik (also beispielsweise des Utilitarismus) auf den konkreten Problemfall – die Theorie wird sozusagen auf die Lebenspraxis angewendet.

- **Bottom-up-Modell:** Ein ethisches Urteil wird nicht aus der Allgemeinen Ethik, also aus der Theorie, abgeleitet, sondern auf der Grundlage bisheriger Erfahrungen mit ähnlichen Situationen. Das ethische Urteil wird nicht aus der Theorie gewonnen, sondern aus der Praxis.

Das Bottom-up-Modell folgt der induktiven Methode, bei der aus dem Besonderen (aus den Einzelfällen) das Allgemeine (das anzuwendende Prinzip) abgeleitet wird.

Zwischen diesen beiden Modellen kann man das Konzept der **Prinzipien mittlerer Reichweite** verorten, das erstmalig von Tom Beauchamp und James Childress formuliert worden ist. Die Grundlage der Urteilsbildung ist hier nicht eine abstrakte Theorie bzw. ein grundlegendes Moralprinzip wie im Top-down-Modell. Vielmehr wird eine **geringe Anzahl weniger weit reichender Prinzipien**, die sich auch über die Bereichsethiken hinweg unterscheiden können, als Basis der Entscheidungsfindung postuliert. Diese Prinzipien werden als Schnittmenge aus verschiedenen normativen Perspektiven betrachtet, also gewissermaßen als gemeinsamer Nenner, auf den sich die Vertreterinnen und Vertreter verschiedener normativer Ansätze einigen könnten. Solche Prinzipien sind nach Childress und Beauchamp in der Medizinethik beispielsweise die Achtung der Autonomie, die Schadensvermeidung, Fürsorge und die Gerechtigkeit.

Die beiden Verfasser entwickelten das Konzept im Rahmen bio- bzw. medizinethischer Zusammenhänge, ihr Grundansatz lässt sich jedoch auf andere Zusammenhänge übertragen.

Unabhängig von der Frage, welchem Ansatz man folgt, ist die Angewandte Ethik in der Regel sehr stark auf **Sachinformationen und Kontextwissen** aus dem jeweiligen Bereich angewiesen. Bei der Frage beispielsweise, ob bzw. wann ein Schwangerschaftsabbruch (noch) vertretbar ist, kann es relevant sein, ab wann das Ungeborene empfindungsfähig ist. Bereichsethiken sind daher häufig auf **fachliche Expertise** angewiesen.

Sicherlich gibt es verschiedene Wege, wie man bei einem konkreten Fall vorgeht, um zu einem begründeten Urteil zu kommen. Besonders bekannt geworden ist der Vorschlag von Heinz Eduard Tödt, der **sechs** (idealtypische) **Schritte zur ethischen Urteilsbildung**[1] vorsieht:

Schritt 1: Problemfeststellung	**Was ist das eigentliche moralische Problem?** Dazu gehört auch die Reflexion des Urteilenden darüber, in welchem Verhältnis er zu dem Problem steht und inwiefern von ihm tatsächlich ein ethisches Urteil gefordert ist.
Schritt 2: Situationsanalyse	**In welchem Handlungszusammenhang steht das Problem?** Es geht vor allem darum, die Bedingungen, unter denen die Handlungsentscheidung zu treffen ist, zu verstehen. Das Ziel ist ein Situationsschema.
Schritt 3: Verhaltensalternativen	**Welche Handlungsmöglichkeiten bestehen in dieser Situation?** Um zu einer Entscheidung kommen zu können, wie gehandelt werden *soll*, muss man zunächst wissen, wie gehandelt werden *kann*. Die Handlungsoptionen kann man dann anschließend einer sittlichen Prüfung unterziehen.

Schritt 4: Normenprüfung	**Welche Normen kommen als ethisches Entscheidungskriterium in Frage und welche sollen angewandt werden?** Es werden Normen gesichtet bzw. ausgewählt, die für das Problem in Frage kommen. Normen werden hier – in ihrer Funktion – als Mittel der Verknüpfung von Situation (bzw. Situationsschema) und Handlung verstanden.
Schritt 5: Urteilsentscheid	**Zu welchem ethischen Urteil komme ich in Bezug auf das Problem?** In der Entscheidung für eine bestimmte Handlung werden die vorangehenden Schritte zusammengeführt: In der vorliegenden *Situation* (mit ihren Bedingungen) ist auf der Grundlage einer *normenbezogenen Prüfung* die Handlung X die beste unter den vorliegenden *Handlungsoptionen*.
Schritt 6: Rückblickende Adäquanzkontrolle	**War die auf der Grundlage des ethischen Urteils getroffene Handlungsentscheidung angemessen?** Im Nachgang werden Entscheidung oftmals noch einmal evaluiert, beispielsweise wenn das angestrebte Ergebnis nicht den Erwartungen entspricht oder wenn bisher unbeachtete Aspekte der Situation deutlich werden.

Es gibt auch andere Schemata ethischer Urteilsbildung. Ein Beispiel wäre das von Barbara Bleisch, Markus Huppenbauer und Christoph Baumberger,[2] die folgende Schritte vorschlagen:
(1) Analyse des Ist-Zustandes
(2) Die moralische Frage benennen
(3) Analyse der Argumente
(4) Evaluation und Entscheidung
(5) Implementierung

Tödt will mit diesem Schema nicht behaupten, dass ethisches Urteilen in der psychologischen Wirklichkeit tatsächlich so abläuft, spricht der in ihm enthaltenen Sachlogik aber das Potenzial zu, eine strukturierende Hilfestellung bei ethischen Fragestellungen zu sein – sei es bei individuellen Entscheidungen, bei kollektiver Urteilsbildung oder auch bei der Auseinandersetzung mit Urteilen, die andere getroffen haben.

2 Medizinethik

Themen der Medizinethik

Die Medizinethik befasst sich insbesondere mit Fragestellungen, die sich rund um die **medizinische Versorgung** und die **Möglichkeiten medizinischer Diagnostik und Verfahren** ergeben. Man kann sie als die älteste Bereichsethik bezeichnen, denn mit dem Hippokratischen Eid, der lange Zeit dem griechischen Arzt Hippokrates (ca. 460 bis 370 v. Chr.) zugeschrieben wurde, gab es schon früh ein Gelöbnis, in dem ethische Maßstäbe für ein „gutes" ärztliches Handeln niedergeschrieben worden waren. Zu diesen zählte nicht nur die Selbstverpflichtung des Arztes, stets zum Patientennutzen zu handeln, sondern auch, niemals tödliches Gift zu geben (vs. Sterbehilfe) oder Abtreibungsmittel zu verabreichen. Auch heute noch sind medizinische Maßnahmen und Verfahren, die mit dem Lebensbeginn oder dem Lebensende zu tun haben, zentrale Themen der Medizinethik. In Bezug auf den **Lebensbeginn** wurden und werden beispielsweise folgende medizinische Verfahren diskutiert:

- Präimplantationsdiagnostik (Diagnostik bei künstlich erzeugten Embryonen, um sie ggf. in die Gebärmutter einzupflanzen)
- Pränatale Diagnostik (diagnostische Früherkennung von Krankheiten des Kindes während der Schwangerschaft, z. B. über das Fruchtwasser)
- Pränatale Therapeutik (vorgeburtliche Eingriffe zur frühzeitigen Behandlung von pränatal diagnostizierten Krankheiten)
- Schwangerschaftsabbruch
- Leihmutterschaft
- Klonen von Lebewesen
- Therapeutisches Klonen (Züchtung von menschlichem Gewebe, z. B. Herzmuskelgewebe, das zur Behandlung von Krankheit genutzt wird)
- Handel mit Embryonen
- Nutzung von Samenbanken

In Bezug auf das **Lebensende** sind in der Medizinethik vor allem folgende Themen wichtig:

- Sterbehilfe
- Reanimation
- Kriterien für den Tod (Herztod oder Hirntod?)
- Kryokonservierung (Einfrieren) des Körpers kurz nach dem Tod, um später möglicherweise wiederbelebt werden zu können
- Umgang mit Patientenverfügungen und Wünschen von Angehörigen
- Entnahme von Organen für die Organtransplantation

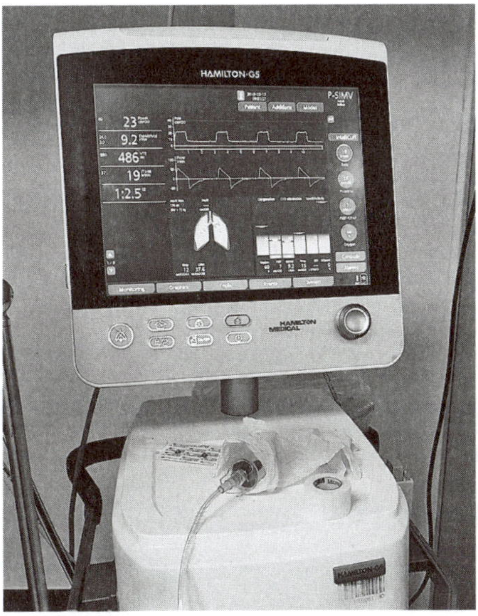

Mithilfe moderner Technik kann der Körper am Leben gehalten werden, auch wenn bereits der Hirntod eingetreten ist.

Medizinethische Diskussionen beziehen sich zum Teil aber auch auf die **Lebenszeit** selbst:

- ärztliche Patientenkommunikation (z. B. Nachricht eines baldigen Todes; verständliche Darstellung medizinischer Zusammenhänge)
- Einweisung in die Psychiatrie
- Pflege
- Selektion von Organspende-Empfängern
- Triage (Priorisierung, wer behandelt wird, wenn nicht genügend Kapazitäten für die Behandlung aller vorhanden sind)
- Screening auf Risiken späterer Erkrankungen
- Transplantation von Tierorganen in den Menschen
- ästhetische Operationen (Schönheitschirurgie)

Ein Beispiel für eine medizinethische Diskussion: Sterbehilfe

Unter Sterbehilfe versteht man Handlungen, die auf (den geäußerten oder angenommenen) Wunsch von Menschen, die schwer krank sind oder bald sterben, den Sterbeprozess beschleunigen und den Tod herbeiführen. Man kann verschiedene Arten der Sterbehilfe unterscheiden:

- Bei der **Beihilfe zum Suizid** hilft jemand (meist der Arzt) dem betreffenden Menschen bei der Selbsttötung (z. B., indem er diesem ein tödliches Mittel beschafft). Den Akt selbst vollzieht aber der Patient.
- Die **indirekte Sterbehilfe** erfolgt durch Medikamente, die eigentlich der Schmerzlinderung dienen. Die Todesfolge als eine Art unbeabsichtigte „Nebenwirkung" des Medikaments wird in Kauf genommen.
- Die **passive Sterbehilfe** besteht darin, dass lebensverlängernde Maßnahmen in einem bereits eingetretenen Sterbeprozess ausgesetzt werden (während die Schmerzbehandlung fortgeführt wird). Die passive Sterbehilfe wird manchmal auch mit dem Begriff „Sterbenlassen" bezeichnet.
- Die **aktive Sterbehilfe** umfasst willentliche Maßnahmen, die aktiv das Sterben des betreffenden Menschen beschleunigen und den Tod bringen, beispielsweise durch eine tödliche Spritze.

Den hohen Rang der Selbstbestimmung bzw. der Autonomie in Bezug auf das Sterben hat das Bundesverfassungsgericht in einem Urteil betont, in dem das Verbot der geschäftsmäßigen Förderung der Selbsttötung als verfassungswidrig eingeordnet wurde (Urteil vom 26. 2. 2020).

Vgl. hierzu S. 106 in diesem Band.

Ein Hauptargument für die Sterbehilfe ist das Recht des Menschen auf **Selbstbestimmung**, insbesondere wenn es um zutiefst persönliche Themen wie den eigenen Tod geht. Die Möglichkeit, sich durch Sterbehilfe ein qualvolles und sich hinziehendes Sterben zu ersparen, erlaube die Wahrung der **Menschenwürde**. Darüber hinaus kann die **Vermeidung oder Reduktion von Schmerzen** als ein **ärztliches Gebot** gelten. Ärztinnen und Ärzte – so wird argumentiert – kommen mit der Sterbehilfe diesem Gebot nach, da die Patientinnen und Patienten die oft mit dem Sterben verbundenen Schmerzen nicht mehr erleben müssten. Unter utilitaristischem Blickwinkel könnte man die Sterbehilfe befürworten, weil die Vermeidung von Schmerzen im hedonistischen Kalkül stark positiv „zu Buche schlagen" dürfte.

Insbesondere aus religiöser Warte wird mit dem Argument, dass das **Leben an sich heilig** sei, gegen die Sterbehilfe Stellung bezogen. Mit Immanuel Kant ließe sich auch argumentieren, dass der Suizid das **Zweck-an-sich-Sein des Menschen negiere**. Aus dieser Sicht wäre die Sterbehilfe ebenfalls ethisch nicht vertretbar. Ein eher pragmatischer Grund, Sterbehilfe nicht zu erlauben, wäre die Unsicherheit, inwiefern man sich auf die **Willensäußerung** des betreffenden Menschen verlassen kann: Wann darf man eine Willensäußerung als freiwillig und begründet ansehen? Äußert ein Mensch den Wunsch nach Sterbehilfe vielleicht aus einer eher momentanen Empfindung heraus? Entspricht ein vor längerer Zeit in einer Patientenverfügung festgehaltener Wille noch dem Willen, den ein Mensch in der konkreten Situation hat, aber vielleicht nicht mehr äußern kann? Außerdem wird von Kritikern der Sterbehilfe befürchtet, dass Menschen diese in Anspruch nehmen könnten, die nur **nicht** mehr ihren Angehörigen **zur Last fallen** möchten. Außerdem biete die **Palliativmedizin** heutzutage vielfältige Möglichkeiten, körperliches Leiden zu lindern.

palliativ (von. lat. *pallium* = Mantel): medizinische Behandlung, die nicht auf Heilung, sondern auf Symptomlinderung ausgerichtet ist

3 Naturethik

Themen der Naturethik und grundlegende Unterscheidungen

Die Naturethik richtet den Blick auf die Frage, wie wir mit unserer **natürlichen Umwelt**, mit der **nicht-menschlichen Natur**, umgehen sollten. Die Tierethik wird zwar häufig auch als eigene Bereichsethik aufgeführt, kann aber auch zur Naturethik gezählt werden.

Die Begriffe „Naturethik" und „Umweltethik" werden manchmal synonym verwendet.

Die Naturethik betrifft u. a. folgende Handlungs- und Themenfelder:

- Klimakrise und ihre Folgen (Temperaturanstieg, Desertifikation, häufigere Extremwetterereignisse etc.), v. a. durch fossile Brennstoffe
- Atomkraft inklusive Problem der Endlagerung von Atommüll
- Verschmutzung der Umwelt durch Industrie
- Zerstörung/Störung der Natur durch Infrastruktur (Straßen, Gebäude, Bodenversiegelung etc.) und Rohstoffabbau
- CO_2-Kompensation
- Geo-Engineering (absichtliche Beeinflussung der momentanen Kreisläufe der Erde, in der Regel mit dem Ziel, die Klimakrise abzumildern)
- Bedrohung von Tieren bzw. Gefahr des Aussterbens von Tierarten
- Nutzung von Tieren, insbesondere zur Ernährung
- Kontrolle von Wildtierpopulationen durch Jagd

Von besonderer Relevanz ist bei naturethischen Fragen, worauf sich die moralische Argumentation genauer richtet, d. h., was genau als moralisches Objekt begriffen wird, demgegenüber man moralisch verpflichtet ist.

Ob etwas ein moralisches Objekt ist, wird oft daran bemessen, ob es einen intrinsischen Wert, einen Selbstwert, hat (im Unterschied zu einem instrumentellen Wert, den es nur aufgrund seiner Nutzbarkeit für bestimmte Zwecke hat).

Argumentation	Eine moralische Verpflichtung besteht gegenüber …	Beispiel für ein Argument
anthropozentrisch	… allen Menschen (griech. *ánthropos* = Mensch)	Ressourcen zu schonen, ist wichtig, weil sonst die Lebensmöglichkeiten späterer Generationen eingeschränkt sind.
pathozentrisch	… allen empfindungs- bzw. leidensfähigen Wesen (griech. *páthos* = Leiden[schaft])	Massentierhaltung ist verwerflich, weil Tiere darunter leiden.

biozentrisch	… allen Lebewesen (griech. *bíos* = Leben)	Wir müssen die Artenvielfalt von Pflanzen erhalten, weil die belebte Natur einen Eigenwert hat.
ökozentrisch	… allen (auch unbelebten) Bestandteilen der Natur bzw. ökologischen Systemen als Ganzheiten	Wir müssen die Rheinlandschaften erhalten, weil sie zu Gottes Schöpfung gehören.

Zuweilen wird vom Ökozentrismus noch der Holismus (von griech. *holos* = ganz) abgehoben, der die Natur als Ganzes zum moralischen Objekt erhebt.

Die pathozentrischen, biozentrischen und ökozentrischen (wie auch holistischen) Sichtweisen werden meist unter dem Begriff **Physiozentrismus** zusammengefasst.

Ein Beispiel für eine naturethische Diskussion: CO_2-Kompensation

Die **Klimakrise** ist ein globales Problem, das das Leben auf der Erde nach heutigem Ermessen in erheblichem Maße verändern wird. Die negativen Folgen abzumildern, gilt vielen Politikern und Politikerinnen als ein wichtiges Ziel globaler Politik, wie die Weltklimakonferenzen zeigen. Wie es zu erreichen ist, darüber gehen die Meinungen auseinander. Aber was kann der Einzelne tun (wenn er etwas tun will)?

Der Einzelne kann natürlich versuchen, umweltschädliches Verhalten zu reduzieren – sei es durch die Nutzung der öffentlichen Verkehrsmittel (anstelle des Autos), durch eine bewusste Ernährung (z. B. Reduktion des Rindfleischkonsums) oder durch Solarmodule auf dem Dach. In den letzten Jahren ist aber auch die sogenannte **CO_2-Kompensation** populär geworden. Darunter versteht man den **Ausgleich** der mit einem Produkt oder einer Dienstleistung verbundenen **CO_2-Emissionen**. Wenn ich beispielsweise eine Flugreise auf die Kanaren buche, die mit dem Ausstoß von 1,4 Tonnen Kohlenstoffdioxid verbunden ist, dann könnte ich bei einem auf CO_2-Kompensation spezialisierten Unternehmen entsprechende CO_2-Gutschriften kaufen. Dieses Unternehmen fördert dann mit diesem Geld klimafreundliche Projekte, und zwar in der Form, dass mit dem Geld der Ausstoß von 1,4 Tonnen Kohlenstoffdioxid vermieden wird. Zusammengerechnet ist die CO_2-Bilanz gleich Null.

Der Anstieg von CO_2 (Kohlenstoffdioxid) in der Atmosphäre durch menschliche Aktivitäten ist der Hauptgrund für die Klimakrise.

Betrachtet man die CO_2-Kompensation aus ethischer Sicht, müssen verschiedene Aspekte beachtet werden: Aus individueller Sicht mag sie zunächst sinnvoll erscheinen, denn ich erhöhe unterm Strich nicht die CO_2-Konzentration in der Atmosphäre. Gemäß dem **Verursacherprinzip** trage ich die Kosten meiner Umweltverschmutzung.

Das Verursacherprinzip bedeutet, dass der, der die Umwelt schädigt, auch die Verantwortung und Kosten dafür übernimmt. Das Prinzip wurde in der Stellungnahme des *Deutschen Ethikrats* zur Klimagerechtigkeit als wichtiges Prinzip mittlerer Reichweite hervorgehoben.

Allerdings ist das etwas kurz gegriffen, weil es mittelbare negative Effekte gibt. So fördert die Kompensation eines klimaschädlichen Produkts nicht die nachhaltige Reduktion von Emissionen – wenn ich aber auf das klimaschädliche Produkt verzichte und dafür ein klimafreundliches Produkt kaufe (anstatt zu kompensieren), dann „belohne" ich sozusagen das Unternehmen mit dem klimafreundlichen Produkt. Dadurch werden wirtschaftliche **Anreize** geschaffen, mehr auf Klimafreundlichkeit zu achten. Kritiker der CO_2-Kompensation argumentieren zudem, dass sie eine Art „Ablasshandel" darstellen würde: Die Kompensierenden würden ihr Gewissen beruhigen, indem sie für ihre Umwelt-„Sünden" Geld bezahlen. Ebenso wird kritisiert, dass das System der CO_2-Gutschriften **schwer kontrollierbar** sei. Ob mit dem Kompensationsbetrag tatsächlich immer im angegebenen Maße Klimaschutzprojekte gefördert werden, lässt sich – insbesondere bei Projekten im weit entfernten Ausland – kaum feststellen. Möglicherweise werden sogar Anreize zu Greenwashing (vgl. S. 266 ff. in diesem Band) gesetzt.

Der Ablasshandel bezeichnet eine kirchliche Praxis, die insbesondere im 15. und 16. Jahrhundert prominent war: Ablassprediger verkaufen an Menschen, die gesündigt haben, sogenannte Ablassbriefe, die ihnen die Strafe für ihre Sünden erlassen sollen.

Trotz all dieser Schwierigkeiten, so räumen auch Kritiker ein, kann CO_2-Kompensation unter bestimmten Voraussetzungen moralisch sinnvoll sein – beispielsweise wenn keine klimafreundlichere Alternative zur Verfügung steht und der Kauf des Produktes oder der Dienstleistung notwendig ist.

Der Ausstoß des Kohlenstoffdioxids trägt maßgeblich zur Klimakrise bei. Ist CO_2-Kompensation ein guter Weg, um sie zu bekämpfen?

4 Medienethik

Themen der Medienethik

Die Medienethik befasst sich mit ethischen Fragen rund um die **Kommunikation mithilfe von (technischen) Medien**. Darunter fallen heute nicht mehr nur die klassischen Massenmedien (wie Zeitung, Radio und Fernsehen), wie noch vor einigen Jahrzehnten, sondern insbesondere auch das Internet und die Sozialen Medien.

Auch weitere Medien (wie Bücher, CDs oder auch Computerspiele) können in der Medienethik thematisiert werden.

Typische Themen im Bereich der **Massenmedien** sind die folgenden:

- Sensationsjournalismus
- Verletzung von Persönlichkeitsrechten (insbesondere der Privatsphäre) und des Rechts auf informationelle Selbstbestimmung
- Framing (Beeinflussung der Wahrnehmung von Nachrichten durch einen „Rahmen", der eine bestimmte Lesart nahelegt)
- Agenda Setting (Setzen von Themen durch bestimmte Massenmedien)

- Wahrheits- und Objektivitätsverpflichtung
- Meinungsvielfalt und Ausgewogenheit
- Zensur
- Nutzung von Künstlicher Intelligenz
- Schutz von Informanten
- Gewaltdarstellungen in den Nachrichten und im Fernsehen
- Fernsehformate wie *Big Brother* oder *Dschungelcamp*

Wie soll man mit einem Beitrag im Internet oder in den Sozialen Medien umgehen, der möglicherweise Fake News beinhaltet?

In Bezug auf die **digitalen Medien** werden insbesondere folgende Themen diskutiert:

- Fake News und der Umgang damit
- Algorithmen, die zu Filterblasen führen
- Teilen/Weitergabe von Inhalten
- Big Data (Sammeln von Daten über die Nutzerinnen und Nutzer sowie Verwendung dieser Daten)
- Verantwortung von Plattformbetreibern
- Grenzen der Meinungsfreiheit (z. B. bei Volksverhetzung oder Aufruf zur Gewalt)
- Cybermobbing und Hatespeech
- Demokratisierung durch Möglichkeit der Kommunikation aller mit allen

Ein Beispiel für eine medienethische Diskussion: Videos von Gewalttaten in den Medien

Weil heutzutage fast jeder ein Smartphone besitzt, mit dem ohne Aufwand gefilmt werden kann, gibt es im Vergleich zu früheren Zeiten sehr viel mehr Videos, auf denen Straftaten, insbesondere Gewalttaten, zu sehen sind. Vor allem wenn solche Gewalttaten gesellschaftlich relevant sind, beispielsweise weil sie einen terroristischen Hintergrund haben, wird darüber in der Regel in den journalistischen Medien berichtet. Es stellt sich die Frage, ob und in welcher Form zur medialen Berichterstattung auch das Zeigen der Videos gehört, die die Gewalttaten zeigen.

Auf der einen Seite steht hier die **Informationspflicht** der Medien: Was genau passiert ist, lässt sich mithilfe des Videos oft besonders klar und nachdrücklich zeigen. Auf die Bilder zu verzichten, könnte dem Medium zudem den Vorwurf einbringen, Informationen vorzuenthalten bzw. selektiv zu berichten.

Auf der anderen Seite steht das **Recht** der gezeigten Personen, **selbst zu entscheiden**, ob und wie sie in der Öffentlichkeit gesehen werden wollen. Da Gewalttaten zudem oft entwürdigend sind, kann die Veröffentlichung der Videos auch die **Menschenwürde** tangieren. Viele Menschen empfinden Scham, wenn sie Opfer von Gewalt geworden sind, und möchten nicht, dass die Tat gezeigt wird.

Außerdem kann man fragen, ob das Zeigen roher Gewalt nicht auch **negativen Einfluss auf die Medienkonsumenten und -konsumentinnen** haben kann. Manch einer will die rohe Gewalt im Video vielleicht gar nicht sehen, und für manche mögen sie als Trigger für emotionale Krisen wirken, weil die Erinnerung an früher erfahrene Gewalt wieder aufbricht.
Darüber hinaus gibt es Hinweise darauf, dass die Berichterstattung mit solchen Videos die Gefahr von **Nachahmungstaten** erhöht, insbesondere wenn die Personen nicht unkenntlich gemacht worden sind und ihre Namen genannt werden.

Wie diese Hinweise zeigen, ist die Veröffentlichung von Gewaltvideos ein komplexes Feld, bei dem eine **Güterabwägung** (insbesondere zwischen der Informationspflicht der Medien und den Persönlichkeitsrechten der Aufgenommenen) und eine Berücksichtigung von weiteren Folgen erforderlich ist. Dabei ist auch zu beachten, dass es durch Verpixelung oder Weichzeichnung möglich ist, bestimmte Aspekte der Tat (z. B. das Gesicht von Täter und Opfer oder auch Folgen) nicht zu zeigen.

5 Wirtschaftsethik

Themen der Wirtschaftsethik und grundlegende Ansätze

In der Wirtschaftsethik stehen **moralische Fragen des wirtschaftlichen Handelns** im Mittelpunkt. Ethische Problemstellungen können sich dabei für verschiedene Akteure ergeben:

- für den **Staat** (Ordnungsethik), der die Rahmenbedingungen für wirtschaftliches Handeln setzt,
- für **Unternehmen** (Unternehmensethik),
- für den **Einzelnen** (Individualethik), insbesondere die **Konsumenten und Konsumentinnen** (aber auch für Führungskräfte oder die Mitarbeitenden).

Bei der Ordnungsethik gibt es große Überschneidungen mit der Politischen Ethik.

In klassischen wirtschaftswissenschaftlichen Theorien wird als Modellannahme oft der sogenannte **Homo oeconomicus** vorausgesetzt. Darunter versteht man einen Menschen, der eigeninteressiert und wirtschaftsrational den eigenen Nutzen maximiert. Im Zentrum steht hier die **ökonomische Rationalität**, die Handlungsentscheidungen nach Abwägung von Kosten und Gewinn trifft. Oft geht es in wirtschafts*ethischen* Diskussionen um die Frage, wie dieser Form von Rationalität im Sinne der Idee einer **ethischen Vernunft** entgegengetreten werden kann – konkret: An welchen Stellen entscheide ich mich aus ethischen Gründen gegen Handlungen, die mir mein (ökonomisches) Eigeninteresse nahelegt?

Gleichwohl räumen manche wirtschaftsethischen Ansätze der ökonomischen Rationalität den Vorrang gegenüber der ethischen Vernunft ein: Gemäß der **instrumentellen Wirtschaftsethik** soll das Gewinnstreben der Unternehmen maßgeblicher Antrieb sein, auch weil davon – so wird oft angenommen – alle profitieren (z. B. weil die Konkurrenzwirtschaft günstige Preise mit sich brächte). **Ethik** wird dabei als ein **Faktor** (ein Instrument) **für Unternehmenserfolg** gesehen, beispielsweise in dem Sinne, dass ein gerechter Lohn die Mitarbeiterfluktuation reduziert.

Die **korrektive Wirtschaftsethik** folgt ebenfalls dem Prinzip der Gewinnmaximierung, sieht **Ethik** aber **als Korrektiv** an, wenn Unternehmen Fehler begehen. Beispielsweise könnten sich Unternehmen einen Ethik-Kodex geben, der Grenzen für das wirtschaftliche Handeln definiert. In diesem Kodex könnte beispielsweise formuliert sein, dass man auf keine Vorprodukte zurückgreift, deren Herstellung mit der Verletzung von Menschenrechten einherging.

Das Sachzwang-Argument, nach dem ethisches Wirtschaften oft nicht möglich sei, weil die damit einhergehenden höheren Kosten die Wettbewerbsfähigkeit reduzierten, kritisiert Ulrich.

Die **integrative Wirtschaftsethik**, die vor allem mit dem Namen Bernd Ulrich verbunden wird, setzt den vorgenannten Wirtschaftsethiken, in der die ökonomische Rationalität maßgeblich bleibt, eine andere Perspektive entgegen: Der **Ethik** wird **Vorrang vor der Ökonomie** gegeben. Das wirtschaftliche Handeln soll nicht auf die Nutzenmaximierung des Handelnden ausgerichtet sein, sondern auf die **Lebensdienlichkeit** für die Menschen.

Ordnungsethische Fragen werden im Kapitel *Recht und Gerechtigkeit* in diesem Buch thematisiert. Deshalb werden diese hier nicht weiter behandelt.

Folgende Aufstellung gibt einen Eindruck von der Bandbreite wirtschaftsethischer Themen:

- Umgang mit Vorprodukten, bei deren Produktion gegen ethische Prinzipien verstoßen wird (z. B. Kinderarbeit)
- gerechte Löhne (z. B. gleiche Löhne für Männer und Frauen)
- Nutzung von gesetzlichen Lücken durch Unternehmen, z. B. zur Einsparung von Steuern
- Greenwashing (manipulative Strategie mit dem Ziel, das Unternehmen oder ein Produkt nachhaltiger erscheinen zu lassen, als es ist)
- unlauterer Wettbewerb
- Ausnutzung von Marktmacht
- Whistleblowing durch Mitarbeitende, z. B. Meldung von fragwürdigen oder kriminellen Geschäftspraktiken
- Spekulations- und Finanzgeschäfte von Bankern, insbesondere mit Insiderwissen
- Umgang mit Korruption
- ethische Führung in Unternehmen
- ethische Kaufentscheidungen
- ethische Geldanlage
- Luxusgüter

Whistleblowing (von engl. *to blow the whistle* = in die Pfeife blasen)bezeichnet die Weitergabe von wichtigen Informationen nach außen, die eigentlich geheim bzw. nicht für die Öffentlichkeit bestimmt sind.

Korruption ist in vielen Ländern ein großes Problem.

Ein Beispiel für eine wirtschaftsethische Diskussion: Greenwashing und Whistleblowing

Man stelle sich folgenden Fall vor: Ein Unternehmen stellt Shampoo im großen Stil her und wirbt auf der Flasche mit dem Slogan „Klimaneutral produziert“. Eine Mitarbeiterin in dem Unternehmen findet heraus, dass diese Werbung irreführend ist, weil lediglich das Shampoo selbst, aber nicht die Flasche klimaneutral hergestellt wird. Sie spricht das Problem bei ihrer Vorgesetzten an, die aber abwiegelt und ihr nahelegt, darüber hinwegzusehen. Die Mitarbeiterin fragt sich jetzt, was sie tun soll: Soll sie mit dieser Information an die Öffentlichkeit gehen, soll sie das Greenwashing aufdecken? Oder soll sie besser stillhalten?

Die Lage der Mitarbeiterin ist schwierig, denn die Folgen für das Unternehmen können gravierend sein: Mit dem oft großen **Reputationsverlust** bei aufgedecktem Greenwashing können auch starke **finanzielle Einbußen** des Unternehmens einhergehen (z. B. wegen möglicher Strafzahlungen aufgrund der Täuschung; wegen sinkender Einnahmen, weil die Kundschaft weniger Produkte kauft; wegen Zurückhaltung möglicher Investoren). Außerdem wird die **Loyalität** gegenüber dem Unternehmen, in dem man arbeitet, von vielen Menschen als ein wichtiger Wert angesehen. Es ist eher unwahrscheinlich, dass das Arbeitsverhältnis anschließend unbelastet fortgeführt werden kann. Die Mitarbeiterin muss also **um ihren Arbeitsplatz bangen**. Falls sie mit anderen aus der Belegschaft befreundet ist, riskiert sie möglicherweise auch noch die Beziehung zu diesen.

Für eine Veröffentlichung der Informationen über die Irreführung sprechen dagegen genuin **moralische Gründe:** Eine Täuschung, insbesondere aus ökonomischem Antrieb heraus, kann nicht nur mit Kants kategorischem Imperativ als **verwerflich** betrachtet werden, sondern gilt auch allgemein als unlauter. Die Täuschung auffliegen zu lassen und da-

mit zu beenden, kann den Effekt haben, dass andere Unternehmen **vor vergleichbaren Manipulationen zurückschrecken**, weil sie eher fürchten, ebenfalls aufzufliegen. Eine konkrete Folge der Täuschung sind Wettbewerbsverzerrungen, die dazu führen können, dass Unternehmen, die tatsächlich nachhaltig produzieren, sich am Markt schwerer tun. Mittelbar hat dies **negative Auswirkungen auf die Umwelt**.
Die rein ethische Sicht dürfte daher eher für eine Veröffentlichung sprechen. Allerdings könnten auch noch **alternative Wege** erwogen werden: Könnte die Mitarbeiterin vielleicht versuchen, jemanden im Unternehmen anzusprechen, den sie für besonders integer hält und der vielleicht helfen könnte, das Problem unternehmensintern zu lösen, um die Täuschung zu beenden? Um die persönlichen Folgen zu minimieren, könnte die Mitarbeiterin die Informationen über die Irreführung auch anonym weitergeben.

6 Wissenschaftsethik

Themen der Wissenschaftsethik

Die Wissenschaftsethik beschäftigt sich mit moralischen Fragen, die sich **im Rahmen der Forschung** stellen. Klassischerweise werden zwei Teilbereiche der moralischen Verantwortung unterschieden: der wissenschaftsinterne und der wissenschaftsexterne Bereich.
Wissenschaftsinterne Verantwortung haben Forschende innerhalb bzw. gegenüber der Forschungsgemeinschaft. Es geht hier beispielsweise um folgende Themen:

- Plagiate
- wissenschaftliche Redlichkeit (z. B. Genauigkeit und Objektivität)
- Interessenkonflikte von Wissenschaftlern (z. B. in Bezug auf Forschungsfinanzierung durch private Unternehmen)

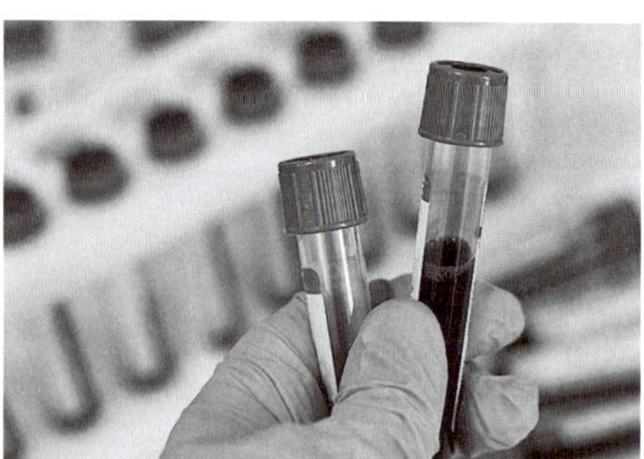
Was soll in der Forschung erlaubt sein? – Und was nicht?

Wissenschaftsexterne Verantwortung bezieht sich dagegen nicht auf andere Forschende, sondern auf externe Akteure oder insgesamt auf die Gesellschaft. Es geht hier beispielsweise um folgende Themen:

- Tierversuche (Überschneidungen mit Umweltethik)
- Experimente mit Menschen (z. B. Stanford-Prison-Experiment)
- Studien mit Menschen (z. B. Vorenthalten eines Medikaments, um eine Kontrollgruppe zu haben)

- Dual-Use-Problematik (Forschung, deren Ergebnisse sowohl für gute als auch für schlechte Zwecke eingesetzt werden könnten)
- Gain-of-function-Forschung (Forschung, bei der im Labor Erreger gefährlicher gemacht werden, insbesondere, um sie besser zu verstehen)
- Forschung an Embryonen
- Genmanipulation
- Robotik und Künstliche Intelligenz

Ein Beispiel für eine wissenschaftsethische Diskussion: Gain-of-function-Forschung

Im Zentrum der **Gain-of-function-Forschung** stehen **Krankheitserreger** (Bakterien und Viren), deren **Funktionsfähigkeit** im Labor **künstlich gesteigert** wird, d. h., deren Gefährlichkeit erhöht wird. Dafür werden insbesondere ihre Übertragbarkeit und ihre Virulenz (= der Grad, in dem der Erreger krank macht) „verbessert" oder auch die Antigenität (= Fähigkeit der Bindung an bestimmte Antikörper) manipuliert. Der Zweck solcher Forschung liegt darin, die **Funktionsweise** der Erreger **besser zu verstehen** und sich besser auf **mögliche Entwicklungen** von Erregern in der „wirklichen" Welt **vorbereiten** zu können, um so beispielsweise in einer Pandemie schnell einen Impfstoff entwickeln zu können. Dem Nutzen, den die Gain-of-function-Forschung bietet, stehen Risiken gegenüber: Es besteht die Gefahr, dass die „angeschärften" Viren aus dem Labor **entweichen**. Auch ein Diebstahl der Viren, um sie als **Biowaffe** einzusetzen, ist denkbar. In beiden Fällen könnten die im Labor produzierten Viren Menschen schädigen, je nach Erreger könnte es auch zu einer Pandemie kommen. Außerdem spielt hier eine Dual-Use-Problematik mit hinein. Wenn Forscher ihre Ergebnisse aus der Gain-of-function-Forschung veröffentlichen, dann könnten diese gegebenenfalls auch **missbraucht** werden.

„Gain of function" (engl.) bedeutet so viel wie „Steigerung der Funktion".

Die Schwierigkeit bei einer ethischen Beurteilung der Gain-of-function-Forschung liegt darin, dass sie **großen Unsicherheiten** unterliegt: Wie wahrscheinlich ist es, dass der Erreger – auf welchem Weg auch immer – nach draußen gelangt? Wie wahrscheinlich ist es auf der anderen Seite, dass im Labor tatsächlich die Varianten hergestellt werden, deren Kenntnis im Falle natürlicher Veränderungen des Erregers dann auch wirklich weiterhilft? Zugleich ist die ethische Beurteilung insofern einfacher als in anderen Fällen, als es um *ein* Gut geht – um die **Gesundheit**. Insofern muss hier nicht zwischen verschiedenen Gütern abgewogen werden.

Vor dem Hintergrund der Risiken wird die Gain-of-function-Forschung in Laboren mit **hohen Sicherheitsanforderungen** durchgeführt, wobei der Sicherheitsgrad sich nach dem Gefahrenpotenzial des Erregers richtet. Als ein pragmatisches Argument gegen diese Forschung wird zuweilen angeführt, dass die Hochsicherheitslabore sehr teuer seien.

7 Zusammenfassung

- Unter **Angewandter Ethik** versteht man die Analyse von konkreten Problemfällen oder Typen von Problemfällen in **ethischer Hinsicht**, in der Regel mit dem Ziel, Entscheidungshilfen zu geben.
- Unter einer **Bereichsethik** versteht man einen Teilbereich der Angewandten Ethik mit gleichem lebensweltlichen Handlungskontext.
- Man unterscheidet in der Angewandten Ethik das **Top-down-Modell** (Anwendung der Allgemeinen Ethik auf den konkreten Fall), das **Bottom-up-Modell** (Urteilsbildung auf Basis bisheriger Erfahrungen) und das Konzept der **Prinzipien mittlerer Reichweite** (Urteilsbildung mithilfe weniger bereichsspezifischer, konsensfähiger Prinzipien).
- Nach Heinz Eduard Tödt sind bei der **ethischen Urteilsbildung sechs Schritte** sinnvoll: (1) Problemfeststellung, (2) Situationsanalyse, (3) Verhaltensalternativen, (4) Normenprüfung, (5) Urteilsentscheid, (6) Rückblickende Adäquanzkontrolle.
- Die **Medizinethik** setzt sich mit ethischen Fragen auseinander, die sich auf die **Gesundheitsversorgung** und die Möglichkeiten **medizinischer Diagnostik und Verfahren** beziehen. Ein Beispiel ist die Frage, ob und gegebenenfalls in welcher Form **Sterbehilfe** erlaubt sein soll.
- Die **Naturethik** fragt nach dem Umgang des Menschen mit der Natur. Man unterscheidet **anthropozentrische** Ansätze, in denen nur der Mensch moralisches Objekt ist, von **physiozentrischen** Ansätzen, in denen auch Tiere (pathozentrisch), alle Lebewesen (biozentrisch) oder alle Bestandteile der Natur (ökozentrisch) moralische Objekte sind. Ein Beispiel für Naturethik ist die Frage, ob **CO_2-Kompensation** moralisch „gut" ist.
- Die **Medienethik** behandelt nicht nur Themen des **klassischen Journalismus**, sondern auch des **Internets** und der **Sozialen Medien**. Ein Beispiel ist die Frage, ob Videos von **Gewalttaten** in den Medien gezeigt werden sollten oder ob darauf verzichtet werden sollte.
- In der **Wirtschaftsethik** geht es häufig um die Spannungen zwischen **ökonomischer Rationalität** und **ethischer Vernunft**. Ein Beispiel wäre das Whistleblowing in Bezug auf unlautere oder illegale Geschäftspraktiken (beispielsweise bei Greenwashing).
- Die **Wissenschaftsethik** befasst sich mit Fragestellungen, die sich im Kontext wissenschaftlicher Forschungstätigkeit ergeben. Es werden die **wissenschaftsexterne** und die **wissenschaftsinterne** Verantwortung unterschieden. Ein Beispiel für Letztere wäre die Frage, ob **Gain-of-function-Forschung** ethisch vertretbar ist.

Wahrheit, Wissenschaft, Erkenntnis

Im Lebensalltag haben die meisten Menschen eine intuitives Verständnis davon, was man **als wahr und was man als unwahr** bezeichnen kann. Wenn die Nachbarstochter ihren Fußball ins Fenster geschossen hat und dann – zur Rede gestellt – behauptet, sie habe es nicht getan, dann wird der, der ihren Schuss bezeugen kann, sie mit guten Gründen der Lüge bezichtigen können. Aus **philosophischer Sicht** ist die Frage nach **Wahrheit und Erkenntnis** etwas **komplizierter**. Das folgende Kapitel stellt die verschiedenen philosophischen Positionen zu dieser Frage dar.

1 Wahrheit und Erkenntnistheorie – was ist das?

Die anderen drei Fragen sind nach Kant: „Was soll ich tun?", „Was darf ich hoffen?" und „Was ist der Mensch?".

Zu den vier Fragen, die nach Immanuel Kant die Philosophie ausmachen, zählt die Frage **„Was kann ich wissen?"**. Die zugehörige philosophische Disziplin ist die **Erkenntnistheorie**. Sie befasst sich insbesondere damit, was Wahrheit ist, wie der Mensch sie erkennen kann und welche Voraussetzungen das Erkennen hat.

Der Begriff „normativ" ist hier im Sinne der Frage „Was **soll** Wahrheit sein?" zu verstehen.

Ein fundamentales Ziel unserer Erkenntnisbemühungen muss darin bestehen, zwischen **Wahrheit und Irrtum** unterscheiden zu können. Ohne eine Antwort auf die Frage, was die Natur der Wahrheit sei, können wir nicht mit Sicherheit feststellen, ob unsere Erkenntnis eine wahre oder eine falsche Aussage über die Realität darstellt. Vor diesem Hintergrund wird deutlich, weshalb dem Wahrheitsbegriff und seiner Klärung eine zentrale Bedeutung für die normative Erkenntnistheorie zukommt. Im Folgenden werden deshalb zunächst einige der bekannten philosophischen **Wahrheitstheorien** betrachtet und bezüglich ihrer Stärken und Schwächen in den Blick genommen. Darüber hinaus beschreibt das folgende Kapitel **zwei Methoden** der wissenschaftlichen Erkenntnis, und zwar die Induktion und die Deduktion. Diese sind eine wichtige Grundlage für die anschließenden Darstellungen der elementaren erkenntnistheoretischen Richtungen – vom **Rationalismus** und **Empirismus** über **Kant** sowie die **Hermeneutik** bis hin zum **Kritischen Rationalismus**.

2 Wahrheitstheorien

2.1 Die Korrespondenztheorie

Der Begriff Korrespondenztheorie kommt von **„korrespondieren"** (= entsprechen, übereinstimmen). Die Korrespondenztheorie wird auch oft als Abbildtheorie (= Abbildung der Wirklichkeit durch Sprache) verstanden.

Diese Auffassung von der Existenz einer objektiven Realität wird auch ontologischer Realismus genannt.

Nach dieser Theorie, die von Philosophen wie Aristoteles oder auch Thomas von Aquin vertreten wurde, besteht die **Wahrheit einer Aussage** in ihrer **Übereinstimmung mit der Wirklichkeit:** Ein Satz gilt dann als wahr, wenn er mit den Tatsachen in der Welt in Einklang steht. Voraussetzung dieser Auffassung ist, dass eine objektive Realität unabhängig vom menschlichen Geist existiert. Das folgende Beispiel veranschaulicht dieses Wahrheitskonzept:

Eine Aussage ist wahr, wenn sie mit den Tatsachen der Welt übereinstimmt.

Eine Aussage ist unwahr, wenn sie mit den Tatsachen der Welt nicht übereinstimmt.

Auch wenn dieses Wahrheitskonzept den großen Vorteil hat, dass Wahrheit von jedermann überprüft und festgestellt werden kann, gehen hiermit einige Probleme einher. Bei der Prüfung des Wahrheitsgehalts einer Aussage sind wir auf unsere **Sinneseindrücke** angewiesen und diese können bekanntermaßen **trügen**. Zudem gibt es Hinweise darauf, dass Tatsachen durch unsere Beobachtung selbst verändert werden können. Wenn aber die Wahrnehmung der Tatsachenwelt schon problematisch erscheint, dann lässt sich der Wahrheitsgehalt von Aussagen kaum verlässlich überprüfen. Auch stellt sich die Frage, wie es um die **Wahrheit von Nichtmateriellem** bestellt ist – ein Abgleich mit der „Realität" ist in einem solchen Fall schlechterdings nicht möglich.

Insbesondere die Quantenphysik nährt den Zweifel daran, dass eine objektive Bestimmung der äußeren Tatsachenwelt ohne Weiteres möglich ist.

2.2 Die Kohärenztheorie

Im Rahmen dieser Wahrheitstheorie ist eine Aussage dann wahr, wenn sie sich in ein System von bereits als wahr angenommen Sätzen eingliedern lässt. Ein zentrales Kriterium ist dabei die **Widerspruchsfreiheit** (auch: Konsistenz) der Aussage zu diesen Sätzen. Dem bereits vorhandenen Wissensbestand wird etwas Neues hinzugefügt, wenn es die oben genannte Bedingung erfüllt. Jede neue Aussage wird also mit bereits vorhandenen, miteinander in Einklang gebrachten Aussagen abgeglichen. Um als wahr gelten zu können, muss die neue Aussage sich logisch mit diesen Aussagen vertragen und alle Aussagen (alte und neue) sollen sich gegenseitig stützen. Bei diesem Ansatz geht es also um die **Stimmigkeit eines ganzen Systems von Sätzen**. Im Gegensatz zur Korrespondenztheorie steht hier nicht der Bezug zu Gegenständen in der Wirklichkeit im Zentrum der Betrachtung, sondern die Integration neuer Erkenntnisse in ein bereits vorhandenes System von Wissen.

Der Begriff Kohärenz geht auf das lateintische Verb **„cohaerere"** (= zusammenhängen, verbunden sein) zurück.

Die Kohärenztheorie – ein Beispiel

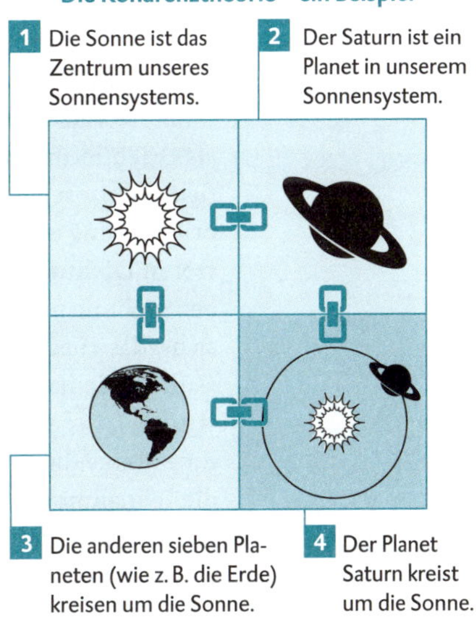

Eine Aussage ist wahr, wenn sie mit anderen schon bewiesenen Sätzen nicht im Widerspruch steht und mit ihnen zusammenstimmt. In diesem Beispiel verträgt sich Aussage 4 sehr gut mit den anderen drei Sätzen.

Dass neue Erkenntnisse in die bereits vorhandenen Wissensbestände integriert und damit Wissen erweitert sowie aktuell gehalten wird, kann als Vorzug dieser Theorie benannt werden. Eine Schwäche der Kohärenztheorie liegt darin, dass mitunter ein sehr umfangreiches Wissen erforderlich ist, um die geforderte Prüfung auf Widerspruchsfreiheit bzw. Stimmigkeit durchführen zu können. Zudem lässt sich nicht ausschließen, dass eine Aussage aufgrund fehlerhafter Daten zustande gekommen ist und dennoch widerspruchsfrei eingegliedert werden kann. Umgekehrt ist auch der Fall vorstellbar, dass neue Erkenntnisse sich nicht dem bestehenden Wissensbestand hinzufügen lassen, damit fehlt dann aber ein Kriterium der Wahrheitsüberprüfung. Ganz grundsätzlich ist zudem anzumerken, dass im Rahmen dieser Theorie, im Gegensatz zur Korrespondenztheorie, die Wahrheit einer Aussage von der Frage abgekoppelt wird, wie sie sich zur Realität verhält.

2.3 Die Konsenstheorie

Der Begriff Konsens stammt vom lateinischen Wort „**consensus**" (= Zustimmung, Übereinstimmung) ab.

Nach diesem Ansatz hängt der Wahrheitsgehalt einer (wissenschaftlichen) Behauptung von der Frage ab, ob sich mit Hilfe **adäquater Argumentation** ein **Konsens** hinsichtlich dieser Behauptung herstellen lässt. Damit ist nicht gemeint, dass eine Behauptung „automatisch" dann wahr ist, wenn die Mehrheit oder gar alle ihr gefolgt sind. Es kann nur dann Wahrheit und Allgemeingültigkeit für eine Behauptung beansprucht werden, wenn man verständliche, nachvollziehbare und auch akzeptable Gründe hierfür vorbringen kann, die auch für andere plausibel sind.

Vgl. zu Habermas Diskurstheorie auch S. 126–131 in diesem Band.

Ein bekannter Vertreter der Konsenstheorie ist der Philosoph Jürgen Habermas. Nach seiner Auffassung kann Konsens mithilfe eines **vernünftigen Austauschs** in einem **Diskurs** erzielt werden. Habermas formulierte verschiedene Prinzipien für eine **ideale Sprechsituation**, die als Orientierung für reale Sprechsituationen dienen sollte: Gleichberechtigung der am Diskurs Teilnehmenden, Freiheit von Zwängen, Konsensorientierung und Wissenschaftlichkeit. In einem solchen **„herrschaftsfreien Diskurs"** ist nach Habermas Wahrheitsfindung im oben beschriebenen Sinne möglich. Wesentlich ist in diesem Zusammenhang die Einsicht, dass nach diesem Konzept Wahrheit immer nur eine **vorläufige Gültigkeit** hat, da Wissen nicht als eine absolute Größe verstanden wird.

Eine Stärke dieses Ansatzes liegt darin, dass theoretisch allen Menschen die Teilnahme an einem solchen Diskurs möglich ist. Zudem stehen rationale Argumente im Zentrum der Auseinandersetzung. Darüber hinaus steht der Vorläufigkeitscharakter von Wahrheit der Dogmatisierungsgefahr entgegen. Allerdings ist Habermas die Lebensferne des „idealen Diskurses" vorgeworfen worden. So dürfte in der Praxis beispielsweise die Diskursfähigkeit der Einzelnen verschieden sein und oft auch Zeitdruck oder ein (ggf. unausgesprochener) Entscheidungszwang herrschen. Ferner lässt sich nicht ausschließen, dass als Ergebnis eines Diskurses ein Konsens etabliert wird, der sich als nicht wahrheitsgemäß herausstellt.

2.4 Schlussverfahren: Induktion und Deduktion

Induktion und Deduktion sind zwei Methoden zur Gewinnung wissenschaftlicher Erkenntnisse. Sie konkurrieren miteinander, werden aber auch zusammen genutzt. Bei der **Deduktion** schließt man **vom Allgemeinen auf das Besondere**, d. h. von allgemeinen Gesetzmäßigkeiten oder Aussagen auf spezifische Fälle:

Vgl. hierzu auch S. 73 f. in diesem Band.

Bei deduktiven Schlüssen kann aus zwei wahren Prämissen keine falsche Konklusion folgen. Wenn die Konklusion falsch ist, muss mindestens eine der Prämissen falsch sein. Man bezeichnet diesen Umstand als Rückübertragung der Falschheit. Am Vogelbeispiel lässt sich dies leicht nachvollziehen: Wenn man eine Vogelart entdecken würde, die keine Eier legt, dann wäre nicht nur die Konklusion falsch, dass diese Vogelart Eier legt, sondern auch die Prämisse, dass alle Vögel Eier legen.

Der Begriff **Konklusion** kommt von lat. *conclusio* (= Schlussfolgerung).

Bei der **Induktion** verläuft das Verfahren in die umgekehrte Richtung. Man schließt **vom Besonderen auf das Allgemeine**, d. h., es wird aus Einzelbeobachtungen eine allgemeine Gesetzmäßigkeit abgeleitet:

Das Problem der Induktion besteht nun darin, dass noch so viele Einzelbeobachtungen die allgemeine Theorie nicht bewahrheiten, also verifizieren können: Es könnte immer noch ein anderer Fall als die bisher beobachteten Fälle eintreten. Rein logisch betrachtet ist der Induktionsschluss ungültig: Im Unterschied zum deduktiven Schluss garantiert die Wahrheit der Prämissen nicht die Wahrheit der Konklusion. Es ist möglich, dass die Konklusion falsch ist, obwohl alle Prämissen wahr sind. Dieser Umstand wird als **Induktionsproblem** bezeichnet. Zwar lässt sich der Induktionsschluss nicht verifizieren, wohl aber widerlegen. Es reicht *ein* Gegenbeispiel, um das allgemeine Gesetz (z. B. in Form einer All-Aussage) zu widerlegen. So wäre die allgemeine Aussage „Alle Vögel legen Eier“ entkräftet, wenn ein Vogel entdeckt wird, der keine Eier legt.

3 Empirismus vs. Rationalismus

ratio (lat.): Berechnung, Vernunft

empeirikós (griech.): erfahren, kundig

Bei der Frage nach dem Ursprung von Erkenntnis finden sich in der philosophischen Tradition zwei Strömungen, die die Erkenntnisquellen „Vernunft" und „Erfahrung" in ihrer Bedeutung für das Erkennen unterschiedlich gewichten: Der **Rationalismus** räumt der **Vernunft** einen deutlichen Vorrang gegenüber der Erfahrung ein, während der **Empirismus** von einer klaren Dominanz der **Erfahrung** bei Erkenntnisprozessen ausgeht. Wie diese Formulierungen bereits erkennen lassen, geht es weder den Rationalisten noch den Empiristen um die Behauptung, dass es ausschließlich jeweils nur eine Erkenntnisquelle gebe, also entweder den Verstand *oder* die Erfahrung. Was die beiden Auffassungen voneinander unterscheidet, ist vielmehr die **Bewertung dieser Quellen** in ihrem jeweiligen **Anteil an der Erkenntnis**.

Der hier benutzte Begriff der angeborenen Ideen deckt sich nicht mit Platons Ideenbegriff. Für ihn sind Ideen vor unserer Geburt geschaute Urbilder der Dinge (vgl. S. 76 in diesem Band).

Ein wesentlicher Aspekt der Diskussion um die Erkenntnisquellen ist die Kontroverse um die sogenannten **angeborenen Ideen**. Die Rationalisten messen diesen große Bedeutung bei, die Empiristen dagegen nicht. In der Erkenntnistheorie werden drei Arten von Ideen unterschieden: Den **angeborenen Ideen** stehen zwei andere Arten von Ideen gegenüber, bei denen zwischen Rationalisten und Empiristen wenig Dissens herrscht – die **erworbenen** und die **gemachten Ideen:**

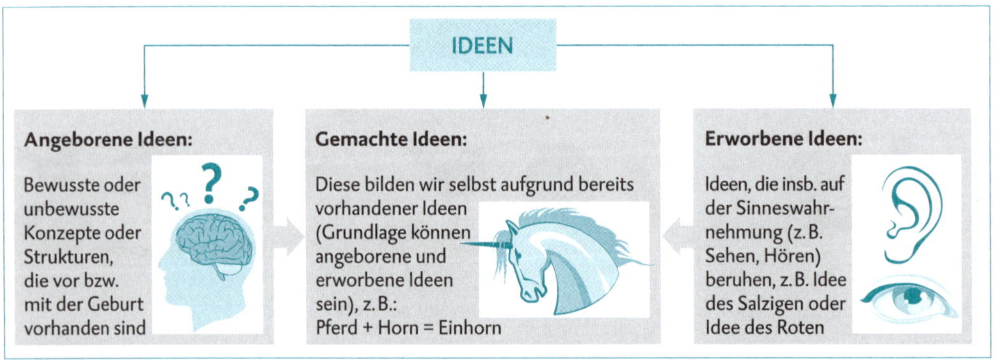

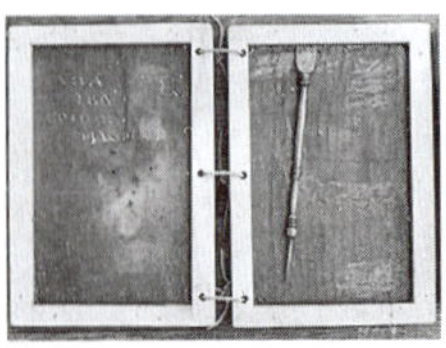

Der Wortherkunft nach bezeichnet eine **Tabula rasa** eigentlich eine Schreibtafel.

Im Gegensatz zu den Rationalisten sind Empiristen der Auffassung, dass der menschliche Geist bei der Geburt mit einem **leeren Blatt**, der so genannten **Tabula rasa**, verglichen werden kann, diese wird erst nach und nach mithilfe von Erfahrungen *beschrieben*.

Im Folgenden wird je ein Vertreter der beiden Richtungen genauer vorgestellt – zum einen René Descartes, der als Begründer des modernen Rationalismus gilt, zum anderen David Hume: Seine Position ist deshalb besonders interessant, weil für ihn die Erfahrung als Grundlage des Empirismus selbst zum Problem wird.

3.1 René Descartes und der methodische Zweifel als Grundlage des modernen Rationalismus

René Descartes (1596–1650) legt mit seinen *Meditationen* aus dem Jahr 1641 den Grundstein für die erkenntnistheoretischen Diskussionen der Aufklärung. Er bedient sich in einem Gedankenexperiment des **systematischen Zweifels** als Methode, um zu prüfen, ob es ein Wissen gibt, das nicht bezweifelt werden kann.

René Descartes (1596–1650) war ein bedeutender französischer Philosoph und Naturwissenschaftler. Aus seinen *Meditationen* (1641) wird hier unter der Sigle MPP zitiert.

Descartes beginnt mit der Frage, ob wir dem **Wissen**, das wir durch **Sinneswahrnehmung** erwerben, denn überhaupt **vertrauen** können:

ZITAT

> „Alles nämlich, was ich bisher am ehesten für wahr gehalten habe, verdanke ich den Sinnen oder der Vermittlung der Sinne. Nun aber bin ich dahinter gekommen, daß diese uns bisweilen täuschen, und es ist ein Gebot der Klugheit, denen niemals ganz zu trauen, die uns auch nur einmal getäuscht haben." (MPP 31 u. 33)

Jedem von uns sind optische Täuschungen bekannt, die veranschaulichen, dass unsere Sinne sich irren können, wie etwa die Lichtbrechung in einem Wasserglas, die uns z. B. einen Knick in einem Löffel sehen lässt. Könnte es aber, so fragt der Philosoph, nicht dennoch Sinneseindrücke geben, die uns ganz sicher nicht täuschen? Es könne doch, so Descartes, niemand ernsthaft bezweifeln, dass er in diesem Moment gerade am Kamin sitze und ein Papier in Händen halte. Hier führt Descartes sein berühmtes **Traumargument** ein, welches besagt, dass wir niemals sicher zwischen Traum und Realität unterscheiden können: Das Sitzen vor dem Kamin könnte genauso gut Bestandteil eines Traumes sein!

ZITAT

> „Denke ich einmal aufmerksamer hierüber nach, so sehe ich ganz klar, daß Wachsein und Träumen niemals durch sichere Kennzeichen unterschieden werden können, – so daß ich ganz betroffen bin und gerade diese Betroffenheit mich beinahe in der Meinung bestärkt, ich träumte." (MPP 35)

Wie ist es nun aber um universelle Grundsätze wie die der Arithmetik oder der Geometrie bestellt? Vermitteln denn nicht wenigstens sie ein sicheres Wissen? So ergibt doch etwa die Winkelsumme in einem Dreieck immer 180°, unabhängig von meiner Sinneswahrnehmung. Aber auch diese scheinbar unumstößlichen Wahrheiten lassen sich laut

Descartes bezweifeln. In einem weiteren Gedankenexperiment unterstellt er die Existenz eines bösen Gottes. Dieser Genius Malignus hat seine Freude daran, uns in die Irre zu führen, weshalb auch scheinbar unanfechtbare Wahrheiten wie die der Geometrie als nicht gesichert gelten können. Wenn es ein solches Wesen gäbe, bliebe dann noch irgendetwas übrig, das als sicheres Wissen bezeichnet werden kann? Ja, sagt Descartes:

ZITAT

> „Und so komme ich, nachdem ich nun alles mehr als genug hin und her erwogen habe, schließlich zu der Feststellung, daß dieser Satz: ‚Ich bin, ich existiere', sooft ich ihn ausspreche oder in Gedanken fasse, notwendig wahr ist." (MPP 43/45)

An dieser Stelle führt Descartes seine grundlegegende Unterscheidung zwischen zwei Substanzen ein: Mit „res cogitans" (lat. für „denkende Sache") bezeichnet er die denkende Substanz, d. h. die immaterielle Innenwelt des Subjekts; „res extensa" (lat. für „ausgedehnte Sache") meint dagegen die materielle Welt, zu der auch der Körper gehört. Diese Unterscheidung wurde für das Leib-Seele-Problem maßgebend (vgl. S. 25–30 in diesem Band).

In seinem Gottesbeweis schließt Descartes von dem Vorhandensein der Idee von Vollkommenheit in ihm selbst darauf, dass es einen Gott auch wirklich gibt. Denn eine solche Idee könne der unvollkommene Mensch nicht alleine entwickeln, sie müsse ihm von einem vollkommenen Wesen gegeben sein.

Weder Sinnestäuschungen noch Träume oder auch die Existenz eines Genius Malignus können also in Frage stellen, dass ich denke. Solange ich denken und zweifeln kann, muss ich – so Descartes – auch existieren: **„Cogito ergo sum!"** (lat. für „Ich denke, also bin ich.") Die Existenz als denkendes Wesen bildet damit das nicht in Zweifel zu ziehende Fundament, auf dem weitere Erkenntnisse aufgebaut werden können. Die **Basis wahrer Erkenntnis** ist also die **Ratio**.

Für wahr hält Descartes deshalb, was einem klaren Geist einsichtig ist. Daher versucht er nun durch seinen Gottesbeweis zu zeigen, dass wir nicht von einem bösen Dämon getäuscht werden, wenn es z. B. um mathematische Gegenstände geht, denn sie erscheinen uns unmittelbar einsichtig, wenn wir unseren Verstand benutzen. Er argumentiert, dass Gott die Eigenschaften Vollkommenheit und Wahrhaftigkeit zuzuordnen seien. Wenn dies aber die Attribute Gottes sind, so kann er uns nicht täuschen wollen, denn jede Täuschung hat etwas Unvollkommenes und Unwahres an sich.
Deshalb kann Descartes jetzt auch behaupten, dass **angeborene Ideen** existieren. Ihnen kommt eine besondere Bedeutung zu, da sie produziert werden können, ohne dass sie vorher durch die Sinne wahrgenommen werden müssen, dazu gehören z. B. geometrische Figuren. Der Vorzug dieser Ideen besteht darin, dass sie eine wahre und unveränderliche Natur haben, sie müssen also notwendig wahr sein, wie etwa der Tatbestand, dass die Winkelsumme in einem Dreieck stets 180° beträgt. Damit wird der Geltungsanspruch der Vernunft untermauert: Wenn angeborene Ideen nicht anzweifelbar und notwendig wahr sind, da ein vollkommener Gott uns nicht täuschen wird, bilden sie ein wesentliches Fundament, wenn es darum geht, sichere Erkenntnisse zu gewinnen.

3.2 David Hume und der Skeptizismus

Im deutlichen Kontrast zu Descartes will der englische Philosoph David Hume (1711–1776) die Erkenntnis wieder auf den sicheren Boden **beobachtbarer Tatsachen** holen. Auch wenn unsere **Sinne** uns ab und an täuschen, so stellen sie doch nach Hume eine wesentliche Quelle für alles dar, was wir uns denken und imaginieren können. In Bezug auf die aus unserer Sinnes- und Selbstwahrnehmung stammenden Auffassungen operiert Hume mit der Bezeichnung **„Eindrücke"** („impressions"), denen er **„Ideen"** im Sinne von **Vorstellungen** und **Gedanken** gegenüberstellt („ideas", „thougts"). Sämtliche Ideen haben dabei ihren Ursprung in den Eindrücken. Sie sind gewissermaßen **mentale Kopien** unserer Eindrücke. Das Verhältnis von Eindrücken und Ideen kann insofern als eine Art Abbildungsverhältnis bestimmt werden. Gegenüber den lebhaften, kräftigen und intensiven Eindrücken sind die Ideen allerdings viel **schwächer** ausgeprägt. So ist etwa der tatsächlich empfundene Schmerz nach einer Verletzung sehr viel intensiver als die mentale Rückerinnerung an diesen Schmerz. Auch nach Hume gibt es **einfache** und **zusammengesetzte Ideen**. So kann z. B. aus der einfachen Idee eines Pferdes und eines menschlichen Oberkörpers die zusammengesetzte Idee eines Zentauren gebildet werden.

David Hume (1711–1776) war ein schottischer Philosoph, der sich nicht nur der Erkenntnistheorie, sondern auch der Ethik (vgl. S. 112 in diesem Band) widmete.

Für diese Rangordnung von Eindrücken und Ideen führt Hume zwei Erklärungen ins Feld: Jede noch so **komplexe Vorstellung** lasse sich auf **einfache Vorstellungen** zurückführen, die wiederum einer Empfindung nachgebildet seien – Zweifler sollten zwecks Widerlegung eine Vorstellung vorweisen, die nicht dieser Quelle entspringe. Außerdem argumentiert er, dass **Menschen**, die aufgrund eines **Handicaps** für bestimmte **Wahrnehmungen nicht empfänglich** sind (z. B. Blinde), sich auch keinerlei Vorstellung davon machen können. Die folgende Anekdote illustriert dies:

ZITAT

> „Ein Blinder bittet seinen Freund, ihm doch einmal Milch zu beschreiben. ‚Milch, das ist eine weiße Flüssigkeit.' ‚Und was ist weiß?' ‚Zum Beispiel ein Schwan.' ‚Und was ist ein Schwan?' ‚Ein Vogel mit einem langen krummen Hals.' ‚Gut. Aber was ist krumm?' ‚Krumm? Pass auf, ich werde jetzt meinen Arm biegen, und du wirst ihn abgreifen. Dann weißt du, was krumm heißt.' Der Blinde tastet sorgfältig den aufwärts gebogenen Arm des Freundes ab und sagt dann: ‚So, jetzt weiß ich endlich, wie Milch ist.'"[1]

Trotz der klaren Priorisierung von Sinneswahrnehmungen als Erkenntnisquelle existieren für Hume apriorische, ausschließlich aus der Vernunft gewonnene, also erfahrungsunabhängige Erkenntnisse. Nach Hume lassen sich alle Aussagen und Gegenstände menschlicher Vernunft und Forschung in zwei Klassen einteilen:

- **Beziehungen von Vorstellungen:** Hierzu gehören insbesondere die Inhalte und Aussagen der Geometrie, Algebra oder auch Arithmetik. Sätze dieser Disziplinen lassen sich durch **reine Denktätigkeit** entdecken, selbst wenn es z. B. geometrische Formen in der Natur niemals gegeben hätte. Unabhängig von der Empirie gelten sie mit absoluter Gewissheit – sie sind **apriorisch wahr**.
- **Tatsachen:** Diese Klasse von Denkinhalten dagegen ist nach Hume **erfahrungsabhängig**.

ZITAT

> „Das Gegenteil jeder Tatsache bleibt immer möglich, da es niemals einen Widerspruch enthalten kann und vom Geist mit der gleichen Leichtigkeit und Deutlichkeit vorgestellt wird, als wenn es der Wirklichkeit noch so sehr entspräche. *Dass die Sonne morgen nicht aufgehen wird,* ist eine nicht minder verständliche Behauptung und enthält keinen größeren Widerspruch als die Behauptung, *dass sie aufgehen wird*. Wir würden deshalb vergeblich versuchen, ihre Falschheit zu beweisen. Wäre sie nachweislich falsch, dann würde sie einen Widerspruch enthalten und könnte vom Geiste niemals deutlich vorgestellt werden."[2]

Für Hume erscheint also alles, was keinen *logischen* Widerspruch enthält und daher vorstellbar ist, prinzipiell möglich. Neben der apriorischen Gültigkeit von Aussagen im Bereich der Tatsachen **bezweifelt** er aber auch die empiristische Alternative, ihre Gültigkeit aus wiederholten Einzelbeobachtungen im Sinne von festen **Ursache-Wirkungs-Zusammenhängen** herzuleiten. Denn die Kausalität beruht nach Hume auf einer falschen Schlussfolgerung: Über unsere Sinne nehmen wir nur das zeitliche Nacheinander von Ereignis A und B wahr, jedoch nicht den Zusammenhang von Ursache und Wirkung. Wenn sich das zeitliche Nacheinander häufiger wiederholt, lässt uns die Macht der Gewohnheit *nur glauben*, dass A die Ursache von B sei – ein Beispiel: Auch wenn man tausendfach beobachtet hat, dass es spritzt, wenn man einen Stein ins Wasser wirft, berechtigt das nicht zu dem Schluss, dass dies immer so sein wird. Die Annahme, dass es auch das nächste Mal spritzt, wenn wir einen Stein ins Wasser werfen,

Die Unzulänglichkeit von Erfahrungen für die Gewinnung von sicherem Wissen verdeutlicht Hume mithilfe eines Beispiels: Auch wenn wir jeden Tag beobachten können, dass am Tagesbeginn die Sonne aufgeht, können wir daraus nicht mit Sicherheit schließen, dass das auch am nächsten Tag so sein wird.

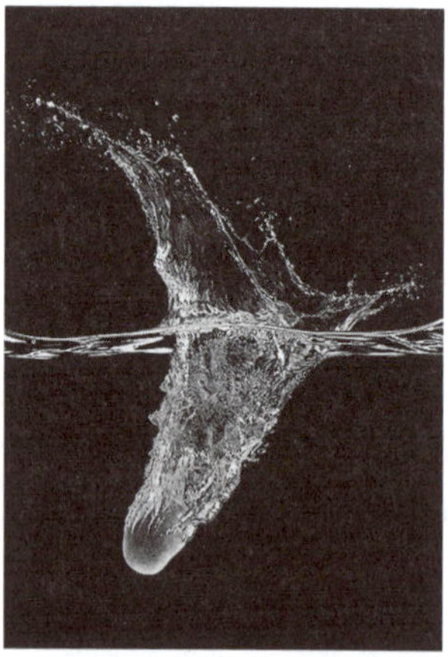

Spritzt es immer, wenn man einen Stein ins Wasser wirft?

beruht nur auf Gewohnheit und wir können auf die Frage, warum etwas, das bisher so war, auch zukünftig so sein wird, eben nicht antworten, dass wir dies aufgrund unserer Erfahrung wissen, weil es ja gerade die Berechtigung dieses Erfahrungswissens ist, das zur Diskussion steht. **Kausalität** als notwendige Voraussetzung für Naturgesetze ist nach Hume also selbst nur **eine auf Erfahrung beruhende Annahme**, sie ist eine subjektive Verknüpfung auf der Basis sich wiederholender Erfahrungen. Daraus folgt ein **radikaler Skeptizismus:** Wenn Wissenschaft auf Tatsachen basiert und die Evidenz dieser Tatsachen auf dem Zusammenhang von Ursache und Wirkung beruht, dann fußt Wissenschaft auf Glauben, denn Kausalität stellt keine logisch zwingende Verknüpfung dar.

Hume selbst kann seiner Relativierung von Erkenntnis durchaus positive Seiten abgewinnen, da sie das unbegrenzte Vertrauen in scheinbare Sicherheiten zerstört. Eine solche Sicherheit ist nämlich laut Hume das Verderben der Forschung!

Frage: Lassen sich Aussagen über die Tatsachenwelt auf der Grundlage des Kausalitätsprinzips machen? → **Prüfung:** Kausalität = nur eine gewohnheitsmäßige Interpretation des (mehrfachen) zeitlichen Nacheinanders von Ereignissen – kein notwendiger Zusammenhang → **Schlussfolgerung:** Radikaler Skeptizismus – Wissenschaft beruht auf Glauben

Für die Bewerkstelligung unseres Alltags mag die Unterstellung von Ursache-Wirkungs-Zusammenhängen durchaus sinnvoll sein, als Grundlage für die Geltung eines allgemeinen Naturgesetzes reicht sie aber nach Hume nicht aus. Damit stellt er das Verfahren der **Induktion** in Frage.

Vgl. zum Induktionsproblem S. 275 f. dieses Bandes. Für K. Poppers Umgang damit vgl. S. 285 ff. in diesem Band.

4 Kerngedanken von Kants Erkenntnistheorie

Kant gilt als Begründer einer modernen Erkenntnistheorie. Seine zentralen Gedanken formuliert er in seiner *Kritik der reinen Vernunft* (1781 und 1787). Sein Neuansatz besteht in der Veränderung der Denkrichtung: Er orientiert sich an der – offenbar ganz gut funktionierenden – Erkenntnispraxis der Naturwissenschaften und untersucht, welche Voraussetzungen diese Praxis zwingend erfordert. Diese „Bedingungen der Möglichkeit", wie Kant sagt, prägen alle Erkenntnisse a priori. Kant schließt, dass vorab gegebene Erkenntnisbedingungen eine Leistung des erkennenden Subjekts sein müssen. Er vergleicht seinen Ansatz mit der grundlegenden „Umänderung der Denkart", wie sie Kopernikus vollzog: So wie die Bewegungen der Himmelskörper durch eine Bewegung des Beobachters mit der Erde zustande kommen, so ist der Erkenntnisapparat des erkennenden Subjekts sozusagen eine Brille, die alle Objekte von vorneherein strukturiert. Kant nennt dieses allgemeine Erkenntnissubjekt auch **„transzendentales Subjekt"**; dabei abstrahiert er vom

Kants Erkenntnistheorie wird häufig als die „kopernikanische Wende der Philosophie" bezeichnet.

individuellen, in der Welt vorfindlichen „empirischen" Subjekt alles Empirische und Individuelle.

Die apriorischen Voraussetzungen jeder Erkenntnis als Akte eines transzendentalen Subjekts zu klären, ist Aufgabe seiner „Transzendentalphilosophie". Für diese neue Philosophie beansprucht Kant eine echte Erkenntnisleistung. Er begründet sie anhand der traditionellen Unterscheidung von analytischen und synthetischen Urteilen. Analytische Urteile sind reine Begriffsanalysen: Mit dem Begriff des Feuers z. B. verbinden sich die Eigenschaften der Hitze, der rotorangen Farbe, des Leuchtens usw.; dies festzustellen bringt keinen Erkenntniszuwachs. Synthetische Urteile dagegen sprechen einem Gegenstand eine Eigenschaft zu, die zu dessen bloßem Begriff hinzukommt. Kant fragt nun, ob es auch **synthetische Urteile a priori** gibt, und bejaht diese Frage mit Verweis auf die Mathematik: 7 plus 5 ergibt immer 12 – jenseits jeder Erfahrung. Dementsprechend könne auch die Philosophie synthetische Urteile ohne Wahrnehmungen hervorbringen, indem sie das transzendentale Subjekt auf die Bedingungen der Möglichkeit von Erkenntnis hin untersucht.

análysis (griech.)= Zergliederung;
sýnthetos (griech.) = zusammengesetzt

Dass ein Stein nach unten fällt, liegt nicht in seiner Steinhaftigkeit, sondern ist Erfahrungswissen. Der Satz „Steine fallen nach unten" ist daher ein synthetisches Urteil.

Kant geht von zwei „Stämmen der Erkenntnis" aus, von der **Sinnlichkeit** und dem **Verstand**. Beide spielen bei jedem Erkennen zusammen:

ZITAT

„Gedanken ohne Inhalt sind leer, Anschauungen ohne Begriffe sind blind." (KrV B 75)

Kant verbindet damit zwei verschiedene Ansätze der neuzeitlichen Erkenntnistheorie miteinander, die sich bis dahin unversöhnlich gegenüberstanden: den Empirismus (Erkenntnisse stammen nur aus der Wahrnehmung und werden in die Seele als einem weißen Blatt eingeschrieben) und den Rationalismus (alle Erkenntnis ist, wenn auch zunächst unbewusst, dem Menschen angeboren). Er muss dazu erklären, wie die **Anschauungen** der Sinnlichkeit und die **Begriffe** des Verstandes bei all ihrer Verschiedenartigkeit zusammenwirken.

Vgl. zum Empirismus und Rationalismus das vorangehende Kapitel.

Der **Verstand** stellt nach Kant **Begriffe** für die Theoriebildung bereit. Kant führt diese Begriffsarbeit auf einige Grundformen zurück, die er **Kategorien** nennt. Er orientiert sich hier an der zeitgenössischen Logik und teilt die Kategorien in vier Gruppen ein:

- Quantität: Einheit, Vielheit, Allheit (d. h. eine Menge, die durch eine Eigenschaft aller Elemente bestimmt ist)
- Qualität: Realität (hat eine bestimmte Eigenschaft), Negation (hat die Eigenschaft nicht), Limitation (hat die Eigenschaft mit Einschränkung)
- Relation: dauerhaftes Für-sich-Bestehen, Kausalität, Wechselwirkung
- Modalität: Möglichkeit, Wirklichkeit, Notwendigkeit

Diese Kategorien liegen allen begrifflichen Bestimmungen zugrunde und bringen Zusammenhang und Ordnung – oder wie Kant sagt: eine „*Synthesis*" (KrV B 103) – in die Wahrnehmungen; sie bezeichnen verschiedene Modi von einheitsstiftenden Handlungen des Verstandes. Die Vorstellungen von Farbe, Form, Größe, Gewicht, Geruch usw. müssen erst z. B. unter dem Begriff des Stuhls miteinander verbunden werden, damit daraus die Erkenntnis von dem Gegenstand „Stuhl" mit diesen und jenen bestimmten Eigenschaften entsteht. Dieser Begriff liegt aber nicht in den einzelnen Wahrnehmungen, sondern wird vom Verstand gebildet. Umgekehrt ist die Erkenntnis eines Gegenstandes und seiner Eigenschaften **auf die Wahrnehmung angewiesen**. Die **Sinnlichkeit** ist zwar passiv, denn was wir wahrnehmen, liegt nicht in unserem Belieben. Sie betätigt sich aber immer in Wahrnehmungsakten, die wieder vom transzendentalen Subjekt geprägt werden. Kant spricht hier von den **Anschauungsformen**, die alle wahrgenommenen Anschauungsinhalte umgreifen: **Raum und Zeit**. Der Raum bezieht sich dabei nur auf die äußeren Wahrnehmungen, die Zeit dagegen auch auf die inneren.

„Raum" und „Zeit" nicht als absolute Gegebenheiten zu denken, sondern als Konstruktionsleistungen des Erkenntnissubjekts, weist weit in die Zukunft und steht z. B. auch mit der Relativitätstheorie, die mehr als hundert Jahre später die Physik revolutioniert, in Einklang.

Kant wendet sich gegen die Theorie, dass Wahrnehmungen von Dingen verursacht würden: Wenn wir etwas wahrnehmen, so nehmen wir immer nur eine **Erscheinung** wahr. Man kann zwar annehmen, dass diese Erscheinung von einem **Ding an sich** verursacht wird – das ist nach Kant aber keine gesicherte Aussage, weil diese Verursachung selbst nicht beobachtet werden kann, sondern eben nur die Erscheinung. Für Kant ist das Ding an sich daher eine bloße Gedankenkonstruktion, ein sogenanntes „Noumenon".

Mit seinem Ansatz, sowohl die Kategorien als auch die Anschauungsformen als Leistungen des transzendentalen Subjekts zu begreifen, hat Kant eine grundlegende Gemeinsamkeit der beiden ansonsten grundverschiedenen Aspekte der sinnlichen Wahrnehmung und des begrifflichen Verstandes identifiziert: Sie können beide als Teil eines einzigen Erkenntnisapparats verstanden werden. Daher sind für Kant **Wahrnehmen und Verstand nicht wesensmäßig verschieden** – sie beruhen auf Aktivitäten ein und desselben Erkenntnissubjekts. Dies zeigt sich nach Kant in der **„transzendentalen Apperzeption"**, womit er meint, dass alle Vorstellungen, Begriffe wie Wahrnehmungen, *meine* Vorstellungen sind: „Das: *Ich denke*, muß alle meine Vorstellungen begleiten *können*." (KrV B 131) Dadurch wird es ihm möglich, den Gegensatz zwischen Rationalismus und Empirismus zu überwinden.

Der Begriff **Apperzeption** stammt aus dem Lateinischen und bedeutet übersetzt „Hinzuwahrnehmung".

Damit hat Kant geklärt, wie sich der Wahrheitsanspruch von Erfahrungsaussagen konstituiert – aber wie ist die Verbindung von Wahrnehmungen und Begriffen genauer zu denken? Nach Kant bedarf es zweier Denkbewegungen, die aufeinander zulaufen: Einerseits müssen in den Wahrnehmungen Muster erkannt werden, die aus den Sinnesdaten abstrahiert werden. Andererseits müssen die Begriffe veranschaulicht werden, indem man ein Bild dazu entwirft. Das Produkt, in dem diese beiden Richtungen zusammenkommen, nennt Kant ein **„Schema"**. Es wird von der Einbildungskraft hervorgebracht und von der Urteilskraft als drittem Erkenntnisvermögen neben Sinnlichkeit und Verstand angewendet.

Kritik – das heißt für Kant, die **Grenzen des Verstandes** zu erkennen. Damit führte er eine neue Denkfigur in die Philosophie ein: Philosophische Probleme werden gelöst, indem man sie als Scheinprobleme entlarvt, die dadurch entstehen, dass der Verstand auf Dinge außerhalb der Wahrnehmung angewandt wird. Kant sieht eine Tendenz der Vernunft, sich in Widersprüche zu verstricken. Im zweiten Teil seiner *Kritik der reinen Vernunft* klärt er deren „Antinomien" auf, d. h. die Gegensätze, die daraus entstehen, wenn man die Welt als Ganzes oder das Subjekt zum Gegenstand macht oder die Existenz von Freiheit oder Gott beweisen will.

Zur Antinomie der Freiheit vgl. S. 100.

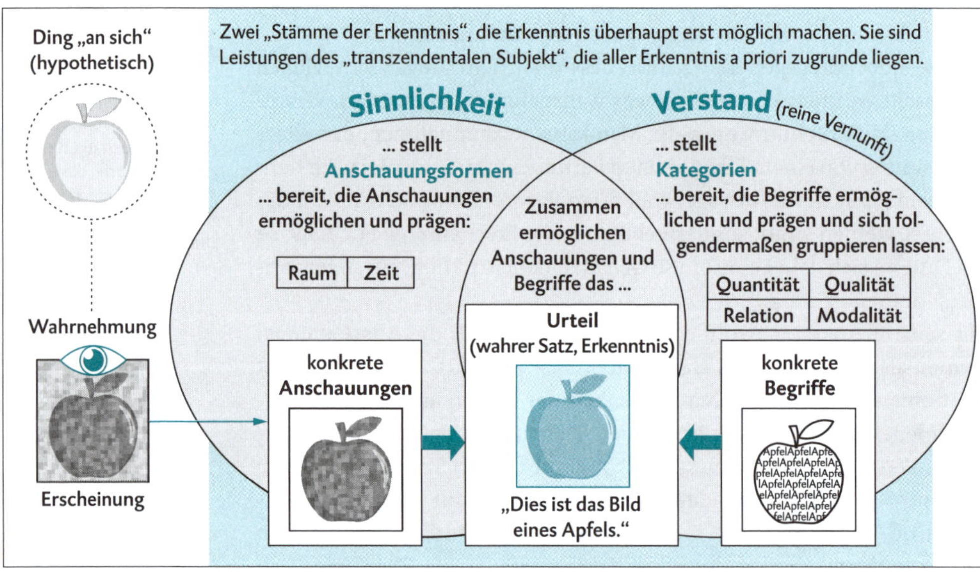

5 Karl Poppers Wissenschaftstheorie

Das Problem der Induktion

Karl Popper befasste sich insbesondere mit der Frage, wie die empirischen Wissenschaften (z. B. Physik, Chemie, Biologie) zu allgemeinen Aussagen über die Welt gelangen können Mit seiner Wissenschaftstheorie begründete er den sogenannten **Kritischen Rationalismus**. Eine der zentralen Leistungen seiner Wissenschaftstheorie besteht darin, eine **Lösung** für das sogenannte **Induktionsproblem** gefunden zu haben, das David Hume (1711–1776) erstmalig formuliert hatte: Hume hatte bestritten, dass man von wiederholten Einzelfällen, die wir erfahren haben, auf andere Fälle schließen könne, die wir nicht erfahren haben (vgl. S. 275 f. in diesem Band). Popper teilt Humes Kritik am Induktionsschluss:

Karl Popper (1902–1994) veröffentlichte sein Hauptwerk *Die Logik der Forschung* im Jahr 1934.

ZITAT

> „Nun ist es aber nichts weniger als selbstverständlich, daß wir logisch berechtigt sein sollen, von besonderen Sätzen, und seien es noch so viele, auf allgemeine Sätze zu schließen. Ein solcher Schluß kann sich ja immer als falsch erweisen: Bekanntlich berechtigen uns noch so viele Beobachtungen von weißen Schwänen nicht zu dem Satz, daß *alle* Schwäne weiß sind."[3]

Wie soll dann aber eine Bestimmung sinnvoller wissenschaftlicher Aussagen überhaupt noch möglich sein? Das Induktionsprinzip scheint notwendig, um einen logischen Übergang von Einzelaussagen zu allgemeinen Aussagen herzustellen. Für den Physiker und Philosophen Hans Reichenbach bedeutet eine Streichung des Induktionsprinzips aus der Wissenschaft gar, die „Entscheidung über Wahrheit und Falschheit der Theorien aus der Wissenschaft herauszunehmen". Wissenschaftliche Theorien könnten dann nicht mehr „von den willkürlichen Gedankenschöpfungen der Dichter"[4] unterschieden werden. Poppers Antwort auf dieses Problem besteht nun darin, das Induktionsprinzip zu verwerfen, ohne dabei die empirischen Wissenschaften grundsätzlich in Frage zu stellen. Die Basis, auf der die empirischen Wissenschaften arbeiten sollen, ist die Lehre von der **deduktiven Methode der Nachprüfung**.

Vgl. zur zugrunde liegenden Methode der Deduktion S. 275 in diesem Band.

Die Überprüfung von Theorien mithilfe der Deduktion

Popper schlägt vor, aus einer vorläufig formulierten allgemeinen Gesetzmäßigkeit bzw. einer Hypothese, die mithilfe der Induktion aufgestellt wurde, auf logisch-deduktivem Weg Beobachtungssätze abzuleiten, die sich überprüfen lassen. Sie bilden den **Erwartungshorizont**, der jetzt mit tatsächlichen Beobachtungen zu konfrontieren ist. Wenn die aus der Hypothese abgeleiteten Folgerungen an den Beobachtungen scheitern, gilt die Hypothese bzw. die Theorie als widerlegt. Solange die Folgerungen sich durch Beobachtungen nicht als falsch erweisen, gilt eine Theorie als vorläufig wahr bzw. als bewährt. **Bewährung** einer Theorie bedeutet, dass sie bisherigen Falsifikationsversuchen standgehalten hat. Allgemeingültige Theorien können also nicht aus singulären Sätzen abgeleitet werden, sie können aber durch singuläre Sätze widerlegt bzw. **falsifiziert** werden, wenn sie mit den Beschreibungen von beobachtbaren Sachverhalten kollidieren.

Statt des Begriffs Falsifizierbarkeit wird manchmal auch der Begriff der Prüfbarkeit verwendet.

Aus diesen Überlegungen leitet Popper auch ein zentrales Kriterium für **Wissenschaftlichkeit** in den Naturwissenschaften ab: die **Falsifizerbarkeit**. Eine aufgestellte Hypothese bzw. Theorie ist für ihn nur dann wissenschaftlich, wenn es grundsätzlich möglich ist, sie durch Beobachtungssätze zu falsifizieren.

ZITAT

> „Nun wollen wir aber doch nur ein solches System als empirisch anerkennen, das einer *Nachprüfung* durch die ‚Erfahrung' fähig ist. Diese Überlegung legt den Gedanken nahe, als Abgrenzungskriterium nicht die Verifizierbarkeit, sondern die *Falsifizierbarkeit* des Systems vorzuschlagen […]. *Ein empirisch-wissenschaftliches System muß an der Erfahrung scheitern können.*"[5]

Ein Beispiel für eine falsifizierbare Hypothese wäre, wie bereits oben gezeigt, „Säugetiere legen keine Eier". Nicht falsifizieren lässt sich dagegen die Aussage „Es gibt im Universum noch anderes intelligentes Leben“. Man kann die Aussage verifizieren, indem man z. B. eine Nachricht von Außerirdischen erhält, aber wir können das Universum niemals so gründlich absuchen, dass wir ausschließen können, dass noch andere Formen intelligenten Lebens existieren.

Die Bedeutung des Falsifikationismus für die Wissenschaft

Poppers Ansatz, eine aufgestellte Theorie oder Hypothese durch die deduktive Methode einer Überprüfung zu unterziehen, sodass eine Theorie entweder vorläufig bewahrheitet oder aber falsifiziert werden kann, mündet in seiner Forderung, Theorien prinzipiell so anzulegen, dass sie durch empirische Überprüfung widerlegbar sind. Seiner Auffassung nach geht es in der Wissenschaft nicht darum, möglichst sichere Theorien zu formulieren, sondern immer bessere Theorien zu finden. Dies ist aber nur möglich, indem Theorien falsifizierbar sind. Popper ist der festen Überzeugung, dass der **Fortschritt von Wissenschaft durch Falsifikation** erfolgt. Die Falsifikation von Hypothesen ist dabei in der Regel ein guter Ausgangspunkt für die Bildung neuer Hypothesen, die dann wiederum in einem erneuten Verfahren zu prüfen sind.

Seine Auseinandersetzung mit dem Induktionsproblem geht also weit über eine praktische Lösung hinaus, sie impliziert vielmehr eine grundlegende Haltung innerhalb der Wissenschaften, die Popper für fundamental hält: Aus seiner Perspektive sollte der Prozess wissenschaftlicher Theoriebildung einen unabschließbaren Annäherungsversuch an die Wahrheit darstellen, getragen von der Erkenntnis, dass absolute Wissensansprüche unmöglich sind. Hinter der Bezeichnung von Poppers Ansatz als „Kritischer Rationalismus“ verbirgt sich demnach die Idee von einem **methodologischen Grundprinzip des größtmöglichen Risikos:** Der Wissenschaftler soll nicht solche Vorkehrungen treffen, die der Bestätigung seiner Theorie dienen, sondern im Gegenteil ihre Anfälligkeit für ein Scheitern erhöhen: Nicht die Immunität gegen Kritik zeichnet eine wissenschaftliche Theorie aus, sondern die Möglichkeit, sie zum Beispiel durch konkurrierende Theorien zu widerlegen.

Wenn man Poppers Falsifikationismus als ein rein formales Kriterium betrachtet, ist festzustellen, dass es im praktischen Wissenschaftsbetrieb keine wirkliche Rolle als Verfahrensregel spielt, seine Bedeutung erhält es vor allem als methodische Forderung an die Wissenschaft, indem diese aufgerufen ist, einem Scheitern nicht auszuweichen, um so den Grenzen möglicher Erkenntnis Rechnung zu tragen. Auf diese Weise soll auch in der Wissenschaft beobachtbaren Dogmatisierungstendenzen begegnet werden: die Vernunft soll sich ihrer eigenen Grenzen bewusst sein.

Vgl. hierzu auch die nachfolgenden Überlegungen von Thomas Kuhn.

6 Thomas S. Kuhns Theorie der Paradigmenwechsel

Thomas Samuel Kuhn (1922–1996) war einer der bedeutendsten Wissenschaftstheoretiker des 20. Jahrhunderts. Sein Hauptwerk ist *Die Struktur wissenschaftlicher Revolutionen* (1962).

Thomas S. Kuhn legte ein völlig neues Erklärungsmodell für wissenschaftlichen Fortschritt vor und grenzt sich damit deutlich von Karl Popper ab. Insbesondere das für Poppers Theorem zentrale Prinzip der Falsifikation nimmt er kritisch in den Blick. Von zentraler Bedeutsamkeit für Kuhns Betrachtungsweise ist das Phänomen des sogenannten **„Paradigmas“**, das sich allerdings kaum eindeutig fassen lässt, da der Begriff facettenreich angelegt ist und vielfältig verwendet wird. Dennoch sei vorab ein Versuch unternommen, dem Begriff Kontur zu geben:

info

Paradigma

Unter einem Paradigma versteht Kuhn v. a. die mehr oder weniger ungeschriebenen **Spielregeln**, die allgemein akzeptierten essenziellen **Arbeitsweisen**, **Ansichten**, **Haltungen** und **Annahmen**, die bei wissenschaftlichen Untersuchungen **vorausgesetzt** werden. Unterschiedliche Paradigmen sind **inkommensurabel** (= nicht miteinander vereinbar bzw. ineinander übersetzbar).

Kuhn untersucht in seinem Werk insbesondere den **historischen Verlauf von Wissenschaftsentwicklung** und macht dabei verschiedene Phasen aus, die im Folgenden vorgestellt werden sollen.

Die vorparadigmatische und die normalwissenschaftliche Phase

In der **vorparadigmatischen Phase** hat sich in einem Bereich der Wissenschaft noch **kein spezifisches Paradigma** herausgebildet, man befindet sich in der Such- und Findungsphase: Noch hat sich keine einheitliche Lehrmeinung abgezeichnet, es herrscht kein Konsens über die Grundlagen der Disziplin, noch lässt sich keine einheitliche Methodologie ausmachen, mögliche „Spielregeln“ wurden noch nicht festgelegt. Wenn sich all dies herausgebildet hat, wenn sich also die Beteiligten **auf ein Paradigma geeinigt** haben, erfolgt der Übergang in die **normalwissenschaftliche Phase**. Das Paradigma bildet ab jetzt die Grundlage der anstehenden Forschung, es bestimmt die Sichtweise der Forschenden und die Methoden, mit deren Hilfe Fragen beantwortet werden sollen. Dabei ist entscheidend, dass das etablierte Paradigma nicht in Frage zu stellen ist. Vielmehr speist sich diese Phase von der Erwartung, dass alle vernünftig gewählten Probleme auch innerhalb des Paradigmas und seines Regelwerkes gelöst werden können. Kuhn beschreibt das Vorgehen der Wissenschaft in der normalwissenschaftlichen Phase wie folgt:

ZITAT

> „Bei näherer Untersuchung […] erscheint dieses Vorgehen als Versuch, die Natur in die vorgeformte und relativ starre Schublade, welche das Paradigma darstellt, hineinzuzwängen. In keiner Weise ist es das Ziel der normalen Wissenschaft, neue Phänomene zu finden; und tatsächlich werden die nicht in die Schublade hineinpassenden oft überhaupt nicht gesehen. Normalerweise erheben die Wissenschaftler auch nicht den Anspruch, neue Theorien zu finden, und oft genug sind sie intolerant gegenüber den von anderen gefundenen. Normalwissenschaftliche Forschung ist vielmehr auf die Verdeutlichung der vom Paradigma bereits vertretenen Phänomene und Theorien ausgerichtet.“[6]

Auch wenn das bestehende Paradigma einen zugegebenermaßen einengenden Charakter aufweist, sind es laut Kuhn gerade diese Reglementierungen, die sich als **wesentlich für die Entwicklung von Wissenschaft** in dieser Phase erweisen: Indem die Aufmerksamkeit durch das Paradigma auf einen kleinen Ausschnitt gelenkt wird, wird auf diese Weise ein Teilgebiet der Natur mit einer Genauigkeit untersucht, die sonst nicht denkbar gewesen wäre. In gewisser Weise kann man also davon sprechen, dass die Funktionstüchtigkeit der Normalwissenschaft darauf angewiesen ist, dass ein Forscher dem Paradigma, in dem er arbeitet, unkritisch gegenübersteht – nur so kann er seine Kräfte bündeln, um an einer intensiven Ausarbeitung des Wissensgebiets mitzuwirken.

Anomalien, Krisen und wissenschaftliche Revolutionen

Wenn tatsächlich der Fall eintritt, dass sich ein Problem nicht regelkonform lösen lässt, d. h., dass eine **Anomalie** auftritt, so führt dies nach Kuhn zunächst nicht direkt zu einer Infragestellung des bestehenden Paradigmas und der mit ihm verbundenen Regeln. Anstatt das bestehende Paradigma im Sinne Poppers als falsifiziert zu betrachten, wird eher die Problemstellung angezweifelt oder es werden kleinere „Reparaturen“ an den Hypothesen des Paradigmas durchgeführt – ohne den Kern des bestehenden Paradigmas anzutasten. So lässt sich häufig eine Anomalie doch noch innerhalb des bestehenden Paradigmas lösen oder aber sie erweist sich für den weiteren Betrieb als nicht sonderlich beeinträchtigend. Wenn sich aber solche Anomalien häufen bzw. sich nicht beseitigen lassen, kann es dazu kommen, dass ein bestehendes Paradigma so sehr in seinen Grundlagen in Frage gestellt ist, dass es in eine **Phase der Krise** gerät. In solchen Phasen kann es zu einem **Paradigmenwechsel** und damit zu einer **wissenschaftlichen Revolution** kommen. Im Verlauf dieses Prozesses wird das alte Paradigma zugunsten eines neuen aufgegeben.

Unter einer **Anomalie** versteht Kuhn ein Phänomen, das der durch das Paradigma bestimmten Erwartung nicht entspricht.

ZITAT

> „[W]enn eine wissenschaftliche Theorie einmal den Status eines Paradigmas erlangt hat, wird sie nur dann für ungültig erklärt, wenn ein anderer Kandidat vorhanden ist, der ihren Platz einnehmen kann. Kein bisher durch das historische Studium der wissenschaftlichen Entwicklung aufgedeckter Prozess hat irgendeine Ähnlichkeit mit der methodologischen Schablone der Falsifikation durch unmittelbaren Vergleich mit der Natur. […] Die Entscheidung, ein Paradigma abzulehnen, ist immer gleichzeitig auch die Entscheidung, ein anderes anzunehmen, und das Urteil, das zu dieser Entscheidung führt, beinhaltet den Vergleich beider Paradigmata mit der Natur *und* untereinander."[7]

Ein von Kuhn für einen solchen Paradigmenwechsel angeführtes berühmtes **Beispiel** stellt der **Übergang vom geozentrischen zum heliozentrischen Weltbild** dar: Kuhn erläutert, wie zu Beginn des 16. Jahrhunderts die Astronomen Europas erkannten, dass das bestehende astronomische Paradigma bei Anwendungen auf seine eigenen traditionellen Probleme versagte. Diese Einsicht war die Voraussetzung für die Ablehnung des ptolemäischen Paradigmas durch Kopernikus und für die Suche nach einem neuen Paradigma.

Konsequenzen der Paradigmentheorie

Die von Paradigmen geleitete Wissenschaft erscheint als ein zweischneidiges Schwert: auf der einen Seite trägt diese Vorgehensweise dazu bei, Probleme zu lösen, die ohne das Paradigma so nicht in den Blick geraten wären und die man sonst niemals so genau untersucht hätte. Auf der anderen Seite wird das Bild, welches Wissenschaft sich von ihrem Forschungsgegenstand macht, in erheblichem Maße durch das sie leitende Paradigma geprägt. Im Sinne Kuhns könnte man sogar behaupten, dass der Forscher in Phasen der normalen Wissenschaft sich mehr dem Paradigma als dem Forschungsgegenstand selbst verpflichtet fühlt. Erkenntnis wäre dann nie eine absolute, sondern immer paradigmengeleitet.

7 Erkenntnis in den Geisteswissenschaften – Hermeneutik

Die Wissenschaften werden gemeinhin in die Naturwissenschaften und die Geisteswissenschaften unterteilt. Ein wesentlicher Unterschied zwischen diesen ist, dass bei den Naturwissenschaften das Erkenntnisobjekt (das zu Erkennende) vom Erkenntnissubjekt (vom Erkennenden) verschieden ist – es herrscht daher eine Außenperspektive vor. Die **Geisteswissenschaften** dagegen sind von einer **Innenperspektive** geprägt. Denn diese richten den Blick auf den menschlichen Geist bzw. darauf, was der menschliche Geist hervorbringt (u. a. Kunst, Philosophie). Erkenntnissubjekt und Erkenntnisobjekt sind insofern eins. Daher ist für die Geisteswissenschaften das Erkennen ein besonderes Problem. Dieses versucht die Hermeneutik mit der besonderen Erkenntnismethode des Verstehens zu lösen.

Zuweilen wird die Grenze zwischen Geistes- und Naturwissenschaften auch mithilfe der Unterscheidung von „Verstehen" und „Erkennen" gezogen.

Der Begriff **Hermeneutik** leitet sich von der Figur Hermes ab, die in der griechischen Mythologie der Bote und Vermittler zwischen den Göttern und Menschen war. Er wird in zweierlei Weise verwendet:

- Hermeneutik als **Theorie des Verstehens** setzt sich insbesondere damit auseinander, was Verstehen eigentlich bedeutet, welche Voraussetzungen es hat und wie Verstehensprozesse ablaufen.
- Hermeneutik als **Methode des Verstehens** stellt ein hierauf basierendes Verfahren mit dem Ziel dar, etwas zu **verstehen**, d. h. seinen Sinn zu **erkennen**.

Friedrich Schleiermacher (1768–1834).
Vor allem durch die Arbeiten der Philosophen Friedrich Schleiermacher und Wilhelm Dilthey (1833–1911) etablierte sich die moderne Hermeneutik als die grundlegende Methode der Geisteswissenschaften. Martin Heidegger (1889–1976) und schließlich vor allem Hans-Georg Gadamer (1900–2002) entwickelten die Hermeneutik weiter. Dabei ist es vor allem Gadamers Verdienst, das Subjekt des Verstehens in den Blick genommen zu haben.

Als Methode des Verstehens kann sich Hermeneutik auf unterschiedliche „Gegenstände" richten, z. B. auf:

- (sehr) alte Texte, bei denen die Bedeutung einzelner Wörter eine andere als die heutige ist oder in denen ausgestorbene Wörter vorkommen,
- Fremdwörter oder fremdsprachliche Texte, die man übersetzen muss,
- Wörter oder Texte, die in einer Fachsprache geschrieben sind,
- Kunstwerke,
- Symbole.

Mithilfe der Hermeneutik versucht man, den Sinn solcher „Gegenstände" zu erschließen, d. h. sie zu deuten, auszulegen, zu interpretieren.

Die moderne Hermeneutik berücksichtigt dabei in besonderer Weise diejenige bzw. denjenigen, die bzw. der etwas versteht, also das **Subjekt des Verstehens**. Denn je nachdem, was das Subjekt des Verstehens bereits weiß oder erlebt hat, wird es das zu Verstehende anders verstehen als ein anderes Subjekt, das andere Dinge weiß oder erlebt hat. Außerdem beachtet die moderne Hermeneutik in besonderer Weise die Dimension der Zeit – sie begreift das Verstehen als Prozess. Denn wenn das Subjekt etwas Neues verstanden hat, folgt daraus, dass es von da an ein **verändertes** Subjekt ist, da sich sein Vorverständnis ändert. Dieses geänderte Vorverständnis lässt das Subjekt das Objekt des Verstehens wieder anders sehen. Und durch diese neue Sicht verändert sich das Subjekt des Verstehens erneut, weil sich wiederum das Vorverständnis ändert – und immer so weiter. Dieser unabschließbare Prozess wird als **hermeneutischer Zirkel** bezeichnet – genauer gesagt handelt es sich eigentlich eher um eine „hermeneutische Spirale", da der Verstehensvorgang zu einem immer besseren Verständnis des Gegenstandes führt.

Der hermeneutische Zirkel beim Verstehen eines Textes

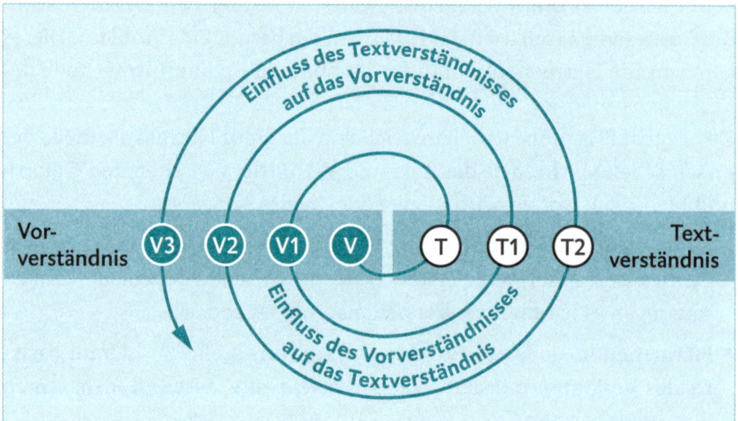

Wichtig ist in diesem Zusammenhang auch das Verhältnis vom Teil (z. B. ein Satz) zum Ganzen (z. B. der Text, in dem der Satz steht). Das Verständnis des Ganzen bildet sich sukzessive aus dem Verständnis seiner Teile, zugleich wirkt aber das Verständnis des Ganzen auch darauf zurück, wie ich seine Teile verstehe.

Hans-Georg Gadamer (1900–2002)

Vor allem **Hans-Georg Gadamer** hat darauf hingewiesen, dass dem **Subjekt des Verstehens** eine besondere Verantwortung im Verstehensprozess zukommt. Es muss sich bewusst sein, dass es alles, was es an Neuem verstehen will, vor dem **Hintergrund des bisher Erfahrenen** versteht. Dieses bisher Erfahrene hat es geprägt und lässt es Vor-Urteile bilden. Das Bewusstsein dieser Prägung muss laut Gadamer zu **Offenheit und Selbstmisstrauen** führen, denn nur so lässt sich ein tatsächlicher Erkenntniszuwachs und ein besseres Verstehen erreichen. Zugleich kann dieses bessere Verstehen immer nur ein vorläufiges sein, das sich beständig prüfen und hinterfragen muss. Es ist also mehr als zweifelhaft, ob es ein „richtiges" Verstehen überhaupt geben kann. Auf jeden Fall aber gibt

es nach Gadamer ein „falsches" Verstehen. Zwar existiert immer ein Spielraum des Verstehens, dieser ist aber nicht unendlich; er wird begrenzt durch die Wirklichkeit und das Verständnis der anderen. Wenn „mein" Verständnis von etwas grundsätzlich von dem Verständnis anderer abweicht und ich nicht in der Lage bin, „mein" Verständnis plausibel zu erklären, ist es mit hoher Wahrscheinlichkeit ein „falsches" Verständnis.
Ein für Gadamer wichtiger Begriff ist der des **„Horizonts"**. Diese Metapher drückt nach Gadamer aus, dass wir einen bestimmten Standpunkt haben, von dem aus man nur einen bestimmten Bereich sehen bzw. verstehen kann, der durch eben diesen „Horizont" begrenzt ist. Für Gadamer ist zum einen wichtig, dass man seinen **Standpunkt verändern** kann, weil man „beweglich" ist, und zum anderen, dass man versteht, wie man zu seinem **Standpunkt gekommen** ist. Daher müsse man sich auch mit der Vergangenheit und ihrer „Überlieferung" auseinandersetzen. Letztlich laufe Verstehen also darauf hinaus, sich in eine andere Person und/oder in eine andere Zeit „hineinzuversetzen", aber ohne sich dabei selbst aufzugeben. Bei Gadamer selbst heißt es:

Auch im Alltag sprechen wir zum Beispiel von einem „Verstehenshorizont" oder sagen etwa, dass etwas „über unseren Horizont" geht, wenn wir etwas nicht verstehen.

ZITAT

> „Eine Überlieferung verstehen, verlangt also gewiß historischen Horizont. Aber es kann sich nicht darum handeln, daß man diesen Horizont gewinnt, indem man sich in eine historische Situation versetzt. Man muß vielmehr immer schon Horizont haben, um sich dergestalt in eine Situation versetzen zu können. Denn was heißt Sichversetzen? Gewiß nicht einfach: Von-sich-absehen. Natürlich bedarf es dessen insoweit, als man die andere Situation sich wirklich vor Augen stellen muß. Aber in diese andere Situation muß man sich selber gerade mitbringen. Das erst erfüllt den Sinn des Sichversetzens. Versetzt man sich z. B. in die Lage eines anderen Menschen, dann wird man ihn verstehen, d. h. sich der Andersheit, ja der unauflöslichen Individualität des Anderen gerade dadurch bewußt werden, daß man sich in seine Lage versetzt."[8]

Verstehen ist also immer dann gegeben, wenn es zu einer **„Horizontverschmelzung"** kommt. Der eigene Horizont wird zusammengebracht mit dem einer anderen Person und/oder mit dem Horizont einer anderen Zeit. Es geht also gerade nicht darum, ob man nun selbst oder die andere Person „recht hat" oder „besser ist", sondern dass man auf eine höhere Stufe des Verstehens kommt, indem man das Eigene in einen größeren Zusammenhang stellt und so in seinen Besonderheiten (besser oder überhaupt erst) erkennen kann. Dazu bedarf es des Abstands, den die Perspektive des anderen bzw. die Überlieferung mit sich bringt.

Die Bedeutung des Abstandnehmens kann man sich mit einem Spiegel verdeutlichen: Wenn man zu dicht davor steht, kann man von sich selbst kaum etwas sehen – erst, wenn man einige Schritte zurücktritt, kann man sich selbst erkennen.

Vor allem seit Wilhelm Dilthey gilt die Hermeneutik als die grundlegende Methode der Geisteswissenschaften. Damit ist sie von elementarer Bedeutung für viele Bereiche, die auch unseren Alltag wesentlich prägen:

Wissenschaft	Untersuchungsgegenstände
Religionswissenschaften	Altes und Neues Testament, Koran, Thora
Geschichte, Archäologie	Malereien, Fundstücke, schriftliche Quellen
Kunst- u. Kulturwissenschaft	Gemälde, Skulpturen, Symbole
Philosophie	Alte Schriften
Sprachwissenschaften	Literatur, Grammatik
Juristische Wissenschaft	Gesetzestexte
Kriminalistik	Tatortspuren, Indizien
Soziologie und Politik	Politische Interessen u. Konflikte, Gerechtigkeit

Besonderheiten der juristischen Hermeneutik

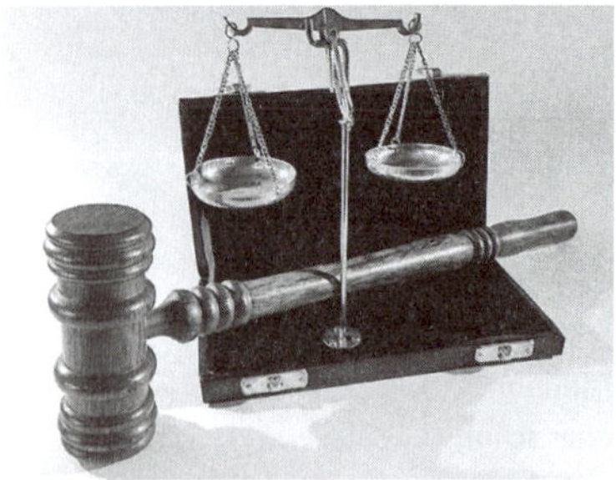

In juristischen Zusammenhängen ist die Hermeneutik wichtig, weil Gesetze allgemein formuliert sind und für alle möglichen Fälle gelten und funktionieren sollen. Die Juristen, besonders die Richter, müssen verstehen, inwiefern der konkrete vorliegende Fall von einem Gesetz oder auch mehreren Gesetzen „gemeint" ist. Man spricht auch von dem „mutmaßlichen Willen des Gesetzgebers" oder dem „Geist eines Gesetzes", den die urteilenden Juristen erfassen und auf den einzelnen Fall anwenden müssen.

Besonderheiten der religiösen Hermeneutik

Vgl. hierzu auch das Kapitel zum religiösen Fundamentalismus S. 311 f. in diesem Band.

Religiöse Fundamentalisten legen Wert darauf, dass „heilige Schriften" wie die Thora, der Koran oder die Bibel wortwörtlich zu verstehen seien und keiner Auslegung bedürfen, ja eine Interpretation sogar verboten sei, weil die heilige Schrift ja unmittelbar von Gott komme. Gadamer zufolge ist ein „Verstehen" der heiligen Schrift damit allerdings nicht möglich, denn der Mensch müsste dafür in der Lage sein, sich in die Lage Gottes zu versetzen. Stattdessen sei es die Aufgabe der Anhänger einer Religion, sich immer wieder neu zu fragen, wie die überlieferte heilige Schrift heute zu verstehen ist und was sie uns heute noch zu sagen hat.

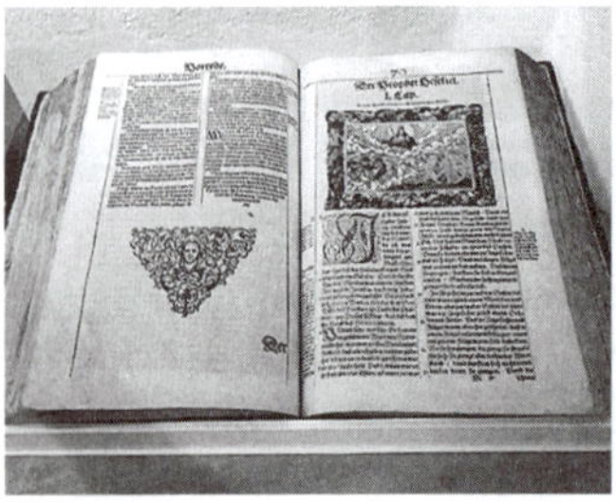

Bibel, Koran und Thora – Ob die heiligen Schriften wörtlich zu verstehen sind oder einer aktualisierenden Auslegung bedürfen, spielt für die Art und Weise, wie Religion gelebt wird, eine zentrale Rolle.

8 Zusammenfassung

- Nach der **Korrespondenztheorie** ist eine Aussage wahr, wenn sie mit der Realität übereinstimmt. Gemäß der **Kohärenztheorie** ist eine Aussage wahr, wenn sie sich in ein bestehendes System von bereits als wahr angenommenen Sätzen sinnvoll eingliedern lässt. Nach der **Konsenstheorie** wird eine Aussage dann als wahr betrachtet, wenn man sich auf diese in einem rationalen, herrschaftsfreien Diskurs einigen konnte.
- Bei der **Deduktion** schließt man von einer allgemeinen Aussage auf Einzelfälle. Bei der **Induktion** schließt man von Einzelfällen auf ein allgemeines Gesetz.
- Während die **Empiristen** davon überzeugt sind, dass primär unsere sinnliche Wahrnehmung zum Gelingen von Erkenntnis beiträgt, halten die **Rationalisten** die Vernunft für deren Hauptquelle.
- Der **Rationalist René Descartes** schließt die Sinneswahrnehmung als Quelle sicherer Erkenntnis aus. Als **einzige Gewissheit** bleibt dem radikalen Zweifler nur die Einsicht: „Ich denke, also bin ich." Vor diesem Hintergrund lassen sich weitere angeborene Ideen ableiten.
- Der **Empirist David Hume** sieht zunächst die Sinneswahrnehmung als primäre Quelle der Erkenntnis. In Bezug auf Kausalitätsbehauptungen ist er **Skeptizist:** Kausalität ist nur eine menschliche Interpretation der Wirklichkeit aus Gewohnheit. Das Kausalitätsprinzip selbst lässt sich nicht beobachten. Der Induktionsschluss ist für Hume ungültig.
- Der **Aufklärer Immanuel Kant** verbindet Empirismus und Rationalismus. Die (sinnliche) Anschauung und die (dem Verstand zugehörigen) Begriffe wirken beim Erkenntnisakt zusammen.
- Als Alternative zum Induktionsschluss schlägt **Karl Poppers Kritischer Rationalismus** die deduktive Methode der Überprüfung vor: Das Ziel ist die **Falsifikation** oder vorläufige Bewahrheitung von Theorien durch die Prüfung von deduktiv gewonnenen Beobachtungssätzen.
- Der Wissenschaftstheoretiker **Thomas S. Kuhn** erklärt wissenschaftlichen Fortschritt mit sogenannten **Paradigmenwechseln:** Wenn sich innerhalb eines Paradigmas auftretende Anomalien nicht mehr beseitigen lassen, kommt es zu einer wissenschaftlichen Revolution, in deren Verlauf ein neues Paradigma an die Stelle des alten tritt.
- **Hermeneutik** bezeichnet zum einen die **Theorie des Verstehens**, zum anderen eine **Methode des Verstehens**. Verstehen wird als unabschließbarer Prozess begriffen, bei dem das verstehende Subjekt eine zentrale Rolle spielt. Im **hermeneutischen Zirkel** (oder auch „hermeneutische Spirale") verändern sich wechselseitig der Verstehende (bzw. sein Vorverständnis) und das Verständnis des zu Verstehenden.

Religion und Religionskritik

Seit der Aufklärung hat die **Religion** im Leben vieler Menschen an Bedeutung verloren. Bis dahin war sie für die meisten Menschen ein prägender Bestandteil ihrer Lebensführung. Wie aber lässt sich Religion aus **philosophischer Sicht** beschreiben? Was macht Religion aus? Welche Funktionen hat sie? Neben diesen Punkten werden im folgendem Kapitel die wichtigsten **religionskritischen Ansätze** erklärt.

1 Funktionen von Religion

Über den Begriff der Religion sind sich Philosophen, Theologen und Religionswissenschaftler erwartungsgemäß nicht einig. Für Friedrich Heiler ist „Religion“ die „Bezeichnung für die Beziehung des Menschen zur übersinnlichen und ewigen Welt“[1]. Andere finden, dass es unmöglich sei, den Begriff so zu definieren, dass man den Wesenskern von Religion erfasst. So würde die Definition von Religion als Glaube an einen oder mehrere Götter nicht den Buddhismus erfassen, da dieser jedenfalls in seiner ursprünglichen Form Gott oder Göttern keine zentrale Rolle zuschreibt. Er wird deshalb auch als „atheistische Religion“ bezeichnet. Nur „Familienähnlichkeiten“ zwischen den einzelnen Wortverwendungen ließen sich demnach feststellen sowie typische Merkmale von Religionen formulieren. Nach dieser Auffassung kann man folgende Komponenten unterscheiden: die **Überzeugungskomponente** (z. B. vertritt das Christentum die Überzeugung, dass Jesus Gottes Sohn ist, während im Islam die Überzeugung vertreten wird, Mohammed sei der Gesandte Allahs), die **Glaubens- oder Vertrauenskomponente** (z. B. das Vertrauen, von Gott nicht verlassen zu werden) und die **Handlungskomponente** (d. h., mit Religionen sind charakteristischerweise Handlungen verbunden, z. B. regelmäßige Gottesdienstbesuche):

Der Begriff „**Familienähnlichkeit**“ geht auf den Sprachphilosophen Ludwig Wittgenstein (1889–1951) zurück. Nach seiner Auffassung ist bei vielen Begriffen (z. B. bei dem Begriff „Spiel“) eine strenge Definition, die das Wesen der definierten Sache angibt, nicht möglich. Stattdessen könnten nur Ähnlichkeiten zwischen verschiedenen Verwendungsweisen festgestellt werden.

Die Unterscheidung zwischen den drei typischen Komponenten der Religion findet sich bei Dieter Birnbacher (geb. 1946). Er spricht dabei von der „kognitiven“ (das Denken betreffenden), der „affektiven“ (das Gefühlsleben betreffenden) und der „praktischen“ (das Handeln betreffenden) Komponente.

Ausgehend von dieser Unterscheidung lässt sich erkennen, dass Religionen den Gläubigen auf verschiedene Weise **nützlich** sein können: Über die Handlungskomponente vermitteln sie Menschen beispielsweise Geborgenheit, indem diese z. B. in einer Gemeinde mit Gleichgesinnten regelmäßigen Gebeten nachkommen. Durch die Vertrauenskomponente wiederum vermag die Religion gläubige Personen in Lebenskrisen zu stärken. Die Überzeugungskomponente kann eine Antwort auf „letzte“ Fragen geben, wie etwa auf die Frage nach der Existenz einer unsterblichen Seele. Es wird dementsprechend immer wieder auf Studien hingewiesen, die zeigen, dass religiöse Menschen mit stressreichen Situationen auf gesündere Weise umgehen.

Für vorteilhafte Folgen von Religion interessiert sich auch die Evolutionsbiologie, sofern sie sich als **Soziobiologie** der Untersuchung menschlicher Gesellschaften zuwendet. Dabei geht sie davon aus, dass Religion bzw. die genetisch verankerte Neigung zur Religiosität Selektionsvorteile für den Einzelnen und für Gesellschaften insgesamt mit sich bringt. Dabei wird betont, dass Religionen typischerweise eine **Morallehre**, **Mythen**, **Rituale** und **„mystische" Elemente** aufweisen. Die Morallehre einer Religion kann deshalb nützlich sein, weil sie die Kooperation unter den Menschen fördert, die ihrerseits das Überleben der Gruppe und des Einzelnen sichert. Durch die Rituale vergewissern sich die Individuen ihrer Gruppenzugehörigkeit und Uneigennützigkeit in einer Welt, in der Eigennutz vorherrschend ist. Die Mythen bzw. religiösen Erzählungen schaffen ein Wir-Gefühl und stärken die Kampfkraft der Gruppe. Die „Mystik" beinhaltet die Glaubensmeinungen der Religion, z. B. über die Gestalt des Jenseits. Diese Auffassungen über die Wirklichkeit helfen bei der Orientierung und der Entscheidung in unübersichtlichen Situationen.

Die **Soziobiologie** erforscht die biologische Angepasstheit des Sozialverhaltens bei Menschen und Tieren.

Mit den vorteilhaften Folgen der Religion für die einzelnen Menschen hängt die soziologische Sichtweise zusammen, dass eine **Funktion** der Religion darin besteht, die Menschen in die Gesellschaft als Ganze zu **integrieren**, sodass diese überhaupt funktionieren kann.

Aus philosophischer und sozialwissenschaftlicher Sicht stellt sich allerdings die Frage, ob im Laufe einer fortschreitenden Aufklärung und Verwissenschaftlichung des Denkens die Religionen in Zukunft einmal überflüssig werden, d. h., ob das, was an ihnen bis heute „nützlich" ist, in Zukunft durch andere Formen des Denkens, Fühlens und Handelns ersetzt werden könnte – vorausgesetzt, dass sich die Bedürfnisse des Menschen nicht wesentlich ändern. Dass das nicht der Fall sein wird, behauptet der Philosoph Hermann Lübbe (geb. 1926) im Zusammenhang mit der Feststellung, Religion habe die Funktion der **Kontingenzbewältigung**. Kontingenz bedeutet nach dieser Definition die **Nichtverfügbarkeit** dessen, was unser Handeln bedingt. Wir sind z. B. geboren, ohne dass wir darüber verfügt haben, und wir und unsere Nächsten sterben, ohne dass wir grundsätzlich etwas dagegen tun können. Diese Umstände (z. B. dass wir selbst sterben werden) sind nicht sinnvoll in unser Handeln integrierbar, sie passen nicht in unsere praktischen Handlungsvollzüge – durch die Religion aber lässt sich der Kontingenz auf einer höheren Ebene Sinn abgewinnen, und zwar durch ihre Anerkennung. Der religiöse Mensch verzweifelt nicht an der Kontingenz und verliert sich in Anbetracht der eigenen Sterblichkeit auch nicht in angestrengten Versuchen, sich der eigenen Größe und Einzigartigkeit zu vergewissern. Er bewältigt die Kontingenz durch ihre **Anerkennung:** Er anerkennt die Kontingenz, indem er an-

Kontingenz heißt auch Zufälligkeit und bezieht sich auf etwas, das nicht notwendig so ist, wie es ist, sondern auch gar nicht oder ganz anders sein könnte.

erkennt, von einer **höheren Macht** abhängig zu sein. Da die Kontingenzerfahrungen mit dem Menschsein als solchem zusammenhängen, wird es nach dieser Sichtweise immer Religion geben, wenn auch vielleicht nicht in der organisierten Weise, wie sie uns in Form der großen Kirchen entgegentritt. Sie ist in den Worten Lübbes „aufklärungsresistent" und in einem bestimmten Sinne auch „säkularisierungsresistent"[2].

2 Vergleich religiöser und säkularer Sichtweisen

In der vormodernen (z. B. mittelalterlichen) Gesellschaft Europas war das Leben noch sehr stark von der Religion geprägt. Der Glaube an Gott und an ein Jenseits prägte das Denken der Menschen, und die Kirche war neben der weltlichen Regierung die herrschende Kraft im Land. Mit der Modernisierung ließ der Einfluss von Religion und Kirche auf das Leben und Denken der Menschen nach. Friedrich Nietzsche sprach in diesem Zusammenhang vom „Tod Gottes" und der Soziologe Max Weber von der „Entzauberung der Welt". Der **Platz der Religion** wurde von einer **materialistischen oder wissenschaftlichen Weltsicht** und von politischen Lehren wie dem Kommunismus oder dem Liberalismus streitig gemacht. Heute nimmt in Deutschland die Zugehörigkeit zu den großen christlichen Konfessionen (Katholizismus, Protestantismus) beständig ab und der Anteil der Konfessionslosen zu. Und auch der Glaube an Gott nimmt ab, woraus aber nicht folgt, dass für die meisten Menschen die Religion keine Bedeutung hat. Neben den Rückgang des Gottesglaubens tritt eine Pluralisierung der Religion, denn es nimmt der Anteil anderer Religionen, z. B. des Islams, in Deutschland zu. Auch gibt es Tendenzen zu einer Individualisierung der Religion, d. h., dass die Menschen sich zunehmend ihre Religion selbst fabrizieren.

Nach dem *Religionsmonitor 2023* (Bertelsmann-Stiftung) verteilt sich die Zugehörigkeit der Menschen zu einer Religionsgemeinschaft in Deutschland folgendermaßen: 50 % Christentum, 35,9 % Konfessionslose, 8,5 % Islam, 1,3 % Hinduismus, 0,9 % Buddhismus, 0,3 % Judentum.

säkular: weltlich, im Unterschied zu geistlich

Beim Vergleich religiöser und säkularer Sichtweisen spielt die Frage nach der **Existenz eines Gottes oder mehrerer Götter** eine wichtige Rolle. Folgende Haltungen hierzu lassen sich unterscheiden:

Theismus	Es gibt einen oder mehrere persönlichen Götter.
Monotheismus	Es gibt nur einen persönlichen Gott.
Polytheismus	Es gibt mehrere persönliche Götter.
Deismus	Es gibt einen persönlichen Gott, der die Welt erschaffen hat und danach nicht mehr in die Schöpfung eingreift.
Pantheismus	Gott ist in allem, alles ist in Gott – Gott wird mit der Natur gleichgesetzt, er greift nicht von außen in die Welt ein, sondern wirkt *in* der Welt.

Agnostizismus	Die Annahme, dass es Gott gibt, ist nicht begründbar. Es ist aber auch nicht auszuschließen, dass es ihn gibt. Eine starke Form des Agnostizismus behauptet, dass die Existenz Gottes niemals festgestellt werden könne und dass es deshalb sinnlos sei, sich die Frage nach Gott überhaupt zu stellen.
Atheismus	Es gibt keinen persönlichen Gott.

Für den Biologen und Religionskritiker **Richard Dawkins** (geb. 1941) ist die Frage nach der Existenz Gottes innerhalb der empirischen Wissenschaften angesiedelt und hat mit Wahrscheinlichkeiten zu tun. Zwischen der **theistischen** Auffassung, dass es mit hundertprozentiger Wahrscheinlichkeit einen **Gott gibt**, und der **atheistischen** Auffassung, dass es mit hundertprozentiger Wahrscheinlichkeit **keinen Gott gibt**, fänden sich mehr oder weniger agnostische Aussagen wie die von Dawkins selbst vertretene Behauptung: „Ich kann es nicht sicher wissen, aber ich halte es für sehr unwahrscheinlich, dass Gott existiert, und führe mein Leben unter der Annahme, dass es ihn nicht gibt.“[3] Dawkins nennt diese Position *„de facto* atheistisch“[4].

„Atheist Bus Campaign" (2008) von Ariane Sherine (links) – unterstützt von Richard Dawkins (rechts)

Für den Atheismus oder einen zum Atheismus neigenden Agnostizismus ist eine diesseitige, säkulare Sichtweise typisch. In dieser kommt Annahmen wie der, dass es eine unsterbliche Seele oder einen Gott gibt, der das Universum erschaffen hat, keine Stichhaltigkeit zu. Die Frage nach dem Anfang des Universums wird sie nicht mit einem mächtigen Gottes erklären, sondern sie wird sich einer Erklärung enthalten, da durch die Annahme, dass Gott die Welt erschaffen hat, ein Rätsel durch ein größeres Rätsel ersetzt würde. Eine solche Perspektive schätzt allgemein ein an Beobachtung und Maßstäben der Logik orientiertes Denken, das versucht, mit möglichst wenigen Annahmen über die Welt auszukommen.

Ein früher Anhänger des Sparsamkeitsgedankens ist **Wilhelm von Ockham** (1288–1347). Auf ihn beziehen sich bis heute viele Anhänger des Prinzips, wobei gerne von „Ockhams Rasiermesser“ gesprochen wird: Danach sollen alle Annahmen über Dinge in der Welt „wegrasiert“ werden, die nicht unbedingt notwendig sind.

Zentral für die Glaubenswelt des **Christentums** ist die Annahme, dass es einen **Gott** gibt und dass **Jesus** dessen **Sohn** ist. Dabei teilt es mit den anderen großen monotheistischen Religionen den Glauben an die Vollkommenheit Gottes, d. h. insbesondere an seine Allmacht und Allwissenheit, sowie die für die Gläubigen tröstende Aussicht auf ein **ewiges Leben**. So beinhaltet das **Apostolische Glaubensbekenntnis**, in dem sich die fundamentalen Glaubenssätze aller westlichen Kirchen wiederfinden, den Glauben an „Gott, den Vater, den Allmächtigen, den Schöpfer des Himmels und der Erde“, an „Jesus Christus, seinen eingeborenen Sohn“, und an die „Auferstehung der Toten und das ewige Leben“.

Darüber, wie man sich das ewige Leben vorzustellen hat, gehen die Auffassungen innerhalb des Christentums auseinander. In Anlehnung an Platons Vorstellung vom Körper als „Gefängnis der Seele“ nehmen manche eine **übernatürliche** und **unsterbliche Seele** an, die mit dem Tod den Körper verlässt. Außerdem gibt es die **apokalyptische Vorstellung**, dass am Ende der Zeiten die Toten auferstehen und in einem Letzten Gericht die Guten und die Bösen voneinander geschieden und belohnt bzw. bestraft werden. Nach einer dritten christlich-religiösen Sichtweise ist die Rede vom ewigen Leben nicht wörtlich, sondern bildhaft zu verstehen. Das ewige Leben ist demnach die **mystische Teilhabe** am ewigen Leben Gottes, die im realen Leben erlangt werden kann, und nicht das eigene persönliche Weiterleben in Form einer unsterblichen Seele.

supranaturalistisch: über das natürlich Gegebene hinausgehend

Das „ewige Leben“ – christliche Perspektiven

Supranaturalistische Vorstellung	Die unsterbliche Seele verlässt mit dem Tod den Körper und erlangt unter bestimmten Voraussetzungen ewiges Leben.
Apokalyptische Vorstellung	Am Ende der Zeiten kommt es zu einem Letzten Gericht (auch: Jüngstes Gericht), in dessen Folge die Sünder bestraft und die Gerechten belohnt werden.
Mystische Vorstellung	„Ewiges Leben“ bedeutet die Teilhabe am ewigen Leben Gottes unter Aufgabe des eigenen Willens.

Spirituelle Auffassungen von Religion, wie sie in der mystischen Vorstellung des ewigen Lebens zum Ausdruck kommen, betonen meist den **Symbolcharakter** religiöser Glaubensaussagen insgesamt. Religion vermittelt demgemäß in erster Linie **Mythen**, deren Aussagen nicht wörtlich, sondern in einem übertragenen, symbolhaften Sinne zu verstehen sind. Nach dieser Sichtweise, die nicht zuletzt in der modernen protestantischen Theologie anzutreffen ist, legen viele religionskritische Denker wie Dawkins ihren Überlegungen ein verkürztes, ja fundamentalistisches Gottesbild zugrunde, da Gott nicht im Sinne einer objektiv existierenden, empirisch erfahrbaren Person zu verstehen sei. Im Gegenzug kann der spirituellen Denkrichtung vorgehalten werden, dass sie die religiösen Aussagen ihres Sinnes entleert und damit gegen vernünftige Kritik immunisiert.

3 Positionen der Religionskritik

3.1 Religionskritik in der Antike

Eine der frühen religionskritischen Argumente besteht in der Behauptung des vorsokratischen Philosophen **Xenophanes** (6. Jahrhundert v.

Chr.), dass die Angehörigen verschiedener Völker ihre Götter mit Eigenschaften ausstatten, die ihnen selbst ähneln:

ZITAT

> „Wenn Kühe, Pferde oder Löwen Hände hätten und damit malen könnten und Bildwerke schaffen wie die Menschen, so würden die Pferde die Götter abbilden und malen in der Gestalt von Pferden, die Rinder in der von Rindern, und sie würden solche Statuen meißeln, ihrer eignen Körpergestalt entsprechend."[5]

Die dem einen Gott bzw. den Göttern zugeschriebenen Eigenschaften verdanken sich der Übertragung menschlicher Eigenschaften – Gott ist aus dieser Perspektive nur eine **Projektion** des Menschen. Die Kritik bezieht sich allerdings streng genommen nicht auf jedes Gottesbild, sondern nur auf das weitverbreitete **anthropomorphe** Gottesverständnis.

Anthropomorphismus bezeichnet die Vermenschlichung von Nicht-Menschlichem, z. B. von Göttern oder Naturgewalten. Ein anthropomorphes Gottesbild zeichnet sich dadurch aus, dass Gott vermenschlicht wird.

Nach der Vorstellung des Vorsokratikers **Kritias** (460–403 v. Chr.) geht der Gottesglaube auf die **Erfindung** eines klugen Individuums zurück mit dem Ziel, die Menschen von Verbrechen abzuhalten. Da vor Gott nichts geheim bleibt, er alles sieht und hört und Unrecht bestraft (und seien es nur die schlechten Absichten eines Menschen), besteht ein starker Anreiz, sich an die Gesetze zu halten. Gott sei somit eine Erfindung, die der Disziplinierung der Menschen dient.

Demokrit (460/459–370 v. Chr.), der ebenfalls den Vorsokratikern zugerechnet wird, sieht den Ursprung des Götterglaubens in der **Unerklärlichkeit von Naturerscheinungen** und deren zum Teil furchteinflößender Wirkung. Die Menschen konnten sich z. B. Donner und Blitz nicht auf andere Weise erklären und führten sie deshalb auf das Wirken göttlicher Wesen zurück. Bedrohlich wirkende Phänomene wie Kometen oder Meteore deuteten sie als den Zorn der Götter.

In dieser Auffassung ist schon der Geist der Aufklärung zu spüren, denn sie legt nahe, die Natur zu erforschen, um den Menschen die Furcht zu nehmen und irrationalen Erklärungen entgegenzuwirken.

Epikur (341–271/270 v. Chr.) zählt wie Demokrit zu den Atomisten und damit zu den **Materialisten:** Wie dieser führt er alle Phänomene, einschließlich der **Seele**, auf kleinste, unteilbare Partikel zurück, nämlich **Atome**. Er bestreitet zwar nicht, dass es Götter gibt, vertritt aber die Auffassung, dass sie in den leeren Räumen zwischen den Welten leben – dort führen sie nach Epikur eine zufriedene Existenz, kümmern sich nicht um die Menschen und sind für diese auch nicht erreichbar.

Wegweisender als diese spekulative theologische Behauptung ist Epikurs Formulierung des bekannten **Theodizee-Problems**, d. h. der Frage nach der Rechtfertigung (eines vollkommenen) Gottes angesichts der **Übel** auf der Welt. Bei ihm findet sich bereits der Einwand, dass es einen sowohl **wohlwollenden** als auch **allmächtigen Gott** angesichts dieser **Übel** nicht geben kann: Entweder könne er die Übel nicht verhindern oder er wolle sie nicht verhindern oder er wolle *und* könne sie nicht verhindern.

Das Schlechte in der Welt wäre demnach nur mit einem bösartigen oder schwachen Gott verträglich oder mit einem Gott, der beides ist: böse und schwach. Die Frage der Theodizee wird bis heute im Zusammenhang mit der christlichen Religion diskutiert, denn die Idee der Vollkommenheit (vollkommenes Wissen, vollkommene Macht und vollkommene Güte) ist bis heute mit dem christlichen Gottesbild verbunden.

3.2 Moderne Religionskritik

3.2.1 Die Frage der Theodizee

In Georg Büchners berühmtem Drama *Dantons Tod* wird das Leiden in der Welt als der „Fels des Atheismus" bezeichnet.

Die bis in die antike Philosophie zurückreichende Frage der **Theodizee** ist ein wichtiger Ursprung des Atheismus oder Agnostizismus, denn die Frage ist nicht von der Hand zu weisen: Wie kann es Gott in seiner Vollkommenheit zulassen, dass unschuldige Menschen, aber auch Tiere leiden und schmerzhaft zugrunde gehen? Eine Antwort besteht darin, dass man zwischen **moralischen** (auf Entscheidungen von Menschen zurückzuführende Übel) und **natürlichen Übeln** (z. B. Tsunamis) zu unterscheiden habe und zumindest die moralischen Übel nicht Gott anzulasten seien. Dieser habe nämlich – so lautet eine „Brückenhypothese" des Theismus – dem Menschen einen **freien Willen** mitgegeben, sodass auch die Möglichkeit bestehe, dass er sich für das Böse entscheidet. Die Religionskritik hat darauf verschiedene Antworten. Eine davon besteht in dem Einwand, dass der vollkommene Gott die Freiheit des Menschen hätte einschränken können, und zwar insofern, als er ihn nicht mit der Fähigkeit hätte ausstatten müssen, andere Menschen zu töten. Er hätte ihn so gestalten können, dass er z. B. nicht in der Lage wäre, **moralische Übel** zu begehen, wie zu befehlen oder zuzulassen, dass Millionen Menschen ermordet werden, wie dies unter Hitler im Holocaust geschehen ist. Außerdem könnte Gott unter der Voraussetzung, dass er dem Menschen eine umfassende Freiheit mitgegeben hat, die Folgen der schlimmsten Entscheidungen, die dieser infolge seiner Freiheit trifft, durch ein Wunder verhindern.

In der Diskussion um die Theodizee begegnet der Theismus den Einwänden mithilfe sogenannter **Brückenhypothesen**, d. h. mit Hypothesen, die die Kluft zwischen dem unbestreitbaren Tatbestand der Übel in der Welt einerseits und der Annahme eines vollkommenen Gottes andererseits „überbrücken" sollen.

Eine der sich auf die **natürlichen Übel** (z. B. Erdbeben oder Krankheiten wie Krebs oder Malaria) beziehenden Brückenhypothesen behauptet, dass die Leiden in der Welt notwendig seien, weil sonst die moralischen Anlagen und Fähigkeiten der Menschen nicht gedeihen könnten. Ein „Schlaraffenland", in welchem Gott alle menschlichen Bedürfnisse befriedigen würde, so die Annahme, wäre zugleich eine Welt ohne moralische Tugenden. Gegen diese Brückenannahme wird eingewendet, dass sie mit extremen Alternativen arbeitet. Es sei auch eine „dritte Welt" denkbar, in der es keine unheilbaren Krankheiten oder unbeeinflussbare Naturkatastrophen existieren, aber in der die Menschen sich dennoch anstrengen müssten, um besser zu leben, und in der es zwar Übel gibt, aber nicht so dramatische Übel, wie wir sie in unserer Welt kennen.

Die Theodizee-Frage und eine Brückenthese des Theismus

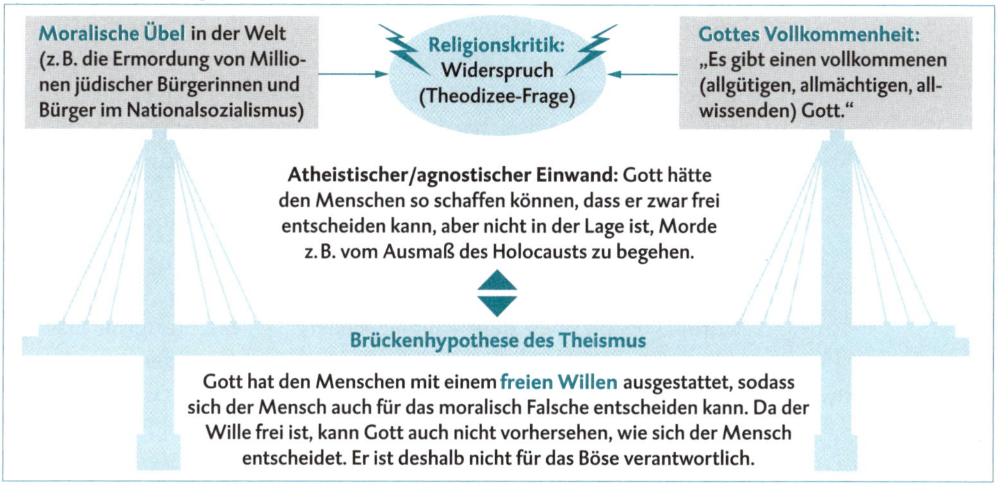

Während viele Agnostiker und Atheisten im Hinweis auf das unbestreitbare Leid in der Welt eine Widerlegung des Theismus erblicken und zumindest die bisherigen Theodizee-Versuche für gescheitert halten, sehen es viele Philosophen als Aufgabe des Theismus an, überzeugende Brückenhypothesen zu finden. Eine Abschwächung der eigenen Annahmen über Gott, z. B. Hinweise auf Gottes „Unergründlichkeit", haben für sie dagegen den Charakter einer Ausweich- oder Immunisierungsstrategie.

3.2.2 Friedrich Nietzsche und der Tod Gottes

Einem breiten Publikum bekannt ist **Friedrich Nietzsches** Religionskritik durch die Aussage, dass **Gott tot sei**. In seiner Schrift *Die fröhliche Wissenschaft* lässt er einen „tollen [verrückten] Menschen"[6] auftreten, der an einem hellen Vormittag eine Laterne anzündet und auf dem Marktplatz ruft „Wohin ist Gott?" und zugleich die Antwort gibt: „*Wir haben ihn getödtet,* – ihr und ich! Wir alle sind seine Mörder!" Später ruft er: „Gott ist todt! Gott bleibt todt! Und wir haben ihn getödtet!" Da es sich um einen verrückten Menschen handelt, der Gott für tot erklärt, könnte man meinen, dass es nicht Nietzsche selbst ist, der Gott für „tot" erachtet. Auch bleibt zunächst unklar, was mit dem „Tod Gottes" genau gemeint ist, denn offensichtlich ist dies eine interpretationsbedürftige bildhafte Formulierung. An einer weiteren Stelle der „Fröhlichen Wissenschaft" klären sich diese Fragen:

ZITAT

> „Das grösste neuere Ereigniss, – dass ‚Gott todt ist', dass der Glaube an den christlichen Gott unglaubwürdig geworden ist – beginnt bereits seine ersten Schatten über Europa zu werfen."[7]

Nietzsche stellt sich hinter die Feststellung vom „Tod" Gottes und deutet sie in dem Sinne, dass die christliche Vorstellung Gottes ihre **ursprüngliche Überzeugungskraft** verloren hat. Es handelt sich damit um eine sich auf Erfahrung beziehende (religionssoziologische) Aussage, die besagt, dass der Glaube der Menschen an diesen Gott dramatisch zurückgeht. Es mögen noch viele Menschen die Kirchen besuchen oder christliche Feiertage begehen, dennoch zeichnet sich Nietzsche zufolge ein Epochenwandel ab hin zu einem ernst zu nehmenden **Rückgang des christlichen Glaubens**. Dieser Wandel wird von Nietzsche als „Verdüsterung" Europas beschrieben, denn auf den Niedergang des Gottesglaubens folge nämlich unweigerlich der Zusammenbruch der gesamten europäischen Moral. Der dann zu erwartende Zustand des Nihilismus ist für ihn allerdings **verheißungsvoll**. Nietzsche begrüßt (wie er meint, im Einklang mit allen „freien Geistern") diese Entwicklung und propagiert eine „Umwertung aller Werte", die in der Transformation der „Sklavenmoral" jüdisch-christlicher Herkunft hin zur „Herrenmoral" besteht: Christliche Werte wie Mitleid und Barmherzigkeit würden dann ersetzt mit Werten wie Egoismus und Machtstreben.

Spätestens hier verlässt Nietzsche die deskriptive religionssoziologische Perspektive und nimmt einen normativen Blickwinkel ein.

Vgl. hierzu die Ausführungen zu Nietzsches Moralkritik auf S. 133–136 in diesem Band.

3.2.3 Ludwig Feuerbach, Karl Marx und Sigmund Freud

Die Religionskritiken von Ludwig Feuerbach, Karl Marx und Sigmund Freud teilen miteinander den Ansatz, den Glauben der Menschen an Gott (bzw. die Entstehung von Religionen) zu erklären. Theistische Annahmen beruhen nach diesem Ansatz auf **Illusionen**.

Ludwig Feuerbach: Gott als Projektion

Ludwig Feuerbach (1804–1872) war ein bedeutender deutscher Philosoph, der politisch der Bewegung des Vormärz nahestand. Er war stark von dem Denken G.W.F. Hegels beeinflusst und bereicherte die Anthropologie durch eigene Denkansätze, insbesondere durch die Würdigung von Liebe und Sinnlichkeit. Von herausragender Bedeutung ist sein Werk *Das Wesen des Christentums* (1841).

Der deutsche Philosoph Ludwig Feuerbach knüpft in seiner Religionskritik an **Xenophanes** an, indem er den Gedanken der **Projektion (Übertragung)** aufgreift. In seiner Analyse des Christentums kommt er zu dem Ergebnis, dass die zentralen Glaubensannahmen des Theismus ein Produkt der Übertragung dessen sind, was die Menschen an den Menschen für wertvoll erachten bzw. was das ihnen bewusste Wesen des Menschen ausmacht. Deshalb sind nach Feuerbach die Aussagen über die Religion als Aussagen zu verstehen, die eigentlich der **Anthropologie** zuzurechnen sind. Da sich ihm zufolge in der Religion das Wesen des Menschen offenbart, verwundert es nicht, dass er sich ausführlich mit der **Natur des Menschen** befasst. Diese besteht seiner Auffassung nach in der Dreiheit von Vernunft, Wille und Herz, wobei zu bedenken ist, dass für ihn „Vernunft" vieles bedeutet, z. B. auch Fantasie und Vorstellung, und statt von „Herz" spricht er auch von „Gefühl" oder „Liebe". Festzuhalten ist dabei vor allem, dass die Menschen das, was ihnen wesentlich zukommt (z. B. das Herz oder das Gefühl), zunächst als etwas Absolutes und gleichsam Göttliches in sich selbst erleben, aber damit z. B. aufgrund mangelnder innerer Größe nicht zurechtkommen und es auf ein äußeres göttliches Wesen **übertragen**.

Die anthropologische Perspektive macht beispielsweise folgende Textstelle aus Feuerbachs *Das Wesen des Christentums* deutlich: „Die Religion, wenigstens die christliche, ist das Verhalten des Menschen zu sich selbst, oder richtiger: zu seinem Wesen, aber das Verhalten zu seinem Wesen als zu einem anderen Wesen. Das göttliche Wesen ist nichts andres als das menschliche Wesen [...], angeschaut und verehrt als ein andres, von ihm unterschiednes, eignes Wesen – alle Bestimmungen des göttlichen Wesens sind darum Bestimmungen des menschlichen Wesens."[8]

Im Ergebnis findet in diesem Vorgang sowohl eine **Selbsterniedrigung** als auch eine **Entzweiung** statt. Was der Mensch als „göttlich" in sich selbst erlebt, überträgt er auf ein göttliches Wesen, indem er es als eine menschliche Eigenschaft verneint und zugleich als eine Eigenschaft eines göttlichen Wesens überhöht. Und indem er seine eigenen Wesensmerkmale in Gott vergegenständlicht, **entfremdet** er sich zugleich von sich selbst. Dabei darf nicht übersehen werden, dass sich Feuerbachs Religionskritik keineswegs nur auf ein vermenschlichendes Gottesbild bezieht, d. h. auf die Vorstellung Gottes als eines Wesens mit menschlichen Zügen, sondern auch ganz grundsätzlich auf die Annahme, dass es überhaupt einen Gott gibt. Auch hier greift er auf die Projektionsidee zurück, denn auch die Annahme der **Existenz Gottes** ist nach Feuerbach Produkt anthropomorphen Denkens. Zu existieren, „Wesen" zu sein, erfährt der Mensch als größtes Glück. Dieses Bewusstsein der eigenen Existenz ergibt sich im Verbund mit der Erfahrung bestimmter Eigenschaften (wie z. B. der Liebesfähigkeit) und beides wird auf die äußere Wirklichkeit übertragen und schließlich als göttliches Wesen betrachtet. Seine Projektionsthese fasst Feuerbach folgendermaßen zusammen:

ZITAT

> „[N]icht Gott schuf den Menschen nach seinem Bilde, wie es in der Bibel heißt, sondern der Mensch schuf [...] Gott nach seinem Bilde."[9]

Im religiösen Denken offenbaren sich nach Feuerbach menschliche **Wünsche** und dementsprechend können sich Religionen unterscheiden: So hätten sich die alten Griechen anders als die Anhängerinnen und Anhänger des Christentums kein ewiges Leben in einem Paradies gewünscht, sondern ein Leben, das nicht früh und unter Schmerzen endet. Auch zeige die Eingeschränktheit der griechischen Götter, dass die Bewohner Griechenlands nur beschränkte Wünsche hatten. Im Einklang mit seiner Idee der Projektion ist Feuerbach überzeugt, dass die Menschen ihre Wünsche auf Gott bzw. die Götter **projizieren**. Im christlichen Gott, der den Gläubigen als Inbegriff von Liebe, Güte und Weisheit gilt, spiegeln sich demgemäß die menschlichen Ideale der Liebe, Güte und Weisheit.

Feuerbachs Projektionsthese

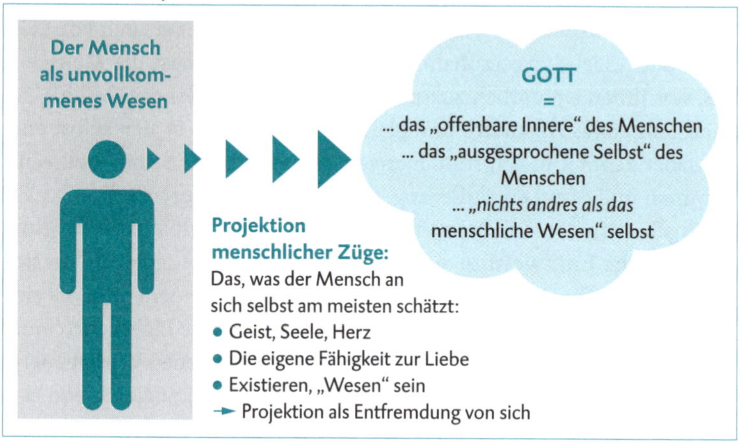

Die Vorstellung, dass der Mensch ein entfremdetes Leben führt, hat einen großen Einfluss auf Karl Marx ausgeübt.

Diese Spiegelung geschieht unbewusst, und die Bewusstwerdung der Projektion ist der erste Schritt für die Menschen, sich von der Religion zu emanzipieren, die dadurch bedingte **Entfremdung** zu **überwinden** und sich selbst als ein vor allem durch Sinnlichkeit (d. h. durch Empfindungen, Neigungen und Gefühle) gekennzeichnetes Wesen zu erkennen und zu verwirklichen.

Karl Marx (1818–1883) setzte sich in seinen *Thesen über Feuerbach* (verf. 1845) direkt mit Feuerbachs Überlegungen auseinander.

Karl Marx: Religion als „Opium des Volkes"

Die Religionskritik **Karl Marx'** unterscheidet sich von der Feuerbachs im Wesentlichen darin, dass er annimmt, die Menschen könnten ihre Wünsche und Ideale aufgrund der unmenschlichen gesellschaftlichen Verhältnisse nicht ausleben. Es geht hierbei um zwei verschiedene **Menschenbilder:** Feuerbach schreibt der Natur des Menschen bestimmte Eigenschaften zu, während es für Marx **keine festgefügte menschliche Natur** gibt. Der Mensch ist vielmehr ganz von der Gesellschaft geprägt, in der er lebt: Er ist, wie Marx behauptet, das „[E]nsemble der gesellschaftlichen Verhältnisse"[10].

In einer von **Ausbeutung** und **Entfremdung** geprägten kapitalistischen Gesellschaft flüchten sich die Menschen in die Religion und ihre Tröstungen, was in der von Marx vorausgesagten klassenlosen Gesellschaft nicht mehr nötig wäre. Die Religion sei demnach der **„Seufzer der bedrängten Kreatur, das Gemüt einer herzlosen Welt"** und gleichsam das **„*Opium* des Volkes"**[11]. Aus dieser Sicht ist es nicht angezeigt, die Aussagen der Religion mit theoretischen Gründen zu widerlegen, sondern es muss das Ziel sein, die Gesellschaft zu verändern, sodass die

Menschen ihre Bedürfnisse, z. B. das Bedürfnis nach Liebe, ausleben können und sich nicht in eine religiöse Scheinwelt flüchten müssen. Dementsprechend erklärt Marx in seiner bekannten **11. Feuerbachthese:**

ZITAT

> „Die Philosophen haben die Welt nur verschieden *interpretiert*, es kömmt drauf an, sie zu *verändern*."[12]

Es fragt sich aber, ob sich das Bedürfnis nach Religion tatsächlich allein auf durch gesellschaftliche Verhältnisse bedingte Not zurückführen lässt. Wären die Menschen nicht auch in einer idealen Gesellschaft Nöten ausgesetzt, wenn sie z. B. geliebte Angehörige oder Freunde verlieren? Ist es nicht, allgemein gesprochen, überzeugender anzunehmen, dass in Anbetracht der eigenen Verletzlichkeit und der **Kontingenz** im Allgemeinen das Bedürfnis vieler Menschen nach Religionen kaum je erlöschen wird?

Vgl. hierzu die Ausführungen zu Lübbe auf S. 299 f. in diesem Buch.

Sigmund Freud: Gott als Vaterersatz

Für Sigmund Freud entspricht die Religion einem **infantilen**, d. h. kindlich-unreifen Bedürfnis, und zwar insofern, als sie den Versuch darstellt, die elterliche, insbesondere **väterliche Autorität** aufrechtzuerhalten oder wiederherzustellen. Gott fungiert als Ersatz des in der Kindheit als mächtig und unfehlbar erlebten Vaters bzw. der so wahrgenommenen Eltern. Dies zeigt sich nach Freud in **Parallelen** zwischen dem Vater bzw. den Eltern und dem, was die Menschen Gott zuschreiben. So wird Gott beispielsweise als Urheber der Moral betrachtet, was seine Entsprechung in der Rolle der Eltern als moralische Autorität findet:

Vgl. hierzu auch das Kapitel zu Freuds Moralkritik auf S. 136 ff. in diesem Buch.

Vater (bzw. Eltern) ⟷	Gott
• Schenkt dem Kind das Leben	• Schöpfer alles Lebendigen
• Verbote und Gebote	• Gottes Wille als Grundlage der Moral
• Erziehung zur Kenntnis der sozialen Pflichten durch „Liebesprämien" und Strafen	• Belohnender und strafender Gott • Glück und Sicherheit hängen von der Erfüllung der göttlichen Gebote ab
• Vermittlung der Empfindung, dass seine Lebenssicherheit von der Liebe der Eltern und der Liebe anderer abhängt	• Lebenssicherheit von Gottes Liebe abhängig • Gebet als Möglichkeit, direkt auf den göttlichen Willen Einfluss zu nehmen und an der Allmacht Gottes teilzuhaben

Religion als Ausdruck einer **infantilen Einstellung:** Gott fungiert als Ersatz des (der) in der Kindheit als mächtig und unfehlbar wahrgenommenen Vaters (Eltern).

Folgt man Freuds Blick auf die Religion, dann wird die Religion überflüssig, sobald sich die Menschen im Sinne der Aufklärung zu mündigen, selbstverantwortlichen Wesen entwickeln.

Das religionskritische Potenzial der drei Erklärungen von Religion
Bei der Beurteilung dieser drei Formen der Religionskritik, von denen jede auf ihre Weise versucht, die Entstehung der Religion zu erklären, ist der Hinweis wichtig, dass sie selbst die theistischen Annahmen nicht direkt widerlegen. Die gegenteilige Annahme würde auf einem **genetischen Fehlschluss** beruhen, denn es würde aus der Entstehung von Überzeugungen auf deren Geltung geschlossen, d. h. darauf, ob sie wahr oder falsch sind. Allerdings wird von theismuskritischer Seite betont, dass die drei Erklärungen zwar nicht direkt, aber indirekt zur Religionskritik beitragen. Denn sie würden eine kritische Antwort auf das Argument liefern, dass die **religiösen Erfahrungen** vieler Menschen auf eine übernatürliche Ursache hinwiesen. Die Erklärungen Feuerbachs, Marx' oder Freuds geben in ihrer Gesamtheit Ansatzpunkte für eine „natürliche" Erklärung solcher Erfahrungen, nämlich indem sie z. B. im Sinne von Freud darauf aufmerksam machen, dass sich die entsprechenden Personen unbewusst nach einer väterlichen Autorität sehnen.

Der Philosoph **John Leslie Mackie** (1917–1981) betont in seinem Werk *Das Wunder des Theismus* (engl. Orig. von 1982), dass die Erklärungen von Feuerbach, Marx und Freud zwar nicht in jedem Detail, aber in ihrer Gesamtheit auch für die aktuelle Religionskritik von Bedeutung sind.

Die Religionskritik von Feuerbach, Marx und Freud im Überblick

4 Instrumentalisierung von Religion

4.1 Religion und Kriege

Dass sich die Religion der Unterstützung jeder Form von Krieg enthalten sollte, ließe sich zwar aus der Bergpredigt des Neuen Testaments ableiten, wo Jesus sogar die Feindesliebe fordert. Und auch in den anderen Religionen ist Gewaltfreiheit ein wichtiges Element. Dennoch haben Religionen an der Geschichte von Krieg und Gewalt immer wieder einen Anteil gehabt. Spätestens dann, wenn Kirchenführer einen **Angriffskrieg** gegen einen anderen Staat unterstützen oder einen Krieg gutheißen, in dem Kriegsverbrechen begangen werden, steht die Frage im Raum, ob die Religion **instrumentalisiert** wird.

Ein Beispiel aus der neueren deutschen Geschichte ist die seitens der großen deutschen Kirchen geleistete Unterstützung von Adolf Hitlers Angriff auf Polen, mit dem der Zweite Weltkrieg begann. Als ein anderes Beispiel für eine Instrumentalisierung von Religion aus jener Zeit kommt die fortdauernde Anpassung der „Deutschen Christen", einer Strömung innerhalb der Evangelischen Kirche, an den Nationalsozialismus in Betracht. Und als ein aktuelleres Beispiel kann man die Unterstützung des russischen Angriffskriegs gegen die Ukraine durch die russisch-orthodoxe Geistlichkeit nennen, die diesen gleichsam als einen „heiligen Krieg" rechtfertigt.

Reichsbischof Ludwig Müller (an der Kanzel) war ein führender Vertreter der „Deutschen Christen".

4.2 Religiöser Fundamentalismus

Obwohl der Kampf gegen die **religiöse Intoleranz** seit Beginn der **Aufklärung** geführt wird, ist er bis heute nicht erfolgreich beendet. Nach wie vor leiden Menschen unter religiöser Verfolgung. Religiöse Intoleranz zeigt sich oft in **fundamentalistischen** Ausprägungen der Religion.

info

Fundamentalismus

Fundamentalismus ist die Rückkehr zu den als sicher angesehenen **„Fundamenten"** des eigenen Glaubenssystems und damit zu den heiligen bzw. für **„heilig" erachteten Texten**, die dann in der Regel **wörtlich** ausgelegt werden. Fundamentalismus richtet sich zumeist **gegen die Anpassungen** von Glaubenshaltung und Glaubenspraxis **an gesellschaftliche Neuerungen**. Dabei ist zu beachten, dass sich der Fundamentalismus auch in nichtreligiösen Gedankengebilden Bahn brechen kann, wenn z. B. die Schriften von Karl Marx als unfehlbare, „heilige" Dokumente verstanden wurden.

Fundamentalismus gibt es in fast allen Religionen, auch im Christentum. So ist beispielsweise bei vielen Evangelikalen in den USA der Kreationismus verbreitet, der die Evolutionsbiologie ablehnt, weil sie in Konkurrenz zur biblischen Schöpfungsgeschichte steht. Jüdischer Fundamentalismus wird von einigen Forschern insbesondere den ultraorthodoxen Strömungen des Judentums zugeschrieben.

Der Fundamentalismus kann sich, wenn er sich darauf besinnt, welche handlungswirksamen Konsequenzen aus dem Inhalt der heiligen Schriften zu ziehen sind, leicht in **Fanatismus** verwandeln. Aus Fanatismus erwächst häufig **Intoleranz:** Sie tritt dann ein, wenn der Fanatiker beginnt, unduldsam zu werden, abweichende Auffassungen nicht zulassen will oder für deren Unterdrückung Partei ergreift.

ZITAT

> „Jedem Fanatismus liegt das Prinzip zugrunde, daß die Wahrheit durchgesetzt werden dürfe und müsse – wenn nötig mit Gewalt – und daß die eigenen Parteigänger im Besitz der Wahrheit seien.“[13]

Islamismus: extremistische politische Bewegung, die – sich auf den Islam berufend – ein islamisches Staatswesen und die Unterordnung des politischen Handelns unter die islamischen Schriften fordert. Islamismus ist keinesfalls mit dem Islam gleichzusetzen.

Paart sich Fanatismus mit **politischer Macht**, dann ist die Gefahr besonders groß, dass es zur Unterdrückung von Andersgläubigen, Nichtgläubigen oder anderen Lebensstilen kommt. Während die christliche Intoleranz offenbar einigermaßen zurückgedrängt wurde, hält seit einigen Jahrzehnten vor allem der Islamismus die Welt in Atem. So kamen, als 2021 die westlichen Truppen Afghanistan verlassen hatten, dort wieder die islamistisch-fundamentalistischen Taliban an die Herrschaft, unter denen die Rechte von Frauen wie zuvor stark beschnitten wurden. Immer wieder kommt es in westlichen Ländern auch zu islamistischen Anschlägen.
Gegen religiöse Intoleranz haben seit der frühen Neuzeit namhafte Philosophen gekämpft. Zu nennen sind z. B. **Spinoza** mit seinem *Theologisch-politischen Traktat* (1670), **John Locke** mit seinem *Brief über die Toleranz* (1689) oder **Voltaire**, der große Philosoph der Toleranz, mit seiner Schrift *Über die Toleranz* (1763). Unter den deutschen Denkern zählt nicht zuletzt **G. E. Lessing** mit seinem Drama *Nathan der Weise* (1779) zu den Vorkämpfern für Toleranz und Glaubensfreiheit. Dass in unseren freiheitlichen Demokratien der Staat **religiös neutral** ist, d. h. nicht (mehr) im Dienst einer Religion steht, die alle anderen Sichtweisen dominiert und unterdrückt, kann (auch) als ein Verdienst dieser Pioniere der Toleranz betrachtet werden.

5 Zusammenfassung

- Bei Religionen lassen sich drei Komponenten unterscheiden: die (kognitive) **Überzeugungskomponente**, die (affektive) **Glaubens-/Vertrauenskomponente** und die (praktische) **Handlungskomponente**. In Bezug auf diese Komponenten kann man verschiedene Funktionen von Religionen beschreiben, z. B. Geborgenheit in der Gemeinde (Handlungskomponente), Stärkung in Krisen (Vertrauenskomponente), Beantwortung existenzieller Fragen (Überzeugungskomponente).
- Aus soziobiologischer Sicht wird die Empfänglichkeit des Menschen für Religiosität als **Selektionsvorteil** gesehen, da sie bestimmte nützliche Verhaltensweisen (wie Kooperation oder Uneigennützigkeit) fördere.

- Aus philosophischer Perspektive kann Religion als Form der **Kontingenzbewältigung** betrachtet werden, also als Bewältigung von Geschehnissen, über die wir keine Kontrolle haben (z. B. Geburt und Tod).
- Folgende Haltungen zur Frage, ob es Götter gibt, lassen sich unterscheiden: **Theismus**, **Monotheismus**, **Polytheismus**, **Deismus**, **Pantheismus**, **Agnostizismus**, **Atheismus**.
- In der christlichen Glaubenswelt gibt es **supranaturalistische**, **apokalyptische** und **mystische** Vorstellungen vom ewigen Leben.
- Religionskritiker der Antike waren Xenophanes, Kritias, Demokrit und Epikur.
- In der modernen Religionskritik spielt insbesondere die **Theodizee-Frage** eine Rolle, also die Frage, wie das Leid auf der Welt mit einem allmächtigen und allgütigen Gott vereinbar ist.
- Die Theodizee-Frage wird von theistischer Seite mithilfe von **Brückenhypothesen** versucht zu lösen (u. a. mit dem Hinweis, dass Gott dem Menschen den freien Willen gegeben habe).
- Der Religionskritiker Friedrich **Nietzsche** diagnostiziert einen **Rückgang christlichen Glaubens** und propagiert eine **„Herrenmoral“**, die die „Sklavenmoral“ christlicher Prägung ablösen solle.
- Aus unterschiedlichen Perspektiven begreifen Ludwig Feuerbach, Karl Marx und Sigmund Freud **Gott als eine „Erfindung“**: Feuerbach versteht Gott als eine **Projektion** des unvollkommenen Menschen (anthropologische Perspektive). Freud sieht ihn als **Vaterersatz** (psychologische Perspektive). Marx historisiert Feuerbachs Projektionsthese, indem er das Bedürfnis der Menschen nach Religion den **gesellschaftlichen Verhältnissen** zuschreibt (soziologisch-ökonomische Perspektive).
- Innerhalb von Religionen lassen sich verschiedene Richtungen ausmachen, die insbesondere vom Verhältnis zu ihren Schriften abhängen: **Fundamentalistischen Spielarten**, die die Schriften in der Regel wörtlich nehmen, stehen Spielarten gegenüber, die sie **symbolisch** auslegen.
- Religion wird in der Geschichte und auch heute noch immer wieder als **Rechtfertigung von Gewalt** genutzt – sei es, dass Kriege von religiöser Seite unterstützt werden oder dass **religiöser Fanatismus** zur Unterdrückung Andersdenkender führt.

Siglen

AM: Ernst Tugendhat: *Anthropologie statt Metaphysik.* München: Beck 2007.

AP: Sigmund Freud: *Abriss der Psychoanalyse.* Hg. v. H.-M. Lohmann. Bibliographisch erg. v. L. Bayer. Stuttgart: Reclam 2022.

AUS: Johann G. Herder: *Abhandlung über den Ursprung der Sprache.* In: Ders.: *Sprachphilosophische Schriften.* Aus dem Gesamtwerk ausgewählt, mit einer Einleitung, Anmerkungen und Registern versehen von E. Heintel. Hamburg: Meiner 1975, S. 1–87.

DM: Arnold Gehlen: *Der Mensch. Seine Natur und seine Stellung in der Welt.* Hg. v. K.-S. Rehberg. Frankfurt a. M.: Klostermann Rote Reihe 2016.

DS: Platon: *Der Staat (Politeia).* Übers. und hg. v. K. Vretska. Stuttgart: Reclam 1982.

DSN: Jean-Paul Sartre: *Das Sein und das Nichts. Versuch einer phänomenologischen Ontologie.* Hamburg: Rowohlt 1985.

ED: Jürgen Habermas: *Erläuterungen zur Diskursethik.* In: Ders: *Erläuterungen zur Diskursethik.* Frankfurt a. M.: Suhrkamp 1991, S. 119–226.

FGG: Mihály Csíkszentmihályi: *Flow. Das Geheimnis des Glücks.* 2. Aufl. Stuttgart: Klett-Cotta 1992.

GMS: Immanuel Kant: *Grundlegung zur Metaphysik der Sitten.* In: *Gesammelte Schriften.* Hg. v. der Königlich Preußischen Akademie der Wissenschaften. Berlin 1900 ff. Bd. IV, S. 385–463, Berlin 1903.

GV: Jean-Jacques Rousseau: *Vom Gesellschaftsvertrag oder Grundsätze des Staatsrechts.* Hrsg. v. H. Brockard. Überarb. u. erg. Ausgabe. Stuttgart: Reclam 2011.

HU: Jean-Paul Sartre: *Ist der Existentialismus ein Humanismus?* In: Ders.: *Drei Essays.* Mit einem Nachwort v. W. Schmiele. Frankfurt a. M., Berlin, Wien: Ullstein 1981, S. 7–51.

JGB: Friedrich Nietzsche: *Jenseits von Gut und Böse. Vorspiel einer Philosophie der Zukunft.* Berliner Ausgabe. Hg. v. M. Holzinger. Berlin: Holzinger 2013.

JFW: Burrhus F. Skinner: *Jenseits von Freiheit und Würde.* Reinbek bei Hamburg: Rowohlt 1973.

KV: Immanuel Kant: *Kritik der reinen Vernunft.* Original-Ausgabe neu hg. v. J. Timmermann. Hamburg: Meiner 1998.

KpV: Immanuel Kant: *Kritik der praktischen Vernunft.* In: *Gesammelte Schriften.* Hg. v. der Königlich Preußischen Akademie der Wissenschaften. Berlin 1900 ff. Bd. V, S. 1–163, Berlin 1908.

KrV: Immanuel Kant: *Kritik der reinen Vernunft.* 2. Aufl. Riga: Hartknoch 1787.

KSD: Joseph Schumpeter: *Kapitalismus, Sozialismus und Demokratie.* 10. Aufl. Tübingen: Narr Francke Attempto 2020.

LE: Thomas Hobbes: *Leviathan. Erster und zweiter Teil.* Bibliograph. erg. Aufl. Stuttgart: Reclam 1980.

LL: Viktor E. Frankl: *Das Leiden am sinnlosen Leben. Psychotherapie für heute.* Freiburg: Herder, 1978.

MG: Hannah Arendt: *Macht und Gewalt.* 6. Aufl. München: Piper 1987.

MPP: René Descartes: *Meditationes de prima philosophia.* Hamburg: Meiner 1959.

MS: Albert Camus: *Der Mythos des Sisyphos.* Deutsch und mit einem Nachwort v. V. v. Wroblewsky. Reinbek bei Hamburg: Rowohlt 2023 (1999).

NE: Aristoteles: *Nikomachische Ethik.* 4. Aufl. Auf der Grundlage der Übersetzung von Eugen Rolfes. Hg. von G. Bien. Hamburg: Meiner 1985.

NE2: Aristoteles: *Nikomachische Ethik.* Übers. u. hg. von Olof Gigon. Vollständige Ausgabe nach dem Text der zweiten, überarbeiteten Auflage Artemis Verlag Zürich 1967. 3. Aufl. München: dtv 1978.

PGM: Arthur Schopenhauer: *Preisschrift über das Fundament der Moral.* In: *Die beiden Grundprobleme der Ethik.* 2. verb., verm. Aufl. Leipzig: Brockhaus 1860, S. 103–275.

PML: Jeremy Bentham: *Introduction to the Principles of Morals and Legislation.* London: Payne 1789.

PV: Hans Jonas: *Das Prinzip Verantwortung. Versuch einer Ethik für die technische Zivilisation.* Frankfurt a. M.: Suhrkamp 1984 (1979).

SB: Marc Aurel: *Selbstbetrachtungen.* Übers. von Otto Kiefer. 2. Aufl. Jena: Diederichs 1906.

SMK: Max Scheler: *Die Stellung des Menschen im Kosmos.* Berlin: Contumax 2016.

SOM: Helmuth Plessner: *Die Stufen des Organischen und der Mensch.* 3., unveränd. Aufl. Berlin, New York: De Gruyter 1975.

TG: John Rawls: *Eine Theorie der Gerechtigkeit.* Frankfurt a. M.: Suhrkamp 1975.

WA: Ludwig Wittgenstein: *Werkausgabe.* Bd. 1. Hg. v. J. Schulte. Frankfurt a. M.: Suhrkamp 1984.

WV: Skinner, Burrhus F.: *Wissenschaft und menschliches Verhalten. Science and Human Behavior.* Studienausgabe. München: Kindler 1973.

ZF: Immanuel Kant: *Zum ewigen Frieden. Ein philosophischer Entwurf.* Königsberg: Nicolovius 1795.

Endnoten

Kapitel 1: Anthropologie – das Wesen Mensch

1 Vgl. Charles Taylor: *Quellen des Selbst. Die Entstehung der neuzeitlichen Identität.* Übers. v. J. Schulte. Frankfurt a. M.: Suhrkamp 1996, S. 224 f., Anm.
2 Aristoteles: *Politik.* Philosophische Schriften in sechs Bänden. Bd. 4. Übers. v. Eugen Rolfes. Hamburg: Meiner 1995. 1252 b 28 ff., S. 4.
3 Ebd.
4 Immanuel Kant: *Anthropologie in pragmatischer Hinsicht.* In: *Werkausgabe XII.* Hg. v. W. Weischedel. Frankfurt a. M.: Suhrkamp 1977, S. 399–690, hier S. 399.
5 Immanuel Kant: *Die Religion innerhalb der Grenzen bloßer Vernunft.* In: *Werkausgabe XIII.* Hg. v. W. Weischedel. Frankfurt a. M.: Suhrkamp 1977, S. 649–879, hier S. 675.
6 Ebd., S. 674.
7 Immanuel Kant: *Idee zu einer allgemeinen Geschichte in weltbürgerlicher Absicht.* In: *Werkausgabe XI.* Hg. v. W. Weischedel. Frankfurt a. M.: Suhrkamp 1977, S. 33–50, hier S. 47.
8 Vgl. Wolfgang Pleger: *Handbuch der Anthropologie. Die wichtigsten Konzepte von Homer bis Sartre.* Studienausgabe. 2. Aufl. Darmstadt: WBG 2017, S. 106.
9 Johann Gottfried Herder: *Ideen zur Philosophie der Geschichte der Menschheit.* In: Ders.: *Sprachphilosophische Schriften.* Aus dem Gesamtwerk ausgewählt, mit einer Einleitung, Anmerkungen und Registern versehen von E. Heintel. Hamburg: Meiner 1975, S. 159–179, hier S. 161.
10 Ebd., S. 164.
11 Festzuhalten ist hier aber, dass Herders „vorstellungstheoretische" Sprachtheorie als solche nicht haltbar ist. Vgl. Ernst Tugendhat: *Vorlesungen zur Einführung in die sprachanalytische Philosophie.* Frankfurt a. M.: Suhrkamp 1979, S. 161–175, 341–357.
12 Jean Paul Sartre: *Bei geschlossenen Türen.* In: Ders.: *Gesammelte Dramen.* Reinbek bei Hamburg: Rowohlt 1969, S. 67–98, hier S. 97.
13 Jean Paul Sartre: *Cahiers pour une Morale.* Paris: Gallimard 1983.
14 Christof Schilling: *Moralische Autonomie. Anthropologische und diskurstheoretische Grundstrukturen.* Paderborn: Schöningh 1996, S. 169.
15 Pleger, *Handbuch der Anthropologie,* a. a. O., S. 150.
16 Ebd., S. 150 f.
17 Die Darstellung dieser Merkmale basiert auf Pleger, *Handbuch der Anthropologie,* a. a. O., S. 153 f.
18 Vgl. Kai Haucke: *Plessner zur Einführung.* Hamburg: Junius 2000, S. 146.
19 Pleger, *Handbuch der Anthropologie,* a. a. O., S. 157.
20 Vgl. Haucke, *Plessner zur Einführung,* a. a. O., S. 158.
21 Vgl. SOM, S. 310 f., sowie Pleger, *Handbuch der Anthropologie,* a. a. O., S. 158.
22 Vgl. Pleger, *Handbuch der Anthropologie,* a. a. O., S. 109.
23 Pleger, *Handbuch der Anthropologie,* a. a. O., S. 111.
24 Neil Roughley: *Gehlen, Arnold.* In: *Metzler Philosophen Lexikon. Von den Vorsokratikern bis zu den neuen Philosophen.* 2., aktual. und erw. Aufl. Hg. v. Bernd Lutz. Stuttgart, Weimar: Metzler 1995, S. 310–315, hier S. 310.
25 Vgl. Joachim Fischer: *Philosophische Anthropologie. Eine Denkrichtung des 20. Jahrhunderts.* 2., durchges. Aufl. Baden-Baden: Alber 2022, S. 172.
26 Karl-Siegbert Rehberg: *Nachwort zu:* DM, S. 499.
27 Ernst Tugendhat: *Egozentrizität und Mystik.* München: Beck 2003, S. 16.
28 Vgl. ebd. sowie AM, S. 43.
29 Vgl. AM 8 f., 28 sowie: Ernst Tugendhat: *Selbstbewusstsein und Selbstbestimmung. Sprachanalytische Interpretationen.* Frankfurt a. M.: Suhrkamp 1981, S. 27.

30 Tugendhat, *Egozentrizität und Mystik,* a. a. O., S. 28.
31 Ebd., S. 29.
32 Die folgende Darstellung stützt sich im Wesentlichen auf Pleger, *Handbuch der Anthropologie,* a. a. O.
33 Vgl. *Metzler Lexikon Philosophie: Begriffe und Definitionen.* 3., erw und aktual. Aufl. Hg. v. P. Prechtl und Fr.-P. Burkard. Stuttgart, Weimar: Metzler 2008, S. 648.
34 Die folgende Auswahl der Textstellen aus *Jenseits von Freiheit und Würde* orientiert sich an: Hans Dierkes (Hg.): *Philosophische Anthropologie. Texte und Materialien für den Unterricht. Für die Sekundarstufe II.* Stuttgart: Reclam 1989, S. 77.
35 Franz von Kutschera: *Philosophie des Geistes.* Paderborn: Mentis 2009, S. 263.
36 Brigitte Falkenburg: *Mythos Determinismus. Wieviel erklärt uns die Hirnforschung?* Heidelberg, Dordrecht, London, New York: Springer 2012, S. 28 f.
37 Vgl. Kutschera, *Philosophie des Geistes,* a. a. O., S. 171–204.
38 Vgl. z. B. die Darstellung und Kritik derartiger neurowissenschaftlicher und philosophischer Positionen bei Falkenburg, *Mythos Determinismus,* a. a. O., S. 3–56, 327–415.
39 Vgl. Godehard Brüntrup: *Das Leib-Seele-Problem. Eine Einführung.* Stuttgart, Berlin, Köln: Kohlhammer 1996, S. 121.
40 Vgl. Brüntrup, *Leib-Seele-Problem,* a. a. O., S. 129.
41 Vgl. Ansgar Beckermann: *Das Leib-Seele-Problem. Eine Einführung in die Philosophie des Geistes.* Paderborn: Fink/UTB 2008, S. 75, sowie Falkenburg, *Mythos Determinismus,* a. a. O., S. 359–366.
42 Falkenburg, *Mythos Determinismus,* a. a. O., S. 354.
43 Vgl. Thomas Nagel: *Das psychophysische Problem.* In: Ders.: *Was bedeutet das alles? Eine ganz kurze Einführung in die Philosophie.* Stuttgart: Reclam 1990, S. 25–33, hier S. 27.
44 Vgl. Nagel, *Das psychophysische Problem,* a. a. O., S. 26 ff.
45 Beckermann, *Leib-Seele-Problem,* a. a. O., S. 120.
46 René Descartes: *Discours de la Méthode. Von der Methode des richtigen Vernunftgebrauchs und der wissenschaftlichen Forschung.* Übers. u. hg. v. L. Gäbe. Hamburg: Meiner 1960, S. 91.
47 Vgl. Beckermann, *Leib-Seele-Problem,* a. a. O., S. 44.
48 Vgl. Beckermann, *Leib-Seele-Problem,* a. a. O., S. 43.
49 Vgl. ebd., S. 20 f., S. 57.
50 Brüntrup, *Leib-Seele-Problem,* a. a. O., S. 145.
51 Beckermann, *Leib-Seele-Problem,* a. a. O., S. 57.
52 Nagel, *Das psychophysische Problem,* a. a. O., S. 31.
53 Jürgen Habermas: *Freiheit und Determinismus.* In: Ders.: *Zwischen Naturalismus und Religion. Philosophische Aufsätze.* Frankfurt a. M.: Suhrkamp 2005, S. 155–186, hier S. 175.
54 Vgl. ebd., S. 179 ff.
55 Vgl. Falkenburg, *Mythos Determinismus,* a. a. O., S. 399 f.
56 Vgl. ebd., S. 47 f.

Kapitel 2: Freiheit und Determination

1 Armin G. Wildfeuer: *Freiheit.* In: *Handbuch Ethik.* Hg. v. M. Düwell, Chr. Hübenthal, M. H. Werner. 3. aktual. Aufl. Stuttgart: Metzler 2011, S. 358–366, hier S. 359.
2 Wolfgang Prinz: *Der Mensch ist nicht frei. Ein Gespräch.* In: *Hirnforschung und Willensfreiheit. Zur Deutung der neuesten Experimente.* Hg. v. Chr. Geier. Frankfurt a. M.: Suhrkamp 2004, S. 20–26, hier S. 25.
3 Rainer Geißler: *Sozialstrukturanalyse – von Klassen und Schichten zu sozialen Milieus.* In: *Der Bürger im Staat.* Hg. v. der Landeszentrale für politische Bildung Baden-Württemberg. Heft 2/3 (2016): *Soziale Milieus,* S. 96–106, hier S. 97.
4 Immanuel Kant: *Kants gesammelte Schriften* (Akademie-Ausgabe). Band VIII. Berlin: de Gruyter 1923, S. 33–42, hier S. 35.
5 Ebd.
6 Ebd.
7 Arthur Schopenhauer: *Über die vierfache Wurzel des Satzes vom zureichenden Grunde.* Zürich: Diogenes 1977, S. 18.
8 Arthur Schopenhauer: *Preisschrift über die Freiheit des Willens.* In: Ders.: *Werke in 10 Bänden.* Hg. v. A. Hübscher. Bd. 6. Zürich: Diogenes 1977, S. 62.
9 Arthur Schopenhauer: *Die Welt als Wille und Vorstellung.* In: Ders.: *Werke in 10 Bänden.* Hg. v. A. Hübscher. Bd. 2. Zürich: Diogenes 1977, S. 362.
10 Ebd., S. 363.
11 Wolf Singer: *Philosophische Implikationen neurobiologischer Forschung. Zur Freiheit unserer Entscheidungen.* In: *Universalitätsanspruch und partikulare Wirklichkeiten. Natur- und Geisteswissenschaften im Dialog.* Hg. v. N. Kimura, K. Moser v. Filsek. Würzburg: Königshausen und Neumann 2007, S. 79.
12 Ebd., S. 80.

13 Ebd.
14 Wolf Singer im Gespräch mit Heinz Horeis, vgl. *https://www.wissenschaft.de/allgemein/wolf-singer-der-gedankenleser.*
15 *„Das Hirn trickst das Ich aus".* Interview von K. Thimm und G. Traufetter mit Gerhard Roth und Eberhard Schockenhoff. In: *DER SPIEGEL* 52/2004.
16 *Die soziale Ich-Maschine – Unser Gehirn erzeugt Subjektivität. Doch ohne Gegenüber geht das nicht.* Interview von U. Schnabel und Th. Assheuer mit Wolfgang Prinz. In: *DIE ZEIT* 24/2010.
17 Ebd.
18 Ebd.
19 Max Planck: *Scheinprobleme der Wissenschaft.* Vortrag vom 17. 6. 1946 in Göttingen.
20 Peter Bieri: *Das Handwerk der Freiheit. Über die Entdeckung des eigenen Willens.* Frankfurt a. M.: Fischer Taschenbuch 2001, S. 53.
21 Peter Bieri: *Unser Wille ist frei.* In: *DER SPIEGEL* 2/2005.
22 Bieri, *Handwerk der Freiheit.,* a. a. O., S. 383.

Kapitel 3: Ethiken – Theorien und Praxis des Handelns

1 Alasdair MacIntyre: *Der Verlust der Tugend. Zur moralischen Krise der Gegenwart.* Aus dem Englischen von W. Rhiel. Frankfurt a. M.: Suhrkamp 1995, S. 350.
2 Martha Nussbaum: *Die Natur des Menschen, seine Fähigkeiten und Tätigkeiten. Aristoteles über die distributive Aufgabe des Staates.* Übers. v. Ilse Utz. In: Dies.: *Gerechtigkeit oder das gute Leben.* Frankfurt a. M.: Suhrkamp 1999, S. 86–130, S. 122.
3 Ebd.
4 Immanuel Kant: *Reflexionen Kants zur kritischen Philosophie.* Bd. 1, Heft 1: *Reflexionen zur Anthropologie.* Hg. v. B. Erdmann. Leipzig: Fues's 1882, S. 175.
5 Immanuel Kant: *Metaphysik der Sitten.* In: *Werke in zwölf Bänden.* Hg. v. W. Weischedel. Frankfurt a. M.: Suhrkamp, 1977, Bd. 8, S. 522; vgl. auch GMS 430.
6 Gernot Böhme, Hartmut Böhme: *Das Andere der Vernunft. Zur Entwicklung von Rationalitätsstrukturen am Beispiel Kants.* Frankfurt a. M. 1985, 346.
7 Otfried Höffe (Hg.): *Einführung in die utilitaristische Ethik.* 5. überarb. u. erw. Aufl. Tübingen, Basel: Francke 2013, S. 11.
8 Jeremy Bentham: *A Comment on the Commentaries and A Fragment on Government.* In: *The Collected Works of Jeremy Bentham.* Hg. v. J. H. Burns und H. L. A. Hart. Oxford: University Press, 1977, S. 393.
9 Die deutsche Übersetzung richtet sich nach: Höffe, *Einführung,* a. a. O., S. 55.
10 Übersetzung ebenfalls nach: Höffe, *Einführung,* a. a. O., S. 57.
11 Jeremy Bentham: *The Rationale of Reward.* London: Heward 1830, S. 206.
12 John Stuart Mill: *Utilitarismus.* Übers. u. hg. v. M. Kühn: Hamburg: Meiner 2009, S. 16.
13 Ebd., S. 19.
14 Ebd., S. 26.
15 Francis Hutcheson: *Über den Ursprung unserer Ideen von Schönheit und Tugend.* Übers. u. hg. v. W. Leidhold. Hamburg: Meiner 1986, S. 55.
16 David Hume: *Traktat über die menschliche Natur.* Bd. II. Zweites und Drittes Buch: *Über Affekte. Über Moral.* Hamburg: Meiner 2013, S. 534.
17 Ebd., S. 486.
18 David Hume: *Untersuchung über die Prinzipien der Moral.* Hg. v. C. Winckler. Hamburg: Meiner 1962, S. 136 f.
19 Jürgen Habermas: *Diskursethik – Notizen zu einem Begründungsprogramm.* In: Ders.: *Moralbewußtsein und kommunikatives Handeln.* Frankfurt a. M.: Suhrkamp 1983, S. 53–125, hier S. 99.
20 Jürgen Habermas: *Wahrheitstheorien.* In: *Wirklichkeit und Reflexion. Walter Schulz zum 60. Geburtstag.* Hg. v. H. Fahrenbach. Pfullingen: Neske 1973, S. 211–265, hier S. 240.
21 Jürgen Habermas: *Faktizität und Geltung. Beiträge zu einer Diskurstheorie des Rechts und des demokratischen Rechtsstaats.* Frankfurt a. M.: Suhrkamp 1992, S. 138.
22 Das Smith-Beispiel ist ein Standardbeispiel in der philosophischen Literatur, vgl. Klaus Günther: *Der Sinn für Angemessenheit. Anwendungsdiskurse in Moral und Recht.* Frankfurt a. M.: Suhrkamp 1988, S. 261. Es wird hier leicht modifiziert. Habermas verweist zur näheren Bestimmung von Anwendungsdiskursen in seinen Schriften meist auf Günther.
23 Vgl. Habermas, *Faktizität und Geltung,* a. a. O., S. 147: „Einerseits müssen die relevanten Merkmale der Situation im Lichte konkurrierender, aber noch unbestimmter Normkandidaten entdeckt und beschrieben, andererseits muß die im Lichte einer möglichst vollständigen Situationsbeschreibung jeweils angemessene Norm ausgewählt, interpretiert und angewendet werden."

24 Jürgen Habermas: *„Vernünftig“ vs. „wahr“ – oder die Moral der Weltbilder.* In: Ders.: *Die Einbeziehung des Anderen. Studien zur politischen Theorie.* Frankfurt a. M.: Suhrkamp 1996, S. 95–127, hier S. 124.
25 Jürgen Habermas: *Replik auf Beiträge zu einem Symposion der Cardozo Law School.* In: Ders.: *Die Einbeziehung des Anderen. Studien zur politischen Theorie.* Frankfurt a. M.: Suhrkamp 1996, S. 309–398, hier S. 330.
26 Habermas, *Faktizität und Geltung,* a. a. O., S. 125.
27 Winfried Schröder: *Moralischer Nihilismus. Typen radikaler Moralkritik von den Sophisten bis Nietzsche.* Stuttgart: Frommann-Holzboog 2005, S. 14.
28 Ebd., S. 26.
29 Karl Marx / Friedrich Engels: *Die deutsche Ideologie.* In: Karl Marx / Friedrich Engels: *Werke.* Bd. 3. Berlin: Dietz 1978, S. 9–530, hier S. 26 f.

Kapitel 4: Recht und Gerechtigkeit

1 Karl-Heinz Ilting: *Naturrecht.* In: *Geschichtliche Grundbegriffe. Historisches Lexikon zur politisch-sozialen Sprache in Deutschland.* Hg. v. O. Brunner u. a. Bd. 4. Stuttgart: Klett-Cotta 1978, S. 245–313, hier S. 245.
2 Kleanthes: *Zeushymnos.* In: *Die Philosophie der Stoa. Ausgewählte Texte.* Hg. v. W. Weinkauf. Stuttgart: Reclam 2018, S. 114 f.
3 Augustinus: *Der Gottesstaat.* Zitiert nach Norbert Hoerster: *Klassische Texte der Staatsphilosophie.* 5. Aufl. München: dtv 1987, S. 68.
4 Immanuel Kant: *Über den Gemeinspruch.* In: Immanuel Kant, Friedrich von Gentz, August W. Rehberg: *Über Theorie und Praxis* (Theorie 1). Frankfurt a. M.: Suhrkamp 1967, S. 60.
5 Immanuel Kant: *Metaphysik der Sitten.* In: *Werkausgabe.* Band VIII. 4. Aufl. Hg. v. W. Weischedel. Frankfurt a. M.: Suhrkamp 1982, S. 345.
6 Gustav Radbruch: *Gesetzliches Unrecht und übergesetzliches Recht.* In: *Süddeutsche Juristenzeitung,* Jg. 1, 1946, Nr. 5, S. 107.
7 Vgl. Ursula Wolf: *Aristoteles' „Nikomachische Ethik“.* 2. Auflage. Darmstadt: WBG 2007, S. 96.
8 Vgl. ebd., S. 99.
9 Ebd., S. 106.
10 Ebd., S. 108.
11 Platon: *Der Staat.* In: *Werke in acht Bänden.* Hg. v. G. Eigler. Bd. 4. 6. Aufl. Darmstadt: WBG 2011, 473c–e.
12 Aristoteles: *Politik. Schriften zur Staatstheorie.* Übers. u. hg. v. Fr. F. Schwarz. Stuttgart: Reclam 1989, S. 79.
13 Jonathan Barnes: *Aristoteles. Eine Einführung.* Stuttgart: Reclam 1992, S. 131.
14 Thomas Hobbes: *Vom Menschen – Vom Bürger. Elemente der Philosophie II/III.* Hg. v. G. Gawlick. Hamburg: Meiner 1994, S. 81.
15 John Locke: *Über die Regierung.* Hg. v. P. C. Mayer-Tasch. Übers. v. Dorothee Tidow. Stuttgart: Reclam 1974, S. 71.
16 Jean-Jacques Rousseau: *Diskurs über die Ungleichheit.* In: Ders.: *Schriften zur Kulturkritik. Die zwei Diskurse von 1750 und 1755.* Hg. u. übers. v. K. Weigand. Hamburg: Meiner 1978, S. 191.
17 Thomas Morus: *Utopia.* In: *Der utopische Staat.* Übers. u. hg. v. Kl. J. Heinisch. Reinbek bei Hamburg 1996, S. 9–110, hier S. 45.
18 Ebd., S. 110.
19 William Scheuermann: *Die politische Theorie konkurrierender Eliten.* In: *Politische Theorien der Gegenwart I. Eine Einführung.* 4. überarb., aktual. Aufl. Hg. v. A. Brodocz, G. S. Schaal. Opladen, Toronto: Budrich 2015, S. 407–446, hier S. 425.
20 Michael H. Werner: *Einführung in die Ethik.* Stuttgart: Metzler 2021, S. 181.
21 Jean-Jacques Rousseau: *Der Gesellschaftsvertrag oder die Grundsätze des Strafrechts.* Hg. v. Heinrich Weinstock. Stuttgart: Reclam 1984, S. 106.
22 Immanuel Kant: *Metaphysik der Sitten.* In: *Werke in zwölf Bänden.* Hg. v. W. Weischedel. Frankfurt a. M.: Suhrkamp 1977, Bd. 8, S. 453.
23 Ebd.
24 Ebd.
25 Ebd., S. 486.
26 Franz von Liszt: *Der Zweckgedanke im Strafrecht.* In: *Zeitschrift für die gesamte Rechtswissenschaft.* Bd. 3, 1883, S. 1–47, hier S. 34.
27 Ebd., S. 36.
28 Ebd., S. 34.
29 Ebd.
30 Vgl. Stefan Harrendorf, u. a.: *Vollzugsöffnende Maßnahmen und Entlassungsvorbereitung. Gesetzgebung und Praxis in den Bundesländern.* In: *Monatsschrift für Kriminologie und Strafrechtsreform,* 2024, S. 31 ff.

31 Vgl. Bundesministeriums der Justiz und für Verbraucherschutz (Hg.): *Legalbewährung nach strafrechtlichen Sanktionen. Eine bundesweite Rückfalluntersuchung 2013 bis 2016 und 2004 bis 2016*. Mönchengladbach: Forum 2020, S. 140–143.
32 Giovanni Pico della Mirandola: *Über die Würde des Menschen*. Lateinisch – Deutsch. Hg. v. Aug. Buch. Hamburg: Meiner 1990, S. 7.
33 Peter Singer: *Hunger, Wohlstand und Moral*. In: *Weltarmut und Ethik*. Hg. v. B. Bleisch u. P. Schaber. Paderborn: Mentis 2007, S. 37–51, hier S. 39.

Kapitel 5: Glück und Sinnerfüllung

1 Zitiert nach: Johannes Hirschberger: *Geschichte der Philosophie*. Bd. 1: *Altertum und Mittelalter*. Freiburg: Herder 1976, S. 284.
2 Ebd., S. 282.

Kapitel 6: Angewandte Ethik

1 Die folgende Aufstellung orientiert sich folglich an: Heinz Eduard Tödt: *Versuch zu einer Theorie ethischer Urteilsfindung*. In: *Zeitschrift für evangelische Ethik* (ZEE), Nr. 21, Heft 1 (1977), S. 81–93.
2 Vgl. Barbara Bleisch, Markus Huppenbauer, Christoph Baumberger: *Ethische Entscheidungsfindung. Ein Handbuch für die Praxis*. 3., vollst. überarb. u. akt. Aufl. Baden-Baden: Nomos 2021, insb. S. 19.

Kapitel 7: Wahrheit, Wissenschaft, Erkenntnis

1 Die Anekdote stammt aus: Michael Wittschier: *Abenteuer Philosophie. Ein Schnellkurs für Einsteiger*. München: Piper 1997, S. 99.
2 David Hume: *An Enquiry Concerning Human Unterstanding / Eine Untersuchung über den menschlichen Verstand*. Englisch/Deutsch. Übers. v. Heribert Herring. Vollst. durchges. u. überarb. Aufl. Stuttgart: Reclam 2016, Abschnitt IV, Teil 1.
3 Karl Popper: *Logik der Forschung*. Wien: Julius Springer 1935, S. 1.
4 Hans Reichenbach: *Kausalität und Wahrscheinlichkeit*. In: *Erkenntnis*. Heft 1 (1930/1931), S. 158–188, hier S. 186.
5 Popper, *Logik der Forschung*, a. a. O., S. 12.
6 Thomas Samuel Kuhn: *Die Struktur wissenschaftlicher Revolutionen*. Frankfurt a. M.: Suhrkamp 1976, S. 38.
7 Ebd.
8 Hans-Georg Gadamer: *Gesammelte Werke*. Bd. 1: *Hermeneutik: Wahrheit und Methode 1. Grundzüge einer philosophischen Hermeneutik*. 5. Aufl. Tübingen: Mohr 1986, S. 310.

Kapitel 8: Religion und Religionskritik

1 Friedrich Heiler: *Die Religionen der Menschheit in Vergangenheit und Gegenwart*. Reclam: Stuttgart 1959, S. 13.
2 Hermann Lübbe: *Religion nach der Aufklärung*. In: *Was ist Religion? Texte von Cicero bis Luhmann*. Hg. v. J. Schlieter. 2., durchges. und bibliographisch erg. Aufl. Stuttgart: Reclam 2018, S. 236.
3 Richard Dawkins: *Der Gotteswahn*. Berlin: Ullstein 2008, S. 73.
4 Ebd.
5 Xenophanes: *Fragment 29*. In: *Die Vorsokratiker I*. Hg. v. J. Mansfeld. Stuttgart: Reclam 1983, S. 223.
6 Friedrich Nietzsche: *Werke in drei Bänden*. München: Hanser 1954, Bd. 2, S. 126 ff.
7 Ebd., S. 205.
8 Ludwig Feuerbach: *Das Wesen des Christentums*. Stuttgart: Reclam 1969, S. 54 f.
9 Ludwig Feuerbach: *Vorlesungen über das Wesen der Religion*. Leipzig: Wigand 1851, S. 241.
10 Karl Marx: *[Thesen über Feuerbach]*. In: Karl Marx / Friedrich Engels: *Werke*. Bd. 3. Berlin: Dietz 1978, S. 5–7, hier S. 6.
11 Karl Marx: *Zur Kritik der Hegelschen Rechtsphilosophie. Einleitung*. In: Karl Marx / Friedrich Engels: *Werke*. Bd. 1. Berlin: Dietz 1976, S. 378–391, hier S. 378.
12 Marx: *[Thesen über Feuerbach]*, a. a. O., S. 7.
13 Hubert Schleichert: *Wie man mit Fundamentalisten diskutiert, ohne den Verstand zu verlieren. Anleitung zum subversiven Denken*. 7. Aufl. München: Beck 2012, S. 89.

Namens- und Stichwortverzeichnis

Namensverzeichnis

Stichwortverzeichnis

Bildnachweis

Umschlag (Kopf): © VectorMine – Adobe Stock;
S. 1 (Mensch auf Steg): © fran_kie – Adobe Stock;
S. 2 (Platon): Plato. Etching by D. Cunego, 1783, after R. Mengs after Raphael. Wellcome Collection. Public Domain Mark. Source: Wellcome Collection. https://wellcomecollection.org/works/xpx3tea9 (Bild beschnitten);
S. 4 (Aristoteles): Aristotle. Etching by P. Fidanza after Raphael Sanzio. Wellcome Collection. Public Domain Mark;
S. 10 (Sartre): wikimedia / Government Press Office / Lizenz: CC BY 3.0 [https://creativecommons.org/licenses/by/3.0/deed.de];
S. 17 (Gehlen): picture-alliance / akg-images;
S. 18 (Katze): © dero2084 – Adobe Stock;
S. 19 (Tugendhat): picture-alliance/ dpa/dpaweb | Bernd Weißbrod;
S. 23 (Skinner): wikimedia / Silly rabbit / Lizenz: CC BY 3.0 [https://creativecommons.org/licenses/by/3.0/deed.en] (Bild beschnitten);
S. 33 (Marionette): © natbasil – Adobe Stock;
S. 37 (Trost): © zdravinjo – Adobe Stock;
S. 37 (Schelte): © fizkes – Adobe Stock;
S. 37 (Diagramm): Grafik nach marktmeinungmensch.at, Datengrundlage GfK, Baby und Familie, Deutschland März 2016;
S. 39 (Dahrendorf): wikimedia / J.H. Darchinger / Lizenz: CC BY 3.0 [https://creativecommons.org/licenses/by/3.0/deed.en] (Bild beschnitten);
S. 40 (Wegweiser): © Carlos Moura – Adobe Stock;
S. 41 (The Experiment): Cinematic / Alamy Stock Foto;
S. 45 (Urinal): CC 0;
S. 46 (Beauvoir): wikimedia / Moshe Milner, Government Press Office (Israel) / Lizenz: CC BY-SA 3.0 [https://creativecommons.org/licenses/by-sa/3.0/deed.de] (Bild beschnitten);
S. 47 (Butler): wikimedia / CC0 1.0;
S. 47 (Kinder): © rozaivn58 – Adobe Stock;
S. 59 (MRT): luchschenF – Adobe Stock;
S. 60 (Singer): wikimedia / Mathias Schindler / Lizenz: CC BY-SA 3.0 [https://creativecommons.org/licenses/by-sa/3.0/deed.de] (Bild beschnitten);
S. 69 (Do it! No!): © alexpokusay / 123RF.com;
S. 84 (Zenon): Philosophers: twenty portraits of ancient thinkers. Engraving by J.W. Cook, 1825. Wellcome Collection. Public Domain Mark. Source: Wellcome Collection. https://wellcomecollection.org/works/s4k9sh5j (Bild beschnitten);
S. 107 (Spock): Photo 12 / Alamy Stock Foto;
S. 109 (Singer): wikimedia / Chatham House / Lizenz: CC BY 2.0 [https://creativecommons.org/licenses/by/2.0/deed.en] (Bild beschnitten);
S. 120 (Jonas): wikimedia / Universitätsarchiv St. Gallen | Regina Kühne | HSGH 022/001945 | CC-BY-SA 4.0 [https://creativecommons.org/licenses/by-sa/4.0/deed.de] (Bild beschnitten);
S. 126 (Habermas): wikimedia / Wolfram Huke / CC BY-SA 3.0 DEED [https://creativecommons.org/licenses/by-sa/3.0/deed.en] (Bild beschnitten);
S. 154 (Todesurteil Kreiten): Todesurteil Karlrobert Kreiten, Abschrift vom 09. 09. 1943, LAV NRW R, RW 0058 Nr. 36180, Bl. 47.;
S. 156 (Arendt): wikimedia / Barbara Niggl Radloff/ CC BY-SA 4.0 [https://creativecommons.org/licenses/by-sa/4.0/deed.de] (Bild beschnitten);
S. 156 (Eichmann): picture-alliance / dpa;
S. 175 (Schumpeter): wikimedia / CC0 1.0;
S. 185 (Handschlag): Image Source / iStockphoto;
S. 187 (Fridays): wikimedia / Tobias Möritz / CC BY-SA 4.0 [https://creativecommons.org/licenses/by-sa/4.0/deed.en] (Bild beschnitten);
S. 190 (Diebstahl): Clipdealer;

S. 198 (Haftraum): wikimedia / Janfried Wessels, Archiv der JVA Oldenburg / CC BY-SA 3.0 [https://creativecommons.org/licenses/by-sa/3.0/deed.en];
S. 221 (Flötenspieler): wikimedia / Marie-Lan Nguyen / CC BY 2.5 [https://creativecommons.org/licenses/by/2.5/deed.en] (Bild beschnitten);
S. 234 (Frankl): wikimedia / Prof. Dr. Franz Vesely / CC BY-SA 3.0 DE [https://creativecommons.org/licenses/by-sa/3.0/de/deed.en] (Bild beschnitten);
S. 237 (Tanz): wikimedia / Fanny Schertzer / CC BY-SA 3.0 [https://creativecommons.org/licenses/by-sa/3.0/de/deed.en] (Bild beschnitten);
S. 241 (Spongebob): mauritius images / Cinema Legacy Collection;
S. 244 (Beispiel): Friedemann Schulz von Thun: Miteinander reden 1. Störungen und Klärungen: Allgemeine Psychologie der Kommunikation. © 1981, Rowohlt Verlag GmbH, Hamburg;
S. 246 (Berne): wikimedia / Urheber unbekannt / CC BY-SA 4.0 [https://creativecommons.org/licenses/by-sa/4.0/deed.en] (Bild beschnitten);
S. 250 (Big Brother): Photo 12 / Alamy Stock Foto;
S. 259 (Beatmungsgerät): wikimedia / Ameen / CC BY-SA 4.0 [https://creativecommons.org/licenses/by-sa/4.0/deed.en] (Bild beschnitten);
S. 271 (Kopf): © deagreez – Adobe Stock;
S. 277 (Descartes schlafend): © Johanna Burghardt;
S. 278 (Descartes Sessel): mithilfe von KI erstellt;
S. 280 (Wasser): Franklin Kappa/KOTO / Adobe Stock;
S. 288 (Kuhn): wikimedia / Davi.trip / CC BY-SA 4.0 [https://creativecommons.org/licenses/by-sa/4.0/deed.en] (Bild beschnitten);
S. 292 (Gadamer): wikimedia / Oto Vega Ponce / CC BY-SA 3.0 [https://creativecommons.org/licenses/by-sa/3.0/] (Bild beschnitten);
S. 294 (Bibel): wikimedia / Ji-Elle / CC BY-SA 4.0 [https://creativecommons.org/licenses/by-sa/4.0/] (Bild beschnitten);
S. 294 (Thora): wikimedia / FLLL / CC BY-SA 3.0 [https://creativecommons.org/licenses/by-sa/3.0/] (Bild beschnitten);
S. 297 (Religionen Vektorgrafik): © VectorMine – Adobe Stock;
S. 301 (Atheist Bus Campaign): wikimedia / Zoe Margolis / CC BY 2.0 [https://creativecommons.org/licenses/by/2.0/deed.en] (Bild beschnitten);
S. 311 (Müller): Bundesarchiv, Bild 102-16219 / Fotograf: Georg Pahl / September 1934 / CC-BY-SA 3.0 de [https://creativecommons.org/licenses/by-sa/3.0/de/deed.de]

*Der Verlag hat sich bemüht, die Urheber*innen der in diesem Werk abgedruckten Abbildungen ausfindig zu machen. Wo dies nicht gelungen ist, bitten wir diese, sich gegebenenfalls an den Verlag zu wenden.*